徐志摩年谱

章景曙　李佳贤　著

浙江文化研究工程成果文库

浙江大学出版社
ZHEJIANG UNIVERSITY PRESS

图书在版编目(CIP)数据

徐志摩年谱 / 章景曙,李佳贤著．—杭州:浙江大学出版社，2021.11(2022.9 重印)
(浙江现代文学名家年谱 / 洪治纲主编)
ISBN 978-7-308-21445-2

Ⅰ.①徐… Ⅱ.①章…②李… Ⅲ.①徐志摩(1896－1931)－年谱 Ⅳ.①K825.6

中国版本图书馆 CIP 数据核字(2021)第 106238 号

徐志摩年谱
章景曙　李佳贤　著

策　　划	陈丽霞　宋旭华
项目统筹	蔡　帆　王荣鑫
责任编辑	吴　庆
责任校对	蔡　帆
封面设计	周　灵
出版发行	浙江大学出版社 (杭州市天目山路 148 号　邮政编码 310007) (网址:http://www.zjupress.com)
排　　版	浙江时代出版服务有限公司
印　　刷	杭州高腾印务有限公司
开　　本	880mm×1230mm　1/32
印　　张	18.25
字　　数	408 千
版 印 次	2021 年 11 月第 1 版　2022 年 9 月第 2 次印刷
书　　号	ISBN 978-7-308-21445-2
定　　价	118.00 元

浙江现代文学名家年谱
编纂委员会

主　　任　洪治纲

首席专家　王嘉良　陈　星

编纂委员会（以姓氏笔画为序）

丁　帆　刘克敌　孙　郁　吴秀明　张直心
陈　坚　陈思和　陈福康　邵宁宁　骆寒超
黄乔生

编纂者（以姓氏笔画为序）

方馨未　冯　烈　朱　炜　朱晓江　李杭春
李标晶　余连祥　陈　才　郁峻峰　钱英才
黄乔生　章景曙　薛玉琴

浙江文化研究工程成果文库总序

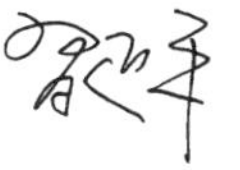

有人将文化比作一条来自老祖宗而又流向未来的河，这是说文化的传统，通过纵向传承和横向传递，生生不息地影响和引领着人们的生存与发展；有人说文化是人类的思想、智慧、信仰、情感和生活的载体、方式和方法，这是将文化作为人们代代相传的生活方式的整体。我们说，文化为群体生活提供规范、方式与环境，文化通过传承为社会进步发挥基础作用，文化会促进或制约经济乃至整个社会的发展。文化的力量，已经深深熔铸在民族的生命力、创造力和凝聚力之中。

在人类文化演化的进程中，各种文化都在其内部生成众多的元素、层次与类型，由此决定了文化的多样性与复杂性。

中国文化的博大精深，来源于其内部生成的多姿多彩；中国文化的历久弥新，取决于其变迁过程中各种元素、层次、类型在内容和结构上通过碰撞、解构、融合而产生的革故鼎新的强大动力。

中国土地广袤、疆域辽阔，不同区域间因自然环境、经济环境、社会环境等诸多方面的差异，建构了不同的区域文化。区域文化如同百川归海，共同汇聚成中国文化的大传统，这种大传统如同春风化雨，渗透于各种区域文化之中。在这个过程中，区域文化如同清溪山泉潺潺不息，在中国文化的共同价值取向下，以自己的独特个性支撑着、引领着本地经济社会的发展。

从区域文化入手，对一地文化的历史与现状展开全面、系统、扎实、有序的研究，一方面可以藉此梳理和弘扬当地的历史传统和文化资源，繁荣和丰富当代的先进文化建设活动，规划和指导未来的文化发展蓝图，增强文化软实力，为全面建设小康社会、加快推进社会主义现代化提供思想保证、精神动力、智力支持和舆论力量；另一方面，这也是深入了解中国文化、研究中国文化、发展中国文化、创新中国文化的重要途径之一。如今，区域文化研究日益受到各地重视，成为我国文化研究走向深入的一个重要标志。我们今天实施浙江文化研究工程，其目的和意义也在于此。

千百年来，浙江人民积淀和传承了一个底蕴深厚的文化传统。这种文化传统的独特性，正在于它令人惊叹的富于创造力的智慧和力量。

浙江文化中富于创造力的基因，早早地出现在其历史的源头。在浙江新石器时代最为著名的跨湖桥、河姆渡、马家浜和良渚的考古文化中，浙江先民们都以不同凡响的作为，在中华民族的文明之源留下了创造和进步的印记。

浙江人民在与时俱进的历史轨迹上一路走来，秉承富于创造力的文化传统，这深深地融汇在一代代浙江人民的血液中，体现在浙江人民的行为上，也在浙江历史上众多杰出人物身上得到充分展示。从大禹的因势利导、敬业治水，到勾践的卧薪尝胆、励精图治；从钱氏的保境安民、纳土归宋，到胡则的为官一任、造福一方；从岳飞、于谦的精忠报国、清白一生，到方孝孺、张苍水的刚正不阿、以身殉国；从沈括的博学多识、精研深究，到竺可桢的科学救国、求是一生；无论是陈亮、叶适的经世致用，还是黄宗羲的工商皆本；无论是王充、王阳明的批判、自觉，还是龚自珍、蔡元培的开明、开放，等等，都展示了浙江深厚的文化底蕴，凝聚了浙江人民求真务实的创造精神。

代代相传的文化创造的作为和精神，从观念、态度、行为方式和价值取向上，孕育、形成和发展了渊源有自的浙江地域文化传统和与时俱进的浙江文化精神，她滋育着浙江的生命力、催生着浙江的凝聚力、激发着浙江的创造力、培植着浙江的竞争力，激励着浙江人民永不自满、永不停息，在各个不同的历史时期不断地超越自我、创业奋进。

悠久深厚、意韵丰富的浙江文化传统，是历史赐予我们的宝贵财富，也是我们开拓未来的丰富资源和不竭动力。党的十六大以来推进浙江新发展的实践，使我们越来越深刻地认识到，与国家实施改革开放大政方针相伴随的浙江经济社会持续快速健康发展的深层原因，就在于浙江深厚的文化底蕴和文化传统与当今时代精神的有机结合，就在于发展先进生产力与发展先进文化的有机结合。今后一个时期浙江能否在全面建设小康社会、加快社会主义现代化建设进程中继续走在前列，很大程度上取决于我们对文化力量的深刻认识、对发展先进文化的高度自觉和对加快建设文化大省的工作力度。我们应该看到，文化的力量最终可以转化为物质的力量，文化的软实力最终可以转化为经济的硬实力。文化要素是综合竞争力的核心要素，文化资源是经济社会发展的重要资源，文化素质是领导者和劳动者的首要素质。因此，研究浙江文化的历史与现状，增强文化软实力，为浙江的现代化建设服务，是浙江人民的共同事业，也是浙江各级党委、政府的重要使命和责任。

2005 年 7 月召开的中共浙江省委十一届八次全会，作出《关于加快建设文化大省的决定》，提出要从增强先进文化凝聚力、解放和发展生产力、增强社会公共服务能力入手，大力实施文明素质工程、文化精品工程、文化研究工程、文化保护工程、文化产业促进工程、文化阵地工程、文化传播工程、文化人才工程等“八项工程”，实施科教兴国和人才强国战略，加快建设教育、科技、卫生、体育等“四个强省”。作为文化建设“八项工程”之一的文化研究工程，其任务就是系统研究浙江文化的历史成就和当代发展，深入挖掘浙江文化底蕴、研究浙江现象、总结浙江经验、指导浙江未来的发展。

浙江文化研究工程将重点研究“今、古、人、文”四个方面，即围绕浙江当代发展问题研究、浙江历史文化专题研究、浙江名人研究、浙江历史文献整理四大板块，开展系统研究，出版系列丛书。在研究内容上，深入挖掘浙江文化底蕴，系统梳理和分析浙江历史文化的内部结构、变化规律和地域特色，坚持和发展浙江精神；研究浙江文化与其他地域文化的异同，厘清浙江文化在中国文化中的地位和相互影响的关系；围绕浙江生动的当代实践，深入解读浙江现象，总结浙江经验，指导浙江发展。在研究力量上，通过课题组织、出版资助、重点研究基地建设、加强省内外大院名校合作、整合各地各部门力量等途径，形成上下联动、学界互动的整体合力。在成果运用上，注重研究成果的学术价值和应用价值，充分发挥其认识世界、传承文明、创新理论、咨政育人、服务社会的重要作用。

我们希望通过实施浙江文化研究工程，努力用浙江历史教育浙江人民、用浙江文化熏陶浙江人民、用浙江精神鼓舞浙江人民、用浙江经验引领浙江人民，进一步激发浙江人民的无穷智慧和伟大创造能力，推动浙江实现又快又好发展。

今天，我们踏着来自历史的河流，受着一方百姓的期许，理应负起使命，至诚奉献，让我们的文化绵延不绝，让我们的创造生生不息。

2006年5月30日于杭州

浙江文化研究工程成果文库序言

袁家军

浙江是中华文明的发祥地之一，历史悠久、人文荟萃，素称“文物之邦”“人文渊薮”，从河姆渡的陶灶炊烟到良渚的文明星火，从吴越争霸的千古传奇到宋韵文化的风雅气度，从革命红船的扬帆起航到新中国成立初期的筚路蓝缕，从改革开放的敢为人先到新时代的变革创新，都留下了弥足珍贵的历史文化财富。纵览浙江发展的历史，文化是软实力、也是硬实力，是支撑力、也是变革力，为浙江干在实处、走在前列、勇立潮头提供了独特的精神激励和智力支持。

2003年，习近平同志在浙江工作时作出“八八战略”重大决策部署，明确提出要进一步发挥浙江的人文优势，积极推进科教兴省、人才强省，加快建设文化大省。2005年7月，习近平同志主持召开省委十一届八次全会，亲自擘画加快建设文化大省的宏伟蓝图。在习近平同志的亲自谋划、亲自布局下，浙江形成了文化建设“3＋8＋4”的总体框架思路，即全面把握增强先进文化的凝聚力、解放和发展文化生产力、提高社会公共服务力等“三个着力点”，启动实施文明素质工程、文化精品工程、文化研究工程、文化保护工程、文化产业促进工程、文化阵地工程、文化传播工程、文化人才工程等“八项工程”，加快建设教育、科技、卫生、体育等“四个强省”，构建起浙江文化建设的“四梁八柱”。这些年来，我们按照习近平同志当年作出的战略部署，坚持一张蓝图绘到底、一任接着一任干，不断推进以文铸魂、以文育德、以文图强、以文传道、以文兴业、以文惠民、以文塑韵，走出了一条具有中国特色、时代特征、浙江特点的文化发展之路。

文化研究工程是浙江文化建设最具标志性的成果之一。随着第一期和第二期文化研究工程的成功实施，产生了一批重点研究项目和重大研究成果，培育了一批具有浙江特色和全国影响的优势学科，打造了一批高水平的学术团队和在全国有影响力的学术名师、学科骨干。2015 年结束的第一批浙江文化研究工程共立研究项目 811 项，出版学术著作千余部。2017 年 3 月启动的第二期浙江文化研究工程，已开展了 52 个系列研究，立重大课题 65 项、重点课题 284 项，出版学术著作 1000 多部。特别是形成了《宋画全集》等中国历代绘画大系、《共和国命运的抉择与思考——毛泽东在浙江的 785 个日日夜夜》等领袖与浙江研究系列、《红船逐浪：浙江“站起来”的革命历程与精神传承》等“浙 100 年”研究系列、《浙江通史》《南宋史研究丛书》等浙江历史专题史研究系列、《良渚文化研究丛书》等浙江史前文化研究系列、《儒学正脉——王守仁传》等浙江历史名人研究系列、《吕祖谦全集》等浙江文献集成系列。可以说，浙江文化研究工程，赓续了浙江悠久深厚的文化血脉，挖掘了浙江深层次的文化基因，提升了浙江的文化软实力，彰显了浙江在海内外的学术影响力，为浙江当代发展提供了坚实的理论支撑和智力支持，为坚定文化自信提供了浙江素材。

当前，浙江已经踏上了实现第二个百年奋斗目标的新征程，正在奋力打造“重要窗口”，争创社会主义现代化先行省，高质量发展建设共同富裕示范区。文化工作在浙江高质量发展建设共同富裕示范区中具有决定性作用，是关键变量；展现共同富裕美好社会的图景，文化是最富魅力、最吸引人、最具辨识度的标识。我们要发挥文化铸魂塑形赋能功能，为高质量发展建设共同富裕示范区注入强大文化力量，特别是要坚持把深化文化研究工程作为打造新时代文化高地的重要抓手，努力使其成为研究阐释习近平新时代中国特色社会主义思想的重要阵地、传承创新浙江优秀传统文化革命文化社会主义先进文化的重要平台、构建中国特色哲学社会科学的重要载体、推广展示浙江文化独特魅力的重要窗口。

新时代浙江文化研究工程将延续“今、古、人、文”主题，重点突出当代发展研究、历史文化研究、“新时代浙学”建构，努力把浙江的历史与未来贯通起来，使浙学品牌更加彰显、浙江文化形象更加鲜明、中国特色哲学社会科学的浙江元素更加丰富。新时代浙江文化研究工程将坚守“红色根脉”，更加注重深入挖掘浙江红色资源，持续深化“习近平新时代中国特色社会主义思想在浙江的探索与实践”课题研究，努力让浙江成为践行创新理论的标杆之地、传播中华文明的思想之窗；擦亮以宋韵文化为代表的浙江历史文化金名片，从思想、制度、经济、社会、百姓生活、文学艺术、建筑、宗教等方面全方位立体化系统性研究阐述宋韵文化，努力让千年宋韵更好地在新时代“流动”起来、“传承”下去；科学解读浙江历史文化的丰富内涵和时代价值，更加注重学术成果的创造性转化，探索拓展浙学成果推广与普及的机制、形式、载体、平台，努力让浙学成果成为有世界影响的东方思想标识；充分动员省内外高水平专家学者参与工程研究，坚持以项目引育高端社科人才，努力打造一支走在全国前列的哲学社会科学领军人才队伍；系统推进文化研究数智创新，努力提升社科研究的科学化水平，提供更多高质量文化成果供给。

伟大的时代，需要伟大作品、伟大精神、伟大力量。期待新时代浙江文化研究工程有更多的优秀成果问世，以浙江文化之窗更好地展现中华文化的生命力、影响力、凝聚力、创造力，为忠实践行“八八战略”、奋力打造“重要窗口”，争创社会主义现代化先行省，高质量发展建设共同富裕示范区，提供强大思想保证、舆论支持、精神动力和文化条件。

凡　例

一、本丛书之谱主均系公认的浙籍作家。其主要标识为出生于浙江，或童年、少年时期在浙江度过，或长期与浙江保持密切联系，其家世影响、成长经历、文学素养的形成，受到浙江地域文化的浸染，其文学观念、文学创作留有鲜明的浙江文化印记。浙江“身份”尚存争议的作家，暂不列入。

二、本丛书之谱主的主要文学成就，均在“中国现当代文学”时期(包括 1949 年以前的“现代”期和中华人民共和国成立后的“当代”期)产生过广泛影响的各种文学创作、文学活动及其他相关文化活动。其他历史时段与谱主相关的活动，从略记述。

三、每位谱主之年谱为一册，以呈现谱主之文学创作、文艺思想、文学组织、文学编辑等成就为重点，相关背景呈示多侧重其与文学的关联性；年谱亦涉及谱主在中国革命史、思想史、文化史上的成就与贡献，充分展示谱主在建构我国 20 世纪新文化中的特殊贡献。

四、每部年谱共由三部分组成。第一部分为家世简表、谱主照片等有关材料；第二部分为年谱正文和少量插图，图片配发在正文相应部位，以便形成文图互证；第三部分为谱主的后世影响，主要包括正文未及的谱主身份、价值的确切定位及相关悼念、纪念活动，以及谱主的全集出版、著作外译、谱主研究会的成立、重要研究成果等，均予以择要展示。文后附参考文献。

五、年谱使用规范的现代语体文。直接引用资料采用原文文体；人名、地名、书名、文章篇名及引录的原著繁体字或异体字文句，凡可能引起歧义、误解者，仍用原繁体字或异体字。

六、年谱以公历年份作为一级标题，括号内标注农历年份。谱主岁数以“周岁”表述，出生当年不标岁数，只标为是年“出生”。为便于阅读，按通行出版惯例，年、月、日及岁数均采用阿拉伯数字。

七、年谱在一级标题下，以条目形式列出本年度与谱主的文学（文化）活动密切相关、对谱主产生重要影响的若干条“年度大事记”。

八、年谱以公历月份作为二级标题。在二级标题之下，以日期标识谱主相关信息。所有日期均为公历；若农历涉及跨年度等特殊情况，则换算为公历将所述内容置于相应年份，以利于读者识别。

九、年谱中部分具体日期不明的重要信息，均置于当月最后位置，以“本月　……”说明之；若有关信息只能确定在“春季”“夏季”之类时间段内，则置于本年度末，以“春　……”“夏　……”等加以说明；若有关信息只能确定在本年度的，则亦置于本年度末，以“本年　……”进行表述。

十、中华人民共和国成立前国家、民族、地名、组织、机构、职官等名称，除明显带有歧视、污蔑含义者须加以适当处理外，原则上仍用文献记载的原名称。

十一、鉴于资料来源多元和考证繁杂，年谱中若观点出现有待考证或诸说并存的，借助“按……”的形式，简要表述编撰者的考辨，或者以注释形式加以说明。

十二、凡有补充、评述等特别需要说明的内容，皆以注释形式说明。对以往诸家有关谱主传记文字的误记之处，在录入史实后，均用注释的方式予以纠正。

十三、年谱正文原则上不特别标识信息来源；若确需说明的，则以分门别类的方式，在正文表述中进行适当处理。

十四、年谱注释从简。确需注释的，统一采用当页脚注。发表报刊一般不注，用适当方式通过正文直接表述；其中，民国时期报刊之“期”“号”等，原则上依照原刊之表述。

十五、因时代关系，部分历史文献之标点符号不甚规范，录入时已根据现时标点符号规范标点。以往相关书籍史料中收录的谱主文献，不同版本在部分文献上有不同的断句，本年谱所录之文系在比对各种资料后基于文意定之。

十六、谱主已知的全部著述，均标注初刊处、写作日期、初收何集、著述体裁（如小说、散文、漫画、艺术论述、童话、诗词、评论、译文、书信、日记、序跋等）。若谱主著译版本繁多，一般仅录入初版本。若该作品有多处重刊、转载或收入作品集，则在正文中进行说明，以表明作品的重要性和社会影响。未曾发表的作品注明现有手稿及作品的现存之处。

十七、谱主的主要社会评价，既反映正面性评价，也反映批评性评价，以体现存真的目的，尽可能体现年谱对谱主的全面评价意义。有代表性的评价文字，节录原文以存真。社会评价文字根据原文发表时间，放在相应的工文中表述；若无法确定时间，则放在相应的月份末尾或年份末尾予以恰当叙述。

十八、年谱若遇历史文献中无法辨认之字，则用“□”表示。

十九、年谱中有关谱主的后世影响，根据不同谱主状况，依照类别和时间顺序，在谱后进行详略有别的叙述。

《浙江现代文学名家年谱》编纂委员会

2020 年 8 月

家世简表

徐氏谱系

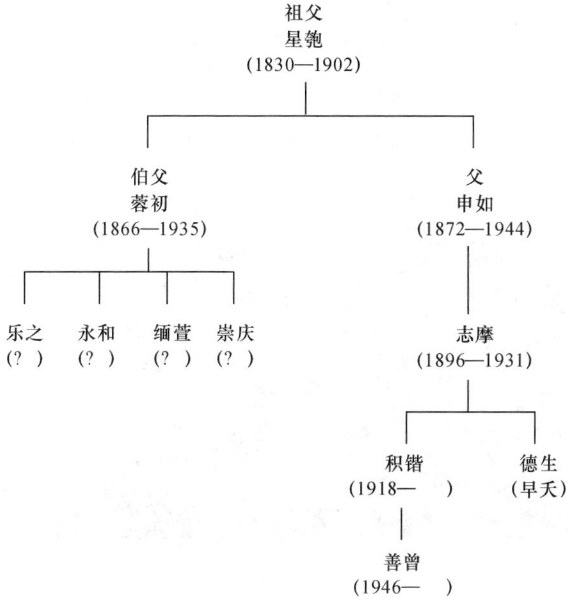
祖父
星轺
(1830—1902)
伯父
蓉初
(1866—1935)
父
申如
(1872—1944)
乐之
(?)
永和
(?)
缅萱
(?)
崇庆
(?)
志摩
(1896—1931)
积锴
(1918—   )
德生
(早夭)
善曾
(1946—   )

徐志摩像

目　录

1897年(丙申,清光绪二十二年)　出生

▲6月3日,清政府同俄签订《中俄密约》。

▲8月,维新派在上海创办《时务报》,梁启超任主笔。

▲本年,梁启超编成《西学书目表》,由时务报馆石印出版,共收录西学书籍630种。

1月

15日　(农历十二月十三日酉时)　生于浙江省海宁县硖石镇中宁巷保宁坊徐氏老宅第四进东面楼上。初字槱森,小字又申,谱名章垿;志摩之名,上海求学时自取。家庭富裕,经营工商。父徐申如,时年25岁,母钱慕英,时年23岁。

按,徐氏家史渊源,可分远祖、近祖。关于徐氏起源,《元和姓纂》卷二"徐氏"条云:"颛顼之后,嬴姓。伯益之后夏时受封于徐,至偃王为楚所灭,以国为氏。"《新唐书·宰相世系表》亦云:"……其地下邳僮县,至偃王二十二世为周所灭,复封其子宗为徐子。宗十一世孙章禹,为吴所灭,子孙以国为氏。"

有关徐国及下邳的位置,据《史记·秦本纪》裴骃集解引《地理志》曰:"临淮有徐县,云故徐国。"大徐城在泗州徐城县北三十里,僮县故城在虹县东北,虹县即今安徽泗县。据此,则古徐国都城,应在苏皖北部洪泽湖周边的泗县、泗洪、洪泽、盱眙等县境内。故韩愈《衢州徐偃王庙碑》曰:"徐氏十望其九,皆本于偃王。"徐偃王是周朝人,因此说徐氏自周朝始。

陈从周先生所编年谱中罗列了汉代至南唐的一批徐姓名

人，计有徐稚、徐广、徐陵（南朝《玉台新咏》编者）、徐崇嗣、徐铉、徐锴数人。宋靖康南渡后，徐氏家族南迁，近世祖为徐处仁，耕乐公徐显成了黄湖支祖（海盐百步镇北界），渐分成十一支，花巷里是其中一支，徐松庭是硖石始祖，明正德年间，迁至海宁硖石。可简列世系如下：

徐偃王（开山鼻祖）……徐处仁（南渡始祖）——徐庚——徐鞶——徐彦明（海盐始祖）——徐延言——徐秉元——徐茬——徐伦（雪坡公）——徐熊——徐显（耕乐公、黄道支祖）——黄湖十一支……徐松亭（硖石始祖）——徐仰松（二世）——徐见松（三世）——徐相垚字升玄（四世）——徐学相字景淳（五世）——徐登鳌字驾山（六世）——徐文焕字纯斋（七世）——徐世堂字凤九（八世）——徐开锦字絅怀（九世）——徐宗泉字廉墅（十世）——徐明枢字星匏（十一世）——徐义烒字申如（十二世）——徐章垿字志摩（十三世）——徐积锴字如孙（十四世）——徐善曾（第十五世）。①

另有《徐氏硖石分支考略》一文，共八条，可对该世系进行补充说明，其中几条是：

谨按自四世祖起定有字辈，为“相学登文世，开宗明义章，积善有余庆，受禄本天常”二十字，绵绵相传，孙孙蕃衍，已达十有六世。有男 356 人，女 182 人，配 329 人，合计 867 人。

谨按谱载庠生始自明天启间，学圣公讳陵君，自清迄民国，男女就学益众，登贤书一人，食廪饩一人，选贡元七人，

---

① 王从仁、邵华强：《徐志摩家史考辨》，载《新文学史料》，2016 年第 2 期。

游庠序七人，留美东瀛者男五人，女二人。[1]

志摩说："我查过我的家谱，自永乐以来，没有一首可供传诵的诗。"又说："徐氏固商贾之家，没有读书人。"

按，著名军事家蒋百里是他的表叔。著名作家金庸（查良镛）是他的表弟。……徐的父亲是大哥，查的母亲是小妹，所以徐志摩和查先生的母亲年龄差不多，查先生并没有见过他。

又据王从仁、邵华强在《徐志摩家史考辨》中记述：

硖石徐氏三百年才出一名举人、一名秀才、七名贡生，进士之类绝迹，从科举的角度讲，是不太成功的。……然而，这么个寒门子弟，也有其独到之处。曾祖父徐宗泉曾是浪子、赌棍，所谓浪子就是不守世俗与道德约束、放荡不羁之人，其特点是敢作敢为、倾情投入。当然，徐宗泉嗜赌败家是误入歧途，但他居然幡然醒悟，刻意经商而颇有成就，真堪称"金不换"。大起大落之中，需要多大的勇气和毅力，我们给他以"勇士"之称。祖父徐星匏与大伯徐蓉初以潇洒见长，虽然有才气却没运气，但心胸开阔，悠然自得，自我化解能力超强，不妨称为"雅士"。

至于徐志摩父亲徐申如，谱名义烒，讳光溥，小字曾荫，候选中书科中书，与南通张季直（謇）友善，兴办实业建设，在浙江很有名。不仅出钱捐了个官，而且和清末状元，著名的实业家张謇合资创业。李庆西《从徐志摩与郑孝胥说到徐申如》谈及徐申如与近代著名的政治家郑孝胥、民国初年出任浙江省都督的汤寿潜等人，有十分密切的关系。这些都足以说明他是一个成功的商人，而且排奡纵横，活跃于官

---

① 韩石山：《徐志摩传》，北京十月文艺出版社2001年版，第6页。

场、商场，政界、学界，与不少名官巨贾学者如张謇、郑孝胥、梁启超、汤寿潜等均有往来，关系友善，堪称“奇士”。

如此家族，如此风酥雨腻江南地，勇士、雅士，奇士熔铸一炉，加上寒士不甘平庸，才情与奋斗同在，专注与斡旋并举，瀛洲与四海撞击，酿出了一个志在摩天、足于惊天地泣鬼神的煌煌徐志摩。①

1900年(庚子，清光绪二十六年)　4岁

▲5月28日，八国联军侵华战争爆发。

▲6月21日，清政府宣布对各国开战，并通告各省督抚召集“义民”组团，借御外侮。

▲八国联军侵入北京，慈禧太后挟光绪逃往西安。

▲本年，梁启超发表《少年中国说》，堪称新民体代表作。

本年　入家塾，从伊桥孙荫轩学。孙，清末秀才，望族之后，擅书隶。对幼年志摩甚赞。后挽志摩联：“讲幄谬参，三十年前晨夕欣从，初学聪明超侪辈；行程远大，三千里外风云倏变，中华文化失传人。”②

---

① 王从仁、邵华强：《徐志摩家史考辨》，载《新文学史料》，2016年第2期。

② 陈从周：《徐志摩年谱》，上海书店1981年版，第3页。

1901年(辛丑,清光绪二十七年)　5岁

▲4月,文艺小报《世界繁华报》在上海创刊,由李伯元主编,风行一时。

▲9月7日,清政府全权谈判大臣奕劻、李鸿章,与英、美、俄、德、日、法、意、奥、西、荷、比11国公使在北京签订《辛丑条约》。

▲本年,林纾翻译斯托夫人的《黑奴吁天录》出版。

▲本年,八股被废除,改全国书院为学堂。

本年　复从袁花查桐轸读书(字桐荪)。查师出自"唐宋以来巨族,江南有数人家",对弟子要求甚严。父宠,怪罪于师:"儿子何以懒散落此,岂查桐荪先生之遗教邪!"据徐志摩回忆:

> 早上走来祖母的床前,揭开帐子叫一声软和的奶奶,她也回叫了我一声,伸手到里床去摸给我一个蜜枣或是三片状元糕,我又叫了一声奶奶,出去玩了。那是如何可爱的辰光,如何可爱的天真。
>
> 我记得孩子的时候顶怕两件事:一件是剃头;一件是洗澡。"今天我总得'捉牢'他来剃头","今天我总得'捉牢'他来洗澡",我妈总是这么说;他们可不对我讲一个人一定得洗澡的理由,他们也不想法把洗的方法给弄适意些。
>
> 我记得儿时在家塾中读书,最爱夏天的打阵。塾前是一个方形铺石的"天井",其中有不砌的金鱼潭,周围杂生花草,几个积水的大缸,几盆应时的鲜花——这是我们的"大

花园”。南边的夏天下午，蒸热得厉害，全靠傍晚一阵雷雨，来驱散暑气。黄昏时满天星出，凉风透院，我常常袒胸跣足和姐嫂兄弟婢仆杂坐在门口“风头里”，随便谈笑，随便歌唱，算是绝大的快乐。但在白天不论天热得连气都转不过来，可怜的“读书官官”们，还是照常临帖习字，高喊着“黄鸟黄鸟”，“不亦说乎”；虽则手里一把大蒲扇，不住地扇动，满须满腋的汗，依旧蒸炉似的透发，先生亦还是照常抽他的大烟，哼他的“清平乐府”。①

按，吴其昌《志摩在家乡》云：

我们住在大瑶桥，他们住在中宁巷，两家的老厅，一样的旧，一样的黑，一样的古老，一样的“马头墙、四开柱”，一样的经过“长毛”而没有毁。“地平砖”照例是破碎了，听说是因为“长毛”屯军时候的劈柴。厅前的“天井”，规矩是扁长的，两边不是两株桂花，就是“紫荆”；要不然，山茶也兴。②

1902年(壬寅，清光绪二十八年)　6岁

▲梁启超在日本创办《新民丛报》和《新小说》。《新小说》创刊号载有梁启超《论小说与群治之关系》一文。

▲2月14日，浙江巡抚任道镕奏报全省书院改设学堂情形，浙江将求是大学堂(前身为杭州求是书院)改为浙江大学堂(次年又改称浙江高等学堂)，并委任劳乃宣为大学堂总理。

---

① 徐志摩：《徐志摩自传》，江苏文艺出版社1997年版，第1—3页。

② 吴令华编：《吴其昌文集·诗词文在》，三晋出版社2009年版，第157页。

▲4月27日，由蔡元培、章太炎、蒋智由、叶翰、黄宗仰等人发起组建的中国教育会在上海成立。

▲6月22日，文明书局于上海开办营业。由无锡老名士廉泉（南湖）、俞复（仲还）、丁宝书等集股创办。它的创办与清政府《钦定学堂章程》的颁布前后相随，在新式教科书出版之风的鼓荡下，它发行多种教科书，皆冠以“蒙学”二字，此后这套书就被通称为“蒙学教科书”。

11月

6日　祖父徐星匏逝世。徐志摩在《我的祖母之死》中忆道：“我初次遭逢亲属的大故，是二十年前我祖父的死，那时我还不满六岁。那是我生平第一次可怕的经验，但我追想当时的心理，我对于死的见解，也不见得比华翁（英国诗人华兹华斯）的那位小姑娘高明……”①

1907年（丁未，清光绪三十三年）　11岁

▲1月14日，《中国女报》在上海创刊。秋瑾、陈伯平任编辑兼发行人。

▲2月，《小说林》在上海创刊。

▲3月8日，《女子小学堂章程》和《女子师范学堂章程》公布，女子教育由此取得合法权。

---

①　邵华强编：《中国现代文学史资料汇编（乙种）·徐志摩研究资料》，知识产权出版社2011年，第10页。

▲6 月 21 日，文学旬刊《中外小说林》在广州创刊，由黄伯耀、黄世仲兄弟主编。所载作品多用粤语方言。

▲10 月 17 日，梁启超在日本东京召开政闻社成立大会，并宣称："今日之中国，只可行君主立宪。"

本年　入硖石镇新式学校——开智学堂读书，老师张仲梧，字树森。

按，表弟吴其昌《志摩在家乡》中记道：

> 我和志摩的关系是这样：我的祖母和志摩的祖母，是亲姊妹。……张先生长方脸，结实身子，浓眉毛，两只眼睛炯炯有光，常常吓得孩子们心里别别乱跳。又是一位桐城古文家，读一句"……乎""……耶"的文章，那尾声要拖至二分钟以上——我敢罚咒说：就是听龚云甫唱戏，也没有张先生念书那么好听——因为张先生的缘故，也许志摩丝行里二手的脑袋中，也知道天地之间，竟有所谓"桐城派"三字，可以连得起来的怪事。张先生是我们硖石镇上……一致公认的"两脚书橱"……然而张先生所自己得意的是"桐城古文"，据旁人的估计，张先生古文的高足，前后应该有三位：第一位，一致的推戴志摩。第二位，是轮到许国葆先生。第三，他们硬说是我，这真使我惶恐到万分的事情！[①]

① 吴令华编：《吴其昌文集·志摩在故乡》，三晋出版社 2009 年版，第 158 页。

1910年(庚戌,清宣统二年)　14岁

▲1月,《南社丛刻》开始出版。

▲2月20日,《国风报》(旬刊)在上海创刊,发行人为何国桢,实际由在日本的梁启超遥控。

▲5月23日,预备立宪公会、江苏谘议局研究会、华商联合会、商学公会等15个团体在上海预备立宪公会会所欢送第二次请愿速开国会代表赴京。

▲8月29日,商务印书馆《小说月报》创刊,该刊以"多译名作,缀述旧闻,灌输新理,增进常识"为宗旨,由南社社员王蕴章主编。

▲11月4日,清政府宣布缩短预备立宪期限,决定于宣统五年,即1913年开设议院,同时下令各省请愿代表即日散归,不得再行请愿。

本年冬　毕业于开智学堂。古文已很好,被硖石镇人称为"神童"。曾作《论哥舒翰潼关兵败》一文:

> ……夫禄山甫叛,而河北二十四郡,望风瓦解,其势不可谓不盛,其锋不可谓不锐,乘胜渡河,鼓行而西,岂有以壮健勇猛之师,骤变而为羸弱顽疲之卒哉?其匿精锐以示弱,是冒顿饵汉高之奸谋也。若以为可败而轻之,适足以中其计耳,其不丧师辱国者鲜矣!欲挫其锐,非深沟高垒,坚壁不出也不可,且贼之千里进攻,利在速战,苟与之坚壁相持,则贼计易穷。幸而潼关天险,西连军师,粮运既易,形势又

得，据此以待援军之极，贼粮之匮，斯不待战而可困敌也。哥舒之计，诚以逸待劳，而有胜无败之上策也。奈何元宗昏懦，信任国忠，惑邪说而诅良谋，以至于败。故曰：潼关之失实国忠而非哥舒也……①

对于此一时期的少年心境，徐志摩后来曾专门记述：

我记得我十三岁那年初次发现我的眼是近视，第一副眼镜配好的时候，天已昏黑，那时我在泥城桥附近和一个朋友走走路，我把眼镜试带上去，仰头一望，异哉！好一个伟大蓝净不相熟的天，张着几千百只指光闪烁的神眼，一直穿过我眼镜眼睛直贯我灵府深处，我不禁大声叫道，好天，今天才规复我眼睛的权利！②

1911年(辛亥，清宣统三年)　15岁

▲4月26日，清华学堂(清华大学前身)正式开学。

▲4月27日，由同盟会领导的广州起义爆发。

▲8月24日，《申报》副刊《自由谈》创刊。

▲10月10日，武昌起义爆发。革命军首先在武汉三镇取得胜利，成立湖北军政府。

▲12月，各省代表在南京举行临时大总统选举，孙中山被推选为临时大总统。改国号为中华民国。

---

① 陈从周：《徐志摩年谱》，上海书店1981年版，第5页。

② 徐志摩：《戴逸如插图徐志摩诗文全集》(下)，春风文艺出版社2014年版，第565页。

2 月

月初 由于父亲望子成龙的迫切愿望，让徐志摩姑丈蒋谨旃（钦项）托时任浙江省咨议局副议长沈钧儒（衡山，蒋的表弟）写信给杭州府中学堂学监邵伯毂，介绍徐志摩及表兄沈叔薇一同入杭州府中学堂求学。

18 日 徐志摩与表兄沈叔薇等赴杭州府中学堂求学。

按，徐志摩始记《府中日记》。日记首页记载：

> 惟年辛酉，又申既毕业于高小学堂矣，其将奚适乎？闻之人曰，沪地学校多务名，不若杭州之为实。且学校在租界，则车水马龙不免无（有）分心之虞，固不若杭城之为愈也。遂谋肄业府中校。去岁曾倩（请）燕孙君代为报名，俟考期定后赴考可也。同往者有沈、张二君，则此行亦不虞寂寞。（燕孙君，即潘应升，字燕孙，硖石镇人，此时已在杭州府中念书，故有请他代为报名一事。）①

又按，付祥喜则认为徐志摩入读杭州府中的时间是 1910 年春学期。②

19 日 早上 8 时和沈拱垣赴车站，和吴啸庐、张仕章等同学乘车赴杭。抵大方伯之府中学堂后，即办入学手续，暂住同升客栈。晚上到清和坊商务印书馆购《学堂日记》和笔记本等。潘应升、金如龙、应尹衡、陈树椿等朋友到寓来访。写家信。

20 日 上课。仅有算术一课。午饭后写家信。下午和同学

---

① 虞坤林整理：《徐志摩未刊日记（外四种）·府中日记》，北京图书馆出版社 2003 年版，第 3 页。

② 付祥喜：《徐志摩早年求学行实考》，《广州大学学报（社会科学版）》2015 年第 3 期。

游清和坊，购信封等及《新三国》《新西游记》等书籍。晚上阅读《新西游记》。

21日 上课。计有算术、历史两课，授课老师皆姓王。放学后与潘君、金君等同学讨论小说与戏剧。晚上致故乡友人信。

22日 上午因算术课老师请假，不上课。下午学历史。傍晚父亲和孙伯畬等来校探望。晚上阅读小说。

23日 上课。计有算术、官话、图画等课。孙伯畬来访商议租宿舍一事。晚上抄历史，作日记，阅小说。其父乘车回硖。

24日 上课。仅有算术一课。与同学游西湖、孤山，访林逋之遗迹。晚上写家信，做算术题。

25日 上课。计有算术、官话等课。课后至悦来阁品茗。晚上孙畬伯来访，商议租房搬迁之事。

26日 与周启明相约至城隍山一览轩品茗。与伯畬商定搬迁宿舍。

27日 上课。计有英文、算术等课。下午无课，与沈谦再游西湖，出钱塘门，坐划船至三潭印月，至高庄返。

28日 上课。计有算术、英文、国文、历史等课。英文分为语言和读本两门课程，分别由许教习和戴教习授；国文上《伯夷颂》一篇，俞教习授；历史由王教习授。

3月

1日 上课。计有算术、英文课。下午教师请假，无课。午后与吴发源、周尔麟、张仕章等游西湖仙乐园并品茗。

2日 上课。计有算术、官话等课。约同学至清泰城站，清泰第一楼饮茶。

3日 上课。计有算术、地理、英文等课，国文课俞教员、讲经课苏教员均请假，故饭后与同学相约至羊市街光华阁饮茶。接父亲信，并写第五封家信。

4日 上课。计有算术、地理、英文课。下午官话，汪教员请假，故下午又无课。课后做算术、抄读英文。

5日 周日，大雨如注。与友人至悦来阁以及清泰城站月品桂品茗。

6日 上课。计有算术、英文课，下午博物班因书未到停课，只上图画课，画《堤上春景》一张。自修英文，做算术，作日记。

7日 上课。计有算术、英文（会话）、国文、英文（读本）、历史课等课。

8日 赴悦来阁与友人品茗，约午后同游西湖。钱宅第八婿来，设筵款待，作陪。

9日 上课。上午有算术、地理课。下午戴教员上英文读本、汪教员上官话、唐教员上英文文法，言语间颇具警戒奖励之意。夜读英文。

10日 寄家信并上课，计有算术、地理、英文等课。下午无课。课余抄国文，做算术，抄读英文。

11日 上课。计有算术、地理、官话等课。兵操课地湿不上。

12日 周日，午后天始雨霁。与同学等闲聊及上街购物。晚上抄读英文。

13日 上课。计有算术、英文、修身等课。下午图画课，画《浣衣图》一张，以时促不及交。普操地湿不上。夜间读英文、做算术。接许国杰来函，未复。

14日 上课。计有算术、英文、国文课、英文、历史等课。

15日 上课。计有算术、英文、国文课，国文上欧阳永叔《樊候庙灾记》一篇，下午上英文、历史两课。晚上做算术作业，因王教习宣布不日即将临时考。读英文读本，并写第七封家信。

16日 上课。计有算术、地理、英文读本、官话、英文文法等课。

17日 上课。计有算术、地理、英文、讲经等课。

18日 上课。计有算术、讲经、官话等课。夜读古文。

19日 周日天晴。上午与友人游梅花碑，下午与友人游城隍山、西湖、行宫、岳坟等。

20日 上课。计有算术、英文、会话、修身、图画等课。

21日 上课。计有英文、算术、国文、英文读本、历史等课。

22日 上课。计有算术、英文、国文、英文、历史等课。读《民立报》。

23日 上午上算术、地理课，下午英文、官话、英文课。课后，读《民立报》介绍有关中俄交涉事件，惊呼："势必经大战争而后已，为国民乎，其知自警乎！"

24日 上课之余，赴火车站接父亲住清泰二馆。

25日 上课。计有算术、地理、讲经课。下午体操课，因胡教员柔儒不振，致为学生所轻蔑，嬉笑并作，一无统制，殊有玷学堂之名誉。父亲来访，遂同至光华馆饮茶，及杭沪车到，步至车站，上海孙问清等来杭，为铁路开会事，坐陪。是夜各股东如开秘密会议，至十二点始睡。

26日 和父亲等赴昭庆寺参加有关股东会议，到场约一、二千人。公举史伟深君为临时议长，所议事为筹款总理诸问题，各股东互相讨论辩驳。

27日 送父亲返家。上课，计有算术、英文、图画、体操等课。

28日 上课。计有算术、英文(会话)、国文(韩愈《祭鳄鱼文》一篇)、英文(读本)、历史等课。

29日 算术临时考试,看错一题。上课之余,因自修教室与学校发生争执。晚上写家信。

30日 上课。计有算术、地理、英文、官话、英文等课。缴宿费十元。

31日 下午上讲经课,作文题为"奉佛之迷信杭人较深,自新学日明,益觉无谓,荐绅士夫宜何法消靡之,抑其于政教不无补助者,抑未可遽行禁耶。试论之"。约作五六百字。

4月

1日 上课。计有算术、地理、讲经、官话等课。接家书一封。画图两张。

2日 早上访祝绍先。

3日 上课。计有算术、英文、修身等课,下午教师休讲,无课。夜读英文、国文、习字。

4日 上课。计有算术、英文、国文、历史等课。课余,因戏闹被学监所见,幸未受责。

5日 回硖石,父亲亦在车站,同归。父亲往裕通,回家谒诸长,皆无恙。

6日 回母校拜见旧同学。晚上陪父亲看戏法。

7日 随伯父等上坟,在船中昏呕欲吐,因假竹林以为消遣法,舟行二小时抵山市(按当为'伞墅')庙墓地上坟,既又至姚家亭子,闷居小舟,遥观野外风景,当今三春之候,桃柳明媚以争妍于溪馆河畔,诚足为骚人逸士之吟咏料。晚上重至中厅观演戏法。

8日 睡觉而叹“居学堂之中，则迫之课程，重之以铃声，虽欲睡无如何矣”。赴八哥桥上坟。

9日 赴石灰桥上坟。后拜见姑父，至中厅观演戏法。

10日 和父亲等同返杭州，母亲、姑母、五哥、六弟均在杭州烧香，晚上团聚。

11日 陪姑母等游西湖等地。

12日 赴校上课。计有算术、英文、国文、博物、英文读本、历史等课。闻地理、历史小考，甚疚。

13日 上课。计有算术、地理、官话、英文文法等课。课后赴清泰二馆见姑母等，不遇。

14日 上课。计有算术、地理、英文文法、讲经等，作文临考。

15日 地理临考，题为《岛之成因及其利用》。下午兵操，未许用枪，颇郁闷。课后，赴清泰二馆见父亲。

16日 与父亲、母亲等聚。

17—18日 上课。课余读英文，阅历史，兼与同学游戏。

19日 上课。历史小考，题为《黄帝尧舜治苗之异同》，“因时促，草率甚”。

20日 上课。与同学组织球会，筹款购球。

21日 上课。课后译英文数页。晚杭城火警。

22—23日 上课。课余，与来杭朱柏苍等众亲友游西湖。

24日 上课。计有官话、算术、英文会话、修身、博物等课程。

25日 上课。计有算术、英文会话、历史等。高年级同学因自修室与学监冲突。

26日 上课。计有算术、英文、国文、博物、历史等课程。

27日　晨起写家信。上课。计有算术、读经、英文读本、博物、英文文法等。

29日　上课，课后与张仕章、樊鼎新至藏书楼，规模尚称完善，阅《鲁滨孙飘流记》数页。接家书，悉父亲次日来杭。

30日　拜见父亲、王清甫等人。读《民立报》，得知广东革命军起事焚毁督署，水师大败，喟叹“事之成败未可必，而我国志士之流血者已不鲜矣。”

5月

1日　上课。计有算术、英文、修身、博物、图画、官话等。

2日　上课之余，辨析时事，认为：“今者盛宣怀[①]向日本借款一千万，作兴办东三省实业之用，而以江浙两省作抵。余于此举深识盛宣怀之老谋深算苦心孤诣。其毅然而出此举，盖有深意存焉。日本之财政未见充裕，彼之欲借款于我，不过见英德美法均有借款，而彼独无，恐为人后，出于好胜之举也。乃盛侍郎不许其与于四国之内，而另立借款，借我一千万。日本人之财政穷矣。倭寇素狡，今乃为盛侍郎所卖，未始非外交之失败。惟吾国所借之巨款，苟能兴办各实业，不致为政府含糊侵吞，则全国人民之幸已。”

3日　课余读报，得知黄花岗起义失败，遂在日记中议论：“不禁为我义气之同胞哭，为全国同胞悲，痛羽翼之已成，而中道摧阻，是天不使吾汉族伸气也。夫何言，吾惟愿有血性、有义气之同胞，奋起神武，灭彼胡儿，则中国其庶几乎有称雄于世界之

---

① 盛宣怀（1844—1916）清末大臣，字吉荪，号次沂，别号愚斋。江苏武进人（今常州），入李鸿章幕而发迹，最后被革职。

一日矣。同胞同胞,曷闻吾言而兴起乎。此国家之人事也,余辈学生姑置勿论。不意今日一舍中有反对监学之革命军起。一舍之监学,寡见闻而躁,事无大小,有触于己者,辄报告监督,以为抑制计,其愚之不可及也。若是已经数次之冲突犹不知警。今日因易菜事,复报告监督记大过一人,三年级撤销班长,于是祸端开矣,众口呶呶几为所殴。当此时也敢怒而不敢言。倘若后故态复萌,恐不免饱受老拳矣。”

4日 上课。计有算术、地理、英文、博物等。经过昨天冲突,监学为了保住工作,开始对学生以忍让为主;结果监督不允,晚上又起冲突。

5日 上课。计有算术、地理、英文、讲经等课。写家书。略阅英文。借阅《小说月报》二册。“载有各种小说,若《香囊记》则言情也;《汽车盗》则侦探也;《薄倖郎》则哀情也;其中情事颇曲折动目,至膳时始释卷。”①

6日 讲经课小考,题为《颍考叔纯孝石碏纯臣三人之优劣究竟如何试论之》。下午无课,与诸友游西湖,见游人颇众,而放生者寥寥,以为民智稍开。晚上至大英医院观影戏,得知民众因米价太贵而将杭城米店尽为所捣,数人为警局拘去,故群聚局外,意欲索拘去之人,导致警民对峙。

8日 上课。计有算术、英文、官话、图画、博物等。考修身,题为《〈易〉言自强,〈老子〉贵柔弱,试言二者之得失》。课余,“录《时报》仿韩文公祭田横墓文赠健儿(钱泠)”:

宣统三年三月,余如广州,道出健儿墓下,感其义高能

---

① 徐志摩著、虞坤林整理:《徐志摩未刊日记(外四种)·府中日记》,北京图书馆出版社2003年版,第42页。

得士，因取酒以祭，为文以吊之，其辞曰：

人有蹈白刃而如夷者，余不知其何心，非时势之所迫，胡为乎赴死而不自禁？余博观乎天下曷有？庶几乎温黄之所为。死者不复生，嗟后起其为，维以卫队之数，十得一士而可当，何二百人之扰扰而不能击凤鸣于高冈，抑谋画之不臧，亦天命之有常。昔大汉之多士，田横亦率众以自刭，苟余行之不迷，虽颠覆其何伤。自古死者非一，志士千载有耿光，跽陈辞而荐酒，魂仿佛而未享。[1]

9日 上课。计有算术、英文、国文、历史等课。写家信。

10日 上课。计有算术、英文、国文、历史等课，体操小考。接家信，得知父亲昨日为四旬大庆。

11日 上课。计有算术、地理、博物等课。课余读史，并于日记中写道：“读史至义帝流江被弑，未尝不为之三叹焉。夫义帝之才，不特项梁所不及，亦项羽之所不及，沛公之所不及也。观其作为，诚为开国之英主，惜乎其计未遂，而身已丧焉。楚自项梁死于章邯，统兵无人，国势几摇摇，义帝独收合余众，重震旧威，遣宋义救赵，而使沛公破秦。大有深意存焉。当项梁破秦之际，秦大发兵以助章邯，关中之虚可以□然矣，苟于此时分其师为二，遣大将以敌耶，己则统大军直趋关中，秦君臣束手而降，天下大事定矣。高祖虽强，又何能为？梁计不出此，轻敌致死，此项梁之所以不如义帝也。梁死，救赵之人不以项羽为正将，而遣宋义统师，义帝知人之苦心也。籍暴横跋扈，义帝识之久矣，制之以（于）之下，欲因此而去之，恐为后日患也。不然宋义知兵之

---

① 徐志摩著、虞坤林整理：《徐志摩未刊日记（外四种）·府中日记》，北京图书馆出版社2003年版，第43—44页。

将，非懦怯者流，顿兵安阳而不进者，知羽性躁急，必干军法。待其犯法而诛之，则羽又何辞。不意项羽未除，而宋义已丧羽手，是天不使义帝成事也。”

13日 上课。计有算术、地理、讲经等课。下午官话课请假，与同学上街购小皮球，返回踢球。

15日 上课。计有官话、算术、博物、图画等课。“迩来笔懒甚，日记必间日作。各科学亦未加温习，仅稍稍读英文，偶演算术三、四问而已。思所以愈其惰者，无术也。今日上午既，从三年级往操场踢球。昨日踢球多，初尝不觉，信宿后忽股际酸痛，颇艰于步，然踢球时反觉兴致浓勃，不知其疲矣。前数星期余不曾有发起球会之议乎，今也反落人后，耻何如。因复续前议，请股东再加股，不数分钟而四十一股已增至六十余股，足见一年级之任事，亦未尝不踊跃也。”

16日 上课。计有算术、英文、国文、英文（小考）、历史、兵操等课。课课余组织校球会之事，“……走读生复增十余股，于球会共得八十余股，购大球外尚可另购附属物。拟下午往购，今日也实科一年级球会成立之期也。”

17日 上课。计有算术、英文、国文、博物、英文、历史等课。作《自遣》诗一首：人生岁月白驹过，应事牢骚记咏哦。书剑随身聊复尔，英雄得志又何如。未能报国心空热，许作平民福已多。窃叹我庐真自在，闲载（栽）花木醉高歌。

18日 上课。计有算术、地理、英文、博物、英文等课。作《题焚琴怨小说》：

> 每到穷途欲问天，美人愁思剧相牵。拟从月老镌新谱，订正人间错里缘。以我为仇浑莫解，比余于毒又谁知。年来久寂河洲韵，阴雨诗成寄怨思。小姑居处本郎无，血泪频

年染罗襦。也愿将心托明月,冰清常为照罗敷。良缘绝少恶缘多,精卫难填恨海波。碧海青天明月夜,离魂倩女照婆娑。人言可畏金能砾,精玷无端不自知。想见东皇应泣诉,他生石莫补情痴。搔首苍天问杳然,人间何物是娟娟。妾身今夜魂归去,肯向山中化杜鹃。在地难为连理枝,花开花落总增悲。重添几许才人笔,凭吊斜阳日暮时。黄九才华早擅名。玉箫细按谱新声。许多绿惨红愁内,总为娥眉诉不平。

19日　上课。计有算术、地理、讲经、英文等课。在日记中录《岳武穆满江红》。

20日　上课。计有算术、地理、讲经、官话等课。作词一首:

进进进。家破国亡不堪问。生斯世兮男儿幸。手执大刀兮,誓将敌杀尽。尽尽尽。也难消扬州十日、嘉定屠城恨。进进进。

追追追。血溅战衣金刀挥。头可断兮决不归。誓将锦绣江山一鼓夺回。追追追。

死死死。不死疆场男儿耻。抛却美妻及爱子。披衣上马去如矢。不得自由毋宁死。死死死。

21日　踢球,下棋,并在日记中作小曲:

可叹入梦雄狮似醒非醒,甘作人牛马。堪怜如花弱女以歌代笑,誓留此衣冠。

(滚绣球)英雄何日起腥膻,渺无际。枉具这铁石心肠,不忍把情圈打碎。恨俗子气短,儿女情累。解愁肠,愿掷此头颅,博我同胞泪。不起国病誓不归,草亭一醉。

小丑亡,大汉昌。天生老子来主张。双手扭转南北极,两脚踏破东西洋。白铁有灵剑比光,杀尽胡儿复祖邦。一杯酒，洒大荒。

22日 在日记中作文一则：

惟日壬辰，林太守之生辰也。府中校创始于林公，故学会特别放假，以示不忘。晨八句钟……至西湖林社，舣舟待。及孤山，中校学生而外，木业、农业、商业、安定、宗文诸校悉莅止。林公荣矣哉。余辈既至孤山，拟作灵隐游，遂由岳墓首途，旅行十余里，则一碑高峙，标其上曰：'飞来峰'。至茶肆少憩，再入则林木深峦，景自天然，迥非俗地。又数武，则奇峰突峙，怪石峥嵘，石佛数百尊，随山上下，斯真奇景。山之下，石室辟焉，入内则凉风侵骨，迥非初夏之候，寒气袭人，竟有意单之虞。台顶小孔，微露光芒，所谓'一线天'者是也。更数武而冷泉至，泉山石罅，声隆如也，涉手其中，寒若冰雪。上有小孔二三，以口就之，嗡然作响。其山谷之回音欤。既而至灵隐大精寺，方兴工未竟，至罗汉堂，阿大窃托塔天王手中之宝塔，使其暂为失塔天王。幸不为僧人所见，不然窘矣。余辈不敢复逗留，既循故道返。

时仅三句钟，复至玉泉。泉长三、四丈，宽丈余。数千百之鱼家其中也。黄者、红者、青者、黑者为数最多，而绿，而白则所仅见者也。至长者约七、八尺，鱼之奇者，体作三弯状，无以名之，名之曰弯鱼。市馒头投池中，群鱼奔赴，相争不下，有若世人之趋利者然。其内又有一小池，面积仅二丈余，虾蟹游其中，水深不及尺，地流泉之一种也。以足蹴池畔石，水泡自地底而上，状珍珠然，故名之曰'珍珠泉'。既饱览名胜，爰携手同归。噫嘻，道路行且数十里，余实未尝一润饥肠，众议往聚丰园饮酒。既至岳墓，买棹而归，时已五时，由涌金门至丰聚（聚丰）园，众已足痛而肠饥，几筵既设，狼吞虎嚼。噫嘻，今日之游畅矣哉！

23 日　上课。计有算术、英文、国文、博物、英文、历史、体操等课。

24 日　上课。计有算术、英文（临时考）、国文、博物、英文、历史、体操等课。寄家信。在日记中录《西湖报》之“西湖丛话”一则：

袁子才素赏如皋顾秀才诗。后至如皋，顾感二十年前知己，欣然款接，宴饮西窗，出新诗相示，《西湖》词云：“白沙堤外荡舟行，烟雨空濛画不成。忽见斜阳照西岭，半峰晴雨半峰晴。花坞斜连花港遥，夹堤水色淡轻绡。外湖艇子里湖去，穿过湖西十二桥。”

25 日　上课。计有算术、地理、英文、博物（临时考）、英文等课。作《同年张阆声得马湘兰画菊属题（逸云）》：

兰秀秋兮菊又芳，风流文采百年长。书生艳福佳人寿，喜见秦淮马四娘。写到秋容翠袖寒，粉痕狼藉泪痕干。美人底用伤迟暮，好倚西风向晚看。长板桥头不见春，幽花峭石自嶙峋。大家姐妹休相妒，露叶霜枝倍有神（下玉京姊妹亦画兰擅名于时）。活色生相淡远情，端严妙墨亦天成。千秋付与高人伴，合署佳名曰“守贞”。

26 日　上课。计有算术、地理、英文、讲经、文课等课。在日记中录《何满子》一首：

半夜一声风笛，天涯万里樯乌。我在客中还送客，酒阑梦境模糊。柳绿最经攀折，春归曾不踟蹰。

岂为看山入剡，先拚采药归吴。屈指关山明月影，随君作伴征途。此日怯歌南浦，他时同访西湖。[①]

27日　上课。计有算术、地理、讲经、官话等课。向宝庆医局乞得入场券于午后四时半听演说“中国现势之缺点”。“以英文演说，另有洋人翻译，口若悬河，滔滔不绝，两小时之久曾无一息间断。大演说家之名可以无愧矣。言中国之缺点，不甚详细，而旁引确证，列举故事，使人闻其言而忘其倦。其学识之渊博亦可以想见矣。”

28日　午后三时到协和讲堂，听美人爱逖演说，记云：“一时可惊、可警、可耻、可憎之心齐起于脑中。可惊者，所说中国之弱点，一至于此；可警者，闻其奴隶瓜分之说，彼外人与我漠不相关，犹几知声泪俱下，乃大声曰，青年之人，尔知爱国乎！我国人闻之而不知发愤者，无人心也；可耻者，聆其诚实清洁之说，讥我笑我，然我国之人奚有？此事性质，彼以中国人尊德、诚实、清洁则国强矣。闻其说而耻之心不油然而生者冷血也；可憎者，彼总以基督宗教为主，几以为一切饮食、起居、动作皆基督付（赋）我之能也。中国欲其国之发达，必须以基督教普及为莫大之希望。听其言，苟有言曰，彼言诚善也，是真狼其心狗其肺，我国之希望绝而余将哭矣；所可怪者，一般之陆军学生皆顺其旨而起立，若善其说者，呜呼，余心碎矣！”

29日　上课。计有算术、英文、官话、修身、博物、图画等课。

30日　上课。计有算术、英文、英文、历史、兵操等课。

31日　上课。计有算术、英文、博物、英文、历史、普操等课。

---

① 据顾永棣考证，该诗系抄录之作。

6月

1日 端午节，与马正华、沈供垣等朋友小聚。

2日 上课。计有算术、英文、地理、讲经等课。

3—9日 上课。计有算术、英文、地理、讲经、官话、修身、图画、博物等课。课余闲读小说等。

10日 上课。计有算术、讲经、官话等课。课余热衷于球赛，并在日记中记述："前日徐钟琳发起与安定赛球，未向各班议妥，遽行函告安定，约于星期日赛球，事既发表，三年级等皆咎吾等之孟浪从事。而安定覆书又云惟命是从，事既如此，不得不略施预备，当将踢球人数选齐，操场上亦稍稍布置。闻今日安定宗文赛球，余与周尔鳞等先至安定，云在宗文①，遂从彼等往，踢一小时之久，殊无胜负，其球之远近与吾校略等，而抢球之勇猛实较胜焉。"

11日 参加球赛，并在日记中记述道："晨五句钟即起，往操场整理。及七句钟后，忽安定来言，在陆军小学操场比赛。众结束停当，即行出发，至则安定先在，一切龙门等物皆安定为之措置。八句钟两校各奋雄威，力决胜负。顾操场宽阔，殊难攻击，而安定于危急之际屡施其无耻手段，殊属可鄙。至第一次复赛，周麟振与彼始则口角，继将用武，此个人之交涉，自应在场者相为排解。讵安定局外之人群有汹汹之势，于是我校人众亦不复相让，几以赛球场为争斗场，嗣经各校学生力为劝止，而吾校学生感愤彼无礼，遂行中止。此浙江第一中学与安定学校赛球之结果也。宗文与陆军小学亦赛，斯时非复上午之比，球不特其灵

---

① 安定、宗文均属当年杭州名校。

妙勇猛。且各文雅有序，较胜我校多矣。宗文胜一球。”

按，此时校名已改为浙江官立第一中学堂。

12日 因学校改名，“今日为浙江第一中学开校之纪念日，照章放假一天”。

13—15日 上课。计有算术、英文、地理、博物等课。

17日 停课。

20日 大考第一天。上午历史大考，下午算术大考。

21日 上午博物大考，下午英文大考。

22日 上午修身大考，下午地理大考。

23日 上午国文大考，下午讲经大考。晚与父亲面叙。

24日 上午图画大考。“大考毕矣，于是整理行装，欲返家乡。斯时也，余心之乐也何如！”晚上受南京缎商之邀，至聚丰园饮酒。

25日 陪父亲等长辈至西湖品茶，午餐后“余辈匆匆返，以欲乘快车回硖故也。……越一句三四十分之时间，而余辈已至家乡矣。余等各返家，父亲则往商会。家中长幼皆无恙。□□母于念四日由袁返硖。蒋氏姑妈在吾家，所生妹且能作拳舞矣。”

26日 约同学玩，因本地学堂适逢期考，学生颇忙碌，遂回姑丈家。

27日 和父亲赴车站接杭州同学，于大丰园小聚。

28—30日 家居无事，偶有朋友来叙。

7月

6日 至商会，遇廉伯，同往西校（即徐志摩少时读书的开智学校，位于西山脚下）。

7 日　和同学一起赴西校，“先谒圣，继谢师，继校长报告分数，给凭。会考员施勉励语，沈君叔英演说，终摄影。”

9 日　父亲让他去商会，商议习商之事。“啸庐叔等发起，并嘱余作说以解之。谓为提倡商业，开通风气之举。第此事于商业学堂实则有关系，余辈习商者，则此又何为?”

10 日　姑父家午餐后，与沈骏程、郭小寅等作竹林游。

17 日　在日记中抄录《中北新桂茶园角色一览表》。

按，因辛亥革命风潮，本年秋天开始，浙江省立第一中学堂停办，故休学在家。

韩石山在《徐志摩传》中说道：“和志摩在一个班上的，除了他的表兄沈叔微之外，还有董任坚、郁达夫、姜立夫、郑午昌(昶)等。董任坚后来和徐志摩一起赴美留学，姜立夫也曾留学，后来成了一位数学家。郁达夫是从嘉兴府学堂转来的。”①

郁达夫《志摩在回忆里》(《新月》月刊志摩纪念号)记道：

> 大约是宣统二年(一九一零)的春季，我离开故乡的小市，去转入当时的杭府中学读书……那时候府中的监督，记得是邵伯絅先生，寄宿舍是大方伯的图书馆对面。
>
> ……但是同我的一种畏缩态度正相反的，在同级同一宿舍里却有两位奇人在跳跃活动……而尤其使我惊异的，是那个头大尾巴小，戴金边近视眼的顽皮小孩，平时那样的不用功，那样的爱看小说——他平时拿在手里的总是一卷有光纸上印着石印细字的小本子，而考起来或作文来，却总

① 韩石山:《徐志摩传》，北京十月文艺出版社 2001 年版，第 46 页。

是分数得的最多的一个。[①]

1912年(壬子,民国元年)　16岁

▲1月1日,孙中山宣誓就任临时大总统,中华民国成立,改用阳历。

▲2月,清帝退位。孙中山辞职,袁世凯接任中华民国临时大总统。

▲8月,同盟会联合统一共和党等4个政团合并组成国民党,孙中山任理事长。

▲11月,王国维在日本写成《宋元戏曲考》。

2月　蒋百里出任保定军官学校校长。蒋百里是徐志摩姑父谨旃先生的族弟,与志摩友好,且皆推崇梁启超之维新思想。蒋百里乳名福,故徐志摩日常称蒋为福叔。陈从周辑《志摩杂记》载:

> 又将百里先生庚戌正月将出任军官学校校长,占之得最后数,诗云:"一二三四五六七,八九相逢数乃毕,老阳未变不以一,占者逢之静者吉。"及后蒋因事自戕,其时盖阳历九月,而阴历八月也。亦可谓巧合矣。[②]

本年　浙江官立第一中学堂(原名杭州府中学堂)停办,休学在家。

---

① 陈从周著、陈子善编:《徐志摩年谱与评述》,上海书店出版社2008年版,第16页。

② 韩石山编:《徐志摩全集》(第一卷),商务印书馆2019年版,第46—47页。

按，邵伯䌹在《浙江第一中学校革略》中写道："是岁之秋，革命事起，浙江各校悉中断，至民国二年春，甫议复设。任校长者，有朱君宗莱，马君裕藻，王君垚，冯君巽占，而以钱君家治为稍久。"陈从周以此推算，该校停办累计一年半。秦贤次则指出："'二年'，应系元年之误，查考茅盾先生的《我的中学时代》，即可知。"[①]故该校1911年秋停课，1912年春即复课，学堂改称学校，监督改称校长。

1913年（癸丑，民国二年）　17岁

▲6月，袁世凯向全国发布《通令尊崇孔圣文》，尊孔复古思潮猖獗一时。

▲7月，爆发"二次革命"，孙中山随后流亡日本。

▲9月24日，章太炎驳斥建立孔教，称将孔子与耶稣等并论，实为亵渎。

▲10月10日，袁世凯宣誓就任中华民国大总统。

▲11月23日，康有为任孔教会会长。

本年夏　浙江官立第一中学校更名为浙江省立第一中学校，校长钱均夫，杭州人，日本高等师范学校史地科毕业。徐志摩继续在该校就读。读书期间，徐志摩开始热爱文学，并模仿梁启超，着手研究小说。7月，在校刊《友声》第一期上发表文言论文《论小说与社会之关系》：

① 秦贤次：《徐志摩生平史事考订》，《新文学史料》2008年第2期。

……若科学、社会、警世、探险、航海、滑稽等诸小说，概有裨益于社会，请备言之。科学小说，发明新奇，足长科学知识。社会小说，则切举社会之陋习积弊，陈其利害，或破除迷信，解释真理。强人民之自治性质，社会之改革观念，厥功最伟。警世小说，历述人心之险恶，世事之崎岖，触目刿心，足长涉世经验。探险、航海小说，或乘长风破万里浪，或辟草莱登最高峰，或探两极，或觅新地，志气坚忍，百折不回，足以养成人民之壮志毅力。至若滑稽小说，虽属小品文字，而藉诙谐以讽世，昔日之方朔髡奴，亦足以怡情适性，解愁破闷。凡诸所述，皆有益小说也。其裨益社会殊非浅鲜。有志改良社会者，宜竭力提倡之……①

本年 与张幼仪订婚。时任浙江省都督朱瑞秘书的张幼仪四哥张公权，在杭州一中视察时，对徐志摩的《论小说与社会之关系》一文颇为欣赏，认为他将梁启超文白夹杂的优雅文风模仿得惟妙惟肖，且对徐的书法所显露的才气亦倍加赞许。又了解其父徐申如是硖石商会会长，家业显赫，就署本名张嘉璈致信徐申如，提议俩家联姻，徐申如回信同意："我徐申如有幸以张嘉璈之妹为媳。"订婚是两家大人作主。张幼仪 13 岁，正在苏州第二女子师范学校读书。

按，张幼仪晚年口述回忆录《小脚与西服》（侄孙女张邦梅录著）中所述：

我头一次听到我丈夫的名字，是在十三岁那年。爸爸妈妈在我放假从学校回家的时候，把我叫到客厅，交给我一只小小的银质相片盒。这是做什么用的？我想知道。他们

① 韩石山编：《徐志摩全集 · 第一卷》，商务印书馆 2019 年，第 9 页。

说，看看他的相片。我打开盒子，瞧见一张年轻人的照片，他的头大大的，下巴尖尖的，还带了副圆圆的金丝边眼镜。爸爸想知道我对照片里那个人的看法。我一言不发地盖上盒子。自从大姐算过命以后，家人一直期盼着这一刻的来临。我转向爸爸，小心翼翼地答道："我没意见。"根据中国当时的传统，情况就是如此：我要嫁给家人为我相中的男人，他叫徐志摩，是四哥帮我发掘他的……①

1914年（甲寅，民国三年）　18岁

▲5月1日，袁世凯公布《中华民国约法》，废止《临时约法》，扩大总统权限，改责任内阁制为总统制。同日，撤销国务院，设政事堂于总统府，任命徐世昌为国务卿。

▲5月10日，章士钊在日本东京创刊《甲寅》杂志。

▲6月，《礼拜六》创刊于上海，为鸳鸯蝴蝶派发源地。

▲8月15日，清华学堂首批选派留美学生（男生100名、女生10名、自费男女生若干名）在上海登上"中国号"客轮赴美。

▲7月8日，中华革命党在东京举行成立大会，孙中山正式任总理职。

本年　继续在浙江第一中学校就读。闲时读书作文，常有文章在校刊《友声》上发表。

---

① 张邦梅：《小脚与西服——张幼仪与徐志摩的家变》，黄山书社2011年版，第66页。

8 月

21 日　随父从上海出发赴北京。

23 日　至北京，住金台旅馆，次日迁至锡拉胡同蒋百里住宅。

有关赴京之事，徐志摩在致伯父[①]一信中详述道：

> 伯父大人尊右：……侄等二十一日自上海动身，即晚抵宁，渡江上津浦车。二十二日午刻过泰山，只见其背峰在云间耳，三时到济南，车站宏伟壮丽，盖德人所经营也。十时半抵天津东站，津浦路止此，即晚住中国旅馆。自河北以北，气温骤降，凉风甚厉。二十三日乘八点十分早车晋京，十一时抵前门，即正阳门车站，搜检颇不认真，站上有百里叔当差照应。现住金台旅馆，明日迁至蒋宅，有函径寄锡拉胡同蒋宅可也。父亲在沪累受感冒，腹泻胃减，中途颇不舒服，现已稍好，拟请峄之开方服药调养也。局长托购鞋子地名忘却，祈问明寄下。侄身体无恙，请转禀祖母大人勿念。惟此间空气甚燥，侄体热，不免唇焦等现象，住惯当亦无妨。……[②]

按，付祥喜认为徐志摩此次进京时间为 1915 年。[③]

---

① 徐志摩伯父，徐蓉初，谱名义煃，讳光济，小字祖荫，号寅庵。富收藏，尤多海宁文献。

② 韩石山编：《徐志摩全集》(第八卷)，商务印书馆 2019 年版，第 89 页。

③ 付祥喜：《徐志摩早年求学行实考》，《广州大学学报(社会科学版)》2015 年第 3 期。

1915年(乙卯,民国四年)　19岁

▲3月,鸳鸯蝴蝶派杂志《小说新报》在上海创刊。

▲5月9日,袁世凯政府承认日本提出的“二十一条”。

▲9月15日,陈独秀在上海主编的《青年杂志》创刊(从第二卷起改名《新青年》),反对旧思想,提倡科学与民主。

▲12月12日,袁世凯复辟帝制,改国号为“中华帝国”,以1916年为洪宪元年。

5月

在校刊《友声》第二期上发表了《镭锭与地球之历史》一文(署徐章垿)。

按,“居里夫人(1867—1934)1910年才提炼出纯镭,而徐志摩作为一位中学生,在4年后即发表了有关的自然科学论文,足见其对最新发见的关注”①。有人认为,徐志摩“后准备写一本关于天文的小说,曾收集材料,但未写成”②。

赵家璧在《写给飞去了的志摩》记述:

“你曾告诉我你在文学以外,对于天文最感到兴趣,你说要是在暑天的夜晚,你可以告诉我们许多星的名字。你叫我们闲时念些浅近的关于天文的书,你说可以使我们的

① 陆耀东:《徐志摩评传》,重庆出版社2000年版,第12—13页。

② 邵华强编:《徐志摩研究资料》,陕西人民出版社1988年版,第11页。

灵魂，不致每天按着地球跑，也得飞向远去看一看这座宇宙星辰的神秘……""更告诉我，已找到了材料，预备写篇关于天文的，并成一册，……"①

又按，韩石山编，商务印书馆 2019 年版《徐志摩全集》(第一卷)标注此文及《挽李干人联》发表于 1914 年 5 月。查《友声》第二期原刊，刊物印有："民国四年四月付印，民国四年五月出版"。

在同期《友声》上，发表纪念早殁同学李干人之挽联，发表时无标题，署徐章垿，刊于该期附录"(三)李君超追悼录"。后题为《挽李干人联》：

"李长吉赴召玉楼，立功立德，有志未成，年少遽醒蝴蝶梦；屈灵均魂报砥室，某水某邱，欲归不得，夜深怕听杜鹃啼。"②(原刊为"招")

本月 从浙江省立第一中学校毕业。

9 月

约本月 于上海期间考入北京大学预科。

按，关于徐志摩是否在进入北大之前曾经求学于沪江大学一事，韩石山和秦贤次曾有争论。秦贤次不同意韩石山关于徐志摩直接求学北大，其提供给克拉克大学的沪江大学成绩单系其父帮忙"伪造"的猜测。他在《徐志摩生平史事考订》中称："由台北'教育部档案室'的北大档，查出 1915 年 11 月报部的《预科学生一览表》中，有徐章垿与潘应升 、赵乃抟等三人同系 1915 年

---

① 赵遐秋编：《徐志摩全集·第三卷》，广西民族出版社版，第 300 页。

② 陈从周：《徐志摩年谱》，上海书店 1981 年版，第 8—9 页。

9月由上海录取的'备取生'，分发在预科第一部英文丙班。"[1]也就是说1915年9月前后，徐志摩开始进北大读书。

12月

5日 与张幼仪在硖石商会举行新式婚礼。汤寿潜[2]（蛰先）证婚。

1916年（丙辰，民国五年） 20岁

▲1月，邵力子、叶楚伧在上海创办《民国日报》，后成为国民党机关报。

▲3月22日，袁世凯取消帝制，恢复民国。

▲6月，袁世凯死，黎元洪继任大总统，段祺瑞任国务总理。各系军阀争权夺利，中国陷入军阀混战。

▲12月26日，黎元洪总统任命蔡元培为北京大学校长。

▲本年，黑幕小说开始风行。

1月

本月 从北大退学。后就近赴上海沪江大学[3]读书至本年年底。

---

① 秦贤次：《徐志摩生平史事考订》，《新文学史料》2008年第2期。另可参考章华明、吴禹星：《徐志摩与沪江大学》，《新文学史料》2013年第1期。

② 汤寿潜（1857—1917），萧山人，光绪进士，先后任修建沪杭铁路总办，浙江都督，南京临时政府交通总长，与徐申如交好。

③ 沪江大学创办于1906年，初名浸会神学院，1914年更名为沪江大学。

按，章华明、吴禹星《徐志摩与沪江大学》中指出："秦贤次还在1916年春北大上报教育部"在学生'名册上发现'徐章垿名字上还有加注：1916年1月自请退学。这个说法在2011年7月笔者专程访问北大档案馆时也得到了证实。"①

本年　开始创作，并在沪江大学校刊《天籁》上发表有关文章。计有：

《祀孔纪盛》(1916年3月第4卷第1号"杂俎"栏，署名徐志摩)。

《记骆何堃全谊事》(1916年3月第4卷第1号"杂俎"栏，署"前人"，即指徐志摩)。

《春游纪事》(1916年3月第4卷第1号"杂俎"栏，署"前人"，即指徐志摩)。

《渔樵问答》(1916年6月第4卷第2号"杂俎"栏，署名徐章垿)。

《卖菜者言》(1916年6月第4卷第2号"杂俎"栏，署名徐章垿)。

《论臧谷亡羊事》(1916年6月第4卷第2号"杂俎"栏，署"前人"，即指徐章垿)。

《说发篇一》(1916年11月第4卷第3号"文录"栏，署名徐章垿)。

《送魏校长归国序》(1916年11月第4卷第3号"文录"栏，目录页署"前人"，正文署名徐章垿)。

《沪江春秋》(1916年11月第4卷第3号"纪事"栏，署名徐

---

① 章华明、吴禹星：《徐志摩与沪江大学》，《新文学史料》2013年第1期。

章塝)。

《贪夫殉财烈士殉名论》(1916 年 12 月第 4 卷第 4 号“论衡”栏,署名徐章塝)。

《征人语》(1916 年 12 月第 4 卷第 4 号“文录”栏,署名徐章塝)。①

按,章华明、吴禹星在《徐志摩与沪江大学》一文中指出:“一般认为,徐章塝是徐志摩按族谱排列所取的名,留学美国后才改名徐志摩……然而,1916 年 6 月出版的《天籁》第 4 卷第 2 号‘天籁社职员表’汉文主笔一栏却赫赫然出现了‘徐志摩’。显然,此徐志摩不是别人,也是徐章塝。说明徐章塝在沪江求学时期就已经启用‘徐志摩’之名而非留学美国后。”②

该文还考证了徐志摩赴天津北洋大学的时间:“在 1916 年 12 月后,徐志摩在《天籁》上的声音戛然而止。这正和陈从周 1949 年版《年谱》12 月 29 日去天津北洋大学的记载相吻合。”“吴经熊是在 1916 年 9 月从宁波效实中学考入沪江,从而成为徐志摩同窗好友的。徐志摩逝世后,吴经熊在上海的英文杂志《中国评论周报》1934 年第 7 卷上发表了《奇妙的经历》一文,回忆自己和徐志摩之间的友谊,并分析两人之不同。在《跨越东西方》中,吴经熊回忆自己在 1917 年初和徐志摩一起在上海通过北洋大学第二次法科特别班招考,2 月同时转入北洋大学,从此告别沪江。”③

---

① 韩石山编:《徐志摩全集》(第一卷),商务印书馆 2019 年版,第 19—39 页。

② 章华明、吴禹星:《徐志摩与沪江大学》,《新文学史料》2013 年第 1 期。

③ 章华明、吴禹星:《徐志摩与沪江大学》,《新文学史料》2013 年第 1 期。

1917年(丁巳,民国六年)　21岁

▲1月4日,蔡元培任北京大学校长,实行大学改制。

▲1月,胡适在《新青年》第二卷第五号发表《文学改良刍议》。

▲2月,陈独秀在《新青年》发表《文学革命论》,正式举起文学革命的旗帜。

▲6月14日,张勋率"辫子军"进入北京城,黎元洪令大开中华门,迎接张勋。

▲11月7日,俄国十月革命爆发。

约本年初　与吴经熊在上海应考北洋大学第二次招考的法科特别班,并通过考试。

2月　转至天津北洋大学法科预科。学习成绩十分突出,"英国文学八十八分,中国文学九十分,世界历史九十八分,法律基础九十分,逻辑与心理学八十六分。"[①]

9月　北洋大学法科并入北京大学,徐志摩随之转入北京大学法学院修政治学,加修法文和日文。

10月

7日　致函伯父徐蓉初云:"敬禀者,侄儿到京以来起居初适,北海三希堂约须四十余元可以拓全,伯父如要,可信来通知。

---

① 顾炯:《徐志摩传略》,湖南人民出版社1986年版,第7页。

有正局影印者亦精，侄儿以六五折购得一部，计十元，与原拓丝毫不差，亦尚值得，又珂图版中国名画及名绘外集，并精美可喜，已买多种，惜定价过昂耳。此间菊花甚好，有一茎一花价至数十元者，多接木，有一茎而花开十余色者，杂头亦极肥大，以万牲园所陈列者为富丽，南方当无此大观也。严复，樊老近并鬻字，伯父要否？北方天气早寒，已非重裘不温矣！”

下半年 在北京预科读书期间，加入两个学生社团。其一为“雄辩会”外国语第一支部，以加紧练习英文；其二为“阅书报社”。[①] 另外也尤为关注文艺。尽管徐志摩自己认为，在24岁以前，无论新诗旧诗，与他完全不相干，但据他身边的朋友回忆，一切文艺的东西，似乎特别合乎他的脾胃。他的朋友毛子水曾回忆道：

> 那时他对于文艺，似乎是很有兴趣的。我记得当时有所谓菊选，大家都纷纷拥戴梅兰芳，结果果然梅兰芳被选为剧界大王。志摩却说，平心而论，当然是杨小楼最好——我头一次去看杨小楼的戏，还是跟他去的——不知志摩的思想后来改变了没有。而我对于中国戏的观念，一直到现在，还受了他那里一句话的影响：我以为如果我们中国的旧戏，有些可能的地方，还是杨小楼好看些。他进预科的第一年，本住锡拉胡同他的亲戚蒋君家中。后来袁氏叛国以后，他的亲戚南返，他就搬到腊库去住。我有时候上他那边去，远远便听见他唱戏的声音了。（大约是学杨小楼的！）他对于

① 秦贤次：《徐志摩生平史事考订》，《新文学史料》2008年第2期。

网球，也有相当的嗜好，不过兴致不十分浓罢了。[①]

本年　作文言随笔十则：《汤山温泉》《天津水祸》《廖传文》《吴语》《野猪》《辟鼠器》《摄影奇事》《京语》《命相》《牙牌数》。

按，陈从周指出，"'志摩早期随笔'十则，诗人徐志摩遗稿也。徐氏以新诗名世，世乃不知其早年尚邃于旧学。今兹所辑，系得于其哲嗣如孙内表阮处，为丁丑劫烬之余；属先董理刊出；其他尚有说文离骚等札记，及致其师新会梁先生函数通，容后续刊。虽然零锦碎玉，非世所珍；然雪泥鸿爪，亦足留当时过眼行云也。呜呼！诗人化鹤西去，倘重来华表，将不识人间何世矣！录竟为之怆痛不已。"[②]

1918年(戊午，民国七年)　22岁

▲5月，鲁迅在《新青年》第4卷第5号发表《狂人日记》，为中国现代文学史上第一篇白话小说。

▲11月11日，第一次世界大战结束。李大钊发表《庶民的胜利》和《布尔什维主义的胜利》，歌颂十月社会主义革命。

▲12月，周作人在《新青年》第5卷第6号发表《人的文学》。

▲12月，李大钊、陈独秀创办《每周评论》。

---

① 毛子水：《北大求学时代的志摩》，《北平晨报·学园》，1931年12月8日。

② 韩石山编：《徐志摩全集》(第一卷)，商务印书馆2019年版，第47页。

4月

22日 长子徐积锴[1]出生。

夏 在父亲和妻兄张君劢的操办下，徐志摩拜梁启超为师，父亲出资一千元银钱作为贽礼。随后离京南行，准备赴美留学，有《上梁师任公函》："夏间趋拜矩范，眩震高明，未得一抒其愚昧，南归适慈亲沾恙，奉侍匝月，后复料量行事，仆仆无暇，首涂之日，奉握金诲，片语提撕，皆旷可发蒙，感抃乍会至于流涕。具谂夫子悉人以德，不以不肖而弃之，抑又重增惶悚，虑下驷之不足，以充御厩而有愧于圣门弟子也。敢不竭跬步之安详，以冀千里之程哉？"[2]

8月

14日 偕刘叔和、董任坚等乘"南京号"轮自费赴美留学。

31日 作《民国七年八月十四日徐志摩启行赴美文》分致亲友抒发爱国、报国之情。该信初载1930年6月上海南洋中学同学会会刊《南洋》杂志第一卷增刊号。后收入韩石山编《徐志摩全集》，改题为《致南洋中学同学书》。信中道：

> ……诸先生于志摩之行也，岂不曰国难方兴，忧心如捣，室如县磬，野无青草，嗟尔青年，维国之宝，慎尔所习，以騔我脑。诚哉，是摩之所以引惕而自励也。传曰：父母在，

---

① 徐积锴（1918— ），字如孙，乳名阿欢。后娶上海张粹文女士。张女士系国立交通大学土木工程学士，复留美入哥伦比亚大学研究院，曾参与纽约帝国大厦工程设计。

② 陈从周：《徐志摩年谱》，上海书店1981年版，第11页。

不远游。今弃祖国五万里，违父母之养，入异俗之域，舍安乐而耽劳苦，固未尝不痛心欲泣，而卒不得已者，将以忍小剧而克大绪也。……况今日之世，内忧外患，志士贲兴，所谓时势造英雄也。时乎！时乎！国运以苟延也今日，作波韩之续也今日，而今日之事，吾属青年，实负其责。勿以地大物博，妄自夸诞，往者不可追，来者犹可谏。夫朝野之醉生梦死，固足自亡绝，而况他人之鱼肉我耶？志摩满怀凄怆，不觉其言之冗而气之激，瞻彼弁髦，惄如捣兮，有不得不一吐其愚以商榷于我诸先进之前也。摩少鄙，不知世界之大，感社会之恶流，几何不丧其所操，而入醉生梦死之途？此其自为悲怜不暇，故益自奋勉，将悃悃愊愊，致其忠诚，以践今日之言。幸而有成，亦所以答诸先生期望之心于万一也！

八月三十一日徐志摩在太平洋舟中记。[1]

秋 致梁启超信：

生于八月中发沪，道出横滨檀香山，阅二十一日，而抵金山，然后横决大陆，历经芝加哥纽约诸城，今所止者，麦斯省之晤斯忒也。入克拉克大学习，生计国人于此不及百，学者十人而已，此间人士切心战事，上下同忾，爱国热忱，可为敬畏，其市则供给日匮，物价日昂，生活艰难，良未艾已。[2]

按，徐志摩《西湖记》中还提及："在赴美坐'南京号'轮中识汪精卫（兆铭）。"[3]

据张宏生《徐志摩就读美国克拉克大学行实钩沉》一文披

---

① 韩石山编：《徐志摩全集》（第一卷），商务印书馆 2019 年版，第 51—53 页。

② 韩石山编：《徐志摩全集》（第八卷），商务印书馆 2019 年版，第 189 页。

③ 陈从周：《徐志摩年谱》，上海书店 1981 年版，第 14 页。

露，徐志摩于1918年9月18日入克拉克大学政治和社会学系，副修历史，导师是富兰克·H.汉金斯。修习课程有：社会学；经济学（商业管理，劳工问题）；历史（十九世纪）的社会和政治；1789年后国家主义、军国主义、外交及国家组织；一般心理学；法语；西班牙语；体育等。①

10月

15日　与同室舍友董仁坚、张道宏、李济协议生活学习之章程，据陈从周辑《志摩杂记》：

> 大目如六时起身，七时朝会（激耻发心），晚唱国歌，十时半归寝，日间勤学而外，运动散步阅报。
>
> 雄心已蓬勃，懒骨尚支离；日者晚间入寝将十一时，早六时起身，畏冷，口腻，必盥洗后始神气清爽，每餐后辄迟凝欲睡，在图书馆中过于温暖，尤令懒气外泄，睡魔内侵；惟晚上读书最为适意，亦二十年来习惯之果。生平病一懒字。母亲无日不以为言，几乎把一生懒了过去，从今打起精神，以杀懒虫，减懒气第一桩要事。
>
> 因懒而散漫，美其称曰落拓，余父母皆勤而能励，儿子何以懒散若是，岂查桐荪先生之遗教耶！志摩自是血性大，奈何幼时及成人，遂不闻丝毫激刺语；长受恶社会之薰陶，养成一种恶观念，恶习气，散漫无纪至于如此。从今起事事从秩序着手，头头是道，再要乱七八糟，难了难了。
>
> 可怜志摩失其性灵者二十余年矣！天不忍志摩以庸暗

---

① 张宏生：《徐志摩就读美国克拉克大学行实钩沉》，《中国现代文学研究丛刊》2008年第1期。

终其身也，幸得腾翮北游，濯羽青云，俯视下界，乃知所自从来者，其黑暗丑陋鄙塞龌龊，安足如是！反顾我身则犹是黑暗丑陋鄙塞龌龊之团体中之分子耳。其所有之持实未尝或缺，平日同在鲍鱼肆中，故习于臭，今忽到芝兰世界，始自惭形秽（以人性本善也）。于是始竭力磨其黑暗，剥其丑陋，辟其鄙塞，洗其龌龊，朝夕兢兢焉，而犹惧不逮。知矣，而行未从也；立矣，而未能前也。即使于此能行矣前矣，而难保他日之投身昔所从来之社会，虽有磨剥辟洗之心，而物欲腐于外，根性（恶根性）突于内，其不丧无常者几希焉！望磨剥辟洗之功也乎？摩以是战栗咒想，戴发弁股勿能自已也。

日者思想之英锐透辟，殆有生以来未尝有也。无论在昔混浊之社会中未尝思念及此，即自出海以来，至于距今十余日前，其颟顸壅塞，曾未尝一见天日之光也。请言今日之所思。

读梁先生之意大利三杰传，而志摩血气之勇始见。三杰之行状固极壮快之致，而先生之文笔亦夭矫若神龙之盘空，力可拔山，气可盖世，淋漓沉痛，固不独志摩为之低昂慷慨，举凡天下有血性人，无不腾骧激发有不能自已者矣！昔以为英雄者，资自天也，不可得而冀也；今以为英雄之所以异于人者，以其能持一往之气，奔迅直前而无所阻阂也。孔子曰："我欲仁，斯仁至矣！"至于自贬其志气拘于庸凡，斯其自求为庸凡。而不可得也非常哉。向使志摩能持读三杰之意气，而奔迅直前也；则玛志尼志摩也，加里保的志摩也，加富尔志摩也。惟其势有所外压而气有所中衰，则九仞之功或亏一篑。夫千古咸仰事变，怀彼三杰之意气者，不知其千万也！彼其不成者，气有所衰而意有所夺也。

志摩意气方新，桓桓如出柵之虎，以为天下事不足治也。虽然此浮气也，请循其本，志摩以为千古英雄圣贤之能治其业也，必有所藉。所藉者何？才乎，学乎，运乎？皆其旁支而非正干也。正干者何？至诚而已矣。天之能化，地之能造，无他，亦至诚而已矣。夫至诚然后几于神之所运金石穿焉；故神然后能成，志摩不敏，请致其诚。诚者本也。本立而道生，本之不立，则其学其识皆如陆子所谓藉寇兵赍盗粮者也。故愿于此沧海横流之日而揭橥致良知之说，以为万物先。世有君子，其予谅乎？

“不忮不求，何用不臧”，忮，害也，嫉也。文正云：“善莫大于恕，德莫凶于妒；妒者妾妇行，琐琐奚比数。”天分高者未尝肯折节，性气傲者未尝肯下人，若其欠修养之功，其极必至满怀荆棘，乖戾蹇诟，要之非大人之概也。君子以国家为先，以育才为业，拔下驷于中庸，甄琨瑶于瓦石；其贤于我者，则从而习之；其才于我者，则亲而敬之；一以成人，一以自成，此乐天知命之道也。忮忌小人之事也，伐性伤德，何以得人？是故不自爱则已，如其有天下之心，则不忮其先己。

《论语》曰：“君子不重则不威，学则不固。”非矫为矜庄之意也，故曰主忠信。非自外也，学者苟识天下之大，而后自视缺然，知缺而后能敬，敬生畏，畏天命，畏大人，畏贤人之言。畏者虑其行而自至也，天下事汇之繁颐，曾勿能尽其一二。由是观之，梓匠舆人吾勿如也，内有所谨，则外有所重，而后知求均已适用之学也。

葛尔敦曰：蛮夷之性无远虑而贪婪，此其德之所以与禽兽邻也。试冥目而求诸我，其德不邻于蛮夷也几希？可不惧哉！可不惧哉！

二十九日读任公先生《新民说》，及《德育鉴》，合十稽首，喜惧愧感，一时交集。不记宝玉读宝钗之《螃蟹咏》而曰："我的也该烧了！"今我读先生文亦曰："弟子的也该烧了！"（未免轻亵！）

知道即是良知，知过即是致知，直截痛快，服膺！服膺！①

按，《志摩杂记》可窥见徐志摩留学时的学习及思想轨迹。陈从周云："志摩杂记数则，是诗人徐志摩游学新大陆与英伦时的作品，都是信手写来，随记随辍的文章；有些类似日记，有些类似杂感，写得非常凌乱，颇费爬梳。进珊主编嘱为辑录，现在特地将它排比起来，姑名之曰'志摩杂记'。这些零锦碎玉中，依稀可以想象到徐氏当年的气概风度，引志读者无限的回忆。"②

11 月

本月　欧战停止，志摩在美，所记甚详。

按，陈从周辑《志摩日记》："十一月十一日上午三时停战消息传到，霎时举国若狂，欢动天地……下午休课与道宏出觅屋不得。……长队游行亘二里不绝，方是时也，天地为之开朗，风云为之霁色，以与此诚洁挚勇之爱国精神，相腾嬉而私慰。嗟呼！霸业永诎，民主无疆，战士之血流不诬矣！"

本月　致梁启超信："遂有今日，一扫云雾，披露光明，消息（十一月十一日上午二时五十分）到美，举国昌狂。（全文论战局

① 韩石山编：《徐志摩全集》（第一卷），商务印书馆 2019 年版，第 54—57 页。

② 韩石山编：《徐志摩全集》（第一卷），商务印书馆 2019 年版，第 57 页。

大势甚详)”。[1]

12 月

15 日 红十字会开征求会员大会,与张道宏、李济之去参加,听比妇克拉克夫人的演说。据《日记》十二月二十一日,与李济之、周延鼎、向哲睿同赴波士顿,寓康桥青年会,四宿而返。二十三日听王正廷演说,游哈佛三日,识尹寰枢、万兆芷、陈达迈、陈宏振、吴光應、奚伦、徐允中、梅光迪、赵元任、朱宗焘、唐腴庐等。

本月 作《五月来居处之历史》(未发表);参加美国学者好尔博士的论文报告会,听余天休宣读其论文《中国之社会革命》。

在哈佛大学参加了“国防会”。

按,韩石山《徐志摩传》中称:“最能看出志摩政治热情的,是参加国防会的事”[2]。关于国防会的性质,吴宓是这样解释的:“先是民国四年五月九日,中国政府屈服于日本,承认其五项二十一条以后,在波士顿城之中国留学生,痛愤‘国耻’,遂有‘中国国防会’之组织。‘国防会’之名,易滋疑问及误解。盖该会并非欲直接自办练兵购械之事,只欲唤醒国人,团结民众,共事抵抗外国之侵略与凌逼,以救亡图存而已。故‘国防会’,实即‘救国会’之别名。入会者,皆留美学生中之优秀分子,确实热心爱国者。”[3]

又按,韩石山《徐志摩传》记:“这一年,志摩在克拉克大学还

---

① 陈从周:《徐志摩年谱》,上海书店 1981 年版,第 15 页。

② 韩石山:《徐志摩传》,北京十月文艺出版社 2000 年版,第 41 页。

③ 吴宓著,吴学昭整理:《吴宓自编年谱》,生活・读书・新知三联书店 1995 年版,第 182 页。

参加陆军训练团，接受军事训练。”[①]

1919年(己未，民国八年)　23岁

▲1月18日，巴黎和会开幕。英、美、法三国首脑操纵和会拒绝中国的正义要求，将德国在山东权益让与日本。

▲4月30日，美国实用主义哲学家、思想家、教育家约翰·杜威抵达上海，受邀来华讲学。

▲5月4日，北京学生3000余人举行爱国游行示威，抗议巴黎和会的强权和北洋军阀政府的卖国行径，揭开了中国新民主主义革命之序幕。

▲7月20日，胡适在《每周评论》发表《多研究些问题，少谈些主义》，随后展开“问题与主义”的论争。

1月

26日　任坚将林世熙所赠日记转赠徐志摩。寄家信。

27日　分别致俞九经、周尔麟信。

28日　致A. Q. Wilson(威尔逊)信。

2月

14日　《留美日记》存诗一首：

“东风已出新梢绿，三日大雪寒惨督。彤云擘絮天地愁，稚

① 韩石山：《徐志摩传》，北京十月文艺出版社2000年版，第42页。

鸟噤声万象局。炉火不温兼无酒，壮士雄心遭冷酷。冬逝春来新大陆，不见梅花不见竹。不见梅花魂不安，何处严青填□谷。最是银沙泻月夜，一蕊不赏天涯月。抱寒握火自迷离，邓尉淇园神迴复。”

28 日　在美察米大厅欣赏科马克先生和比思先生小提琴演奏。

3 月

17 日　在克拉克大学上课。搬家。分别致父母和朋友信。

21 日　下午与 T. H. 一起到纪念医院去见斯通医生。

22 日　致家书第十一号，收家信。

23 日　分别致友人信。

24 日　听演讲《俄罗斯的实况》，主讲人系杰罗姆·戴维斯先生。

4 月

2 日　致徐昌信。

3 日　致汪、姚等朋友信。

4 日　收到巴黎刘、张等朋友信。

6 日　致巴黎张、刘等朋友信。与朋友去青山公园。

7 日　分别致家信以及尹寰枢等若干朋友信。

8 日　致汪心渠信。

9 日　收到陆麟书信。“《益世[时]报》均到。陕事不决，和议中辙”。

11 日　赴波士顿游玩。在批袍台博物院浏览二小时，观察初民文化。三时到心理病医院听讲心理病。按，克拉克大学的心理学是全美国顶尖的学科之一。

18日 祖母八旬荣寿。

26日 思乡，并在日记中言："无言便是别时泪，小坐强于别后书。"

29日 致家信，收到焕文、徐昌、阿杲来信。

30日 收到张君劢、曹似冰、孙延杲来信。

5月

1日 致张君劢信。课余关注时事，并在日记中记道：

前日小余以纽约华报见示。有"广东电王正廷，电阻任命梁任公为媾和委员。旧国会以梁亲日，已将梁产充公。又上海总商会亦反对梁为代表"云云。广东人积怨，污词殊不足听。昨接《益世报》载有中美通信社消息，巴黎有华人逆谋助日，以隳顾、王之功，未知谁何，仅提某某亲日派。又有一节系陆、王、顾联电请任梁为对日协议委员。中日交涉先由两国协定再呈和席。《北京日报》亦有相等消息。今日最著之亲日派莫若新交通。而王景春，叶恭绰赴欧之含有政治关系，不难推测。惟今日千钧一发，万目睽睽，即有奸宄亦应震惮而稍敛迹。

2日 就时事动态抒发愤闷之感，并在日记中评述道：

岂有丧心病狂，至于显佐大仇，以为全国之公敌？不幸梁先生亦羼入其中，嫉之者唱而无识者和，即如王祖廉与任坚书认诼为信，讹虎三传一市尽走。梁先生赤心义胆为兆民，先日月之明可得而圬邪？昨接巴黎寄来一小册，题曰《中国与世界和平》，梁先生所著。列述中国和平会议，要求款项合法洽理，而于归还青岛，废除密约诸项，尤申言凿凿于此，可见梁先生之主张，风景之谈何自来也。《晨报》（一日）突揭青岛已定由日本承袭，将来由日本归还中国。麦根拿声言，“日本决不背约，绝无永远占据之野心，其余一切密约，均由两国自定行协定。”换言之，即中国在和平席所有要求希望均已完全打消，日人完全胜利。于此不能无疑，此为中日先行协商之结果，而英法美认可之。则《益世报》所谓协议云云，不为无据。然则主议者谁也，必有负责者在，但此间报纸从未提及，而国报又未续到。一团闷气，愤愤何似！

4日　五四运动爆发。徐志摩后来回忆道：那时“国内青年的爱国运动在我胸中激起了同样的爱国热”。①

24日　寄尹、薛信，及凌赠与书。接到家信。《留美日记》中自省：“悟够，醒够，但看究竟能否，干否。庄严（制仪）、整齐（行事）、信实（存心）。做人。”

6月

22日　自吴城到北场参加夏令会，并在日记中记述：

摩来美仅九月，对于留学生情形不甚周悉。此次遄赴夏令会，并非有宗教兴趣，亦非以避暑晏息为主旨。此来盖为有多数国人会集，正好借此时机唤起同人注意。五月四日以来［按：指五四运动］全国蜂起情事。国内学生已结有极坚固、极致密之全国学生联合会，专诚援盾外交、鼓吹民

---

① 邵华强编：《中国文学史资料全编（现代卷）·徐志摩研究资料》，北京知识产权出版社2011年版，第9页。

气，一面提倡国货、抵制敌货。吾属在美同学要当有所表示，此职任所在不容含糊过去也。

23日 日记记道："昨到即闻一事，甚骇异，据云中国代表照往年常例须与日本小鬼。"

30日 从北场到衣色加。

夏 入美国康奈尔大学夏令班，修得四个学分，达到克拉克大学毕业要求。①

按，徐志摩在夏令班的成绩甚好。林徽因在《悼志摩》一文中写道："听说有一次康乃尔暑校里一位极严的经济教授还写了信去克拉克大学教授那里恭维他的学生，关于一门很难的功课。"②

7月

5日 日记载："晚上，Cosm[朱霖]开会，Prof. Schimidt[息密脱教授]演说国际同盟会。他是主张真正民主的自由国家社会，无论何种人民，都按着选举法，派代表来组成一国际议会，如此如此。他对于现在的五大霸主会，非常反对，他所持的理由就是国会里反对党的主张。当然他狠替中国人抱不平，着实把英日讥笑了一顿。"

6日 在日记中记载朱霖"情史"。

8日 在日记中自省："人家说我好，倒要估量估量是真好不

---

① 邵华强编：《中国文学史资料全编（现代卷）·徐志摩研究资料》，北京知识产权出版社2011年版，第9页。

② 林徽因：《悼志摩》，《林徽因文集·文学卷》，百花文艺出版社1999年版，第9页。

是；人家说我坏，十有九分是有怎么一回事——况且是我知己朋友，批点出来，难道说他们还无中生有，来咒我不成？”

10日　在日记中强调写日记的重要性：“日记竟一荒永荒真不应该。……惟学问少所臻诣，思路必不纯洁，故难于著专篇而宜于著随笔。日记有百利，而无一弊。”

12日　在日记中阐述自傲和薄人的区别，并对自傲心理的产生原因、表达方式进行了别有意味的分析。

20日　在日记中表达了对社会卫生问题的担忧：

想起社会卫生问题，将来实施起来，着实有些棘手。水是第一难题，就家乡说，常年的疾病疫疠，太半是水的缘故。市河里的水，虽然流通，真不知龌龊到什么田地：这一家正在淘米，上流那一家在那里净桶；不要说别人家，我就是这样子吃大来的。其实难堪！还有许多袜厂，不顾公德，在上流把颜料都洗在水里，换一句说，就是轻轻的下了些毒。全镇人民都服了毒！谁禁止他去？到了夏天，更不得了。一个月不下雨，河底就向天，全镇的人都免不了挑臭水吃，凭你怎样的下矾，也干净不到那里去。每立方水里面，要是用显微镜一查考，不知容纳了沙数的微菌，微菌都变了资（滋）养料！这叫做甘心服毒。夏天一过毛病发作了。秋瘟！伤寒！瘪螺！吊（大）脚！以及希奇百怪的传染病。郎中药铺，做得好生意。人口短了一大段。但是那疾病究竟是怎样来的呢？不用说是人心太坏，上天示罚，瘟病下降。没有别的，赶快迎会罢；赶快打醮罢；拜平安忏罢；开梅坛拜斗忏罢。可怜连我们老太爷，也免不得要上山去住几天，斋戒礼拜，替合镇祓除不祥。唉！就是这样的社会情形！恐怕从开辟以来，没有换一些样儿！

按，瘪螺：中国南方夏天常见的一种因中暑而引起的急性疾病，可致人死。

大脚：是由血丝虫而引起的一种疾病，患者自小腿以下肿胀，终生难愈。梅坛：在海宁硖石西山上，是宗教活动的一个场所，徐志摩遇难后，曾在这里设过灵堂。

是时，开始接触马克思、欧文、罗斯金等人著作。

按，据赵遐秋《徐志摩传》："本来，受父亲的影响，徐志摩曾经崇尚实业救国的主张。他不曾出国的时候只听人说振兴实业是救国的唯一路子，他以为，振兴实业的意思是多开工厂，一来可以解决贫民生计问题，二来可以塞住'漏卮'，那时他见着高矗的烟囱，心里就发生油然的敬意，如同翻开一本善书似的。到了美国，他的想法变了。在《南行杂记·二·劳资问题》里，他追记当时的想法，是英国政论家，艺术批评家罗斯金和马克思最初修正了他对烟囱的见解(那时已在美国)，等到离开纽约那一年，看了自由神的雕像都感着厌恶，因为它使他还将联想起烟囱。他不喜欢烟囱另有一个理由。历史教师讲英国十九世纪初年的工业状况，以及工厂待遇工人的黑暗情形，其中有一条是叫年轻的小孩子钻进烟囱里去清理龌龊，不时有被熏焦了的。他不能不恨烟囱了。于是，他转而倾心于政治救国。攻读硕士学位研究生期间，他进的是经济系，可选的课程侧重在政治方面，在课外，也加紧研究各种政治学派的学说。"①

又按，徐志摩的《南行杂记·二·劳资问题》写道：

> 我同情社会主义的起点是看了一部小说，内中讲芝加哥一个制肉糜厂，用极小的孩子看着机器的工作的，有一个

① 赵遐秋：《徐志摩传》，中国人民大学出版社1989年版，第15页。

小孩不小心把自己的小手臂也叫碾了进去，和着猪肉一起做了肉糜。那一厂的出货是行销东方各大城的，所以那一星期至少有几万人分尝到了那小孩子的臂膀。肉厂是资本家开的，因此我不能不恨资本家。

我最初看到的社会主义是马克斯（思）前期的，劳勃脱欧温（即欧文——引者）一派，人道主义，慈善主义，以及乌托邦主义混成一起的。正合我的脾胃。我最容易感情冲动，这题目够我的发泄了：我立定主意研究社会主义。

我在纽约那一年有一部分中国人叫我做鲍尔雪微克（即布尔什维克——引者），……①

同日 致麦尔维尔信，告诉麦尔维尔教授自己在康奈尔大学新选的课程，一门是经济学，一门是英语。

29日 在日记中以英文记载了唐盖尔先生对本能（天性）的定义及本能的延伸信息。

30日 致杨承训等人信。

31日 致邱姓等朋友信。阴雨天气，牵动思乡之情。

8月

1日 收到白恩斯先生来信。了解纽约大学章程。日记中记叙了没钱用的难处，好在友人寄来二十一元三角六分。下午下镇去，买信纸、吃香蕉、剃头、取表、看戏，还还了零头债。晚上李济、楼光来访，谈了三点多钟的天。

2日 九点动身，与刘、鲍等若干朋友同游华塔根。四点半到家，兰阁来访，谈论其服役之事。后与老张谈论多时，相谈甚

---

① 韩石山编：《徐志摩全集》（第四卷），商务印书馆2019年版，第132页。

欢，结为同志。

4日 下午，以衣色加中国学生名义，请李佳白谈天，中英夹杂，谈了一点多钟。徐志摩在日记中评价李佳白："此老忠心耿耿，三十七年来，无日不为中国效劳。……固然是一片至诚，淋漓尽致。但是就差了一点，原来他本反对对德宣战，所以他语气之间，未免有容袒德人之意。……但是通体而论，他那演说，也够教十分里八九的听课，多少明白了中国的冤屈，我们为何不感激李老呢？"

5日 朋友来信，共寄来七十元。下午在罗刹庵与友人谈天。

6日 日记载："昨晚有女子唱极荡亵，心为一动，但立时正襟危坐"，"第一是领悟到自负有作为的人，必定是庄敦立身，苦难生活。Take Life Serious！决计不可随众逐流，贬损威信；第二是想到心地光明，决计不可为外诱所笼罩，盖渎神明。"

7日 去罗刹庵。在日记里记录时政："日外相申明交还青岛主权，保留经济特权，实行未具时日。"

8日 到罗刹庵待了半天。

9日 终日不曾读书，只写了数封信。

12日 在日记中对国内时局发表议论："这一番国难，大学生郭钦光呕血死，周瑞琦蹈水死，清华徐日哲积劳死，湖北陈开泰受殴死——可敬亦可伤哉！……仇敌在那里呢？就在吾们自己心里。这是一种破坏的，摧残的，塞绝的一种大力。我说是有生俱来，涉世益深的自利心。自利心消极的表示，就是嫉妒心。这就是我们最大的仇敌，这就是将来国家发展的大障害，民国八年来分崩离析，就为了这股潜伏的势力。我就借用荀老夫子的'性恶'来叫他做'恶性'。恶性幸亏也有一个克星，就是至诚。

照我看来，只有诚心，赶得去恶性。所以我的大志，就在（一）光大自己的诚心，克制恶性；（二）用我的诚心，感动大家的诚心来克制恶性；（三）然后可以合群大成。”

15日 大考考完，夏令班补习完结，到罗刹庵。在日记中记道：“今日上午预备北大怀旧，忙了半天。两点钟出发。走了半点钟模样，到了六里河。……一直到五点半，方才乘兴而归。晚上八时开会。……张彦三提出修改北大同学会简章及进行办法。拟星期二再议。……有客三人：张鑫海，楼光来及胡应璜。”

17日 上午到罗刹庵吃李济做的水饺。晚上八时在罗刹庵请客茶话，中国学生差不多都到了，聚会至十一点半结束。

20日 给李济送行。

22日 参加衣色加中国学生大会。

24日 贴图画。

25日 寄照片给父母，并题字“敬奉我最亲爱的父母亲大人，此是儿子至东美所照的相，大人看了一定很欢喜的。”按，据1936年3月20日上海良友图书印刷公司初版《爱眉小札》插图之“徐志摩先生留学美国时寄给他父母的纪念照片”，据落款时间、地点推测，此段题字应作于1919年。

26日 再度搬家。

27日 致麦尔维尔信，寄出自己在康奈尔大学夏令班的结业证书，并禀报日后入哥伦比亚大学读书等相关事宜。

29日 日记中记道：“前天褚凤章寄了我一本国防会的《乾报》，刚刚出版。其中稿件，还是两年前的。总编辑是薛桂轮，到有好几篇中学堂的文课。实在是不出色。现在编辑部的部长，举了吴宓。余外举了七九六十三位的编辑先生。我也承他们不弃，给竽次进了。我回信去说了这是商蚯驰河，办不了的。不敢负名，但尽义务。”

9月

4日　致麦尔维尔信，对于毕业文凭和哥伦比亚大学秋季开学注册事宜，恳求麦尔维尔教授多多留意。

6日　早起与张、楼等朋友赴车站。七点四十离开衣色加，坐车七小时至特洛伊，后寄宿那郎思廉工业专门学校。

7日　早上见徐昌，相见甚欢。

8日　夏令会开会，校长在开会式上演说，主席张振忻答词。

本月　于克拉克大学政治和社会学系毕业，因成绩斐然，得一等荣誉奖。

按，徐志摩在克拉克大学修学实际只有三个学期。梁锡华《徐志摩新传》一书提供了徐志摩在克拉克大学修学的具体科目和对应学时：

三科历史学课程

(1)欧洲现代史(半年)

(2)十九世纪欧洲社会政治学(一年)

(3)一七八九年后的国家主义、军国主义、外交及国际政治(一年)

两科经济学课程

(1)商业管理(半年)

(2)劳工问题(一年)

两科法文课程(共一年半)

(1)一科西班牙文(一年)

(2)一科心理学(半年)

两科社会学(共一年半)[①]

又按,张宏生《徐志摩就读美国克拉克大学行实钩沉》一文提供了克拉克大学所保留的徐志摩的两份成绩单:

第一份如下:

课目	第一学期上	第一学期下	第二学期上	第二学期下	学分
社会学	A	A—	B+	B+	6
经济学	B	B+	B+	A—	6
历史	A	A—	A—	A—	6
法语	B—	B+	B+	B+	6
历史	A	A—	A—	A	6
西班牙语	B+	A—	B	B—	6

第二份如下:

课目	具体内容	第二学期上	第二学期下	学分
社会学	社会学	A—	B+	6
经济学	劳工问题	B+	A—	6
历史	19 世纪欧洲的社会和政治	A—	A—	6
法语	语法、发音和口语	B+	B+	6
历史	1789 年后的国家主义、军国主义、外交及国际组织	A—	A	6
西班牙语	西班牙语入门	A—	B—	6

在克拉克大学毕业前后,徐志摩与该校负责教务的麦尔维尔教授有密切联系,他关心自己在康奈尔拿到的学分能否被克拉克大学承认,以便在该校顺利毕业;还关心自己能否及时拿到毕业文凭,以在哥伦比亚大学继续求学。先后有四通信于一儿

① 梁锡华:《徐志摩新传》,台湾联经出版事业公司 1994 年版,第 4—5 页。

一九年七月二十日、八月二十七日、九月四日、十月二十日致麦尔维尔教授。

按，张宏生《徐志摩就读美国克拉克大学行实钩沉》一文附后，并简介麦尔维尔此人。“麦尔维尔(1878—1963)，1901 年毕业于美国西北大学。1914 年至 1918 年任克拉克大学数学系助理教授，1918 年至 1943 年任该系副教授，1943 年至 1948 年任该系教授，1948 年至 1963 年任克拉克大学名誉教授。从 1914 年到 1932 年，他还兼任克拉克大学的教务主管，这就是徐志摩在 1919 年夏天和他联系密切的原因。”①

留学期间，徐志摩也曾经历打工挣钱的生活。他说：

> 前几年我在美洲乔治湖畔的一个人家做苦工。我的职务是打杂，每天要推饭车，在厨房和饭厅之间来来往往的走。饭车上装着一二百碗碟刀叉之类，都是我所要洗刷的。我每次推着小车在轨道上走，口里唱着歌儿，迎着习习的和风，感到一种异样的兴趣；不过这也仅是在疲极的时候所略得的休息罢了。实在说来，我在那里是极苦的。有一天不知怎样，车翻了，碗碟刀叉都跌了下来，打得歪斜粉碎。我那时非常惶恐，后来幸亏一个西班牙人——我的助手——帮着我把碎屑弄到阴沟里去，可怜我那时弄得两手都是鲜血，被碎屑刺破。②

按，本文系徐志摩一九二三年夏在南开大学暑期学校的演讲稿，由赵景深记录整理，初收赵景深编一九二五年十一月上海新文化书社《近代文学丛谈》。

---

① 张宏生：《徐志摩就读美国克拉克大学行实钩沉》，《中国现代文学研究丛刊》2008 年第 1 期。

② 韩石山编：《徐志摩全集》(第二卷)，商务印书馆 2019 年版，第 136 页。

本月　入美国纽约哥伦比亚大学修硕士学位。十分注意选修政治学方面的课程。参加并筹组设在美国纽约的“中华合作协进社”。

10月

5日　补记了9月的日记,并介绍了在夏令会认识的朋友:“礼拜一晚上,由黄勤介绍得识荆州。……黄勤　他是仁友会的人,同道宏、李济都是狠要好的。这会李济到纽约见他的时候,大概提起过我。前日又特别来了一封介绍信,说狠希望我们成为深交。……林志煌　由黄勤认识林。他也显出狠想同我知己的样子。鲍明钤　留学生中数一数二的人物、说得好英文。人也狠和气。在会时同他见了几次,没有深谈。……庄泽宣　去年到芝加谷的时候,我混在南洋同学里面,吃了他一顿饭。现在他在哥伦比亚师范院。自从夏令会以来,到纽约又住在间壁,同他渐渐的熟识起来。徐允中　去年在国防会全会见过,但是不曾相熟。此次见面,到着实谈了几次天,讨论了些国防会的问题。他同褚风章竭力的要我担任国防会今年的司选委员。好容易恳他们的情,不要叫我受罪。……蒋延黻　今年从法国回美。在北场见过。……蒋是一朴茂忠勇男子,三湘人物。习教育。敷陈将来推广教育计画,颇有心得之言。我颇重之。朱斌魁衢州人,霍金大学毕业。据楼、张言,学问不错。人亦有浙西山水丛错之气,质直得狠。其弟即朱斌甲,向北洋同学也。汪懋祖……在此与汪同房,时常谈论。汪先生是留学生之守旧派。他第一就不赞成胡适等文字革命。……他国文的确不错,但是观念识见,似乎有些胶柱宫商。论人品是端方君子,可敬也。王凤华　学生会会长……见人的敷衍工夫,狠有研究,将来一定是第一流的政客。施济元　亦是清华出来有数人才。聪明勤学。但是我知道他不深。聂其英　聂云台管臣之弟。自纽约同他夫人及其小囡来会。风雅仁善。惟不及乃兄尖利干练，然忠诚不怠，亦有为士也。……James 晏　四川人。与蒋延黻同自法归者。……以上列举数人皆较然荦荦者。此外新识人不可数记矣。演说以福开森博士为最佳。论山东问题，翔举事实，用法律眼光分析批判之。出辞沉痛有力，自来讲山东者首此君矣。郭泰祺亦来演说，毫无精彩。李佳白赶到末会，依然一股老调，辩护德人。”

20 日　致麦尔维尔信，对于收到毕业文凭向麦尔维尔致以深深的谢意。

22 日　日记载：“某日郝延凌为言上海罢学罢市事，颇有心理研究的兴趣。予挽其笔述之以饷留学界。”

26 日　饮食起居不规律，反胃、感冒、肚子疼。

27 日　收到严、程等朋友来信。致李、姚等朋友信。病稍缓解，“此一回苦头一来，以后饮食起居，必要格外留意。”

28 日　收到崇、于等朋友信。致崇、纯等若干朋友信。蒋廷黻来访，一起在河畔散步。收到《时报》，在日记中感慨：“和局益复荒黑，天未厌华，何为然邪。”

29 日　收到百里、任师等朋友信。致煨莲、任坚等若干朋友信。参加政治经济学会会议。晚上博泉来访，相谈甚久。

30 日　收到任坚来信。身体不适，赖学一次。晚上看《时事新报》。

31 日　作一长信致任坚。下午去新校上课，之后去四十二街定音乐会座位，并购旧书二册。

11 月

1 日　致道宏信。饭后去煨莲家，看报、去滨江散步、看电影、吃中国饭。

2 日　早饭后去张耘家。中午与蒋延黻吃饭，得见仰慕许久的曹麟生。饭后与蒋延黻散步。五时与博泉去四十六街第一浸会教会。八时听音乐会。

3 日　收李、陈、礼、黄勤等来信，并致刘光来、鑫、李、礼、邱等信。下午遇见同学，一起完成上周教授布置的任务。五时与严下镇一道取书(《营业大全》)。按，据日记载，徐志摩到纽约以来已买书(新旧)一百一十五册，计价一百二十元。

4 日　与 Mrs. Ackles 通信。早餐后到博泉家，十点去动物园。晚间与泽宣闲谈。

5 日　致君梅、宏等人信。翻阅《新大陆教育谈》，认为"倒是条理井然，不紊不杂"。又看了三本留学生季报，评论道："以大体论，颇有发皇气象。惟各主其说，抱'出门不认货'宗旨，缺乏共同研究精神……实不如《新青年》、《新潮》等远甚。"转而自我评价道："我自己两年来不曾作文，不要说文字上的荒疏，其实是中空无物。"

6 日　致彬之、公权、吟舟等人信。与白先生吃便饭。上午看了几节杜威的《教育及平民政治》。后来又看了登在《新教育》上的胡适、蒋梦麟等人对杜威学说的研究。

7 日　余天休、李来信。致信公权及大学诸同志，介绍吴曾愈。又致吟舟信。日记记载，"想翻托辣刺克国家主义，不及十行，辍笔而叹"。与白先生吃夜饭，观看黄石公园的风景片。

8 日　收到来宏、经熊的信，致李、熊、鑫、汤、余天休信。早上，与葛庭斯先生谈天，“我告诉他愿意研究家庭制度。他狠赞成，要我先读威斯脱马克的《人类婚姻历史》，再同他讨论去。他又问了我许多国体民情的大问题”。下午送吴曾愈动身。

11日 收到来鑫、渠等朋友信。下午听英国人 Davies Y Eves 演说商会社会主义。晚上与博泉、老郝、泽宣诸人谈天。

12日 下城某店买书，购书十三册。《留美日记》记载：“买书已成癖。……买书自不是坏事，有彰明较著的二大利益。其一买书愈多，奋学之心愈坚。其二因好书故，不浪费金钱（余甚至买五分花生，亦想到买书，影响可谓大矣）。或谓无宗旨的买书，及买而不读，则亦浪费已。诚然，但书有不磨之价值，已不用则以利人。以视□声色之好似哉。”

13日 收到吴曾愈、汤、李、Unwin 来信，致褚、Unwin、N. Rep 信。在新校遇见一“小鬼”，极重实利。在日记中评述：“我甚鄙小鬼，每与语若临下属，而彼亦惴惴惟恐我不豫。弱而不谄，此之谓大国民。虽然拙而无恐，无持而骄，乾惕之义乎？……然我独大忧，辱及国誉，诛不胜矣。”

14日 致鑫信。六时下课，到十五街买书。然后上课。

15日 与朋友宏通信。上午抄白先生札记。与陈翼祖、老郝吃中国饭。饭后谈中国事业发展机会。下午拜会白先生。晚饭后，与博泉打弹子，然后去他家谈天。

16日 拜访白先生。

17日 收到纯、任等朋友和商业银行的信。两点后与康侯至旧书铺淘书，六点半回家。得书八本，非常高兴。

18日 六时半与陈义门等人去云南楼吃饭。晚上与莲士同榻，谈天至二时。

19日 致方、马等朋友信。收 Ackales、绮色佳爱格尔夫人等来信。写一长信给父亲，托莲士带去。四时与郝出门，直至八时半归。

20日 收到友人宏来信。致严楠章信，陈情官费。并致西萱、君励信。

21日 收到林世熙信。并致林世熙、宏等若干朋友信。

22日 致任坚、家、宏、鑫等若干朋友信。十时进城，参加阿思韬大旅馆政学社常年会，讨论铁路国有问题。十二时，去五十九街逛书铺，随即到华尔街，与博泉一起吃饭，行至海滨，游水族馆。买票登船至自由神岛游览，见神像兴起对当今世界之时局的评价，记于日记中：

一神危(巍)立大地，永建民主，岂不大哉。北美脱羁之役，法有助焉。然今日学者，发明法之助美，初非有爱于自由平等诸义，盖当日法政府之专制，承路易十四之余，全欧无其匹，而袒独立军者，有二因焉，以复仇，以自卫。英法帝国主义抗衡两世纪，至一七六三年而法势大歼，恨英刺骨，故盼美之脱英。云自卫者，当日法虽险丧，犹系西印度几岛，一旦英美解仇言好，则此弹丸地，丧亡无日。故市美惠以自益。论美史者，愈云独立之布，举十三州一致仇英。而英伦朝野，不主平乱，即主修好，今学者此谬论也。向者独立军起，向义者盖不及十三州人民三之一，其三之二，则惠母国而抗自主者，与不主可否之南部农夫，各有其半。内未谋协，而鼓螳臂而捣全英之辇，其亦险矣。言英一致对美首亦蔽也，主以武力平乱者有之，乔治其君及其从臣 Tonie 是也，执政如 Pitt 如 Barke 则见黩武之非策，而主让步以修好，其他之民党员，则直鼓吹而赞助之，内宣王暴，以激民情。卒之 Nath 去而独立成，非英之竭，乃纵之也。修和之日，法人反咻咻耸英毋过让，可以念矣。

论者曰独立之战，谓为英美之斗，不如谓英伦之内乱。质言之即王党与民党之冲突，保守与自由主义之激战也。合英美之民党为一垒，王党为又一垒。其一为自由战，其一为帝国战。读史者必明此背景之真切，乃可以操刀解错矣。

23日 收到鑫、文岛、莲士等朋友信。分别致宏、鑫信。

24日 与朋友心渠、重威、经熊通信。分别致程莲士、文岛信。

25日 收到朋友姚和政学社来信。分别致重威、任坚信。

26日 与朋友杲、姚通信。七时与博泉相约乘车去耶鲁，九时至纽海芬。

27日 收到伊色加来书三册。去医院探望友人，五时乘车回纽约。

28日 收到钟、严思樵等友人信。致鑫海信。

29日 致信朋友李。早上陈翼祖前来与之闲谈。后与友人去扬州。归家读书。六时半朋友来访，见陈清华。后与蒋延黻谈天，先论画，继谈国事。

12月

1日 收到纯、任、邱等朋友信。致宏、邱、李、纯、刘济等若干朋友信。提议建立一团体，日记载："予创议组一团体，共定国内报纸杂志，赞成者颇有。今晚延黻、光义、泽宣、蔡正等来予房议办法。决提出学生会。视赞附者多少定夺。"

2日 收到两封家信以及鑫、纯等若干朋友来信。日记载："昨作《随便谈谈》几则，已成三千余字。论秘密结社、论跳舞。拟更论季报、论男女交际、论北京大学、论社会恶潮等。"

3日　与宏、森等友人通信。看望友人王凤华、张跃翔、朱斌魁。

4日　与友人通信。晚上到中华教育研究会，讨论中国女学。

5日　与政学社通信。日记记载："学生会常会，我提出共定书报主张，结果有三十余人同意。"晚上与白先生吃饭。

7日　日中与蒋、曹吃饭。晚上大同联欢部开会。

10日　收到并回复父亲和道宏等友人信。

12日　晚间听芮恩氏学说，"极苍老圆浑之胜"。

13日　早起送老郝去吴城。晚上与黄风华吃饭，"黄称暂拟不入政界，先事教书，予韪之，并警以北京腐败情形"。

14日　日记载：

> 蚤起送黄风华行。归赴北京同学怀旧，云南楼会集。新来者有周作仁，冯友兰、杨振声、刘峰山等。
>
> 杨言五四运动，事出偶然。以巡街而谒使馆，折而赴赵家楼，遭拒而怒，怒而破门。破门而章贼苦，有持铁棒槌之，立颠晕。群上殴之，血殷遍体。有践其臂，表嵌入腕。其后日人抱护之，不死仅矣。学生集会时，曾有大汉告语，即有缓急相须，二万之众，指顾可集。众以诚伪不辨，婉谢之。杨言"风潮为名流系主动"不确。

15日　收到郝、李等朋友信。致刘、李等若干朋友信。早晨上课，身体略不适。下午写信。发贺卡回国，去巴黎。

16日　与黄风华、俞等友人通信。五时至六时与凌德杨同去师范院听课。晚上与刘庄一商定书报之事，"约会员四十余人。可得日报四种(连赠)，杂志二十余类，亦可喜也"。

17日　与任坚、姚等朋友通信。晚上访博泉不遇，便往张耘处小坐。

18日 与光来、爱岱、钟等朋友通信。读罗大佐略传。晚赴经济学会，听英国“商团社会主义”。回家后翻译罗氏嘉言，“生凑支离，极不写意”。

19日 与宏、任坚等朋友通信。

20日 与余天休通信。上午见葛庭斯教授，赠画和茶。午时与严、陈(翼祖)去博物馆。买礼物送白先生和李特。后与严去公共图书馆。陈洁华、博泉、林志煌等友人来访，同去银行学会常会，听教员演讲伦敦纽约钱市情形。

21日 与朋友通信。上午与林、刘等人修正北京大学同学会简章。下午与唐广治下棋。秦程、余天休来访。

1920年(庚申，民国九年) 24岁

▲3月，李大钊、邓中夏、高君宇、罗章龙等在北京大学秘密组织马克思学说研究会。

▲3月，胡适《尝试集》由上海亚东图书馆出版，为中国现代文学史上第一部白话诗集。

▲8月，上海共产主义小组成立，并秘密创办了刊物《共产党》。

▲9月，毛泽东在湖南建立共产主义小组，并组织马克思主义研究会。

▲9月，英国哲学家罗素来到中国讲学。

1月

14日　致李济信："今大考忽临，顿教忙措。案头山积，故习复来，殊可哂也。"

19日　致李济信谈申请官费一事，信中道：

胡适的《哲学史大纲》收到了没有？请你看完了就即寄还，拜托。现在正在大抱佛脚，因为无情的考试已在跟前。

我又要烦劳你一桩事。我现想陈请官费。两路进兵——省费及清华半费。省费的分数单已劳驾得到。但是严监督说，最好要先生们说上几句好话。所以又要奉托烦汉先生[①]等代为吹嘘吹嘘，能多得几位先生们署名，更是荣幸。还有清华一路更麻烦了。此函附去请费单两纸，每纸背面多要几句门面话。在外还要两份成绩报告。所以一共要的是：两份成绩证书，荐书一份（省费），及请费单两纸填写保证空格。这猥琐碎的事不但烦劳你，并且要烦劳许多先生们，我是铭感在心。诸先生前请你代道一声谢意。能早日寄还尤祷，因须于此月内交人也。专启。

27日　致李济信：

前日寄奉请费单（清华）正副两纸，烦汉先生等一言荣奖；又须成绩证书二份，不知已为办妥否？甚盼能从早寄还，因按例须于二月前缴入也。……考事直至今日下午五时始毕。有一礼拜休息。郝君[②]三函都到，明日当去一说，随即知闻。《哲学史》早到，附及。

---

① 指徐志摩在克拉克大学读书时的老师F.汉金斯教授。

② 指郝更生。

27 日后 致李济信：

信件都收，甚荷厚意。……摩考事已毕，即日拟往晤葛庭斯(Giddings)，定须论文六月前赶得完否，正不敢必。弟顷有友人自北京来，一矿科卒业生，曾充助教二年。今在哥校矿科肄业，然欲改习政治，想费一年许求一学士文凭，不知克校能许其插四年级否？有便乞一探听见示。

春夏间 致李济信：

得书甚喜。子由心理而社会，由社会而人种，变虽速而经不菲，我绝对赞成。此地有一徐君则陵，初想治人种学，然守节不终，中道而异，吾甚惜之。今日留学生大都善"意"。善意云者犹之行贩之业，要以售为主，而不惜以身为刍狗。老兄刚毅木讷，强力努行。凡学者所需之品德，兄皆有之，岂复能毁天以殉人乎。教育家言"自动"，彼此体会此意上达可也。

承问及论文，言之滋愧。上学期未曾与教授接洽，以为竭三月之长必可竟业。初拟从葛庭斯作文，不意犹有纠葛。其一老葛不管硕士，其二欲得社会学硕士必须进一研究班seminar(Tenney)(可恨他们章程上没有交代)，但是，我没有 seminar。今日我见 Tenney，他说或者可以准我插入seminar，其馀半年，夏天再补。六月以前想得学位恐怕难了。或者可以问 Seager 要点事情做做，看他怎样说法。所以现在要得硕士的话，有二条路：或者到经济门去写文章，那是不必 seminar 的；或插入社会学 Seminar，夏天再补，大概来秋得学位。实在罗唆。

好几位朋友多劝我爽性不要硕士了，他们说哥伦比亚的硕士是不值一个大的，倒也得化上四五十块钱换那无聊的一张纸，最不上算。让他去吧，我也没有打定意思。明天横竖要去见Seager，定了再告诉你。

初夏前后　致李济信：

教育团一群老头儿已经来了好几天。前天我们开会欢迎他们。……我近来做了些中文，关于社会主义，想登《政学丛报》的，抄写得真苦，臂膀也酸了，指头也肿了，几时有个书记官才好。您论文都快完了，真是有您的。我还没动手，爽性不做也未可知。随后告诉您。

附：致郝更生信：

你问我法国什么好，这我答不了。大概最好是文学美术，飞机极好。可是我不狠赞成人家不懂法文往法国瞎跑。那二千多的像学生之榜样，还看不够吗？况且此刻法国乱七八糟，淫风大盛，学得到的就是那点儿坏处。你说明年总归离开克拉克，为何？

6月

29日　致李济信："得悉老兄工苦情况，幸自保摄，毋过劳瘁。"

7月

4日　致李济信："《新青年》劳动号极愿意看，请你寄给我，感激得狠。我在银河还有两星期耽搁。"

8月

1日　在《政治学报》第一卷第二期发表《社会主义之沿革及

其影响》一文。该文分“绪言”、“概略”、“第一章 社会主义孕育时期”。“绪言”中追溯国内“自戊戌变政，而思想界之奴缚一弛。挽近蔡、胡诸子，卓然树文学革新之帜，流风广被，气象万千。……文字既显，思想并豁。泰西学说，衍译逡述”之形势，又述“俄国革命以还，群治乍现。有识之士，方怛然存虑此新式政体之臧否。……及马克思出（Karl Marx），始卓然成一家言。百万劳工，望风投义。马氏指挥若定，名满寰球。社会主义，始得确切之界说。其后巴枯宁（Mikbail Bakunin[①]），异军特起，党徒亦盛，与马氏分道扬镳。近数十年间，杂说颇出，互结工团，以为操纵。……种种共产社会之主张，不可胜数。然推溯宗原，多自马氏。说者称《资本论》为社会党之圣经，有以也。”[②]“概略”中指：“‘社会主义’之名词，沿用不及百年。……当时社会学说颇出。及马克思集大成，为一家言，社会主义及不期而大昌。其后支衍流别，尤有五花八门之观。……本篇为行文醒豁计，直以马克思为干，先此者为根柢，后此者为枝叶。其间异乎马氏者，姑以为藤为萝，缘树并茂者也。今分左列时期论之。

一、社会主义孕育时期

二、社会主义蛹化时期（或过渡时期）

三、社会主义成熟时期

四、社会主义歧别时期

五、社会主义凌杂时期”[③]

第一章“社会主义孕育时期”包含“总论”、“第一节鲍勃夫

---

① Mikbail Bakunin：应作 Mikhail Bakunin。巴枯宁（1814—1876 年），俄国早期无产阶级革命者。

② 韩石山编：《徐志摩全集》（第一卷），商务印书馆 2019 年版，第 97—101 页。

③ 韩石山编：《徐志摩全集》（第一卷），商务印书馆 2019 年版，第 102 页。

(B)aboeuf”、“第二节 嘉培(Etieuue Cabet)”、“第三节 圣西门(Count Heury de Saint-Simon)”、“第四节 福利安(Charles Fourier)”、“第五节 欧温·罗伯(Robert Owen)”几个部分。

按,《政治学报》第一卷第二期“书评”栏发表徐志摩译作:《乐土康庄》,原著罗塞尔(即罗素)(1872—1970);《自由国家之社会》,原著者美国商人、外交家、政治家马罗(1873—1931);《国际联盟之要义及其实施》,原辑者美国学者、教育家段耕(1870—1950)。[①]

是时,一度迷上德国哲学家尼采。徐志摩在作于一九二五年十月十五日的《吊刘叔和》一文中提及:

> 那时我正迷上尼采,开口就是那一套沾血腥的字句。我仿佛跟着查拉图斯脱拉登上了哲理的山峰,高空的清气在我的肺里,杂色的人生横亘在我的眼下……[②]

9 月

24 日 偕刘叔和渡大西洋赴英国留学,拟入伦敦剑桥大学研究院读博士。七日(10 月 1 日)后到巴黎小住,即去伦敦上学。

按,《吊刘叔和》曾记:“最不可忘的是我与他同渡大西洋的日子。……船过必司该海湾的那天,天时骤然起了变化:岩片似的黑云一层层累叠在船的头顶,不漏一丝天光,海也整个翻了,这里一座高山,那边一个深谷,上腾的浪尖与下垂的云爪相互的纠拿着;风是从船的侧面来的,夹着铁梗似粗的暴雨,船身左右

---

① 陈建军、徐志东编:《远山——徐志摩佚作集》,商务印书馆 2018 年版,第 72—76 页。

② 韩石山编:《徐志摩全集》(第三卷),商务印书馆 2019 年版,第 198—199 页。

侧的倾欹着。这时候我与叔和在水泼的甲板上往来的走——那里是走，简直是滚，多强烈的震动！霎时间雷电也来了，铁青的云板里飞舞着万道金蛇，涛响与雷声震成了一片喧阗，大西洋险恶的威严在这风暴中尽情的披露了。‘人生，’我当时指给叔和说，‘有时还不止这凶险，我们有胆量进去吗？’那天的情景益发激动了我们的谈兴，从风起直到风定；从下午直到深夜，我分明记得，我们俩在沈酣的论辩中遗忘了一切。”①

按，韩石山《徐志摩传》曾述：“这次离美很突然。按原来的计划，是要在哥伦比亚大学拿到博士学位的。肯定拿得到，只要待下去就行。是大哲学家罗素的诱惑，让他临时改变了主意，连硕士论文都没做完就走了。”

徐志摩在《我所知道的康桥》中回忆道：“我这一生的周折，大都寻得出感情的线索。不论别的，单说求学。我到英国是为要从罗素。……我摆脱了哥伦比亚大博士衔的引诱，买船票过大西洋，想跟这位二十世纪的福禄泰尔（后通译伏尔泰——编者注）认真念一点书去。”②

韩石山在《徐志摩传》中曾述：“年轻人虑事不周，及至到了伦敦，才知道事情变样了。早在 1916 年第一次世界大战期间，罗素就因为主张和平，被剑桥大学三一学院除名。徐志摩计划来英国时，罗素倒是在伦敦，等他到了伦敦，罗素早已离开英国，踏上了去中国的途程。8 月间离开英国，在法国待了二十多天，十月间到的中国。徐志摩所以匆匆赴英，或许以为既是访问，有

---

① 韩石山编：《徐志摩全集》（第三卷），商务印书馆 2019 年版，第 198—199 页。

② 韩石山编：《徐志摩全集》（第三卷），商务印书馆 2019 年版，第 309 页。此文于一九二六年一月十四日、十五日作；十四日、十五日所写部分别刊载于一九二六年一月十六日、二十五日《晨报副刊》。

一两个月就够了。他匆匆赶到英国，为的是不误秋季的开学。既然来了，只得住下，不久即进入伦敦政治经济学院，师从拉斯基教授，学习政治学，以期获得博士学位。他常随拉斯基夫人一起去伍利奇码头参观选举，还给梁启超在国内创办的《改造》杂志写了几篇文章，谈的大都是政治话题。"①

后来，在《罗素游俄记书后》，徐志摩写道："罗素世代簪缨，一国望族，其决然弃世俗之浮华，研数哲之秘妙，已非常心所可几。方战事之殷，罗素因仁人之心，训和平之德，乃不谅于政府，夺其教席，拘之狴犴。罗氏怒。罗氏不能不怒，舍名与数，言政及变，书出不胫而走。罗氏不复以哲学士名而以社会改造家闻；不复以和平派名而以急进党闻；不复以康桥教授名而以主张基尔特社会主义闻。侵假而罗氏观俄变而惑焉，而神往焉，而奖教焉，而宣导焉，而自认以共产主义为宗教焉，苏维埃之炽益盛，罗氏遂亲临按之。……吾著此篇之意非专评罗之书，亦非评罗素之为人，吾所欲言者，乃在天下事理之复凑，消息之诪张，非实地临按融合贯通者，不能下纯正之判断。罗氏研擘哲理深潜如此，宜可以免情感作用矣，而犹且未能。然吾尤佳罗氏之质直公平，有爱于红则竟红，爱衰则复归于白，今国内新青年醒矣，吾愿其爱红竟红，爱白竟白，毋因人红而我姑红，毋为人白而我勉为白，则我篇首所引尼采语有佳证矣。"②

在《评韦尔思之游俄记》中，徐志摩再次议论道："故法国革命，英国不必革命，非英国人不知自由平等友爱也。俄国革命，德国亦革命，一采劳动专制，一采普通选举，非必德国人有爱于

① 韩石山：《徐志摩传》，北京十月文艺出版社2001年版，第64页。

② 韩石山编：《徐志摩全集》（第一卷），商务印书馆2019年版，第87—92页。此文约一九二〇年作；载一九二一年六月十五日《改造》杂志第三卷第十期。

红党之仇也。俄国革命,英国不必革命,非必俄国人之政治理想视英人为急进也。使俄以共产而民安之,英留王室而民亦安之,则自有史乘民族殊特之关系,不可得而齐也。就使俄革命一旦完全败灭,非必共产之遂不可复行于他国,亦非必其败亡之原因在于共产制自身之不可行也。天下偾事之多,举二谚足以概之,“削足纳屦”、“因噎废食”是矣。”①

本月 获哥伦比亚硕士学位。论文《论中国妇女的地位》第二年补寄。

本月 致父母信,提及离美赴伦敦上学一事。

10月

1日 赴巴黎小住。后遇张君劢,张赠徐志摩一本爱因斯坦的《相对主义浅说》。

本月 乘火车赴伦敦,与张君劢一道进入伦敦大学政治经济学院,师从拉斯基教授学习政治。

在伦敦与在修博士学位的陈西滢(字通伯)相识。

按,陈西滢《刘叔和》中云:“一九二〇年的秋天,有几个中国留学生从美国到伦敦,其中我最先认识的是徐志摩。”②

秋 研读爱因斯坦《相对主义浅论》,看了一遍又一遍看不懂,就向工程学的中国舍友请教,但遭到拒绝。于是拿起书和几篇杂志上的文章自己研究,后作《安斯坦相对主义(物理界大革

---

① 韩石山编:《徐志摩全集》(第一卷),商务印书馆2019年版,第96页。此文约一九二〇年作;载一九二一年六月十五日《改造》杂志第三卷第十期。

② 陈从周:《徐志摩年谱》,上海书店1981年版,第18页。

命）》：

徐志摩从前清的政治革命谈到西方科学革命，博古通今，通过打比方、作比较、列数字的方法表述其对相对论的理解。徐志摩以发展的眼光和开放的胸怀，拥抱先进的科学思考，以期唤起普通人对于科学的兴趣。文中道：

> 吾秋天过巴黎的时候君劢送我一本安斯坦自著的《相对主义浅说》，告诉我要是有辰光，不妨研究一下。我离开巴黎就在路上看了一遍，字是一个个都认得的，比喻也觉得很浅显的，不过看过之后，似乎同没有看差不多。我可也并不着急，因为一则我自己科学的根柢本来极浅，二则安斯坦之说素，元不是容易了解之东西。到了英国，我又把那本书覆看一下，结果还是"山东人吃麦冬，一懂不懂"，于是我想要懂总得请人指教。……所以我不管范围不范围，想试讲讲那面目可憎的"相对学说"，来引起非自然科学家的注意。我未讲之先，请让我道一声歉。
>
> 第一，我虽然冒昧写这一篇，并不承认我对于此道有多大理会，也许竟是隔靴搔痒，完全不对。
>
> 第二，我总连我吃奶的力气都使出来，将我自以为懂几点，用最平浅最直率的话来写。诸位看了，无论乐意不乐意，总请原谅。我唯一的目的只要因这一篇烂话，引起大家的兴趣，随后买书来自己研究，我就满意得很。[①]

按，此文约一九二零年作，一九二一年四月十五日载《改造》杂志第三卷第八期。安斯坦，今译爱因斯坦。

秋　经陈源介绍，结识了威尔斯（H · G. Wells）魏雷

---

① 韩石山编：《徐志摩全集》（第一卷），商务印书馆 2019 年版，第 68—70 页。

(Arthnr Waiey)和卞因(Laurence Binyon)等英国著名作家和学者，其中与威尔斯交往最密切。此时开始对文学产生极大兴趣。

在伦敦结识林长民及林的女儿林徽因。同时与英国学者狄更生认识。

按：秦贤次推测“徐志摩认识林徽因，最早可能在1921年的1月下旬。”[①]

按，林徽因《悼志摩》：“我认得他，今年整十年，那时候他在伦敦经济学院，尚未去康桥。我初次遇到他，也就是他初次认识到影响他迁学的逖更生先生。”[②]

按，在《我所知道的康桥》中，徐志摩写道：

> 狄更生——Galsworthy Lowes Dickinson——是一个有名的作者，他的《一个中国人通信》(*Letters from John Chinaman*)与《一个现代聚餐谈话》(*A Modern Symposium*)两本小册子早得了我的景仰。我第一次会着他是在伦敦国际联盟协会席上，那天林宗孟先生演说，他做主席；第二次是宗孟寓里吃茶，有他。以后我常到他家里去。他看出我的烦闷，劝我到康桥去，他自己是王家学院(King's College)的fellow。我就写信去问两个学院，回信都说学额早满了，随后还是狄更生先生替我去在他的学院里说好了，给我一个特别生的资格，随意选科听讲。[③]

11月

26日 致父母信，问候家人，询问儿子近况及张幼仪出国一

---

① 秦贤次：《徐志摩生平史事考订》，《新文学史料》2008年第2期。

② 梁从诫编：《林徽因文集·文学卷》，百花文艺出版社1999年版，第5—6页。

③ 韩石山编：《徐志摩全集》(第三卷)，商务印书馆2019年版，第309—310页。

事，并谈及伦敦读书生活感受。信中道：

儿自到伦敦以来，顿觉性灵益发开展，求学兴味益深，庶几有成，其在此乎？儿尤喜与英国名士交接，得益倍蓰，真所谓学不完的聪明。儿过一年始觉一年之过法不妥。以前初到美国，回首从前教育如腐朽，到纽约后，回首第一年如虚度，今复悔去年之未算用，大概下半年又是一种进步之表现，要可喜也。伦敦天气也不十分坏，就是物质方面不及美国远甚，如儿住处尚是煤气灯，而非电灯，更无热水管，烧煤而已，然儿安之。

冬 夫人张幼仪随刘崇杰[①]一家至法国，后辗转至英国。

按，张邦梅著，张幼仪晚年口述的《小脚与西服：张幼仪与徐志摩的家变》曾追述赴法的情形：

……我为愿望的达成感到欢喜，只是得把两岁的儿子留在公婆身边。另外，徐家让我得跟着某一家人一起成行。……幸好有个从西班牙领事馆来的中国家庭（先生、太太和两个小孩）准备前往马赛，于是我们搭上同一艘轮船一起旅行。一路上我完全不用照看小孩，只是坐在自己的舱房里。……三个星期以后，那艘船终于驶进了马赛港的码头。我在甲板上探着身，不耐烦地等着上岸。然后，我看到徐志摩站在东张西望的人群里，同时心凉了一大截。他穿着一件瘦长的黑色毛大衣，脖子上围了条白色丝质围巾。……他的态度我一眼就看得出来，不会搞错，因为他是那堆接船人

---

① 刘崇杰(1880—1956)，字子谐，福建闽县人（今属福州市）。1920 年开始担任中华民国驻西班牙（时称日斯巴尼亚）兼葡萄牙持命全权公使。

当中唯一露出不想在那儿的表情的人。……等到我站在徐志摩对面的时候，我已经把脸上急切、快乐、期望等种种表情收敛住了。在那一刻，我痛恨徐志摩让我变得如此呆板无趣。和他在一起的时候，情况一直是这样。我凭什么以为我们会有话可谈，他会尝试让我觉得我是他世界里的一部分呢？他说他想看看巴黎，于是我们就从港口直趋火车站……我们抵达巴黎的头一站是家百货公司，他和售货小姐帮我选了些外国服装。而我从硖石的商人那儿千挑万选、上岸前一天晚上小心翼翼地在船舱里摊开打算穿的衣服，全都不对劲了。……我们还买了一顶帽子搭配这套服装。到欧洲的第一天，我穿着新衣，和徐志摩一起照了几张相，寄给老爷和老太太，让他们看看我们一同幸福地住在异乡的模样。接着，我们又搭乘飞机由巴黎飞往伦敦……到了伦敦，我们住在一个俱乐部里……有一次，徐志摩把一个名叫狄更生(Goldsworthy Lowes Dickinson)的人带回家，称他为“Goldie”。我知道这是安排徐志摩到康桥大学读书的人之一。[①]

本年 徐志摩作《合作底意义》一文发表于本年十一月六日《合作》第二十五号“合作研究”专栏，同时刊发徐志摩起草的《中华合作协进社简章》，署名“留美合作协进社徐志摩来稿”，并附有“编者附识”。文中道：

我写这篇文字，先须交代明白，我并不想研究合作底学理，也不想分析合作底利弊。不过因为普通一班人民未能

① 张邦梅著、谭家瑜译：《小脚与西服：张幼仪与徐志摩的家变》，黄山书社2011年版，第102—107页。

明白合作是什么一会(回)事,所以借一个机会,将合作底大意,简单说明一下。……我们新发起的团体,定名为合作协进社。……本社底宗旨,在于教导普通人民,使知道合作底利益及其组织法,并且要他们来实地试验,以为消弭阶级竞争,发展平民经济的初步。好在合作底意义,是极简单,实行也很容易,用不到什么高深或专门知识。我们在海外的人,暂时只好尽言论鼓吹底责任。但是很热心希望国内底青年,能够费一部分工夫,把合作底运动,研究个透彻。果真认明这一件新事业是有益于平民的,是有助于国家经济底发展,是有解决当世社会难题底根本价值的,就请你们大家放出十二分精神,能写的写,能讲的讲,能实行的实行。总要使得一般人民领略这里面的好处,赶快合作起来。……总之,我们这合作运动,是国民全体运动,不是一部分人底责任;是实际社会改组的先声,不是空口说白话。

附一:中华合作协进社简章

本社定名为中华合作协进社。

本社根本平民主义,提倡互助精神;以谋经济发展、增进国民幸福为宗旨。

凡赞成本社宗旨,由社员一人之介绍,经干事团认可者,均得为社员。

本社设干事团;团员三人,总理社务,由社员公举;得连任。

本社分言论、调查、实行三部:

(甲)言论部分编辑、演讲二股,灌输生计知识,阐明合作意义。每股设股长一人,由社员公举;股员若干;由各股长推荐;任期半年,得连任。

（乙）调查部分国内、国外二股；国内股，调查国民生计及物产情形，编制报告；国外股，调查国外合作机关之组织及物产贸易情形，编制报告。每股设股长一人，由社员公举；股员若干，由各股长推荐；任期半年，得连任。

（丙）实行部就国内实行组织合作机关，相机推广。其实行享宜，由社员创办者，自行规画；本社仅备顾问，不相牵制，以利进行。

本社社员每半年暂纳社费五角，交由干事团存储备用；用途简章，另行规定。

本社暂设美国纽约城。

凡社员满十人之处，得组织分社，自行规画；但不得与本社宗旨抵触。

本社开会，由干事团随时召集。

本简章由社员三人以上之提出，经社员多数表决，得随时修正。

附二：编者附识

这篇论文和《中华合作协进社简章》，都是美国纽约寄来的。他们知道我们对于合作底组织，略有基础，而且出有《平民周刊》，专门宣传；所以特地寄来。他们底用意，是想联络国内外热心的人，共同进行，使得合作事业，早日实现，这是本社同人所最欢迎也最当勉励的。读者诸君，想也必如此。[①]

约本年　作《罗素游俄记书后》《评韦尔思之游俄记》，后均发表于一九二一年六月十五日《改造》杂志第三卷第十期。

---

① 韩石山编：《徐志摩全集》（第一卷），商务印书馆 2019 年版，第 130—141 页。

1921年(辛酉,民国十年)　25岁

▲1月,文学研究会在北京中央公园来今雨轩成立,主要发起人有沈雁冰、叶绍钧、郑振铎、王统照、周作人、许地山等12人,其宗旨是“为人生而艺术”。

▲6月16日,胡适在《吴虞文录》序言中首次提出“打倒孔家店”。

▲7月,郭沫若、郁达夫、田汉等组织的创造社成立。

▲7月23至31日,中国共产党召开第一次全国代表大会,通过党纲。

▲8月,郭沫若《女神》由上海泰东书局出版。

1月

上中旬　徐志摩致北京大学教职员全体及诸同学函,宣告成立“国立北京大学留英校友会”,并对校友会相关任务明确如下:

一、对于本校及各地校友会员负交换信息责任。

二、对于本校负调查及报告留学地事项责任。

三、对于国内或国外校友有意来英从学或历游者负有顾问及供给参考资料责任。

四、对于新到(伦敦)校友负招待及照料责任。

五、对于留英校友负互为介绍增进友谊责任。

同人以留英人数既少,会务亦稀,故仅立名义,不制章程,不选职员,仅推举执行书记一人,管理通讯事宜。有事

时由各校友共同负责，分别担任（如调查招待等事）。此后如有变更，当随时通知。现在通讯地址如下，一切信件按寄不误：Mr. C. H. Hsu，c/o The Chinese students'Union，36，Bernard Street，Russell Square，W. C. 为母校与各地校友会互通声息起见，同人意莫如将各校友会通讯或报告临时登载《日刊》，并由本校将《日刊》按寄各地校友会为要。此外，大学各种印刷品能分赠校友会，尤所欢迎。国内外校友对于校友会前途有意见者，至望随意发表，以资讨论。

蔡先生[①]此时在瑞士，闻即赴德，来英约在五月间，尔时详细情形再报告。[②]

2月

本月 结识来英国考察战后欧洲政治的章士钊。

按，据张邦梅著、张幼仪口述的《小脚与西服：张幼仪与徐志摩的家变》中记载，张幼仪再次怀孕："随着夏日的热浪来袭，我身上出现了有小生命的征兆。我从怀阿欢的经验确认了早上出现的反胃和虚弱的症状。在硖石的时候，我想要也需要生孩子；而在沙士顿，我不知道要怎么办。怀孕期间我要怎么料理家务？我能在这儿养孩子吗？我有必要回硖石吗？"[③]

有天早上，徐志摩对我宣布："今天晚上家里要来个客人，她是从爱丁堡大学来的一个朋友，我要带她到康桥逛逛，然后带她回来和我一道吃晚饭。"……打从我到西方的

① 蔡先生，即蔡元培。

② 韩石山编：《徐志摩全集》（第七卷），商务印书馆2019年版，第40—41页。

③ 张邦梅著、谭家瑜译：《小脚与西服：张幼仪与徐志摩的家变》，黄山书社2011年版，第115页。

第一刻起，还有看到徐志摩和他的朋友在公共汽车里聊天的样子时，我就知道他心里藏了个秘密。后来住沙士顿的时候，看到他每天一吃完早饭就赶着出门理发，而且那么热心地告诉我，我也不知道怎么搞的，就猜到他这么早离家，一定和那女朋友有关系。几年以后，我才从郭君那儿得知徐志摩之所以每天早上赶忙出去，的确是因为要和住在伦敦的女朋友（指林徽因）联络。他们用和理发店在同一条街上的杂货铺当他的地址，那时伦敦和沙士顿之间的邮件送得很快，所以徐志摩和他女朋友至少每天都可以鱼雁往返。……

说也奇怪，我竟然想不起那晚来访的女人的名字，干脆叫她明小姐[1]好了。我唯一真正记得的一件事，是她的外表。……我顺着她那穿着长袜的两条腿往下看，在瞧见她双脚的时候，惊讶得透不过气来，那是双挤在两只中国绣花鞋里的小脚。原来这新式女子裹了脚！我差点放声大笑！……这个明小姐根本不是徐志摩的女朋友，但我当时并不知道这件事。……我洗好碗盘以后，徐志摩跟着我走到客厅，问我对明小姐有什么意见。虽然我已经发誓要采取庄重随和的态度，可是因为脑子里有太多念头在打转了，就冲口说出心里出现的第一个想法。因为我知道我应该接受他挑选的小太太，我就说："这个，她看起来很好，可是小脚和

---

① 袁昌英，字兰子，湖南醴陵人，1894 年 10 月 11 日生。早年入上海中西女塾。1916 年赴英留学，入爱丁堡大学攻读英国文学，获得硕士学位。1921 年回国，任北京女子高等师范大学、北京政法大学教授。1926 年赴法留学，在巴黎大学研究戏剧。1928 年回国后历任上海中国公学文理学院教授，中央大学商学院讲师。1929 年任武汉大学文学院外文系教授。……1973 年 4 月 28 日病逝，终年七十九岁。

西服不搭调”。徐志摩不再绕着客厅走来走去，他把脚跟一转，好像我的评语把他的烦躁和挫折一股脑儿宣泄出来似的，突然尖叫说：“我就知道，所以我才想离婚！”[①]

春　经狄更生介绍，入剑桥大学王家学院（也叫国王学院），成为可以随意选科听讲的特别生。徐志摩在《我所知道的康桥》中说道：

> 初起我在离康桥六英里的乡下叫沙士顿地方租了几间小屋住下，同居的有我从前的夫人张幼仪女士与郭虞裳君。每天一早我坐街车（有时自行车）上学，到晚回家。这样的生活过了一个春，但我在康桥还只是个陌生人，谁都不认识，康桥的生活，可以说完全不曾尝着，我知道的只是一个图书馆，几个课室，和三两个吃便宜饭的菜食铺子。[②]

4 月

15 日　在《改造》[③]杂志第三卷第八期发表《安斯坦相对主义（物理界大革命）》一文。

5 月

2 日　致张嘉莹信：“子坚我兄：护照已到，至感代劳。德波竟厚颜逼费破例，是何居心？穷斯为滥，料谅此也。承垫费，迟

---

① 张邦梅著、谭家瑜译：《小脚与西服：张幼仪与徐志摩的家变》，黄山书社2011年版，第118—122页。

② 韩石山编：《徐志摩全集》（第三卷），商务印书馆2019年版，第310页。

③ 《改造》杂志原名《解放与改造》，于1919年9月由张东荪、俞颂华等研究系成员以“北平新学会”的名义创办的半月刊。1920年9月第3卷起更名为《改造》，由梁启超担任主编，蒋方震（百里）实际主持编辑工作。

日即寄。佛城天气亦不见佳，晨夕阴霾，兼多雨雾，春来如此，其非始料。费吐奇遇[①]，此间竟不可得，益令萦念罗马。幼仪已安抵德京，有电来报，可弗记念。”[②]

6 月

15 日　在《改造》杂志第三卷第十期发表《罗素游俄记书后》《评韦尔思之游俄记》。

按，韦尔思（1866—1946），即威尔斯，英国作家。

本月　完成哥伦比亚大学政治学系硕士学位论文《论中国妇女的地位》（*The Status of Women in China*）并补寄递交。署名章・汉密尔顿・徐（Chang・Hsu Hamilton・Hsu）。原文现藏于哥伦比亚大学图书馆。

按，韩石山在《徐志摩传》中说道：“……它的水平似乎不像梁锡华先生说的那么‘颇低’，也不像梁先生说的那么‘歇斯底里’。有分析，有辩驳，分析多于辩驳，引证翔实，立论公允，那份心志先够得上坦荡。全篇翻译成中文约二万五千字，分三节，一导论，二传统地位，三教育地位，四经济地位，五结论。”[③]

7 月

12 日　致英国学者奥格登信[④]：

抱歉我星期二不能来。我恐怕我们几个人星期四得去

---

① 费吐奇遇：意大利文译音，是一种用鸡蛋和面做的食品。

② 韩石山编：《徐志摩全集》（第七卷），商务印书馆 2019 年版，第 93 页。

③ 韩石山：《徐志摩传》，北京十月文艺出版社 2000 年版，第 44 页。

④ 致奥格登信均据加拿大麦马士德大学罗素档案馆所藏手稿，刘洪涛翻译。

伦敦。或许把大家见面的时间推迟到下个星期最好。我会再写信给您。①

18日 致英国学者奥格登信：

很抱歉我的朋友张先生已经离开英国。没有能够见到您，他深感遗憾。另外一位张先生——也就是倡导'职业精神'的那个人——也去了欧洲大陆。但是他们都还会回来。或许我们以后可以安排一个时间会面。如果您能够拨冗抽一天时间到沙士顿来与大家相见甚好。未知此星期六是否适合您？②

秋 送夫人张幼仪赴德求学。

10月

14日 林徽因随父由英赴法，乘"波罗加"船归国。

18日 致罗素信：欧格敦（Ogden）先生把尊址赐告，但未悉此信能否顺利到达。您到伦敦后要是能惠复一音以便安排一个大家见面的时间，我将感激不尽。自到英国后我就一直渴望找机会见您。我愿在此向您表示我的热忱，并祝蜜月旅行愉快。"③

24日 致罗素信："敬谢来信。我计划本星期六到伦敦，拟在下午茶过后五时左右到尊寓。欧格敦先生很可能与我同行。您要我传的话已转达给梁令先生了。"④

按，刘洪涛在《徐志摩的剑桥交游及其在中英现代文学交流

---

① 韩石山编：《徐志摩全集》（第八卷），商务印书馆2019年版，第234页。

② 韩石山编：《徐志摩全集》（第八卷），商务印书馆2019年版，第235—236页。

③ 韩石山编：《徐志摩全集》（第七卷），商务印书馆2019年版，第262—263页。

④ 韩石山编：《徐志摩全集》（第七卷），商务印书馆2019年版，第264页。

中的意义》中述到："徐志摩给罗素写第一封信的时间是1921年的10月18日。徐志摩在这封短简中，向罗素表达自己的景仰之情以及拜访的愿望，还提到渴望读到罗素新婚妻子多拉发表在《新共和》(*New Republic*)杂志上的一篇有关中国的'大作'。多拉(Dora Winifred Russell，1894—1986)也是一位学者、作家、女权主义活动家。她从剑桥大学哥顿学院毕业后，先在伦敦大学学院从事18世纪法国哲学研究，1918年，担任剑桥大学哥顿学院的fellow。1920年，多拉为陪伴罗素访问俄国和中国，辞去了研究员职位。多拉的思想比罗素甚至更激进，她积极策动女权主义和社会主义运动，并且身体力行。……

徐志摩信中所称多拉的这篇'大作'，其实是一封有关中国问题的信，题为《美国的中国政策》，发表在该杂志1921年11月2日第28卷361号上。徐志摩此信写于10月18日，这一期杂志当时还没有出版，故他说'一直找不到'。……徐志摩1921年10月24日给罗素的信，主要涉及邀请罗素夫妇出席1921年12月10日旅英华人协会在伦敦专为他们举办的一次聚会。徐志摩提到自己给主理此事的朋友写了一封信，请他给罗素夫妇多寄一张请柬，以免邮错。据我的考证，这次聚会由1921年刚成立的'英国华人协会'出面正式邀请，具体操办人是协会的秘书梁龙先生。徐志摩1921年10月24日给罗素的信中有一句'你要我传的话已转达给梁龙先生了'，估计就与这次聚会的筹备有关。加拿大麦马士德大学图书馆存有梁龙为安排此次聚会写给罗素的两封信，说明聚会的目的是'欢迎罗素夫妇访问中国归来'。聚会还为罗素夫妇安排了简短的讲话以及与中国学生的问答和讨论。徐志摩在这封信中还向罗素夫妇新出生的孩子约翰表示祝贺。我们知道，多拉是奉子成亲，他们1921年9月27

日正式结婚，11 月 16 日，他们的第一个孩子约翰初生。徐志摩是想借 12 月 10 日的聚会，也给约翰提前做满月。做满月是中国习俗，指孩子出生满一个月时，家长请亲族中人来家中庆祝，徐志摩信中所说的'我们准备了红鸡蛋和寿面'，是中国传统习俗在这类场合中必用的食物。这次聚会于 12 月 10 日如期在伦敦举行。"[①]

11 月

7 日　致罗素信谈"世界哲学丛书"出版计划：

欧格敦先生谈及他的计划，拟先出版"世界哲学丛书"。他也提到你推荐胡适先生的中国哲学大纲，说可以翻译了加进去。胡先生在这门学问上，资格是最前列的。他那本书是近年颇有价值的著作，这一点我很同意。此外，他对事物独立判断和细心分析的能力，也是十分超卓的。要是胡先生本人能自告奋勇为这套丛书动笔写一本，那是最好不过的，可是若把他目前中文这册著作来翻译(此书只是第一卷，专论古代，第二卷何时面世尚未知晓)，那就有点困难。第一，作者本人花很多气力去矫正前人的错误，但所论那些项目对于不熟悉中国哲学的西方读者，却是枯燥无味的。第二，原文太长，第一卷印出来已有四百页了。我想写信问问，看他有什么别的好主意。可是他在商务印书馆的编辑室内忙得不可开交，因此他在目前是否能助一臂的问题，就很难回答了。

---

① 刘洪涛：《徐志摩的剑桥交游及其在中英现代文学交流中的意义》，《中国现代文学研究丛刊》2006 年第 6 期。

关于这件事，我个人想提个建议。我想起梁启超先生，就是送给你一幅画的那位；他是这个出版计划的最适当人选。你大概也知道，他是中国最渊博学者中之一，也很可能是具有最雄健流畅文笔的作家。他在解放中国思想，以及介绍并普及西学方面所作的不懈努力，值得我们万分钦仰。他在学问上吸收与区别的能力是别人永不能望其项背的。所以我们如果能找到他承担此事，那就最好不过了，我想他是肯答应的。只要你挥函一通，劝他写一本标准的有关中国思想的书，并将丛书的总纲向他说明，我相信这会大大推动他本来就惊人的创作力，他就必然会十分乐意把书写出来。这样的一个安排是最好的。不过这只是我个人的见解。我深深地感到，把中国哲学清楚畅达而又简约地介绍给西方思想界，是一件绝对需要的工作。我听到有出版世界哲学文库的壮丽计划，我是雀跃万分的。盼及早赐复，谢甚。[①]

本月 为了表示对狄更生的敬意，把一部家藏的康熙五十六年版的《唐诗别裁集》奉送给狄更生，并在上面用毛笔写了献辞：

书虽凋蠹，实我家藏，客居无以为赆，幸先生莞尔纳此，荣宠深矣！

徐志摩敬奉 十年十一月剑桥。

赞辞

举世扰扰众人醉，先生独似青山雪；高山雪，青且洁，我来西欧熟无睹，惟见君家心神折，嗟嗟中华古文明，时埃垢

① 韩石山编：《徐志摩全集》（第七卷），商务印书馆2019年版，第266—267页。

积光焰绝，安得热心赤血老复童，照耀寰宇使君悦！

西游得识狄更生先生，每自欣慰。草成芜句，聊志鸿泥。[1]

23日 作诗《草上的露珠儿》，这是迄今发现的徐志摩最早诗作。未单篇发表，初收台湾传记文学出版社《徐志摩全集》第一辑。

按，1927年徐志摩《猛虎集·序》中云：

说到我自己的写诗，那是再没有更意外的事了。我查过我的家谱，从永乐以来我们家里没有写过一行可供传诵的诗句。在二十四岁以前我对于诗的兴味远不如我对于相对论或民约论的兴味。……

但生命的把戏是不可思议的！我们都是受支配的善良的生灵，那件事我们作得了主？整十年前我吹着了一阵奇异的风，也许照着了什么奇异的月色，从此起我的思想就倾向于分行的抒写。一份深刻的忧郁占定了我；这忧郁，我信，竟于渐渐的潜化了我的气质。

……只是有一个时期我的诗情真有些像是山洪暴发，不分方向的乱冲。那就是我最早写诗那半年，生命受了一种伟大力量的震撼，什么半成熟的未成熟的意念都在指顾间散作缤纷的花雨。我那时是绝无依傍，也不知顾虑，心头有什么郁积，就付托腕底胡乱给爬梳了去，救命似的迫切，哪还顾得了什么美丑！我在短时期内写了很多。但几乎全部都是见不得人面的。这是一个教训。[2]

---

① 韩石山编：《徐志摩全集》（第一卷），商务印书馆2019年版，第145页。

② 韩石山编：《徐志摩全集》（第四卷），商务印书馆2019年版，第420—421页。

12月

6日 致罗素信：

我现在要立刻告诉你，中国同学们盼望十二月十日与贤伉俪见面。我几乎可以肯定，你大概已收到了我们正式的请柬。我也写了一封信给主理这事的朋友，请他多寄一张以防邮误。

为了一个美丽婴儿的来临，让我向尊夫人及你自己致以最热烈的祝贺。你们弄璋的喜讯是鲍惠尔小姐日前在剑桥告诉我的。为这次即将来临的聚会，我们准备了红鸡蛋和寿面，这是中国人在这类场合中的惯例。我们期望尊夫人在十号那天能和你一起赏脸光临。

我五号到伦敦，原意是要听你的演讲，但忽然伤风感冒大作，以致事与愿违。我现在还是睡床，盼一两天内有好转，能够再尝与贤伉俪共聚之乐。①

1922年(壬戌，民国十一年)　26岁

▲1月，《学衡》杂志在南京创办，由上海中华书局出版发行，吴宓任主编，吴宓主编，重要撰稿人有梅光迪、胡先骕等。

▲1月，《诗》月刊创刊，这是"五四"以来出现最早的一个新诗刊。

▲3月，冯雪峰、潘漠华、应修人、汪静之成立湖畔诗社，并相

① 韩石山编：《徐志摩全集》(第七卷)，商务印书馆2019年版，第268—269页。

继出版诗集《湖畔》及《春的歌集》等。

▲春，浅草社在上海成立。

▲7 月，中国共产党在上海召开第二次全国代表大会。

1 月

22 日　致罗素夫妇信：

很抱歉不能在离开伦敦之先与你们见面。事情是这样的：你们来信那天我又再度抱恙，整个礼拜就这样病榻缠绵。我是昨天才回到剑桥的。

很欢喜知道你们两位都会来这里在邪学会[①]上讲话。经过这一段睽违的日子，我们大家都十分渴望再瞻丰采和重聆嘉言。

欧格敦先生这次会颇伤脑筋的，因为王家学院广场那个地点适中而又和暖舒适的“茶店子”恐怕容不下拥挤的听众。[②]

按，刘洪涛在《徐志摩的剑桥交游及其在中英现代文学交流中的意义》一文中指出：“徐志摩 1922 年 1 月 22 日的信，提及的是剑桥大学邪学社（Heretics Society）邀请罗素夫妇演讲的事情。徐志摩说邀请罗素演讲的地点是国王广场对面的一家‘茶店子’，其实那并不真的是一家茶馆或酒吧，而是剑桥学者奥格顿租赁来作为邪学社办公活动场所的国王学院 10 号，后来它又成为奥格顿创建的推广基本英语运动的正语协会（the

① 邪学会（The Heretics）是欧格敦等剑桥人士组织的一个专以演讲、讨论、辩论为主的学会，着意于探究新事物，并有反传统的倾向。

② 韩石山编：《徐志摩全集》（第七卷），商务印书馆 2019 年版，第 270 页。

Orthological Institute)所在地。我实地考察这栋建筑时发现,它地上三层,地下一层,房间不少,但单个房间的面积都不大,因此徐志摩在信中才说奥格顿担心他的'茶店子'太小,'容不下拥挤的听众'。后来知道,奥格顿为此想出了一个权宜之计,即演讲只允许邪学社会员参加。罗素夫妇这次演讲于1922年3月5日举行。……罗素夫妇当天演讲的主题是'工业主义与宗教'。罗素主讲的具体题目是'传统宗教',多拉主讲的题目是'工业信条'。"①

31日 译英国著名浪漫主义诗人华兹华斯(1770—1850)的诗《葛露水》。

据邵华强编《徐志摩年谱简编》:"……未单篇发表,初收台湾传记文学出版社出版《徐志摩全集》第一辑,这是迄今发现的徐志摩最早的译诗。"②

按,黄红春《古典与浪漫:新月派文学观念研究》:"徐志摩对英国十九世界浪漫主义诗人的学习和借鉴主要表现在:一是题材上描山画水,歌咏自然;二是体式上尝试土白诗、仿写十四行诗等。1922年,徐志摩翻译了华兹华斯的抒情诗《葛露水》,而且发表文章称赞华兹华斯是最伟大的诗人之一。……徐志摩在文章《话》中称华兹华斯的诗是'不朽的歌';在《夜》中,他将华氏隐居的Grasmere湖视为自己无比向往的一个地方;其视作《云游》深得华兹华斯《水仙》的神韵,可谓异曲同工;《沙扬娜拉》和《再

---

① 刘洪涛:《徐志摩的剑桥交游及其在中英现代文学交流中的意义》,《中国现代文学研究丛刊》2006年第6期。

② 邵华强编:《中国文学史资料全编(现代卷)·徐志摩研究资料》,北京知识产权出版社2011年版,第11页。

别康桥》也内在地化用了《水仙》的意境。”①

2月

3日 致罗素夫妇信：

当你们这个星期到此地度周末的时候，未悉能否赏脸在下址跟我共进午餐或饮下午茶。我衷心盼望你们不会感到为难。我一直要跟你们重聚。我心中忧急之情是难以形容的。我实在很想念你们。

要是你们喜欢的话，我可以约狄更生先生一道来。不过我必需表明我的意愿：我要跟你们面对面深谈，即使时间不多也得如此。所以，虽然狄更生先生是一位良伴，这次不请他也没有问题。这或者是我要占有你们的一点自私表现，但我相信你们会用微笑来原谅我的。

你们是否带同约翰一起来？我希望是。②

22日 作诗《夜半松风》，编入《志摩的诗》，后发表于一九二四年七月十一日《晨报·文学旬刊》。

24日 次子德生（彼得）生于柏林。

本月 在柏林同徐悲鸿相识。

3月

3日 读意大利诗人、小说家、戏剧家丹农雪乌（今译邓南

---

① 黄红春：《古典与浪漫：新月派文学观念研究》，江西人民出版社2015年版，第129页。

② 韩石山编：《徐志摩全集》（第七卷），商务印书馆2019年版，第271页。

遮)的作品《死城》后,感情激扬,在日记中写道:“辛孟士(Arthur Symons[①])译的《死城》,无双的杰作:是纯粹的力与热;是生命的诗歌与死的赞美的合奏。谐音在大空中回荡着;是神灵的显示,不可比况的现象。文字中有锦绣,有金玉,有美丽的大焰;有高山的庄严与巍峨;有如大海的涛声,在寂寞的空灵中啸吼着无穷的奥义;有如云,包卷大地、蔽暗长空的云,掩塞光明,产育风涛;有如风,狂风,暴风,飓风,起因在秋枝上的片叶,一微弱的颤栗,终于溃决大河,剖断冈岭。伟大的烈情!无形的酝酿着伟大的、壮丽的悲剧;生与死,胜利与败灭,光荣与沉沦,阳光与黑夜,帝国与虚无,欢乐与寂寞;绝对的真与美在无底的深潭中;跳呀,勇敢的寻求者……”[②]

按,韩石山认为此日记系一九二二年留英时写,采自一九二五年五月八日《晨报副刊》,所载徐志摩《丹农雪乌(一)》文中。此段日记的前后还有这样的话:“下面是我初读丹农雪乌的《死城》(*The Dead City*)后的一段日记……我当初的日记是用英文记的,接下去还有不少火热的赞美,现在我自己看了都觉得耀眼,只得省略了。”

本月 与陈源卫礼贤游魏玛与耶纳,访歌德和席勒的故居。

本月 在德国柏林由吴德生(经熊)金龙荪(岳霖)二君作证,与夫人张幼仪离婚,而志摩双亲不忍其媳离徐家,认幼仪为继女。

致张幼仪信中说:“故转夜为日,转地狱为天堂,直指顾间事

---

① Arthur Symons:西蒙思(1865—1945年),徐译辛孟士,英国诗人、文学评论家,是法国象征派诗歌的热情支持者,并将象征主义引入英国。作品有诗集《剪影》、《伦敦之夜》和论著《象征主义文学运动》等。

② 韩石山编:《徐志摩全集》(第三卷),商务印书馆2019年版,第16—17页。

矣。……真生命必自奋斗自求得来，真幸福亦必自奋斗自求得来，真恋爱亦必自奋斗自求得来！彼此前途无限……彼此有改良社会之心，彼此有造福人类之心，其先自作榜样，勇决智断，彼此尊重人格，自由离婚，止绝苦痛，始兆幸福，皆在此矣。”①

按，胡适之《追悼志摩》（《新月》月刊一九三二年四卷一期志摩纪念号）云：

> 民国十一年三月，他正式向他的夫人提议离婚，他告诉她，他们不应该继续他们没有爱情，没有自由的结婚生活了，他提议“自由之偿还自由”，他认为这“彼此重见生命之曙光，不世之荣业”。他说：“故转夜为日，转地狱为天堂。直指顾间事矣。……真生命必自奋斗自求得来，真幸福亦必自奋斗自求得来！真恋爱亦必自奋斗自求得来！彼此前途无限……彼此有改造社会之心，彼此有造福人类之心，其先自作榜样，勇决智断，彼此尊重人格，自由离婚，止绝痛苦，始兆幸福，皆在此矣。”
>
> 这信里完全是青年的志摩的单纯的理想主义，他觉得那没有爱，又没有自由的家庭，是可以摧毁他们的人格的，所以他下了决心，要把自由偿还自由，要从自由求得他们的真生命，真幸福，真恋爱。
>
> 后来他回国了，婚是离了，而家庭与社会却不能谅解他，最奇怪的是和他已离婚的夫人通信更勤，感情更好，社会上的人更不明白了。志摩是梁任公先生最爱护的学生，所以民国十二年任公先生曾写一封很长很恳切的信去劝他。在这信里，任公提出两点：

---

① 韩石山编：《徐志摩全集》（第七卷），商务印书馆 2019 年版，第 97 页。

其一，万不容以他人之痛苦，易自己之快乐，弟之此举，其于弟将来之快乐能得与否，殆茫如捕风，然先已予多数人以无量之痛苦。其二，恋爱神圣为今之少年所乐道……兹事盖可遇而不可求。……况多情多感之人，其幻象起落鹘突，而满足得宁贴也极难，所梦想之神圣境界终不可得，徒以烦恼终身已耳。

任公又说："呜呼志摩！天下岂能有圆满之宇宙？……当知吾侪以不求圆满为生活态度，斯可以领略生活之妙味矣。……若沈迷于不可必得之梦境，挫折数次，生意尽矣，郁邑侘傺以死，死为无名，死犹可也，最可畏者，不死不生而堕落至不复能自拔。呜呼志摩，可无惧耶！可无惧耶！"（十二年一月二日信）

任公一眼看透了志摩的行为是追求一种"梦想的神圣境界"。他料到他必要失望，又怕他少年人受不起几次挫折，就会死，就会堕落，所以他以老师的资格警告他："天上岂有圆满之宇宙？"

但这种反理想主义是志摩所不能承认的。他答复任公的信，第一不承认他是把他人的苦痛来换自己的快乐。他说：'我之甘冒世之不韪，竭全力以斗者，非特求免凶惨之苦痛，实求良心之安顿，求人格之确立，求灵魂之救度耳。人谁不求庸福？人谁不安现成？人谁不畏艰险：然且有突围而出者，夫岂得已而然哉？'

第二：他承认恋爱可以遇而不可以求的，但他不能不去追求，他说："我将于茫茫人海中访我唯一之伴侣，得之，我幸；不得，我命。如此而已。"

他又相信他的理想是他以创造培养出来的，他对任公说:“嗟夫吾师:我尝奋我灵魂之精髓,以凝成一理想之明珠,涵之以热满之心血,朗照我深奥之灵府。而庸俗忌之嫉之,辄欲麻木其灵魂,捣碎其理想,杀灭其希望,污毁其纯洁,我之不流入堕落,流入庸懦,流入卑污,其几人微矣!”

我今天发表这三封不曾发表过的信,因为这几封信最能表现那个单纯的理想主义者徐志摩,他深信理想的人生,必须有爱,必须自由,必须有美,他深信三位一体的人生是可追求的,至少可以用纯洁的心血培养出来的。①

陈从周按:“是年林徽音在英,与志摩有论婚嫁之意,林谓必先与夫人张幼仪离婚后始可,故志摩出是举,他对于徽音倾倒之极,即此可见,而宗孟曾说:‘论中西文学及品貌,当世女子舍其女莫属。’后以小误会,两人暂告不欢,志摩就转舵追求陆小曼,非初衷也。”

春 作诗《春》,后发表于一九二三年五月三十日上海《时事新报》副刊《学灯》。诗前有小言:“康河右岸皆学院,左岸牧场之背,榆荫密覆,大道纡回,一望葱翠,春光浓郁。但闻虫□鸟语,校舍寺塔掩映林巅,真胜处也。迩来草长日丽,时有情偶隐卧草中,密话风流。我常往复其间,辄成左作。”②

春 作诗《沙士顿重游随笔》。后发表于一九二三年三月十三日上海《时事新报》副刊《学灯》。

---

① 陈从周:《徐志摩年谱》,上海书店 1981 年版,第 21—23 页。

② 韩石山编:《徐志摩全集》(第五卷),商务印书馆 2019 年版,第 18 页。

4 月

30 日　作诗《夏日田间即景(近沙士顿)》,后发表于一九二三年三月十四日上海《时事新报》副刊《学灯》。

本月　作《赠张歆海 *FAUST* 上的题字》

按,据《北京华夏藏珍国际拍卖有限公司 2012 春季拍卖会中国近现代名人墨迹专场图录》。*FAUST* 即《浮士德》,德国歌德(Johann Wolfgang von Goethe,1794—1832 年)所著的诗剧。

5 月

25 日　作诗《听槐格讷(Wagner)乐剧》,后发表于一九二三年三月十日上海《时事新报》副刊《学灯》。

按,槐格讷,今译瓦格纳(1813—1883),德国作曲家、音乐戏剧家,写有著名歌剧《尼伯龙根的指环》《罗亨格林》和《特里斯坦与伊索尔德》等。

6 月

26 日　作诗《笑解烦恼结(送幼仪)》,后发表于一九二二年十一月八日《新浙江报·新朋友》。

同日　作《附来函》:

《尝试集》里删存的《新婚杂诗》里有这两行:

"你莫说你对不住我,

我也不说我对不住你,……"

胡先生是乐哉乐哉,结束了"十三年没见面的相思",从此只须"牢牢记取这十二月三十夜的中天明月";我看了这样招人羡慕的风情，一时也理不清心中的感想，但我却记起了我送张幼仪的那首离婚诗。我想结婚不必一定乐，离婚也不必一定悲；胡先生的哲学是要从自愿的不自由里，寻求自由……[1]

按，据中国社会科学院近代史研究所胡适档案所藏徐志摩手稿，此文附于徐志摩所作诗《笑解烦恼结（送张幼仪）》后。

本月　作诗《情死》（*Liebstch*），后发表于一九二三年二月四日《努力周报》第四十期。题中“Liebstch”疑应作“Liebestod”，取自瓦格纳歌剧《特里斯坦与伊索尔德》（*Tristan und Isolde*）。

上半年　由剑桥大学王家学院特别生转为正式研究生，学院给他的评语是“持智守礼，放眼世界”。

7月

中旬　在伦敦拜会女作家曼殊斐尔[2]（Katharine Mansfield）（现译曼斯斐尔德），因女作家身体不好，只谈了二十分钟，但这次谈话被称为“不死的二十分钟”。徐志摩在《曼殊斐尔》一文写道：

……去年七月中有一天晚上，天雨地湿，我独自冒著雨在伦敦的海姆司堆特 Hampstead 问路警，问行人，在寻彭德街第十号的屋子。那就是我初次，不幸也是末次，会见曼殊斐尔——“那二十分不死的时间！”——的一晚。……

---

① 韩石山编：《徐志摩全集》（第一卷），商务印书馆 2019 年版，第 230 页。

② 曼殊斐尔：今译曼斯菲尔德（1888—1923 年），英国女作家，短篇小说大师。生于新西兰惠灵顿，19 岁到英国从事文学创作。1918 年同麦雷（John Middleton Murry，1889—1957 年，英国批评家、编辑、诗人）结婚。代表作有短篇小说集《幸福》、《园会》等。

她心血所凝成的便是两本小说集，一本是“Bliss”[①]，一本是去年出版的“Garden Party”[②]。凭这两部书里的二三十篇小说，她已经在英国的文学界里占了一个很稳固的位置。……

……我的好友陈通伯他所知道的欧洲文学恐怕在北京比谁都更渊博些，他在北大教短篇小说，曾经讲过曼殊斐尔的，……关于她短篇艺术的长处，我也希望通伯能有机会说一点。

……早几天我和麦雷（曼殊斐尔的伴侣 John Middleton Murry）在 Charing Cross 背后一家嘈杂的 A. B. C. 茶店里，讨论英法文坛的状况，我乘便说起近几年中国文艺复兴的趋向，在小说里感受俄国作者的影响最深，他喜的几于跳了起来，因为他们夫妻最崇拜俄国的几位大家，他曾经特别研究过道施滔庖符斯斯（基），著有一本“*Dostoievsky: A Critical Study*”[③]，曼殊斐尔又是私淑契诃甫（Tchekhov[④]）的，他们常在抱憾俄国文学始终不曾受英国人相当的注意……

……我看了曼殊斐尔像印度最纯澈的碧玉似的容貌，受着她充满了灵魂的电流的凝视，感着她最和软的春风似的神态，所得的总量我只能称之为一整个的美感。她仿佛是个透明体，你只感讶她粹极的灵澈性，却看不见一些杂

---

① Bliss:《幸福》，曼斯菲尔德的短篇小说集。

② Garden Party:《园会》，曼斯菲尔德的短篇小说集。

③ Dostoievsky: A Critical Study:《陀思妥耶夫斯基：批评的研究》。

④ Tchekhov:契诃夫（1860—1904 年），俄国小说家、剧作家，著名作品有中篇小说《第六病室》、短篇《套中人》、剧本《海鸥》、《樱桃园》等。

质。……

曼殊斐尔的声音之美，又是一个 Miracle[①]。一个个音符从她脆弱的声带里颤动出来，都在我习于尘欲的耳中，启示着一种神奇的异境，仿佛蔚蓝的天空中一颗一颗的明星先后涌现。……麦雷自己是现在英国中年的评衡家最有学有识的一人——他去年在牛津大学讲的"The Problem of style"[②]有人誉为安诺德（Mathew Arnold[③]）以后评衡界最重要的一部贡献——而他总常常推尊曼殊斐尔，说她是评衡的天才，有言必中肯的本能……她说她方才从瑞士回来，在那里和罗素夫妇寓所相距颇近，常常说起东方的好处，所以她原来对中国景仰，更一进而为爱慕的热忱。她说她最爱读 Arthur Waley[④] 所翻的中国诗……她再三劝我应当试试，她以为中国诗只有中国人能译得好的。

……她又问中国顶喜欢契诃甫的那几篇，译得怎么样，此外谁最有影响。

……她希望我不进政治，她愤愤地说现代政治的世界，不论那一国，只是一乱堆的残暴和罪恶。[⑤]

按，徐志摩《谒见哈代的一个下午》（载《新月》月刊一九二八年第一卷第一期）：

---

① Miracle：奇迹。

② The problem of style：风格的问题。

③ Mathew Arnold：阿诺德（1822—1888 年），英国维多利亚时代的诗人和评论家，主要著作有抒情诗集《多佛海滩》，叙事诗《邵莱布和罗斯托》及论著《文化与无政府状态》等。

④ Arthur Waley：韦利（1889—1966 年），英国汉学家、汉语和日语翻译家，译作有《汉诗 170 首》等。

⑤ 韩石山编：《徐志摩全集》（第二卷），商务印书馆 2019 年版，第 16—29 页。

我见曼殊斐儿，比方说，只不过二十分钟模样的谈话，但我怎么能形容我那时在美的神奇的启示中的全生的震荡？——

我与你虽仅一度相见——

但那二十分不死的时间！

果然，要不是那一次巧合的相见，我这一辈子就永远见不着她——会面后不到六个月她就死了。[1]

21日　作诗《私语》，后发表于一九二三年四月三十日上海《时事新报》副刊《学灯》。

本月　作诗《小诗》，后发表于一九二三年四月三十日上海《时事新报》副刊《学灯》。

本月　作诗《夜》，后发表于一九二三年十二月一日《晨报·文学旬刊》，诗后有王统照（署名记者）附言："志摩这首长诗，确是另创出一种新的格局与艺术，请读者注意！"

约八月前　作诗《你是谁呀？》，后发表于一九二三年五月四日上海《时事新报》副刊《学灯》。

约八月前　作诗《青年杂咏》："青年！你为什么沉湎于悲哀？你为什么耽乐于悲哀？你不幸为今世的青年，你的天是沉碧奈何天；……"[2]后发表于一九二三年三月十八日上海《时事新报》副刊《学灯》。

约八月前　作诗《月夜听琴》，后发表于一九二三年四月一日上海《时事新报》副刊《学灯》。

---

① 陈从周：《徐志摩年谱》，上海书店 1981 年版，第 25 页

② 韩石山编：《徐志摩全集》（第五卷），商务印书馆 2019 年版，第 42 页。

约八月前　作诗《人种由来》，后发表于一九二三年六月二十一日《时事新报》副刊《学灯》。

约八月前　作诗《无儿》，后发表于一九二三年五月四日《时事新报》副刊《学灯》。

约八月前　作诗《康桥西野暮色》，后发表于一九二三年七月七日上海《时事新报》副刊《学灯》。诗前有言：

> 我常以为文字无论韵散的圈点并非绝对的必要。我们口里说笔上写得清利晓畅的时候，段落语气自然分明，何必多添枝叶去加点画。近来我们崇拜西洋了，非但现代做的文字都要循规蹈矩，应用“新圈钟”，就是无辜的圣经贤传红楼水浒，也教一班无事忙的先生，支离宰割，这里添了几只钩，那边画上几枝怕人的黑杠！！！真好文字其实没有圈点的必要，就怕那些“科学的”先生们倒有省事的必要。
>
> 你们不要骂我守旧，我至少比你们新些。现在大家喜欢讲新，潮流新的，色彩新的，文艺新的，所以我也只好随波逐浪跟着维新。唯其为要新鲜，所以我胆敢主张一部分的诗文废弃圈点。这并不是我的创见，自今以后我们多少免不了仰西洋的鼻息。我想你们应该知道英国的小说家George Choow[①]，你们要看过他的名著*Krook kerith*[②]，就知道散文的新定义新趣味新音节。[③]

约八月前　作诗《悲观》。

---

① George Choow：Choow应作Moore，即穆尔（1852—1933年），爱尔兰小说家，将自然主义笔法引入英国小说，主要作品有《埃斯特·沃特斯》和自传体小说《欢呼与告别》三部曲等。

② Krook kerith：应作Brook kerith。《凯里斯溪》，穆尔的小说。

③ 韩石山编：《徐志摩全集》（第五卷），商务印书馆2019年版，第55—56页。

约八月前　翻译以下诗作：十九世纪英国著名女诗人勃朗宁（1806—1861）的诗 *Inclusions*，该诗题意为“内含”；美国诗人、小说家汤普森（1844—1901）的诗 *Atalanta's Race*，该诗题意为“阿塔兰忒的奔跑”；英国诗人、文学评论家斯温伯恩（1837—1909）的诗 *Early Bathing*，该诗题意为“晨浴”；英国浪漫主义诗人、评论家柯尔律治（1772—1834）的诗 *Love*，该诗题意为“爱情”；英国著名诗人济慈（1795—1821）的诗 *To Fanny Browne* (*sonnet*)，该诗题意为“致范妮·布朗（十四行诗）”；英国诗人、剧作家弗莱克（1884—1915）的诗 *Joseph and Mary*，此诗通译为《约瑟夫与玛丽》。

8月

3日　作诗《清风吹断春朝梦》，后发表于一九二三年六月五日《时事新报》副刊《学灯》。

6日　作散文《雨后虹》：“……我正注目看西方渐次扫荡满天云铟的太阳，偶然转过身来，不禁失声惊叫。原来从校友居的正中起直到河的左岸，已经筑起一条鲜明五彩的虹桥！”[①]后发表于一九二三年七月二十一日、二十三日、二十四日《时事新报》副刊《学灯》。一九八八年陕西人民出版社《徐志摩研究资料》存目。

7日　致英国艺术家傅来义（Roger Fry）信，邀傅来义到中国访问：

> ……我一直认为，自己一生最大的机缘是得遇狄更生先生。是因着他，我才能进剑桥享受这些快乐的日子，而我

① 韩石山编：《徐志摩全集》（第一卷），商务印书馆2019年版，第239页。

对文学艺术的兴趣也就这样固定成形了。也是因着他，我跟着认识了你。你宽厚温雅的人格，为我开展了新的视野，并且鼓舞有加，使我能亲炙那些博大、美丽和高贵的思想与情感。我希望能多见你面，但难道我还需要再花口舌来表示这个希望吗？只要与你亲近和听到你悦耳的声音就好了。那是何等的快乐，何等的吸引，何等的安慰！是的，英伦的日子永不会使我有遗憾之情。将来有一天我会回念这一段时光，并会忆想到自己有幸结交了像狄更生先生和你这样伟大的人物，也接受了启迪性的影响；那时候，我不知道自己是否会动情下泪。

但请你相信我，你要在西湖的柔波上一舟容与、调弄丹青的美梦，迟早一定会实现的。我已向狄更生先生游说过，邀请他访问中国，借此更新他对东方的印象。我会在这里尽地主之谊。既然如此，你们两位结伴同行岂不是妙极吗！你们可以合作，除了向我国求知心切的年轻小伙子，也可以向虚静自持的老一辈介绍西方文化的真义和精粹——这都是他们渴望了解和欣赏的。你们两位都是英秀超卓，在艺术和文学方面有了成就的代表人物，因着你们前来参与上述的一项盛举，这无疑在沟通两个文明这件大事上，开辟一个新纪元。……①

10日 作诗《康桥再会罢》，告别剑桥大学，准备回国。后发表于一九二三年三月十二日《时事新报》副刊《学灯》，但因格式排错，又于三月二十五日重排发表。初收一九二五年中华书局版《志摩的诗》。

---

① 韩石山编：《徐志摩全集》（第八卷），商务印书馆2019年版，第202—203页。

按，《时事新报·学灯》记者按语云："我们对于惠稿诸君，常常觉得有一件很抱歉的事，就是我们的排印虽尽了许多心力力图改善，但是还一样发生许多错误。我们今天尤觉对《康桥再会罢》（曾登本月 12 日本刊）的作者徐志摩先生抱歉！《康桥再会罢》原是一首诗，却被排成为连贯的散文，有人说，这正像一幅团皱了墨迹未干的画，真是比得很恰切。原来徐先生作这首诗的本意，是在创造新的体裁，以十一字作一行（亦有例外），意在仿英文的 Blank Verse 不用约韵而有一贯的音节与多少一致的尺度，以在中国的诗国中创出一种新的体裁。不意被我们的疏忽把他的特点掩掉了。这是不特我们应对徐先生抱歉，而且要向一般读者抱歉的。所以我们今天只好拿这首诗照着诗的排列重新登一遍。"

17 日　离剑桥大学到伦敦。

29 日　经柏林时致罗素夫妇信："收到从蒙太纳维马拉来电。不过我可能到下周三或周四（九月五日）才会路经巴黎转往马赛。要是你们到时还在那边，请来信下址。这样我们也许还可以再会面。我实在亟盼在离欧之先见到你们。"[①]

按，俞晓霞《徐志摩的布鲁姆斯伯里交游》中云："徐志摩和罗素的交往也给罗素留下了深刻的印象，1959 年，在徐志摩坠机离世的 28 年之后，80 多高龄的罗素还能回忆起和徐志摩的交往，他在整理自己的书信手札时，在徐志摩的信笺上如此评价徐志摩：'徐先生是一个有很高文化修养的中国籍大学肄业生，也

---

① 韩石山编：《徐志摩全集》（第七卷），商务印书馆 2019 年版，第 273 页。

是能用中英两种文字写作的诗人。'[1]"[2]

9 月

中旬(约 14 日) 经巴黎到马赛坐船回国。

按,韩石山《徐志摩传》云:"徐志摩说过,他这一身的周折,大都寻得出感情的线索。这次突然回国的感情结索是什么呢?——林徽因。……还有个原因,或许是次要的,却不能不提。这就是,此前以梁启超为首的研究系有一个大的振兴中国文化的计划,需要徐志摩回国相助。这个大的计划,他们称之为'中国的文艺复兴。'实现这一计划,最为迫切的,莫过于优秀人才的通力合作。"[3]

又按,李红绿《新月派译诗研究》云:"1922 年 9 月自英国回国后,徐志摩基本上放弃用文言体译诗,此后的译诗几乎全是用白话文完成。"[4]

本月 作诗《地中海中梦埃及魂入梦》,后发表于一九二三年九月四日《时事新报》副刊《学灯》;作诗《归国杂题一——马赛》,后发表于一九二二年十二月十七日《努力周报》第三十三期;作诗《归国杂题二——地中海》后发表于一九二二年十二月二十四日《努力周报》第三十四期;作诗《威尼市》,后发表于一九二三年四月二十八日《时事新报》副刊《学灯》;作诗《梦游埃及》,

---

① 1922 年 8 月 29 日致罗素的信旁的"罗素按",见韩石山编:《徐志摩全集·第六卷·书信》,天津人民出版社 2005 年版,第 218 页。

② 俞晓霞:《徐志摩的布鲁姆斯伯里交游》,《文艺争鸣》,2014 年第 3 期,第 81 页。

③ 韩石山:《徐志摩传》,北京十月文艺出版社 2000 年版,第 72—73 页。

④ 李红绿:《新月派译诗研究》,光明日报出版社 2019 年版,第 83 页。

后发表于一九二三年五月十四日《时事新报》副刊《学灯》。

本月　致奥格顿信:“旅行极佳,但酷热越来越难当。你会收到我的信。能否给我邮一本罗杰·弗赖的《视觉与设计》?请寄至中国浙江硖石。”①

按,致奥格登信据加拿大麦马士德大学罗素档案馆所藏手稿,刘洪涛译。

10 月

6 日　作散文《印度洋上的秋思》,一九二二年十一月六日起在《新浙江报》连载三期(未完),后于同年十二月二十九日在《晨报副刊》刊发全文。

按,诗作《秋月呀》摘自该文。

15 日　(农历 8 月 25 日)回到上海。父亲在码头接,母亲和祖母在三泰客栈等候。

按,《西湖记》(《志摩日记》):“今天是我回国的周年纪念……去年的十月十五,天将晚时,我在三岛船上拿着望远镜望碇泊处的接客者,渐次的望着了这个亲,那个友,与我最爱的父亲,五年别后,似乎苍老了不少,那时我狂跳的心头,突然迸起一股不辨是悲是喜的寒流,腮也便觉着两行急流的热泪。后来回三泰栈,我可怜的娘,生生的隔了五年,也只有两行热泪迎她唯一的不孝的娇儿,但久别初会的悲感,毕竟是暂时的,久离重聚的欢怀,毕竟是实现了,那时老祖母的不减的清健,给我不少的安慰,虽则母亲也着实见老。”②

---

① 韩石山编:《徐志摩全集》(第八卷),商务印书馆 2019 年版,第 236 页。

② 陈从周:《徐志摩年谱》,上海书店 1981 年版,第 26 页。

中旬　致张东荪信，后发表于一九二二年十月二十五日《时事学报》副刊《学灯》。信中道："附去康桥奥格屯先生译文，请即付印《学灯》，以征答复，摩本拟于译文前赘语一二，但此时过忙不及。总之，英国学者近来至愿与中国学者直接为学问的合作。此君为罗素至友康桥'异端社'主席，最慕中国文化，去年与其友出 *Foundations of Aesthetics*，其结论基本《乐记》及《中庸》、《大学》，甚引起一时注意，今编辑'哲学心理科学方法国际丛书'，梁任公先生允著之《中国思想史》即应此君与罗素之请。"①

28日　致双亲信："……八月廿四日由欧抵沪，随祖母往普陀烧香，今晚（重阳日）又因学事与父亲同去南京。"②

同日　同父亲徐申如一起，到南京成贤学舍参加欧阳竟无讲学会。

按，韩石山《徐志摩传》："在《徐志摩年谱》中，有陈从周辑录的一则《家书》片断：'八月二十四日由欧抵沪，随祖母往普陀烧香，今晚（重阳日）又因学事与父亲同去南京。'③……信中说的'学事'，系指当时在南京成贤学舍举办的佛学大师欧阳竟无的讲学活动。成贤学舍是地名，机构名称为支那内学院。这个学院，是国内佛经的最高学府，本年7月间成立，由欧阳竟无大师主持，秋天开始讲学，来听讲的各地学者络绎不绝。梁启超正好在南京讲学，欧阳大师开讲后，每天都来听讲。……徐志摩在南京听讲的情形，他自己是这样记述的——十一年冬天欧阳竟无先生在南京支那内学院讲唯识。每朝七时开讲。我那时在南京

① 韩石山编：《徐志摩全集》（第七卷），商务印书馆2019年版，第99页。

② 韩石山编：《徐志摩全集》（第七卷），商务印书馆2019年版，第21页。

③ 陈从周：《徐志摩年谱》，上海书店1981年版，第26页，信中8月24日系25日之误。

也赶时髦起了两个或是三个大早，冒着刺面的冷风到秦淮河畔去听庄严的大道。一来是欧阳先生的乡音进入我的耳内其实比七弦琴的琴音不相上下，二来这黎明即起的办法在我是生活的革命，我终于听不满三两次拿着几卷讲义也就算完事一宗。[①]”[②]

11 月

约本月初 作《〈两尼姑〉或〈强修行〉》，后发表于一九二三年五月五日《时事新报》副刊《学灯》。

6 日、8 日 在《新浙江报·新朋友》发表《徐志摩张幼仪离婚通告》，以及作于一九二二年六月的诗《笑解烦恼结（送张幼仪）》。

17 日 在南京成贤学舍作论文《罗素与中国——读罗素著〈中国问题〉》，后发表于一九二二年十二月三日《晨报副刊》。文中徐志摩对罗素不吝赞美之辞："罗素是现代最莹澈的一块理智结晶，而离了他的名学数理，又是一团火热的情感，再加之抗世无畏道德的勇敢，实在是一个可作榜样的伟大人格，古今所罕有的。"

本月 自南京回上海，中学同学在同兴楼设宴，为郁达夫接风洗尘，席间曾自述回来途中，帮助香港警方缉拿了一个往内地贩毒的犯罪团伙。[③]

秋末 应梁实秋之邀，去清华文学社作题为"艺术与人生"

① 徐志摩：《梁启超〈佛教教理概要〉附志》，《徐志摩全集》，上海书店出版社 1994 年版，第 256—257 页。

② 韩石山：《徐志摩传》，北京十月文艺出版社 2001 年版，第 74—75 页。

③ 韩石山：《徐志摩传》，北京十月文艺出版社 2001 年版，第 74—75 页。

(Art and Life)的英文讲演，讲稿后来经郁达夫发表在《创造季刊》第二卷第一期。文末附成仿吾附记：

> 这篇英文是徐志摩君在清华文学会所讲演的底稿，他在上海时交给我们的。原稿是他的一位朋友用打字机打好的，虽经他自己改正了不少，可是还有不少的错误。拿去付印时，我把全文仔细看了一遍，改了不少，引用文中我也改了一处，这是我应当在这里声明的。
>
> 文中论艺术与生活的关系极详而明，他把我们现代所以没有好艺术的产生，归因于我们中国人没有真的充实的生活，本想把他翻译出来，再想一想，却又觉得未免多事，所以毕竟没有翻译了。(仿吾)①

按，据韩石山补注，此文的英文稿初收一九八零年台湾时报文化出版事业有限公司《徐志摩诗文补遗》，中文译稿初收一九八八年一月陕西人民出版社《徐志摩研究资料》，虞建华、邵华强译。

又按，刘洪涛《徐志摩的剑桥交游及其在中英现代文学交流中的意义》云："徐志摩回国后不久，就到清华大学发表过一个名为《艺术与人生》的英文演讲。明眼人一看即知，徐志摩这篇演讲的题目与弗赖收在他的名著《视觉与构图》(*Vision and Design*)中的一篇演讲同名。徐志摩知道弗赖的《视觉与构图》一书，他不避重复，以同样的题目发表演讲，引出梁实秋的议论。梁实秋当时是清华大学文学社的负责人，徐志摩的演讲是应他的邀请发表的。作为当事人，梁实秋对徐志摩这次演讲评价不高，说：'这回讲演是失败的，我们都很失望。'从演讲效果看，这

① 韩石山编：《徐志摩全集》(第一卷)，商务印书馆2019年版，第285页。

应该是实情。《艺术与人生》一开头长长的从句，足以让人‘听而生畏’；况且‘牛津式’的照本宣科，实在是高估了中国学生的理解力和感受力。”[①]

又按，黄红春《古典与浪漫：新月派文学观念研究》云：“1922年刚从英国留学回来的徐志摩，便被清华文学社邀去做演讲，题目是“艺术与人生”。因为用了英文和宣读论文的方式演讲，效果并不好。但这次演讲促成了徐志摩与梁实秋这两位新月派核心人物的第一次交往。徐志摩认为，艺术是人生的反映，人生对艺术负责，中国当时之所以没有艺术是因为没有充实的生活；如果能够丰富和强化生活，赋予它精神上的意义，恢复人们的审美直觉和创造活力，艺术便会产生。他的观点为梁实秋所赞同，他俩因此走得更近。”[②]

又按，程国君《新月诗派研究》云：“徐志摩在英国唯美主义者佩特[③]启发下写的《艺术与人生》演讲稿中说：‘希腊人的独特，在于他们以同样的态度对待人生和艺术。对他们，仅仅是对他们，艺术与人生才是统一体。…他们把艺术看成真正的人生自觉。’[④]他还说：‘如果说希腊人留给我们的珍贵遗产是人体的发现，那十五世纪意大利文艺复兴带给我们的礼物就是人的精神

---

① 刘洪涛：《徐志摩的剑桥交游及其在中英现代文学交流中的意义》，《中国现代文学研究丛刊》2006年第6期。

② 黄红春：《古典与浪漫：新月派文学观念研究》，江西人民出版社2015年版，第64页。

③ 佩特(1839—1894)，英国散文作家，唯美主义文艺批评家。主要著作《文艺复兴史研究》对意大利文艺复兴时期的艺术作品作了深入细致的分析。还写有《希腊研究》、《欣赏集》及小说《伊壁鸠鲁马里乌斯》。

④ 徐志摩：《艺术与人生》，赵遐秋等编：《徐志摩全集·散文卷(上)》，广西民族出版社1991年版，第86页。

的发现和体现。'此文是1922年徐志摩应梁实秋之邀，在清华文学社所作的演讲稿，比较系统的申述了他的以人为本、以生命为核心的艺术与人生相统一的艺术观。"[①]同时，程国君认为："在佩特意大利文艺复兴研究的启发下，徐志摩认为，文艺复兴运动'使长期受压迫、遭抑制的人们，恢复了独立和尊严，恢复了对理智和想象的事物的爱，恢复了更自由美好的构想生活的渴望，使人们感觉自身，使那些有这种愿望的人探求一个又一个理智享受或想象享受的意义，引导他们不仅去发现这种享受的旧的和已被遗忘的源泉，而且去预言新的源泉——新的经历，新的诗歌主题，新的艺术形式'[②]。在徐志摩看来，认识到了完全自我实现的个人权力，人的发现就为他们开创了认识宇宙客观现象的科学方法，由此也产生了他们诗歌'新的诗歌主题，新的艺术形式'。'人的发现'与'完全的自我实现'就产生了诗歌，徐志摩的生命诗学观就这样在佩特的直接启发下确立了起来。从这个意义上讲如果说佩特这个唯美主义者的艺术观使徐志摩直接确立了其生命诗学观念的话，那么，生命哲学给'新月'诗人的影响在于，生命哲学确立的以人为世界本原和哲学研究核心的思想，为他们的生命诗学观提供了新的价值尺度，为他们诗歌的主题确立了新的意义深度。徐志摩说：'爱虽然最不严肃，却是万物中最有意义的'。'人的精神在一个文化统一体中，在生活潜能最大限度的一致表现中，享有实现自我的幸福机会，这种生活是丰

① 程国君：《新月诗派研究》，长江文艺出版社2003年版，第40页。

② 徐志摩：《艺术与人生》，赵遐秋等编：《徐志摩全集·散文卷(上)》，广西民族出版社1992年版，第86页。

富、热烈、生动和自觉的。’[①]”[②]

12月

15日 致傅来义信：

……事情是这样：当我见到讲学会主席梁启超先生，蔡元培博士以及其他有关人士的时候，我告诉他们你有意候机会访问中国，他们听后喜不自胜，盼望你前来，参观游览并演讲美术。我们很乐意负责你的旅费，也会大致按以往和罗素先生所定的条件，致送演讲方面的酬劳。你来东方访问会大得益处的，这点你很知道，也用不着我一一细述。我唯一需要向你保证的，就是在物质条件方面，我们会尽力使你感到舒适。你在这里要做的，就是代表并介绍欧洲文化中值得我们学习并吸收的那部分。至于我们这一方，我们有大河、高山、西湖等等；这一切等候你很久了，到时都会披上盛装来欢迎你的光临。我们并且会为你多多制造机会，使你获得你十分重视的艺术兴奋剂。

我是代表梁、蔡诸先生写这封信的，当然也代表我自己。我们向你发出热烈的要求和邀请，相信你不会觉得难于接受。你可否来电告诉我们你能够动身的时间？收到回音后我们便会汇款给你。你若能在明年早春到来是最理想的，因为初春的西湖明丽可人，景色最美，而南部的稻田带着温煦的艳阳，总是笑脸迎人。我想那时我将会福星高照，

① 徐志摩：《艺术与人生》，赵遐秋等编：《徐志摩全集·散文卷(上)》，广西民族出版社1992年版，第87页。

② 程国君：《新月诗派研究》，长江文艺出版社2003年版，第59—60页。

日夕追随你的左右，事事处处跟你做导游兼传译，而你自己会发现，参加演讲会的听众，都是热切无比的。

我们也谈到，在你来时开一个联合画展。但我们力所能及的，当然只限于中国美术方面，以及一般的筹备工作。以自身力量而言，我们绝对不可能在西画方面弄出个什么名堂，事实上是连一幅结实的作品也拿不出来。也许你可以带些复制品来作说明之用。另方面，也许有些年轻美术家愿意以自己的作品在东方取得个名声也说不定。实际如何做法，敬希赐示为感。我们也请你多带书籍来，因为惭愧得很，美学作为一门严肃的系统性学问，我们是一无所知。①

按，邵华强《徐志摩年谱简编》一九二二年十月十五日条云："后因傅来义生病，狄更生太忙没有成功。"

本月 在杭州用英文作《月照西湖》，未刊印。

本月 游西山灵寺僧家，作诗《默境》，后发表于一九二三年四月二十日《时事新报》副刊《学灯》。

冬 在文友会作题为"Personal Impressions of H. G. Wells, Edward Carpenter and Katherine Mansfield"（我对威尔斯、嘉本特和曼殊斐尔的印象）的英文演讲。

本年 译意大利著名剧作家邓南遮（G. D'Annunzio，1863—1938）的作品《死城》。该译作于一九二五年二月校改，后发表于一九二五年七月十七日、十九日、二十一日、二十七日、二十九日《晨报副刊》，九月五日《晨报·文学旬刊》，九月六日、十二日、十

---

① 韩石山编：《徐志摩全集》（第八卷），商务印书馆 2019 年版，第 206—207 页。

三日《晨报副刊》，九月十五日《晨报·文学旬刊》，九月十六日、十九日、二十一日、二十二日、二十三日、二十四日、二十六日《晨报副刊》。

按，黄红春《古典与浪漫：新月派文学观念研究》云："徐志摩翻译过意大利剧《死城》。其中《死城》的作者 Gabriele D'Annunzio（丹农雪乌，一译邓南遮）对徐志摩的影响很大。丹农雪乌是十九世纪下半叶至二十世纪上半叶意大利文坛总帅，在诗歌、小说和戏剧等方面都有卓越的成就。《死城》发表于 1898 年，是一出充满悲剧色彩的诗剧，其中充分运用了阴郁的意象和明暗色彩的对比。……出游意大利时，他曾经试图去拜访丹农雪乌，后来他还写过多篇文章介绍他。1929 年在《新月》1 卷 11 号上，他又发表了模仿其风格的同题小说《死城》（《北京的一晚》）"①

本年　作《丹农雪乌》一文，介绍意大利作家丹农雪乌（今译邓南遮），共五节：一、意大利与丹农雪乌；二、丹农雪乌的青年时期；三、丹农雪乌的作品；四、丹农雪乌的小说；五、丹农雪乌的戏剧。约一九二五年春末校改，新写了《绪言》。《绪言》《意大利与丹农雪乌》《丹农雪乌的青年时期》后分别发表于一九二五年五月八日、十一日、十三日《晨报副刊》；《丹农雪乌的作品》《丹农雪乌的戏剧》后发表于一九二五年五月十五日《晨报·文学旬刊》；《丹农雪乌的小说》后发表于一九二五年五月十九日、二十一日、二十二日《晨报副刊》。初收台湾时报文化出版事业有限公司一九八〇年版《徐志摩诗文补遗》。

---

① 黄红春：《古典与浪漫：新月派文学观念研究》，江西人民出版社 2015 年版，第 225—226 页。

1923年(癸亥,民国十二年)　27岁

▲2月7日,“二七”惨案发生。

▲6月15日,《新青年》改出季刊,成为中国共产党的理论性机关刊物,迁往广州出版,瞿秋白任主编。《国际歌》中文词曲在创刊号首次刊出。

▲8月,鲁迅第一部小说集《呐喊》由北京新潮社出版。

▲9月,闻一多诗集《红烛》出版。

▲12月,徐志摩、胡适、梁实秋、陈源、闻一多等在北京成立新月社。

1月

2日　梁启超为徐志摩和张幼仪离婚事,写了一封长信劝志摩,但未奏效。徐志摩于本月致梁启超信,后发表于一九三二年《新月》第四卷第一期。信中说:

> 我之甘冒世之不韪,竭全力以斗者,非特求免凶惨之苦痛,实求良心之安顿,求人格之确立,求灵魂之救度耳。
>
> 人谁不求庸德?人谁不安现成?人谁不畏艰险?然且有突围而出者,夫岂得已而然哉?
>
> 我将于茫茫人海中访我唯一灵魂之伴侣;得之,我幸;不得,我命,如此而已。
>
> 嗟夫吾师!我尝奋我灵魂之精髓,以凝成一理想之明珠,涵之以热满之心血,明照我深奥之灵府。而庸俗忌之嫉之,辄欲麻木其灵魂,捣碎其理想,杀灭其希望,污毁其纯

洁！我之不流入堕落，流入庸懦，流入卑污，其几亦微矣！[1]

22日 作诗《北方的冬天是冬天》，后发表于一九二三年一月二十八日《努力周报》第三十九期。

24日 作诗《希望的埋葬》，后发表于一九二三年一月二十八日《努力周报》第三十九期。

26日 在《晨报》第1420号发表《大家要实行不合作主义》，支持蔡元培不合作主义的宣言。文中指出：

> 不合作主义，罢工主义，是智识阶级对抗卑污等(苟)且的政治社会与唯一无敌的利器，是各个人解放良心上的负担，刷清人格上的纠葛，最简单最直接的办法，是烧净丑陋肮脏种种的一把圣火！
>
> 蔡元培不合作主义的宣言，是他全人格的一个肖像，是一声充满正气的警告，在这混浊的政国里，仿佛是个宏伟的霹雳，从无极的青天里，直打下来，叫人连耳朵都来不及掩盖！是民国以来一篇开辟纪元的文章！[2]

28日 在《努力周报》第39期发表《就使打破了头，也还要保持我灵魂的自由》一文，支持蔡元培主张。文中说道：

> 蔡元培所以是个南边人说的"戇大"，愚不可及的一个书呆子，卑污苟且社会里的一个最不合时宜的理想者，所以他的话是没有人能懂的；他的行为是极少数人——如真有——敢表同情的；他的主张，他的理想，尤其是一盆飞旺的炭火，大家怕炙手，如何敢去抓呢？
>
> "小人知进而不知退。"

---

① 韩石山编：《徐志摩全集》(第八卷)，商务印书馆2019年版，第190页。

② 韩石山编：《徐志摩全集》(第二卷)，商务印书馆2019年版，第3页。

"不忍为同流合污之苟安。"

"不合作主义。"

"为保持人格起见……"

"生平仅知是非公道，从不以为人单位。"

这些话有多少人能懂？有多少人敢懂？

这样的一个理想者，非失败不可；因为理想者总是失败的。若然理想胜利，那就是卑污苟且的社会政治失败——那是一个过于奢侈的希望了。

有知识有胆量能感觉的男女同志，应该认明此番风潮是个道德问题；随便彭允彝、京津各报如何淆惑，如何谣传，如何去牵涉政党，总不能掩没这风潮里面一点子理想的火星。要保全这点子小小的火星不灭，是我们的责任，是我们良心上的负担；我们应该积极同情这番拿人格头颅去撞开地狱门的精神！①

按，本月17日，蔡元培曾为罗文干遭非法逮捕案，向北洋军阀政府呈请辞职。23日，蔡元培又发表宣言，主张对北洋军阀政府不合作。北京学生联合会即向北洋政府众议院请愿，并要求惩办罗案制造者——当时的教育总长彭允彝和总议院议长吴景濂。

年初 作小说《一个不很重要的回想》，后发表于一九二三年二月十一日《努力周报》第四十一期，后改名《春痕》。分四节：一、瑞香花——春；二、红玫瑰——夏；三、茉莉花——秋；四、桃花李花处处花——十年后春。

① 韩石山编：《徐志摩全集》（第二卷），商务印书馆2019年版，第7—8页。

按，初刊本第四节题为“桃花李花处处花——十年后春”，商务印书馆2019年版《徐志摩全集》(韩石山编)中，该篇采自中华书局1930年4月版《轮盘》，第四节题为“桃花李花处处开——十年后春”。

年初 讲学社邀请诺贝尔文学奖获得者、印度诗人泰戈尔来华讲学演讲，并委托徐志摩主理具体工作。泰戈尔的英籍助手恩厚之(E)lmhirst在接到讲学社邀请后即来华安排泰戈尔访华具体计划。徐志摩是时和恩厚之相识，并同泰戈尔取得了联系。

2月

6日 作诗《一小幅的穷乐图》，后发表于一九二三年二月二十四日《晨报副刊》。

本月 译罗素的《教育里的自由——反抗机械主义》，后发表于一九二三年三月一日《民铎》杂志第四卷第一号。认为“罗素在这篇文字里所说的话，大致都已在别的地方说过，并且也不是他独有的创见。他所主张的简单一句话，是心灵的自由，他所最恨最厌恶的是思想之奴缚。”

3月

11日 作诗《哀曼殊斐儿》，后发表于一九二三年三月十八日《努力周报》第四十四期。按，英女作家曼殊斐尔于是年1月9日逝世于法国芳丹卜罗，年仅三十五岁。徐志摩闻讯后，作此诗悼念。诗中感慨：“我昨夜梦入幽谷，/听子规在百合丛中泣血，/我昨夜梦登高峰，/见一颗光明泪自天坠落。/……我与你虽仅一度相见——/但那二十分不死的时间！/谁能信你那仙姿灵态，/竟已朝露似的永别人间？”[1]

13日 在《时事新报》副刊《学灯》发表诗作《沙士顿重游随笔》。

15日 作《关于〈一个不很重要的回想〉的讨论》，后发表于一九二三年三月二十五日《努力周报》第四十五期。

16日 作诗《小花篮》(送卫礼贤先生)，后发表于一九二三年三月二十三日《晨报副刊》，诗前小序云：

一年前此时，我正与博生、通伯同游槐马与耶纳，访葛德(今译歌德)西喇(今译席勒)之故居，买得一小花篮，随采野草实之，今草已全悴，把玩不觉兴感，因作左诗。

(卫礼贤先生，通我国学，传播甚力，其生平所最崇拜者，孔子而外，其邦人葛德是，今在北大讲葛德，正及其意大利十八月之留。)[2]

21日 致信成仿吾：

得书甚喜。达夫真是妙人。A. Bennett[3] 以写实精确称，闻其父死时，彼从容自若，持纸笔旁立，记其家人哭泣之况，达夫颇相仿佛。

承赞，愧不敢当。《创造》多排英字，不费事否？我有专恳于君者一事，即原稿务希代为加意保存，尤勿污涂为感。文虽无足轻重，而是稿则为我友彻旦之功，故我珍之重之，不惮烦言恳嘱也。

贵社诸贤向往已久，在海外每厌新著浅陋，及见沫若

---

① 韩石山编：《徐志摩全集》(第五卷)，商务印书馆2019年版，第97—98页。

② 韩石山编：《徐志摩全集》(第五卷)，商务印书馆2019年版，第100页。

③ A. Bennett：本涅特(1867—1931年)，英国小说家、批评家，主要作品有《五镇的安娜》等。

诗，始惊华族潜灵，斐然竟露。今识君等，益喜同志有人，敢不竭驽薄相随，共辟新土。

兄评衡立言有方，持正不阿，亦今日所罕见。至望锲之不舍，以建风格。

裴德译事，虑之已久，少间当试为之。

达夫诸兄均此，敬问撰安。①

29 日　在《时事新报》副刊《学灯》发表诗作《月下待杜鹃不来》。此诗初收入《志摩的诗》(中华书局一九二五年版)，一九二八年新月书店重印时作者删去。

中旬　上海《时事新报》改组，梁启超推荐徐志摩任副刊《学灯》的编辑，未能成功。

本月　新月社在北京成立。新月社的前身是聚餐会，后来发展为有固定社址的俱乐部。社名是徐志摩根据泰戈尔诗《新月集》所取，社址设在北京西郊民巷西头松树胡同七号。开办费用由徐志摩父亲徐申如和银行家黄子美垫出。参加者有胡适、徐志摩、王赓、张君劢、丁文江、梁启超、林长民等，黄子美任总管。活动内容除了每两周聚餐一次外，还自编自演小戏，举行“新年年会”，“元宵灯会”、古琴会、书画会、读书会等，这时期的新月社同以后的新月书店、《新月》月刊无直接的联系。

春　在尚未公开宣布成立的北京西单牌楼石虎胡同七号松坡图书馆第二馆(专藏外文书籍)服务，协助处理英文函件。

春　作《吹胰子泡》，后发表于一九二三年四月十五日《努力周报》第四十八期。

---

① 韩石山编：《徐志摩全集》(第七卷)，商务印书馆 2019 年版，第 71 页。

4 月

3 日 作评论《看了〈黑将军〉以后》，后发表于《晨报副刊》十一日、十二日、十三日、十四日，就戏剧艺术发表见解。文中说："一般的中国人，和平习惯成性。调和敷衍苟且习惯成性的民族，根本上就懂不得悲剧的意义与价值，因为一则他们在生活里从没有过依稀仿佛的经验，二则我们从没有出过悲剧的大诗人，从没有人曾经深入灵府里最秘奥最可怕亦最伟大的境界去探过险，回来用文艺的方法记载他希有的经验。……《黑将军》或《奥赛洛》便是全世界最有名的悲剧之一……"①

22 日 在《努力周报》第四十九期发表《狗食盆》，原题《杂记》，文末标"未完"。后在五月六日《努力周报》第五十一期发表《杂记》第二篇：《坏诗，假诗，形似诗》。

29 日 作评论《得林克华德的〈林肯〉》，后发表于一九二三年五月三日、五日、六日、七日《晨报副刊》。文中认为："但是真纯艺术——戏剧亦艺术之一——最高的效用，在于扩大净化人道与同情，戟动，解放心灵中潜伏的天才，赋与最醇澈的美感，使于生命自觉中得一新境界，于人生观中得一新意趣。能负这样的使命者只有美的实现，实现美的艺术。艺术的美是一架三角的分光镜，我们在晶棱里看出分析了的自然与人生，复杂的变成单纯，事物解脱了迷离的外象，只呈露着赤裸的本体，善恶真伪平常不易捉摸的精灵，都被美的神光分明地照出。"②

4、5 月间 致成仿吾信，后发表于一九二三年六月三日《创

---

① 韩石山编：《徐志摩全集》（第二卷），商务印书馆 2019 年版，第 33—34 页。

② 韩石山编：《徐志摩全集》（第二卷），商务印书馆 2019 年版，第 49 页。

造周报》第四号。信中道:"来书附稿及《创造》两册都收,谢谢,沫若先生已归,至喜。不知有来京意否?

我亦久已想游四川——'峨眉山月半轮秋'不时的在恼我,但不知何时得偿此愿?雅典主义,手势戏——我笑到今天还不曾喘过气来,且看那位大主笔怎样来答辩!

《创造》此地颇不易买到,能再寄我两份否?至感。

《辛夷集》很精,我颇想作一小评。

达夫何日回京?祖母之死已脱稿否?

我在文友会的一篇演讲稿。叫做 *Personal Impressions of H. G. Wells, Edward Carpenter and Katherine Mansfield*①,《创造》要否?田汉的莎译看过否?以为何似?"②

5月

6日 作诗《我是个无依无伴的小孩》,后发表于一九二三年五月十三日《努力周报》第五十二期,题为《诗 Will-O-the-wisp [Lonely Is the Soul that Sees the Vision……]》。

同日 在《努力周报》第五十一期发表《坏事,假诗,形似诗》,原题《杂记:坏事,假诗,形似诗》。文末标"未完",似未续作。其中说道:"我记得有一首新诗,题目好像是重访他数月前的故居,那位诗人摩按他从前的卧榻书桌,看看窗外的云光水色,不觉大大的动了伤感,他禁不住——'……泪浪滔滔'。"③

按,此文含蓄地批评了郭沫若刊登于一九二二年五月一日

---

① 《关于 H. G. 韦尔斯、爱德华·卡彭特和凯瑟琳·曼斯菲尔德的个人印象》。

② 韩石山编:《徐志摩全集》(第七卷),商务印书馆 2019 年版,第 72 页。

③ 韩石山编:《徐志摩全集》(第二卷),商务印书馆 2019 年版,第 64 页。

的《创造季刊》第一卷第一期的《重过旧居》一诗，该诗写的是创造社创办之初，郭沫若从上海返回日本福岗旧居，却不见自己的妻儿，原因是留在日本的妻子因无钱交房租被房东逐出博多湾旧居，搬至另一处居住，眼前的情景勾起种种往事与感慨。其中一节是“我和你别离了百日有奇，又来在你的门前来往我禁不着我的泪浪滔滔，我禁不着我的情涛激涨。”后两句，在全诗的最末再次出现“唉，我禁不住泪浪的滔滔，我禁不住情涛的激涨。”徐志摩此文认为诗人重访离开才三个月、不可能有多大变化的故居，便十分伤感，禁不住“泪浪滔滔”，“固然做诗的人，多少不免感情作用，诗人的眼泪比女人的眼泪更不值钱些，但每次流泪至少总得有个相当的缘由……我们固不然不能断定他当时究竟出了眼泪没有，但我们敢说他即使流泪也不至于成浪而且滔滔——除非他的泪腺的组织是特异的。总之形容失实便是一种作伪……”①。

不料此文触怒了“创造社”诸君。洪为法在五月一日写信告诉郭沫若此事。郭颇怒，立即写信将此事告诉成仿吾。成闻讯后大怒，遂于五月三十一日给徐志摩写了“断交信”，并把徐志摩写给他的表示友好的信和他的反驳意见全部刊于六月二日的《创造》周报第四期，厉声痛斥徐的行为：“你前回嘱我向沫若致意，我正想回复你，说我们既然志同道合，以后当互相砥砺，永远为友……你一方面虚与我们周旋，暗暗里却向我们射冷箭，志摩兄！我不想人之虚伪，一至于此！而你既攻击我们是假人，却还能称赞我们到那般田地，要你才配当‘假人’的称号。我最恨的是假人，我对于假人从来不客气，所以我这回也不客气的把你的

① 韩石山编：《徐志摩全集》（第二卷），商务印书馆2019年版，第64页。

虚伪暴露了，使天下后世人知道谁是虚伪，谁是假人。”[①]徐对此十分不满，于六月七日写了一封致成仿吾的公开信，题名为《天下本无事》，在六月十日的《晨报副刊》上和十四日的《学灯》上发表，申明自己不是有意为难郭沫若，对于新诗创作“未有不首推郭沫若的，同时我也不隐讳他初期尝试作品之不足为法。”[②]此事导致徐志摩从此与“创造社”诸君渐行渐远，郭沫若也始终未曾给“新月社”刊物写稿。

又按，黄红春《古典与浪漫：新月派文学观念研究》：“除了闻一多与梁实秋之外，新月派其他诗人对白话新诗也有所批评。……徐志摩则将矛头对准了那些假诗和坏诗，认为假诗剽窃他人的情绪与思想，缺乏情真意切；坏诗就是那些并非来自情绪和谐时候，情感自然流露的产物。他说：‘新文学里最刺目的是一种‘形容癖’，例如说心，不是心湖就是心琴，不是浪涛汹涌，就是韵调凄惨。’”[③]

10日　在《小说月报》第十四卷第五号发表《曼殊斐尔》（按，原题《曼殊斐儿》）一文及曼殊斐尔的小说《一个理想的家庭》之译文。文中开头说：“美感的记忆，是人生最可珍的产业。认识美的本能，是上帝给我们进入天堂的一把秘钥。”[④]结尾说：“将近一月前我得到曼殊斐尔已经在法国的芳丹卜罗去世。这一篇文字，我早已想写出来，但始终为笔懒，延到如今，岂知如今却变了

① 成仿吾、洪为法、郭沫若、徐志摩：《通讯四则》，《创造周报》1923年6月3日第4号。

② 韩石山编：《徐志摩全集》（第二卷），商务印书馆2019年版，第80页。

③ 黄红春：《古典与浪漫：新月派文学观念研究》，江西人民出版社2015年版，第120—121页。

④ 韩石山编：《徐志摩全集》（第二卷），商务印书馆2019年版，第13页。

她的祭文！”[1]

同日 致奥格顿信主要谈及三件事：一是关于梁启超论中国思想的书的出版及翻译情况；二是请其为图书馆添购图书；三是告知在报上发表其来信后引发一定反响。并谈及为其邮寄胡适论逻辑的书一事。

13日 作诗《悲思》，后发表于一九二三年五月二十日《努力周报》第五十三期。

18日 在《晨报》第一五二六号发表《为什么不?》，文中说：“最近方才有几位学问家光临，这是中外交通史上的新气象；我们原来是礼让从容的民族，如今感觉了文化的饥荒，益发低首下心的想向西方请益，……但我们求知好学的热心，固然可佳，同时我们也应得再深入一层，启发艺术界直接的密切的同情，那时我们才可以知道欧西文化真价值之所在。”[2]

20日 作《我们看戏看的是什么》，后发表于一九二三年五月二十四日《晨报副刊》。文章指出：“戏的最先最后的条件是戏，一种特殊的艺术，不是东牛西马不相干的东西；我们批评戏最先最后的标准也只是当作戏，不是当作什么宣传主义的机关。”[3]

25日 在北京见康有为，并托梁启超代求题幅。

下旬 在北师大附中作文学讲演。演讲稿由朱大枏记录整理，并以《诗人与诗》为题，发表于一九二三年六月《新民意报》副刊《朝霞》第六期。文末附朱大枏附记：

> 这次我们请徐志摩先生来北京曦社讲演，我们非常感

---

① 韩石山编：《徐志摩全集》（第二卷），商务印书馆2019年版，第30页。

② 韩石山编：《徐志摩全集》（第二卷），商务印书馆2019年版，第65—66页。

③ 韩石山编：《徐志摩全集》（第二卷），商务印书馆2019年版，第69页。

谢，承他惠然肯来。他对我们说：他不愿意一个人据在高高的讲坛上滔滔的演讲，还允许我们随时提出疑问，来互相讨论，虽然我们没有实行。这次只是徐先生对于我们随便的谈话，关于速记者的笔记诚然很难下手了。我本不主张发表这篇讲演稿，但是曦社同人都同意把他整理出来，讲者的原辞一定有许多遗漏或误记的，请读者原谅我整理的粗忽。

朱大枏 五、三〇、整理后记[①]

本月 着手将梁启超《先秦政治思想史》译成英文，后未完成。

本月 翻译德国作家富凯(Friedrich de la Motte Fouqué)(1777—1843)长篇小说《涡堤孩》，据英国高斯(戈斯)所译英文转译，一九二三年五月商务印书馆出版单行本。小说前有志摩所写“引子”：“我一年前看了‘Undine[②]’(涡堤孩)那段故事以后非但很感动，并觉其结构文笔极精妙，当时就想可惜我和母亲不在一起，否则若然我随看随讲，她一定很乐意听。此次偶尔兴动，一口气将它翻了出来，如此母亲虽在万里外不能当面听我讲，也可以看我的译文。译笔很是粗忽，老实说我自己付印前一遍都不曾复看，其中错讹的字句，一定不少，这是我要道歉的一点。其次因为我原意是给母亲看的，所以动笔的时候，就以她看得懂与否做标准，结果南腔北调杂格得很，但是她看我知道恰好，……

这篇故事，算是西欧文学里有名浪漫事(Romance)之一。大陆上有乐剧(Undine opera)，英国著名剧评家 W. L. Contney[③]

---

① 韩石山编：《徐志摩全集》(第二卷)，商务印书馆 2019 年版，第 74 页。

② Undine：即《水中仙女》。Undine 为欧洲神话中的水中女神。

③ W. L. Contney：应为 W. L. Courtney，考特尼(1850—1928 年)，英国作家。

将这故事编成三幕的剧本。此外英译有两种，我现在翻的是高斯(Edmund Gosse[①])的译本。高斯自身是近代英国文学界里一个重要份子，他还活着。他是一诗人，但是他文学评衡家的身份更高。……

这段故事作者的完全名字是 Friedrich Heinrich Karl, Baron de la Fouqué[②]，我现在简称他为福沟，他生在德国，祖先是法国的贵族。他活了六十五岁，……福沟算是十九世纪浪漫派最后也是最纯粹一个作者。……"[③]

6 月

本月初　作《国际著作者协社》一文，后发表于一九二三年六月十一日《晨报·文学旬刊》。

5 日　受讲学社主席梁启超的委托，致傅来义信，再次邀请傅来义来华讲授美术。因傅太忙，未成行。

7 日　致成仿吾公开信，即《天下本无事》一文，后发表于一九二三年六月十日《晨报副刊》；又载于一九二三年六月十四日上海《时事新报》副刊《学灯》。

按，徐志摩在此信(《天下本无事》)中谈到，没想到自己的这篇杂记(《假诗，坏诗，形似诗》)居然引起了一场官司，成仿吾认为他在此文中以郭沫若的"泪浪滔滔"举例进行批判，是在诋毁郭沫若，并讽刺创造社同人。这种态度与徐志摩之前两次与成

---

① Edmund Gosse：戈斯(1849—1928 年)，英国翻译家、评论家、文学史家。曾向英国读者介绍易卜生和其他欧陆作家的作品。另有文学史著作《18 世纪文学史》与《现代英国文学史》等。

② Friedrich Heinrich karl，Baron de la Fouqué：即富凯的全名。

③ 韩石山编：《徐志摩全集》(第十卷)，商务印书馆 2019 年版，第 157—159 页。

仿吾的通信中频频表达对郭沫若、郁达夫以及创造社的赞美构成了巨大反差，是虚伪的表现。因此，成仿吾等人“声势汹汹的预备和我整个儿翻脸”。而成仿吾所公布的他与徐志摩的通信中，又披露了徐志摩嘲笑文学研究会干将郑振铎等“雅典主义”之评述，这导致郑振铎等人“不消说也在那里乌烟瘴气的愤恨，为的是我同声嘲笑‘雅典主义’以‘取媚创造社’”。徐志摩在辩解信中强调，自己之所以陷入这样进退两难的境地，就是因为自己不了解“文学研究会”与“创造社”两大社团之间的矛盾，因此他的举动都被认为是刻意抹黑一方，偏袒另一方，而他自己反复强调，他对于文学作品的评价，都是以作品的艺术成就为最终标准。譬如对于郭沫若，他始终认为他是诗歌创作界最有前途的成员，但是也不隐晦他初期诗歌的明显问题。这种解释，在当时双雄对峙的文学界语境中无疑是很难产生效果的。因此这多少激发了徐志摩组建新月社的决心。

更重要的是，作为“新月社”“精神领袖”的胡适，也在试图解除自己与创造社的矛盾。五月十五日，胡适曾致信郭沫若和郁达夫，对自己去年九月在《努力》号上的《骂人》一文因批评郁达夫而引起双方不快作解释，声称对“两位的文学上的成绩，虽然也常有不能完全表同情之点，却只有敬意，而毫无恶感。……我的意思只是要说译书有错算不得大罪，而达夫骂人为粪蛆，则未免罚浮于罪。……最后我盼望那一点小小的笔墨官司不至于完全损害我们旧有的或新得的友谊。”[①]六月十七日，郭、郁二人分别回信给胡适，均有婉转批评之意。二十五日，胡适又去拜访了郭、郁、成等人。二十七日，后者回访胡适，算是结束了这场笔墨

① 胡适：《胡适来往书信选》（上册），中华书局1979年版，第200—203页。

官司。

10日 作《童话一则》,后发表于一九二三年六月二十四日《努力周报》第五十八期。

同日 译英国诗人梅瑞狄斯(O. Meredith,1825—1909)的诗 *The Portrait*。后发表于一九二三年七月十日《小说日报》第十四卷第七号,原题《奥文满垒狄斯的诗》,题下有序,诗前另有题,为《小影》(*The Portrait*)。小序中说:"O. Meredith[1] 是英国维多利亚时代的一位诗人,他的位置在文学史里并不重要,但他有几首诗却有特别的姿趣。我下面翻的一首 *The Portrait* 是在英国诗里最表现巴黎堕落色彩——'Blase'的作品。不仅是悲观,简直是极不堪的厌世声,最近代放纵的人道——巴黎社会当然是代表——一幅最恶毒的写照。……"[2]

11日 在《晨报·文学旬刊》发表诗作《春》。初收一九二五年八月中华书局《志摩的诗》。

16日 致张友鸾信:

> 第二节是作诗人自对自的话;第三节是作诗人与"希望"的商量。通篇是想系的:我想系到埋希望于松林,埋好了在墓前悲怆等,……都只是我霎那间想系的事实,并不是实有其事。
>
> "聚乐与琤琮"与"清冷与新墓",我看不出冲突。
>
> 通篇的主义只是描写一个理想主义者临到了失望的境界却不肯投服绝望的情绪与悲怆,这一点是全诗之意……[3]

---

① 梅瑞狄斯(1825—1909),即布尔沃—利顿(Edward Robert Bulwer—Lytton)的笔名,英国外交家与诗人,诗作有《预言歌集》。

② 韩石山编:《徐志摩全集》(第九卷),商务印书馆 2019 年版,第 192 页。

③ 韩石山编:《徐志摩全集》(第七卷),商务印书馆 2019 年版,第 95 页。

20日　作《我过的端阳节》一文，后发表于一九二三年六月二十四日《晨报副刊》；又载七月九日《时事新报》副刊《学灯》。

同日　致张友鸾信："我曾有三行诗，说诗人是：'你是精神困穷的慈善翁，你展露真善美的万丈虹，你居住在真生命的最高峰！'"①

21日　翻译英国作家曼斯菲尔德短篇小说《金丝雀》，后发表于一九二三年六月二十一日《晨报·文学旬刊》。

本月　作诗《铁柝歌》，后发表于一九二三年七月一日《努力周报》第五十九期。

本月　作诗《一个祈祷》，后发表于一九二三年七月一日《晨报·文学旬刊》，原题 *A Prayer*。

7月

6日　作散文《太戈尔来华》，后发表于一九二三年九月十日《小说月报》第十四卷第九号。

7日　作诗《一家古怪的店铺》，后发表于一九二三年七月十一日《晨报·文学旬刊》。

8日　在《晨报副刊》发表《开痕司》一文，介绍英国经济学家凯恩斯(J. Maynard Keynes)。

按，蔡元培和梁启超此前曾委托徐志摩接洽，邀请凯恩斯继罗素之后来华访问，后未成。

18日　致孙伏园(伏庐)公开信，再谈新诗废标点的问题。此信后来发表于一九二三年七月二十二日《晨报副刊》。信中云："徐志摩主张废新圈点！我自己听了都吓了一跳。承副刊投

① 韩石山编：《徐志摩全集》(第七卷)，商务印书馆2019年版，第95—96页。

稿诸君批评与责问，我又不得不来说几句话了。……”[1]信后附“伏庐附记。”

26日 致泰戈尔信：

您准备十月来华，我们快乐极了。这次改期对我们十分合适，因为学校在十月左右都会开课了。唯一不妥的是天气。北京的冬天和印度的很有差别，虽然同样的令人愉快。您来时当然要带备全副冬装才好。我们将在您居住的地方适当地装上暖气。

我已答应了讲学社，在您逗留中国期间充任您的旅伴和翻译。我认为这是一个莫大的殊荣。虽然自知力薄能渺，但我却因有幸获此良机，得以随侍世上一位伟大无比的人物而难禁内心的欢欣雀跃。

我算是替您作讲台翻译的人。但要为一个伟大诗人作翻译，这是何等的僭妄！这件事若是能做得好，人也可以试把尼亚格拉大瀑布的澎湃激越或夜莺的热情歌唱移译为文字了！还有比这更艰困的工作或更不切实际的企图么？不过安排总是要作一点的，因为来瞻仰您丰采的听众不容易听懂英语。您能明白其中的困难的，是不是？人家告诉我，您通常在演说之前把讲稿拟好。要是我所闻不差而您又体谅我的浅陋，盼望能把预备了向我国听众演说的讲稿寄一份来，这样我的工作就不致太困难了。我会把讲词先译成中文，那么即使在您演讲中我无能传送原文美妙动人的神韵，至少也可以做到表达清楚流畅的地步。盼早获覆音。[2]

---

① 韩石山编:《徐志摩全集》(第七卷)，商务印书馆 2019 年版，第 28、31 页。

② 韩石山编:《徐志摩全集》(第八卷)，商务印书馆 2019 年版，第 153—154 页。

同日　译作《牧歌第二十一章》（[古希腊]忒奥克里托斯（Theocritus）作）被收入天津绿波社编《诗坛》第8期，徐翻译日期不详。

本月　作诗《石虎胡同七号》，后发表于一九二三年八月六日《文学周报》第八十二期。

本月　作散文《泰山日出》，后发表于一九二三年九月十日《小说月报》第十四卷第九号。文前有小序："振铎来信要我在《小说月报》的'太戈尔号'上说几句话。我也曾答应了，但这一时游济南游泰山游孔陵，太乐了，一时竟拉不拢心思来做整篇的文字，一直挨到现在期限快到，只得勉强坐下来，把我想得到的话不整齐的写出。"并说"这是我此时回忆泰山日出时的幻想，亦是我想望太戈尔来华的颂词。"①

夏　应梁启超之邀，去南开大学暑期学校讲课两星期，课程为近代英文文学和未来派的诗，学员有当时的绿波社成员焦菊隐、于赓虞、赵景深等。徐志摩共讲十一次，讲稿由赵景深记录整理，初收一九二五年十一月上海新文化书社《近代文学丛谈》（赵景深编）。

按，赵景深《近代文学丛谈・序》："（这）是我笔记志摩师的讲演稿，那时是一九二三年，志摩师在南开暑期学校讲学，我也是听讲员的一个，《未来派的诗》一篇曾经志摩师校阅，《近代英文文学》志摩师不曾看过，其中误记的地方想是不少，我对他甚是抱歉；倘此书有再版的机会，而志摩师也有暇，当请他校改一遍，重与诸君相见，再者，《近代英文文学》中第九讲是菊隐兄记

① 韩石山编：《徐志摩全集》（第二卷），商务印书馆2019年版，第104—106页。

的，应在此声明一句。”①

8月

8日 致胡适信，谈及泰戈尔来华一事，信中道：

适之，此次你竟然入山水如此之深，听说你养息的成绩不但医痊了你的足疾，并且腴满了你的颜面，先前瘦损如黄瓜一瓢，如今润泽如光明的秋月，使你元来妩媚的谈笑，益发取得异样的风流。我真为你欢喜，你若然住得到月底，也许有一天你可以望见我在烟霞洞前下舆拜访。至迟到九月中旬，我一定会回南的了。

说起泰戈尔的事，昨天听说大学蒋校长决意不欢迎，还有吴稚晖已在预备一场谰语，攻击这不知自量的‘亡国奴’。本来诗人的价值无藉于庸众的欢迎，泰谷尔的声誉也不是偶然取得的，他也忍受过种种的污蔑与诬毁，不过他此次既然好意来华，又不拿我们的钱，假如引起了一部分人的偏见或误解，岂非使他加倍的失望，你以为是否？他来大概至多不过三月，除了照例各大城巡行讲演以外(他讲演一定极少)，我们本来想请他多游名胜，但恐天时太冷，地方又不安靖，预期甚难实现。你有什么见解，请随时告我。张彭春想排演他的戏，但一时又找不到相当的人。②

11日 去北戴河避暑。其间作散文《北戴河海滨的幻想》，发发表于一九二四年六月二十一日《晨报·文学旬刊》。文中云：“……我亦可以暂时忘却我自身的种种；忘却我童年期清风

① 韩石山编：《徐志摩全集》(第二卷)，商务印书馆 2019 年版，第 138—139 页。

② 韩石山编：《徐志摩全集》(第八卷)，商务印书馆 2019 年版，第 1—2 页。

白水似的天真；忘却我少年期种种虚荣的希冀；忘却我渐次的生命的觉悟；忘却我热烈的理想的寻求；忘却我心灵中乐观与悲观的斗争；忘却我攀登文艺高峰的艰辛；忘却刹那的启示与澈悟之神奇；忘却我生命潮流之骤转；忘却我陷落在危险的漩涡中之幸与不幸；忘却我追忆不完全的梦境；忘却我大海底里埋着的秘密；忘却曾经刳割我灵魂的利刃，炮烙我灵魂的烈焰，摧毁我灵魂的狂飙与暴雨；忘却我的深刻的怨与艾；忘却我的冀与愿；忘却我的恩泽与惠感，忘却我的过去与现在……”①

同日　作《团城的玉佛》，后发表于一九二三年八月十四日《晨报》第一六一二号“闲人闲话”栏。

12日、13日　在《晨报》第一六一〇号、第一六一一号发表《“生命经济”》一文。

18日　在山海关外游览登角山的栖贤寺，半夜回北戴河住处，接祖母病危电，即于次日启程坐早班车南下。二十二日中午到家，二十七日祖母逝世，悲痛至极，后于十一月二十四日作完悼念文《我的祖母之死》。

28日　致陈西滢信谈祖母去世：

> 我的祖母死了！从昨夜十时半起，直到现在，满屋子只是号啕呼抢的悲音，与和尚道士女僧的礼忏鼓磬声。二十年前祖父丧时的情景，如今又在眼前了。忘不了的情景！你愿否听我讲些？
>
> 我一路回家，怕的是也许已经见不到老人，但老人却在生死的交关仿佛存心的弥留着，等待她最钟爱的孙儿——即不能与他开言诀别，也使他尚能把握她依然温暖的手掌，

---

① 韩石山编：《徐志摩全集》（第二卷），商务印书馆2019年版，第257—258页。

抚摸她依然跳动着的胸怀，凝视她依然能自开自阖，虽则不再能表情的目睛。她的病是脑充血的一种，中医称为‘卒中’（最难救的中风）。她十日前在暗房里蹶仆倒地，从此不再开口出言，登仙似的结束了她八十四年的长寿，六十年良妻与贤母的辛勤。她现在已经永远的脱辞了烦恼的人间，还归她清静自在的来处。①

按，此信后收入徐志摩《我的祖母之死》一文，发表于一九二三年十二月一日《晨报五周年纪念增刊》。

30 日　致胡适信谈及祖母去世："我的祖母竟是死了。这是我五岁时祖父死后第一次亲眼见的死之实在，也是第一次旧法丧礼的经验。我狠想看你关于丧制的几篇文字，可惜我手边没有《新青年》。……"②

31 日　接林长民（宗孟）来信，林信云："前闻足下南归，乃先我至，惜不得遇，得书具悉。足下有重亲之丧，一时不获北去，相见当较易耳。我此来不自知究何所为，情之所系，几一日不可留，乃驻旅馆，赁新屋，皇然迁居，熙熙然安宅，若将作久计者。又不自知其何所竣，数千里外，有一不识字人，使我心肠一日百转，欲寄书有千万语，怕他不解，须削成白话一两句，如何能道得出，真苦煞人矣！客中赁宅，其成为斯人供张，冀其万一能来耶？此情感唯足下能为我下一注解，足下之外世间决无一人能知者。宝宝（林徽音）来信说娘娘有些病，请医生来看过，道是肠逆，顾不知其详，顷已飞电书往询，俟得复书，苟无甚病，或已愈，则我能放心，计议游湖，届时当更与足下约会也。湖上春润庐（原文

① 韩石山编：《徐志摩全集》（第七卷），商务印书馆 2019 年版，第 248 页。

② 韩石山编：《徐志摩全集》（第八卷），商务印书馆 2019 年版，第 2 页。

书春觉庐,误。这是宋春舫的别墅)可借居。

若往游,却甚便,敬问志摩安好。”①

初秋 作散文《鬼话》,后被王统照发表于翌年四月一日《晨报·文学旬刊》,文末有王的附记《剑三附记》:“志摩这篇《鬼话》,他本不愿刊出,是我逼他从抽屉内检出的。我第一次看他这篇文字,是在去年的初秋日。那时正是繁阴映窗,斜阳反射着他室内的曼殊斐儿小影,栩栩欲活,我一气读过之后生无限灵感。这次我又记起这篇文字,所以索出刊登。我们且不管是文言,是白话,像这样想像丰富,文词郁艳的文字,现在的作品确不多见。最令我感动的尚不在其词句的幽丽,而在其思想的夐绝。我想读者自然会悟,原不用介绍,不过在发刊时我却不能自禁的要说这几句话。”②

按,黄红春《古典与浪漫:新月派文学观念研究》:“周作人是中国现代散文大师,他在纪念徐志摩的文章中,曾经这样评价过当时散文的总体态势和徐志摩个人的成就:‘中国散文中现有几派,适之仲甫一派的文章清新明白,长于说理讲学,好像西瓜之有口皆甜。平伯废名一派涩如青果。志摩可以与冰心女士归在一派,仿佛是鸭儿梨的样子,流丽清脆,在白话的基本上加入古文、方言、欧化种种成分,使引车卖浆之徒的话进而为一种富有表现力的文章,这就是单从文体变迁上讲也是很大的一个贡献了。’③……梁实秋也在纪念徐志摩的文章中对徐志摩散文作了专门的评论,显示了他的古典主义倾向背后对浪漫主义的包容

---

① 陈从周:《徐志摩年谱》,上海书店 1981 年版,第 31—32 页。

② 韩石山编:《徐志摩全集》(第二卷),商务印书馆 2019 年版,第 145 页。

③ 周作人:《志摩纪念》,《新月》第 4 卷第 1 号,1932 年 1 月。

和肯定。他归纳徐志摩的散文有三个特点：一是无论写的是什么题目，永远保持一个亲热的态度，像和知心朋友谈心；二是任性而做，信笔拈来；三是用心写作，选词造句，无懈可击。他还说，徐志摩的可爱处，在散文里表现得最清楚，因为他的散文几乎全是小品文性质，'他的'跑野马'的文笔不但不算毛病，转觉得可爱了'[①]。徐志摩散文有鲜明的诗性色彩，梁实秋对他如此高的评价，只能说明新月派的文学观是自由的、兼容并包的。"[②]

同时，黄红春还指出："徐志摩是新月派抒情散文的集大成者。在目前国内唯一的新月派散文集《新月散文十八家》中，他的作品被收录最多。其《印度洋上的秋思》《我所知道的康桥》《翡冷翠山居闲话》《浓得化不开》等作已经成为现代散文经典。徐志摩散文的第一个特征是感情浓烈。他本人就是一个感情至上的人。为了在茫茫人海中，寻访他唯一的灵魂之伴侣，从不向旧思想旧礼教低头，不但从英国追回中国，还冒天下之大不韪，迎娶朋友之妻。……正如他自己所说：'我这一生的周折，大都寻得出感情的线索。'[③]……其次，徐志摩散文思想自由，想象丰富。钱杏邨有评：'他的散文和小品第一充满了丰富的想象，作为诗人的徐志摩，在想象力方面，本是特殊强烈的，这一样的反映在小品文方面，到处都反映了他的想象之流，如一双银翅在任何地方闪烁。'[④]再次，徐志摩散文讴歌自然，寄情山水。……总

---

① 梁实秋：《论志摩的散文》，《新月》第4卷第1号，1932年1月。

② 黄红春：《古典与浪漫：新月派文学观念研究》，江西人民出版社2015年版，第165、166页。

③ 徐志摩：《我所知道的康桥》，《徐志摩选集》（下），人民文学出版社2004年版，第148页。

④ 钱杏邨：《现代十六家小品序》，唐金海等主编《新文学里程碑·评论卷》，文汇出版社1997年版，第231页。

之，重感情、讲人道、神游四方、讴歌山水是徐志摩抒情散文的主要元素，也是他性情最本真的书写，更是他文化思想的体现。留学欧美的他不仅深受西方浪漫主义与唯美主义文学的影响，对康桥文化情有独钟，同时对英国的资产阶级民主政治产生了好感，他希望中国社会效仿英国，通过改良当时走向和平民主，实现生命个体的自由、美和爱。”①

9 月

月初 致胡适信，信中请胡适体验内涵之情味的诗《家中的岁月》，后发表于一九二四年十月十五日《晨报副刊》，题名《白杨树上》。

4 日 泰戈尔从加尔各答致徐志摩信，告因身体不好，要到明年二月中或三月底才能动身到中国来（原定十月来华）。

同日 致胡适信：“我忘了请教你一件事，现在专诚请问。我这回故世的祖母是先祖的继配，我的伯父与父亲都是她生的；原配孙氏只生一个先伯不满十岁就死了，也没有替他立后；所以这次讣闻上出面的就是伯父与我父。照这里的俗例，讣上是称显继妣的，但我们狠怀疑这个继字，因为以亲生子而称继妣，情理上都似乎说不过去。这原没有多大研究的价值，我的意思径称显妣就是了，但本地不少拘执成例的人难免要说闲话，所以我的伯父与父亲叫我专诚写信来问问你们博学鸿儒，究竟怎样称呼妥当些，请你就给我回信。”②

---

① 黄红春：《古典与浪漫：新月派文学观念研究》，江西人民出版社 2015 年版，第 166—168 页。

② 韩石山编：《徐志摩全集》（第八卷），商务印书馆 2019 年版，第 4—5 页。

6日 致赵景深信：

你八月十三日的信今天方才转到，京寓误事，深怕你盼复已久。我十一离京去北戴河，不久即为祖母病危急急的南回。老人的病竟不起，她生前爱我最深而弥留前竟不能通一言为诀，甚令悲怆！

关于译小说事盼即直接与博生通信(附信介绍)。能试译哈代，最合我意，Kipling[①] 亦可尝试。我大约月底方能到沪，泰氏如来则十月初偕同北上，尔时当可会面。[②]

7日 致胡适信：

信到。感谢得狠。二十世纪浪漫派的徐志摩，回到了迷信打墙，陋俗铺地，微生虫当资养料的老家里，真是身不由做主，什么主意都没有了。

偏偏我的母亲又因这回的劳碌，发了气急的老病，比往常更为厉害，更使我烦恼中又添了焦急。我此刻按定了心思在她呻吟的病榻旁写信，两眼又在那里作怪，我真几于要叫苦！

你寄到北京的长信已经转来。我现在只能多谢你给我这样一封信多情有趣的信；我狠抱歉此时没有相当的情趣报答你。你叫我把那首小诗转给一涵，恐怕已经耽误了付印。

请你再替我谢谢令亲汪先生，等我心境静些再写信给

---

① Kipling：吉卜林(186—1936年)，英国小说家、诗人，作品表现英帝国的扩张精神，著名作品有《丛林故事》、长篇小说《吉姆》、诗歌《军营歌谣》等。1907年获诺贝尔文学奖。

② 徐志摩著、韩石山编：《徐志摩全集》(第八卷)，商务印书馆2019年版，第70页。

他。曹女士已经进校了没有？我真羡慕你们山中神仙似的清福！①

同日 开始恢复作日记，至十月二十八日结束，后集结为《西湖记》。

按，韩石山《徐志摩全集》注："1923 年 9 月 7 日至 10 月 28 日写；陆小曼整理；10 月 21 日、23 日、28 日、11 月 9 日四篇曾在 1934 年 4 月 20 日《人间世》发表，余未单篇发表；初收 1947 年 3 月上海晨光出版公司《志摩日记》。"②

10 日 在《小说月报》第 14 卷第 9 号发表诗歌《幻想》。

18 日 画家陈师曾逝世，于十月开追悼会举行遗作展览会，徐志摩积极参加。

25 日 （中秋节） 与堂弟徐绎莪同游西湖。

按，徐志摩《西湖记》九月二十九日记：

> 八月十五那天，原来约定到适之那里去赏月的，后来因为去得太晚了，又同着绎莪，所以不曾到烟霞去。那晚在湖上也玩得狠畅，虽则月儿只是若隐若现的。……我想起了去年印度洋上的中秋！一年的差别！我心酸得比哭更难过。……
>
> 到烟霞洞时上门不见土地，适之和高梦旦他们一早游花坞去了。我们只喝了一碗茶，检了几张大红叶——疑是香樟——就急急的下山。香蕉月饼代饭。
>
> 到龙井，看了看泉水就走。

---

① 韩石山编：《徐志摩全集》（第八卷），商务印书馆 2019 年版，第 5 页。

② 韩石山编：《徐志摩全集》（第六卷），商务印书馆 2019 年版，第 302 页。

前天在车里想起雷峰塔做了一首诗用杭白[①]。

那首是白娘娘的古墓，
（划船的手指着蔓草深处）
客人，你知道西湖上的佳话，
白娘娘是个多情的妖魔。

她为了多情，反而受苦——
爱了个没出息的许仙，她的情夫；
他听信一个和尚，一时的糊涂，
拿一个钵盂，把她妻子的原型罩住。

到今朝已有千把年的光景，
可怜她被镇压在雷峰塔底——
这座残败的古塔，凄凉地，
庄严地，永远在南屏的晚钟声里！[②]

26日 作诗《月下雷峰影片》，初收中华书局一九二五年八月版《志摩的诗》。

28日 与胡适、陶行知、马君武、汪精卫、朱经农、任叔永、陈衡哲（莎菲）、胡也频、曹佩声（适之表妹）等10人，赴盐官（海宁）观潮。

按，徐志摩10月1日日记载：

---

① 该诗题为《雷峰塔》，后发表于一九二三年十月十二日《晨报·文学旬刊》，收入初版本《志摩的诗》时有改动。

② 韩石山编：《徐志摩全集》（第六卷），商务印书馆2019年版，第304—306页。

前天乘看潮专车到斜桥，同行者有叔永[1]、莎菲[2]、经农[3]、莎菲的先生Ellery[4]，叔永介绍了汪精卫。……马君武也加入我们的团队。到斜桥时适之等已在船上，他和他的表妹[5]及陶知行，一共十人，分两船。中途集在一只船里吃饭，十个人挤在小舱里，满满的臂膀都掉不过来。饭菜是大白肉，粉皮包头鱼，豆腐小白菜，芋艿，大家吃得狠快活。精卫闻了黄米香，乐极了。我替曹女士蒸了一个大芋头，大家都笑了。……

我原定请他们看夜潮，看过即开船到硖石，一早吃锦霞馆的羊肉面，再到俞桥去看了枫叶，再乘早车动身各分南北。后来叔永夫妇执意要回去，结果一半落北，一半上南，我被他们拉到杭州去了。……

湖心亭畔荡舟看月。

三潭印月闻桂花香。[6]

10月

3日 与张君劢、菊农等去常州，游天宁寺，当晚作诗《常州天宁寺闻礼忏声》，二十六日修改后，发表于十一月十一日《晨报·文学旬刊》。

按，徐志摩十月四日日记载："昨天与君劢、菊农等去常州。

---

① 叔永：任叔永，莎菲的丈夫，曾任四川大学校长。

② 莎菲：陈衡哲，字莎菲，现代女作家。

③ 经农：指朱经农。

④ Ellery：艾勒里，即胡也频。

⑤ 胡适的表妹，即下文中的"曹女士"——曹佩声。

⑥ 韩石山编：《徐志摩全集》(第六卷)，商务印书馆2019年版，第306—307页。

乘便游了天宁寺，大殿上有一二百个和尚在礼忏，钟声，磬声，鼓声，佛号声，合成一种宁静的和谐，使我感到异样的意境。走进大殿去，只闻着极浓馥的檀香，青色的氤氲，一直上腾到三世佛的面前，又是一种庄严而和蔼，静定的境界。"①

5日 与徐振飞(新六)谈法国文学。赴张君劢处吃蟹，路上购书两册。

11日 中午张东荪借张君劢处请客，参加者有徐志摩、胡适、瞿菊农等。饭后，被胡适拉去沧州别墅闲谈，看胡作《烟霞杂诗》，并谈《努力周报》停版事。是时瞿秋白来访胡适，瞿正患严重肺病，徐对此深表同情。后又与胡适、朱经农去访郭沫若，田汉、成仿吾等创造社同人亦在座，但主客之间谈话因《努力周报》上的《杂记》一文引起的风波甚不融洽。晚上仁叔永夫妇在美丽川请客，同席者胡适、朱经农、唐擘黄、王云五、高梦旦、徐振飞、张君劢等。

按，为进一步消除新月派与创造社之间的隔阂，十月十一日，徐志摩与胡适等一起登门拜访了郭沫若，徐志摩日记也透露了徐志摩、胡适等人在精神气质及生活境遇上与创造社之间的隔阂。徐志摩当天日记云：

> 与适之、经农，步行去民厚里一二一号访沫若，久觅始得其居。沫若自应门，手抱襁褓儿，跣足，敝服(旧学生服)，状殊憔悴，然广额宽颐，怡和可识。入门时有客在，中有田汉，亦抱小儿，转顾间已出门引去，仅记其面狭长。沫若居至隘，陈设亦杂，小孩羼杂其间，倾跌须父抚慰，涕泗亦须父揩拭，皆不能说华语；厨下木屐声卓卓可闻，大约即其日妇。

① 韩石山编：《徐志摩全集》(第六卷)，商务印书馆2019年版，第308页。

坐定寒暄已，仿吾亦下楼，殊不话谈，适之虽勉寻话端以济枯窘，而主客间似有冰结，移时不涣。沫若时含笑谛视，不识何意。经农竟噤不吐一字，实亦无从端启。五时半辞出，适之亦甚讶此会之窘，云上次有达夫时，其居亦稍整洁，谈话亦较融洽。然以四手而维持一日刊，一月刊，一季刊，[①]其情况必不甚愉适，且其生计亦不裕，或竟窘，无怪其以狂叛自居。[②]

12日 郭沫若携大儿子回访徐志摩，并赠徐《卷耳集》一册。郭走后，作成《灰色的人生》一诗，刊于一九二三年十月二十一日《努力周报》第七十五期。

按，徐志摩当天日记载：

方才沫若领了他的大儿子来看我，今天谈得自然的多了。他说要写信给西滢[③]，为他评茵梦湖的事。怪极了，他说有人疑心西滢就是徐志摩，说笔调像极了。这倒真有趣，难道我们英国留学生的腔调的确有与人各别的地方，否则何以有许多人把我们俩混作一个？他开年要到四川赤十字医院去，他也厌恶上海。他送了我一册《卷耳集》，是他《诗经》的新译；意思是狠好，他序里有自负的话：'……不怕就是孔子复生，他定也要说出"启予者沫若也"的一句话。'我还只翻看了几首。

沫若入室时，我正在想做诗，他去后方续成。用诗的最后的语句作题——'灰色的人生'，问樵倒读了好几篇，似乎

---

① 指创造社的几个刊物：《创造日》、《创造周报》、《创造季刊》。《创造月刊》是1926年3月1日才创刊的，此处的"月刊"应是"周刊"之误。

② 韩石山编：《徐志摩全集》（第六卷），商务印书馆2019年版，第309—310页。

③ 西滢：即陈源（1896—1970年），1922年徐志摩与之相识在伦敦。

狠有兴会似的。

同谭裕[1]靠在楼窗上看街。他列说对街几家店铺的隐幕，颇使我感触。卑污的，罪恶的人道，难道便不是人道了吗？[2]

13日 郭沫若在上海美丽川宴请胡、徐等人。胡适因为是与创造社合解后第一次杯酒相见，喝得大醉，其他人也都醉得不轻。

15日 胡、徐又回请郭沫若、成仿吾等人，田汉夫妇、仁叔永夫妇、徐振飞等亦在场，席间大谈神话。如此几番来往双方关系算是得到大致上的修复，但彼此乃存介蒂，后来徐志摩主编《晨报副刊》，曾向郭沫若约稿，郭未曾为其写稿。

席后，与胡适同去亚东书局，陈独秀亦在，遂相识。十月十六日日记载初见陈独秀之印象："昨夜散席后，又与适之去亚东书局，小坐，有人上楼，穿腊黄西服，条子绒线背心，行路甚捷，帽檐下卷——颇似捕房'三等侦探'，适之起立为介绍，则仲甫也。彼坐我对面，我谛视其貌，发甚高，几在顶中，前额似斜坡，尤异者则其鼻梁之峻直，歧如眉脊，线画分明，若近代表现派仿非洲艺术所雕铜像，异相也。"[3]

16日 译英国哈代(T. Hardy)诗作《她的名字》《窥镜》，后发表于一九二三年十一月十日《小说月报》第十四卷第十一号，题名下有英文名"Her Initials"，"*I Look into My Glass*"。

17日 郑振铎来访。张幼仪来信，言归国后拟办幼稚院，先从硖石入手。

---

① 谭裕：应为谭裕卿，即10月5日日记中的裕卿。

② 韩石山编：《徐志摩全集》(第六卷)，商务印书馆2019年版，第310—311页。

③ 韩石山编：《徐志摩全集》(第六卷)，商务印书馆2019年版，第313页。

20日　与胡适、朱经农同往杭州，入住新新旅馆。

按，徐志摩十月二十一日日记云：

昨下午自硖到此，与适之、经农同寓新新[①]。此来为“做工”，此来为“寻快乐”。……

我们第一天游湖，逛了湖心亭——湖心亭看晚霞看湖光是湖上少人注意的一个精品……夕阳里的湖心亭，妙；月光下的湖心亭，更妙。……

阮公墩[②]也是个精品……只是两团媚极了的青屿——谁说这上面不是神仙之居？[③]

21日　致陈溥生信，商议泰戈尔来华事宜。后以《太戈尔来华的确期》为题，发表于一九二三年《小说月报》第十四卷第十号（太戈尔号）；又载一九二三年十月二十九日《文学》第九十四期[④]。初收一九六九年台湾传记文学出版社《徐志摩全集》第六辑。信中提及刚收到泰戈尔九月四日来函，并简译如下：

来信收到，甚感且喜。余本期早日来华，不意到加尔各答后，余与我子皆得骨痛热病（Dengue fever），以致原定计画，不能实行。今幸我二人皆已痊可，本当就道，但念转瞬寒冬，不如竟待春回时节，再来中国，今定明年二月中或二月底离印，约三月间定可与贵邦人士相叙，迁延之愆，尚希鉴宥。如此时日既宽，我亦可从容预备讲义，当如君议先行寄华，俾可译成华文，以便听众。

---

① 指杭州新新旅馆，在西湖之滨。

② 西湖上的一个小岛。

③ 韩石山编：《徐志摩全集》（第六卷），商务印书馆 2019 年版，第 314—315 页。

④ 《文学》，文学研究会定期刊物之一，原名《文学旬刊》，1923 年 7 月 30 日起改为每周出版一次。

恩厚之君(Mr. Elmhirst)来信,为言彼来华时备承渥待,及贵邦人士对印度之情感,使我来华之心益切,明春来时,欣慰可知。

华友多有来信欢迎者,希君代为转致谢意,君盛意尤感。①

22日 上午在新新旅馆致信王统照,下午与胡适、朱经农再聚饮游西湖。致王统照信中道:

泰戈尔的来信,差一点让寄跑了。现在寄给你请你在《晨报》发表。不过我以为英文的原信可以不必登,因为这也许是他口述给书记写的,所以竟有好几处文法的错讹。

他的计画变更了,我的计画也要变更了。我现在还不知道怎样的变法,不过总得变就是。也许月内我到北京来也说不定,我想在我匿迹之前,我们总还可以有会叙的机会。

现与适之在西湖上享福,想翻一点东西,但恼人的湖光秋色总不放过你,叫你什么事都做不成——怪不得天下有殉情的傻瓜!京友恕不另函了,请为多多致意。②

按,此信初载一九二三年十一月一日《晨报副刊》,王统照于信末以"记者"署名写有小跋:"志摩这封来信,已经七八天了,我们因为徐君所译泰戈儿的来信,以及他那段附意,有尽先发表的必要,故在二十八日的《晨报》上已先印出,俾大家先周知此消息,在本刊上不再发表,只将徐君致记者的信刊登于此。"③

---

① 韩石山编:《徐志摩全集》(第一卷),天津人民出版社 2005 年版,第 342—343 页。

② 韩石山编:《徐志摩全集》(第七卷),商务印书馆 2019 年版,第 11 页。

③ 韩石山编:《徐志摩全集》(第七卷),商务印书馆 2019 年版,第 11 页。

26 日 译完曼殊斐尔小说《巴克妈妈的行状》，后发表于一九二三年十二月一日《晨报五周年纪念增刊》。

28 日 下午八时《西湖记》完成。当天日记云：

完了，西湖这一段游记也完了。经农已经走了，今天一早走的，但像是已经去了几百年似的。适之已定后天回上海，我想明天，迟至后天早上走。方才我们三个人在杏花村吃饭吃蟹，我喝了几杯酒。冬笋真好吃。

一天的繁星，我放平在船上看星。沈沈的宇宙，我们的生命究竟是个什么东西？我又摸住了我之伤痕。星光呀，仁善些，不要张着这样讥刺的眼，倍增我的难受！曼殊斐儿也翻了不少。《巴克妈妈的生平》已经译成，还算过得去。《园会》只译了一半。[①]

29 日 译完曼殊斐尔小说《园会》，后发表于一九二三年十二月一日《晨报五周年纪念增刊》。

30 日 与胡适同离杭州去上海，途中作诗《沪杭道中》，后发表于一九二三年十一月十日《小说月报》第十四卷第十一号。初收中华书局一九二五年八月版《志摩的诗》，改题《沪杭车中》。

10 月下旬 作诗《题西湖所摄照片之后》："我是从悲伤沉闷中，/来到这天然的胜处，/地窟里潜行的流涧，/又见了树色与天光。"[②]

按，本诗一九二三年十月下旬作；初收入一九四七年三月"晨光文学丛书"《志摩日记》中《西湖记》所附照片及手迹，照片为胡适所摄。题名为全集编者韩石山所拟。

---

① 韩石山编：《徐志摩全集》（第六卷），商务印书馆 2019 年版，第 318—319 页。

② 韩石山编：《徐志摩全集》（第五卷），商务印书馆 2019 年版，第 131 页。

11月

4日 梁启超创办松坡图书馆正式成立。

按，徐志摩遇难后，其父徐申如将徐志摩在北京的全部藏书捐赠该馆。

5日 在《文学周报》第九十五期发表《读雪莱诗后》（署名S）。

> 近来常喜欢读诗，觉得读到好的诗的时候真如听到绝妙的音乐；五官都受了感动，精神上好像复新了一般。只觉得一般人们的重浊，诗人的高超。在诗里似乎每一个字都是有灵魂的，在那里跳跃着，许多字合起来，就如同一个绝大的音乐会，很和谐的奏着音乐。这种美的感觉，音乐的领会，只有自己在那一瞬间觉得，不能分给旁人的。
>
> 我喜欢读轻灵的诗，太浓郁的实在不能领会，并不是不喜欢。譬如英国那几位浪漫派诗人里像雪莱这一位诗人，他的 Prometheus Unbound 我实在够不上读他，因为太浓厚伟大了。他的小诗，很轻灵，很微妙，很真挚，很美丽，读的时候，心灵真是颤动起来，犹如看一块纯洁的水晶，真是内外通灵。……①

按，黄红春《古典与浪漫：新月派文学观念研究》云："他追求精神的美甚于形式的美。在赞扬雪莱是个伟大的诗人时，他说雪莱对理想的美有一种纯挚的爱，以美为宗教信仰，'他之所谓美不是具体的。他以为美是宇宙之大灵，美是宇宙的精神，美的

---

① 韩石山编：《徐志摩全集》（第二卷），商务印书馆2019年版，第152页。

精神便是上帝。宇宙万物以美为生’。”[1]

10日 在《小说月报》第十四卷第十一号发表小说《两姊妹》。

15日 致奥格顿信：

我这个天朝人士终于给你答复了。

谈正事。

第一，四包书（两包给蒋先生，两包给我）收讫。以后请直接寄往石虎胡同7号松坡图书馆，不要再寄蒋先生的老地址，那个地址现在已经不用了。

第二，大约在一个月以前，我从上海给你发了一封电报，要求你用50镑搞定瑞沃斯的书。不是给图书馆。如果这些书还没有邮寄给上海茂名路37号张君劢先生的话，就请改寄到上述地址。你在剑桥见过那位张先生现在正在上海附近兴建一所学院，他需要政治、社会学和哲学等方面的图书。

第三，胡适博士几天内就会来北京。我可以有把握地说，他会很高兴把自己的书在英国出版。我见到他后再写信给你。

至于梁先生的书，我真是惭愧极了，一方面对不起你，另一方面也对不起梁先生。我不是不愿意承担这一翻译工作，但这意味着要花三个月时间全身心投入，而我挤不出这么多时间。同时，西伯利亚的秩序已经恢复，我现在正计划再一次去欧洲旅行。我不久还会给你写信。[2]

---

① 黄红春：《古典与浪漫：新月派文学观念研究》，江西人民出版社2015年版，第108—109页。

② 韩石山编：《徐志摩全集》（第八卷），商务印书馆2019年版，第241—242页。

18日　作诗《先生！先生！》，后发表于一九二三年十二月十一日《晨报·文学旬刊》。初收中华书局一九二五年八月版《志摩的诗》。

21日　致伯父徐蓉初信："林宗孟现在天津。林文忠的手迹，梁先生已经答应题跋。陈师曾（衡恪）画家的死，美术界很深惋惜。他现在身后萧条，只剩下一百多幅的画，他的朋友想一起拿来出卖，凑起万把块钱的样子作为他家庭的善后。梁先生叫我寄一份目录给你，盼望大伯也作成他一两件。师曾的画却是值得买的，目录已经画铅圈的已经卖去，大伯要买那几张，请写信来告我，有便也可以问问阆声和四老爷。我现在寄回他替我画的一把扇子给你们看看他的画意与笔致，我觉得他是最有胸襟的一个画家。樊樊山的字只有出钱去买一法，大伯要什么，中堂还是对子，请来函，以便照办。"[①]

按，阆声：即张宗祥先生；四老爷：即阆声之弟张麟书先生。

同日　译嘉本特诗《海咏》，发表于《晨报·文学旬刊》。

24日　作《我的祖母之死》，后发表于一九二三年十二月一日《晨报五周年纪念增刊》。文中道："……我初次遭逢亲属的大故，是二十年前我祖父的死，那时我还不满六岁。那是我生平第一次可怕的经验，但追想当时的心理，我对于死的见解也不见得比华翁的那位小姑娘高明。……所以不曾经历过精神或心灵的大变的人们，只是在生命的户外徘徊，也许偶尔猜想到几分墙内的动静，但总是浮的浅的，不切实的，甚至完全是隔膜的。……我是一只不羁的野狗，我往往纵容想象的猖狂，诡辩人生的现

① 金黎明、虞坤林整理：《徐志摩书信新编》，浙江古籍出版社2017年版，第97—98页。

实;比如凭藉凹折的玻璃,觉察当前景色。但时而复再,我也能从烦嚣的杂响中听出清新的乐调,在眩耀的杂彩里,看出有条理的意匠。这次祖母的大故,老家庭的生活,给我不少静定的时刻,不少深刻的反省。……但她的身心即使劳碌了一生,她的报酬却在灵魂无上的平安;她的安慰就在她的儿女孙曾,只要我们能够步她的前列,各尽天定的责任,她在冥冥中也就永远的微笑了。”①

12 月

1 日　在《晨报五周年纪念增刊》发表译作《明星与夜蛾》,署 Rose Mary 著、徐志摩译。

按,据浙江文艺出版社《徐志摩诗全编》编者注,英美知名诗人中没有名叫 Rose Mary 的人,查 D. G. 罗塞蒂(1828—1882)的《民谣及十四行诗》(*Ballads and Sonnets*)中有一首为 *Rose Mary*,疑为此诗。此诗为译诗还是作者自己的创作,有待进一步考证。

10 日　在《东方杂志》第二十卷第二十三期发表论文《罗素又来说话了》。文中云:“他以为只要有四个基本条件之存在,人生便是光明的。

第一是生命的乐趣——天然的幸福。

第二是友谊的情感。

第三是爱美与欣赏艺术的能力。

第四是爱纯粹的学问与知识。

① 韩石山编:《徐志摩全集》(第二卷),商务印书馆 2019 年版,第 157、159、169 页。

这四个条件只要能推及平民——他相信是可以普遍的——天下就会太平，人生就有颜色。”[①]

同日 在《小说月报》第十四卷第十二号发表译诗《伤痕》《分离》（[英]哈代作），题名下有英文名“*The Wound*”、“*The Division*”。

按，李红绿《新月派译诗研究》：“就选译单个诗人的作品而言，哈代是徐志摩选译诗作最多的诗人。哈代（1840—1928）继承和发扬了维多利亚时代的文学传统，其晚年诗作对英国20世纪的文学产生了较大的影响。他的诗以冷峻、深刻、细腻、优美而闻名，在悲观中体现出现代意识，自成一格。徐志摩特别青睐哈代的诗，他说：‘哈代绝非一个武断的悲观论者，虽然他有时在表现上不能制止他的愤慨与抑郁……哈代在他最烦闷最黑暗的时刻，他也不放弃为他的思想寻求一条出路的决心，为人类前途寻求一条出路的决心。他的写实，他的所谓悲观，正是他在思想上的忠实与勇敢。’徐志摩专门撰写过几篇介绍哈代的文章，译介哈代的诗歌占到了二十余首。他对这位创作富有悲剧色彩诗歌的诗人是极为敬仰与推崇的。”[②]

又按，李红绿《新月派译诗研究》：“陆耀东高度评价徐志摩的哈代诗歌译文。他在《徐志摩评传》中说徐志摩‘对英国的文化，了解很深，他译的哈代的一些诗，能将其神韵乃至细微之处也能较好地表现’。”[③]

同时，黄红春认为：“哈代的诗歌也深深地影响了徐志摩。他翻译过哈代的很多诗歌，而且专门撰文介绍过他，称他为‘老

---

① 韩石山编：《徐志摩全集》（第二卷），商务印书馆2019年版，第172—173页。

② 李红绿：《新月派译诗研究》，光明日报出版社2019年版，第80页。

③ 李红绿：《新月派译诗研究》，光明日报出版社2019年版，第94页。

英雄’，认为他在文艺界的地位堪与莎士比亚、巴尔扎克相提并论。哈代诗作有一种厌世、虚无的倾向，徐志摩也创作了很多悲观主义诗作，如《残春》《悲观》《谁知道》《你去》《生活》和《火车擒住轨》等。他对哈代的悲观厌世另有看法，认为其内心深处恰恰有一种为人类寻求一条出路的决心，一种入世求真的精神。”[①]

27日 致泰戈尔信，告他访华一切都“已准备停当以俟尊驾莅临”，并称：“我们相信您的出现会给这一个黑暗、怀疑和烦躁动乱的世代带来安慰、冷静和喜乐，也会进一步加强我们对伟大事物和生活的信心与希望。”[②]

冬 居硖石东山脚下三不朽祠，是时该祠方落成，同居者有堂弟崇庆，计三月。作《政治生活与王家三阿嫂》，后发表于一九二五年一月四日、五日、六日《京报副刊》，发表时有序言，序言作于一九二四年十二月二十六日。

按，张君劢发起成立理想会，拟办《理想》月刊，向徐志摩约稿，徐即作《政治生活与王家三阿嫂》，谈对英国处理庚子赔款问题的看法，后《理想》月刊没办成。此文转孙伏园在《京报副刊》发表。

冬 作小说《老李的惨史》，后发表于一九二四年一月十日《小说月报》第十五卷第一号。收入中华书局一九三〇年版《轮盘》时，改题为《老李》。

冬 作诗《叫化活该》《盖上几张油纸》。《叫化活该》后发表于一九二四年十二月一日《晨报六周年纪念增刊》；《盖上几张油

---

① 黄红春：《古典与浪漫：新月派文学观念研究》，江西人民出版社2015年版，第132页。

② 韩石山编：《徐志摩全集》（第八卷），商务印书馆2019年版，第157页。

纸》后发表于一九二四年十一月二十五日《晨报·文学旬刊》。《盖》诗前有小序，作于一九二四年十一月，小序云："这首小诗是去年在硖石东山下独居时做的，有事实的背景。那天第一次下雪，天气很冷，有几个朋友带了酒来看我，他们走近我的住处时见一个妇人坐在阶沿石很悲伤的哭，他们就问她为什么，她分明有一点神经错乱，她说她的儿子在山脚下躺着，今天下雪天冷，她想着了他，所以买了几张油纸来替他盖上，她叫他他不答应，所以她哭了。"①

冬 作诗《古怪的世界》，于一九二四年改定，后发表于一九二四年十二月一日《晨报六周年纪念增刊》，初收中华书局一九二五年八月版《志摩的诗》。

冬 在硖石译英国詹姆斯·斯蒂芬斯的长篇小说《玛丽玛丽》，译成九章，后发表于一九二五年二月十二日、十三日、十四日、十六日、十七日、十八日《晨报副刊》。其余部分由沈性仁继译。一九二七年八月由上海新月书店出版单行本，正文前有徐志摩所写之序，序言写于一九二四年八月三日。

约本年 作《花牛歌》《八月天的太阳》，后发表于一九三七年一月一日《文学》第八卷第一号，系手迹影印。

1924年(甲子，民国十三年)　28岁

▲1月20日，国民党第一次全国代表大会在广州召开，确定

① 韩石山编：《徐志摩全集》(第五卷)，商务印书馆2019年版，第134页。

“联俄、联共、扶助农工”。

▲2月，中国国民党在广州举行追悼列宁大会，孙中山亲书“国友人师”以表敬意。

▲4月，印度著名诗人泰戈尔应邀来华讲学。

▲6月17日，李大钊代表中国共产党赴莫斯科出席共产国际第五次代表大会，并就中国民族革命问题发表声明。

▲11月，段祺瑞宣布就任中华民国临时执政。

1月

20日 用硖石白作诗《东山小曲》，后发表于一九二四年二月十日《小说月报》第十五卷第二号；又载三月二十一日《晨报·文学旬刊》。初收中华书局一九二五年八月版《志摩的诗》。

同日 从硖石老家致王统照信，讲述自己在祠堂生活的近况。后发表于一九二四年三月十一日《晨报副刊·文学旬刊》第二十八号，题为《山中来函》。信中道：

> 我还活着，但是我至少是一个“出家人”。我住在我们镇上的一个山里，这里有一个新造的祠堂，叫做“三不朽”，这名字肉麻得凶，其实只是一个乡贤祠的变名，我就寄宿在这里，你不要见笑徐志摩活着就进了祠堂，而且是三不朽！这地方倒不坏，我现在坐着写字的窗口，正对着山景，烧剩的庙，精光的树，常青的树，石牌坊戏台，怪形的石错落在树木间，山顶上的宝塔，塔顶上徘徊着的“饿老鹰”有时卖弄着他们穿天响的怪叫，累累的坟堆，亭亭的白木与包着芦席的棺材——都在嫩色的朝阳里浸着。隔壁是祠堂的大厅，供着历代的忠臣、孝子、清客、书生、大官、富翁、棋国手（陈子仙），数学家（李善兰壬叔）以及我自己的祖宗，他们为什么

“不朽”，我始终没有懂；再隔壁是节孝祠，多是些跳井的、投河的、上吊的、吞金的、服盐卤的、也许吃生鸦片、吃火柴头的烈女烈妇以及无数咬紧牙关的“望门寡”，抱牌位做亲的，教子成名的节妇孝妇，都是牺牲了生前的生命来换死后的冷猪头肉，也还不很靠得住的；再隔壁是东寺，外边墙壁已是半烂，殿上神像只剩了泥灰。……

这是我的寓处。世界，热闹的世界，离我远得很；北京的灰砂也吹不到我这里来——博生真鄙吝，连一份《晨报》附张都舍不得寄给我；朋友的信息更是杳然了。今天我偶尔高兴，写成了三段“东山小曲”，现在寄给你，也许可以补补空白。

我唯一的希望只是一场大雪。[①]

按，该信发表时题为王统照所拟，文后附王统照记：“志摩与我的私人通信本不必在旬刊上占篇幅，不过我想这样有文学趣味的也是大家所共同欢喜看的，故此写了‘山中来函’的题目发表出来，只是日子已经不少，我没在京，所以迟延了几日，还望志摩谅及。”[②]

21日 列宁逝世。曾作诗《悼列宁》，此诗后寄胡适，但未刊载，已失。见中华书局一九七九年五月版《胡适来往书信选》上册第287页。

22日 于浙江硖石致恩厚之信，商谈来华事宜：

喜悉你已到步，又知道你和太戈尔先生能于今春来华。这样，我们中国人就将面见圣哲了。能再与你重聚实在是

① 韩石山编：《徐志摩全集》（第七卷），商务印书馆2019年版，第12—13页。
② 韩石山编：《徐志摩全集》（第七卷），商务印书馆2019年版，第13页。

一件喜事。去年秋天我们一切都准备妥当要接待太戈尔先生,可是他来信说又要改变行程。那时候我们已在城西租了一间有暖气和现代设备的私宅。要是太戈尔先生不反对,我们还可以用那个地方的。我曾试借用故宫内对着三海的团城,我想就是你参观过那个地方,里面有那尊驰名远近的玉佛。可是我不成功,主要是因为政局不稳,一切事情也就难以确定了。如果太戈尔先生属意传统中国式的房子,或者庙宇一类的住处,请尽早见示,切勿客气。我们绝对没有麻烦,你知道我们一片热诚来备办一切,要使我们的伟大嘉宾在逗留中国期间感到全然喜乐和满足。关于这件事,盼尽早来信。我相信太戈尔先生现在已完全康复,能够有足够的体力来作这次访问,他生病的消息使我们十分忧急,你能同他一起前来,对各方面都会很有帮助。

近数月来我都在南方,四月前家祖母谢世,家母也两次患重病,这都是使我滞留此地的原因。我现住东山脚下,周围有的是荒丘古迹,以及数以百计的坟墓,环境是很清静怡人的。我计划要快回北京了,不过我会再到上海。当你们到步之日,我会在那边欢迎你们。我刚收到了狄更生先生消息,他抱怨说你没有去看他,也许你没有时间。顺便问问你,你收到我寄给你的小邮包没有?包内有一个印章和其他东西。我相信地址是写得正确的。太戈尔先生已经答应先把他的讲稿寄来,以便移译为中文,为此先让我表示谢意。[①]

25日 在《东方杂志》第二十一卷第二号发表论文《汤麦司

① 韩石山编:《徐志摩全集》(第八卷),商务印书馆2019年版,第93—94页。

哈代的诗》,初收一九九二年上海书店出版社《徐志摩全集》第八册。

29日 作诗《一条金色的光痕》(硖石土白),后发表于一九二四年二月二十六日《晨报副刊》;又载一九二五年七月十五日《晨报·文学旬刊》;后略作删节,收入中华书局一九二五年八月版《志摩的诗》,序及诗的删节部分收一九八零年台湾时报文化出版事业有限公司《徐志摩诗文补遗》。诗前小序云:"这几天冷了,我们祠堂门前的那条小港里面也浮着薄冰,今天下午想望久了的雪也开始下了,方才有几位友人在这里喝酒,虽则眼前的山景还不曾著色,也算是赏雪了,白炉里的白煤也烧旺了,屋子里暖融融的自然的有了一种雪天特有的风味。我在窗口望着半淹在烟雾里的山林,只盼这祥瑞的雪花。"①

2月

月初 致胡适信:

许久不通信了,你好?前天在上海碰见经农,知道你不惯西山孤独的过活,又回北京了。我不怪你,在城里也不碍,就怕你没有决心休养——在山里做工也是休养,在城里出门就是累赘。我也做了山中人了!我们这里东山脚下新起一个三不朽祠,供历代乡贤的,我现在住著。此地还算清静,我也许在此过年了。我的一个堂弟伴我住著,蒋复璁也许搬来。我狠想读一点书,做一点文字,我听说工作是烦闷的对症药,我所以特地选定了这"鬼窠庐"来试试。前天又被君劢召到上海去了一次。《理想》是决计办了,虽则结果

① 韩石山编:《徐志摩全集》(第五卷),商务印书馆2019年版,第145页。

也许是理想的反面，前天开会时(君劢召集的)，人才济济的什么都有，恐怕不但唯心或是唯物，或是彼此可以共同的兴趣都狠难得。大元帅的□旗，同孙文的一样，不见得柱得起来。

Arthur Waley[①] 有信来提起你，谢谢你的书，他盼望读你的《白话文学史》。他问元朝人的短篇小说有没有集子，他要温庭筠的“侧辞、艳曲”，你知道市上有得卖否，如有我想买一部送他。

Giles[②] 也有信来，狠可笑，他把你的《尝试集》当是我的，他翻了那首《中秋》，我抄给你：……[③]

1日　致胡适信讲述山中生活，信中道：

适之，你这一时好吗，为什么音息又绝了？听说聚餐会幸亏有你在那里维持，否则早已呜呼哀哉了——毕竟是一根“社会的柱子”！

我是一个罪人，也许是一个犯人；“为此上避难在深山”。

昨晚居然下大雪，早上的山景不错，可惜不多时雪全化了，沽酒都来不及，雪肤就变成泥渣了！

我在此所有的希望与快乐，全在邮差手里。

附去悼列宁的一首，看还要得否。[④]

5日　在《晨报·文学旬刊》发表诗作《自然与人生》，又载一九二四年二月十日《小说月报》第十五卷第二号。初收中华书局

---

① Arthur Waley：韦利(1889—1966 年)，英国著名汉学家。

② Giles：疑指英国汉学家翟理斯(1845—1935 年)。

③ 韩石山编：《徐志摩全集》(第八卷)，商务印书馆 2019 年版，第 6—8 页。

④ 韩石山编：《徐志摩全集》(第八卷)，商务印书馆 2019 年版，第 6 页。

一九二五年八月版《志摩的诗》。

11日　在北京松坡图书馆致奥格顿信，自述近况和心情，提及胡适书稿和泰戈尔即将来华访问的事，希望引荐适合来华讲学之人，并希望获知剑桥学人和朋友的信息：

> 胡先生很高兴你打算在英国出版他的书。我相信他不久就会给你寄去他改定的稿子。或许他已经回信给你了。
>
> 印度诗人泰戈尔四月要来中国。他短暂的访问期间，我估计会陪同他……他备受中国年轻人的爱戴，简直不可思议……泰戈尔拒绝拿报酬，我们只是提供旅行的费用。华勒斯和弗赖或明确或含蓄的地谢绝了我们的热情邀请，令我们失望。在泰戈尔之后，你觉得英国还有什么人物值得我们邀请到中国来，做一个不超过三个月的短期讲学吗？
>
> 狄老和阿瑟·韦利不久前让我振奋了一下子。兰姆瑟有一段时间没有消息了。瑟伯斯坦有一两次胡乱写了几笔，其他人则音讯全无。我真的很想听到剑桥的消息……
>
> 最后，重要的事情，张先生想买50磅瑞沃斯的书怎么样了？他学校的地址是上海林荫路88号，我给你写出他中文的完整地址，以免邮错了地方。请即刻给我回信。……
>
> 另：请代我向罗素伉俪致意，并告诉我他们的近况。[1]

21日　致胡适信：

> 二函都到。新年来我这个山中人也只是虚有其名。年初三被张歆海召到上海，看旁人（楼光来）成好事。十三那天到杭州踏月看梅，十四回硖，十五又被百里召到上海，昨日回家，今日方才回山。现在口里衔著烟，面对著阳光照著

[1] 韩石山编：《徐志摩全集》（第八卷），商务印书馆2019年版，第247—248页。

山坡，又可以写信做事了。我要对你讲的话多而且长，一件一件的来。

……你说词的好处是(一)影像之清明，(二)音节之调谐，(三)字句之省俭，我以为词的特点是他的 Obvious prettiness which is at once a virtue and a vice[①]。因为大多数的词都能符合你的三个条件，但他们都不是诗……

百里一来我们的《理想》又变了面目，前天在上海决定改组周刊，顶你的《努力》的缺，想托亚东代理，但汪先生在芜湖不曾见面。他们要把这件事丢在我身上，我真没有把握，但同时也狠想来试试，你能否帮忙，我也想照着你的《读书杂志》的办法，月初或月尾有增刊，登载长篇论文与译述创作。君劢已经缩小了他的“唯”字的气焰，我要他多做政治学的文章。这事如其有头绪至早也得四月露面，以后再与你详谈。

孟邹屡次催促《曼殊斐儿集》，你的分儿究竟怎样了，我有信给西滢，他也不回音。请你与他赶快了愿才是![②]

21 日　在北京松坡图书馆致魏雷信，提及《理想》杂志拟创刊一事，随信赠书：

狄老寄来一本你新面世的大作，但我还没有时间详细拜读。我想写一篇文章，论述你这本翻译中文诗以及介绍我国艺术的煌煌新著，但至目前为止仍未动笔。我们计划出一个新的周刊，大致像伦敦的《国民杂志》那样。但我们没有定下什么政治的或其他方面该奉为圭臬的原则。不过

① 形式之美既是天使也是恶魔。

② 韩石山编：《徐志摩全集》(第八卷)，商务印书馆 2019 年版，第 8—12 页。

我们倒有点自负，要把杂志定名为‘理想’。创刊号最迟在四月面世。到时会引起不少人的嘲笑，也有一些人会对之切齿。对于这一切预期的反响，我们都准备洗耳恭听。中国现状一片昏暗，到处都是人性里头卑贱、下作的那一部分表现。所以一个理想主义者可以做的，似乎只有去制造一些最能刺透心魂的挖苦武器，借此跟现实搏斗。能听到拜伦或海涅一类人的冷蔑笑声，那是一种辣入肌肤的乐事！

我寄上一本《温飞卿诗集》，他本传里说的‘侧辞艳曲’，大概是指他的‘金笺词’，这我一直找不到单印本。元人的短篇小说，现在也没有集子，胡适之说我们竟无从知道现存的短篇中那些不是元代的作品。我们一个朋友新出一本《小说史略》（鲁迅著）颇好，我也买一本寄给你。适之的《白话文学史》还不曾印成。

太戈尔快来中国了。这事将轰动一时，我已经收到狄更生的来信，会很快复他的。……

再者：我在筹备一个以魔鬼诗派为中心的拜伦百年祭纪念会，我们很愿意听到你的建议。来信请写由西伯利亚寄递。①

按，俞晓霞《徐志摩的布鲁姆斯伯里交游》：“（也译作魏雷）韦利向徐志摩请教过不少唐诗的问题，在徐志摩回国以后也互有通信，互赠书籍，不断进行着他们之间的‘中西文化交流’。他们谈论社会、人生、艺术、诗歌，力图消弭语言文化差异所带来的隔阂。徐志摩在回国后写给韦利的信中，提到了当时中国的现状：‘中国现状一片昏暗，到处是人性里头卑贱、下作的那一部分

① 韩石山编：《徐志摩全集》（第八卷），商务印书馆 2019 年版，第 261—262 页。

表现。所以一个理想主义者可以做的，似乎只有去制造一些最能刺透心魄的挖苦武器，借此跟现实搏斗。能听到拜伦或海涅一类人的冷蔑笑声，那是一种辣入肌肤的乐事！’[①]在信中，他还向韦利表明了准备筹办新杂志《理想》的计划，向韦利寄去《温飞卿诗集》和鲁迅的新书《小说史略》，并向韦利请教筹办拜伦百年祭纪念会的建议……从通信内容不难看出他和韦利之间的密切关系。韦利也把徐志摩视作‘中国战后给我们知识界的一项影响’[②]。他在1940年专门撰文《欠中国的一笔债》，表达了对徐志摩的深切怀念。他回忆了徐志摩与罗素、狄更生、威尔斯、曼殊菲尔等英国名流的交往，赞誉徐志摩的才识和人格。梁锡华先生在将之译成中文的时候，特意加进了一个正标题：我的朋友徐志摩——欠中国的一笔债。韦利在文中说：‘他似乎是一下子就从中国士子儒雅生活的主流跳进了英国的诗人、艺术家和思想家的行列。这个人就是徐志摩。’[③]‘我们对中国的文学和艺术所知已不少了，也略懂二者在古代的炎黄子孙中所起的作用，但我们却不大清楚文学艺术这些东西在现代中国有教养的人士中的地位如何，我们从徐志摩身上所学到的，就是这方面的知识。’[④]韦利对徐志摩有着相当深切的了解：‘拜伦是他的模范和英雄……虽然以天性而论，他并不适合扮演这份角色。他的瘦长脸

---

① 徐志摩1924年2月21日致魏雷的信，《徐志摩全集·第六卷·书信》，天津人民出版社，2005年版，第451页。

② ［英］魏雷：《欠中国的一笔债》，梁锡华译，见程新编：《港台·国外谈中国现代文学作家》，四川文艺出版社，1986年版，第234页。

③ ［英］魏雷：《欠中国的一笔债》，梁锡华译，见程新编：《港台·国外谈中国现代文学作家》，四川文艺出版社，1986年版，第232页。

④ ［英］魏雷：《欠中国的一笔债》，梁锡华译，见程新编：《港台·国外谈中国现代文学作家》，四川文艺出版社，1986年版，第234—235页。

孔没有一点拜伦气。而他那倔强的下巴，在五官中似乎是更明显地表露出他生活的决心：他要吾行吾素。’[①]”[②]

22日 作诗《夜半松风》，后发表于一九二四年七月十一日《晨报·文学旬刊》。初收中华书局一九二五年八月版《志摩的诗》。

26日 作《给抱怨生活干燥的朋友》，后发表于一九二四年三月十日《小说月报》第十五卷第三号，题为《一封信（给抱怨生活干燥的朋友）》；又载一九二四年三月二十一日《晨报·文学旬刊》，改题为《给生活干燥的朋友》；初收一九六九年台湾传记文学出版社《徐志摩全集》第六卷。

28日 作《泰谷尔来信》一文，后发表于一九二四年三月七日《晨报副刊》和上海《时事新报》副刊《学灯》，介绍泰戈尔来华事宜：“上月泰谷尔的朋友英人恩厚之从印度来电，问拟于今春与泰氏同来，此间招待便否，我当时就发出欢迎的回电，随后又写了一封信去，今天接到恩厚之君（L. K. Elmhirst）的复信，说泰氏定于三月中动身，中途稍有停逗，大约至迟四月中必可到华。同来除恩厚之君外，有泰氏大弟子 Kaildas Nag（拟留京专研中国学问），及女书记美国人葛玲姑娘（Miss Green）。”[③]文后附恩厚之的复信。

---

① ［英］魏雷：《欠中国的一笔债》，梁锡华译，见程新编：《港台·国外谈中国现代文学作家》，四川文艺出版社，1986年版，第233页。

② 俞晓霞：《徐志摩的布鲁姆斯伯里交游》，《文艺争鸣》，2014年第3期，第84—85页。

③ 韩石山编：《徐志摩全集》（第二卷），商务印书馆2019年版，第228页。

3月

10日 在《小说月报》第十五卷第三号发表《征译诗启》,文后有郑振铎的附言;又载三月二十二日《晨报副刊》,初收台湾传记文学出版社一九六九年版《徐志摩全集》第六卷。

按,李红绿《新月派译诗研究》指出:"徐志摩还曾在《小说月报》15卷第3期上发表的《征译诗启》一文中呼吁各位译者多多翻译西洋名诗,以飨中国读者。在这一点上,他与新月同仁胡适是有相同的翻译旨趣的。从徐志摩的译诗实践来看,他自己确实也做到了这一点。这说明徐志摩在选译诗歌时具有强烈的名著名篇意识。他对西方诗歌非常了解,具有扎实的西方文学根底。"[①]并指出:"徐志摩曾多次谈到用文言译诗不能再现原诗的格律和美感。在《征译诗启》中,他明确提出了用白话译诗的主张,他说:'我们所期望的是要从认真的翻译,研究中国文字解放后表现致密的思想与有法度的声调与音节之可能;研究这新发现的达意的工具,究竟有什么程度的弹力性与柔韧性与一般的应变性;究竟比我们旧有方式是如何的各别;如其较为优胜,优胜在那里……为什么旧诗格所不能表现的意致的声调,现在草创时期的新体即使不能满意的,至少可以约略的传达?如其这一点是有凭据的,是可以共认的,我们岂不应该依著新开辟的途径,凭著新放露的光明,各自的同时也是共同的致力,上帝知道前面没有更可喜更可惊更不可信的发现!'[②]"[③]

---

① 李红绿:《新月派译诗研究》,光明日报出版社2019年版,第81页。

② 韩石山编:《徐志摩全集》(第二卷),商务印书馆2019年版,第231页。

③ 李红绿:《新月派译诗研究》,光明日报出版社2019年版,第84—85页。

同日　在《小说月报》第十五卷第三号发表译诗《我自己的歌》([美]惠特曼作),题名下有英文名“*Songs of Myself*”。

本月　节译英国拜伦(G. Byron)诗作 *The Corsair*(《海盗》),先以 *Song from Corsair*(《海盗之歌》)为题,发表于一九二四年四月十日《小说月报》第十五卷第四号。后以 *Deep in My Soul that Tender Secret Dwells*(《我灵魂的深处埋着一个秘密》)为题发表于同年四月二十一日《晨报·文学旬刊》,题下附剑三(王统照)按语,诗后附英文原诗。按语云:“以下这四节诗是从摆仑所作的 The Corsair 中译出的。志摩曾同我详细推敲一过,我说对照原文看实在是能宛委达其神意,而且韵节也照原脚译出,这是近来译诗者难能的。所以我将原文列下,请研究译诗的人对比看去,或者不无小补。”①

4月

2日　作《拜伦》一文,纪念英国诗人拜伦逝世一百周年。该文部分载一九二四年四月十日《小说月报》第十二卷第四号,全文载四月二十一日《晨报·文学旬刊》,题名《摆仑》;初收上海新月书店一九二八年八月版《巴黎的鳞爪》,改题名为《拜伦》。文中盛赞拜伦:“不,他不是神,他是凡人,比神更可怕更可爱的凡人;他生前在红尘的狂涛中沐浴,洗涤他的遍体的斑点,最后他踏脚在浪花的顶尖,在阳光中呈露他的无瑕的肌肤,他的骄傲,他的力量,他的壮丽,是天上瑳奕司与玖必德的忧愁。他是一个美丽的恶魔,一个光荣的叛儿。……”②

① 韩石山编:《徐志摩全集》(第九卷),商务印书馆 2019 年版,第 214 页。
② 韩石山编:《徐志摩全集》(第二卷),商务印书馆 2019 年版,第 235 页。

10日 在《小说月报》第十五卷第四号发表诗作《去罢》,题为《诗(一首)》;又载一九二四年六月七日《晨报副刊》,改此题。初收中华书局一九二五年八月版《志摩的诗》。

11日 在《晨报·文学旬刊》发表译诗《新婚与旧鬼》([英]罗塞蒂作),题下有英文名:*The Hour and Ghost*。初收上海新月书店一九二七年九月版《翡冷翠的一夜》。

12日 半夜致王统照信,后以《泰谷尔最近消息》为题发表于一九二四年四月十九日《晨报副刊》"通信"专栏。信中道:

> 今天午前十时泰谷尔踏上了中国的土地,我简直的没有力量来形容我们初见他时的情绪;他的实在超过我们的理想,但我此时讲事实要紧。
>
> 他们这次来日子很急促,他们在北京大概只有三个星期耽搁。在中国一起也不过六个星期。他们预备五月底或六月初就去日本,住二星期再回上海搭船回印,因为泰翁怕信风期的缘故。所以我们预定的计画也得变更了。我现在简单的告诉你,后天(十四)早车到杭州,十六夜车回上海,十七上海大会,十八到南京,二十北上,沿途过曲阜、泰山、济南等处,约至迟二十四五抵京。
>
> 现在最要紧的是你的活动。你幸亏不曾南来,我盼望你赶快与山东接洽,你和孔二爷或是谁一定得在曲阜等着我们。你二十前必得到济南等候我的快信或电报,由教育会转。你先去信知照一声,我想总可以接头。你回信(快信)请立即发出寄南京东南大学任叔永先生转交不误。
>
> 泰翁在京预备六次正式讲演,此外他很不愿形式的集会或宴会,能避掉的总以避掉为是。上海各团体的请求一概不与通融,青年会昨晚大登广告请他讲演也是今天临时

取消的。这都是顾管诗人的意思。他的朋友恩厚之是他们旅行队的经理人，他绝对不让诗人受些微不必要的烦恼；我们也是一样的意思，但这意思也得大家体谅才好。

他同来的人除了恩厚之君与葛玲姑娘外，有他的大学里的三位教授，一位是 Kalidas Nag，是一位梵文学者很精博的；一位是 Mr. Bose，印度最有名的一位美术家；一位是 Mr. Sen，是宗教学教授，他们都要到北京见中国学者，讨论他们各有的问题的。但泰氏最侧重的一个意思是想与北京大学交换教授，他们自己供给费用，只要我们给与我们学者共同研究的机会就是，这意思到京后再详谈。现在我也没有功夫写了，只盼望你早些安排山东的事情，馀外情节大约可在《时事新报》上看到，这信或者可以在副刊上发表，以后有暇再作报告。百里先生处盼立即告知，并为道此间事过忙不及另书。①

12 日 作为翻译以及北方学者代表在上海汇山码头迎接坐“热田丸”号到访中国的泰戈尔一行。陪同前往沧州饭店。迎接者还有张君劢、郑振铎等。下午五时，陪同游览龙华古寺。

13 日 下午一时，陪同泰戈尔在闸北寺与上海的印度侨民集会，下午四时至慕尔鸣路——三十七号张君劢家，与一百余欢迎者聚会并坐草坪摄影留念。

14 日 与瞿菊农一起陪泰戈尔赴杭州游西湖，晚上在海棠花下一起作诗。

15 日 陪泰戈尔在杭州灵隐寺作题为“飞来峰”的演讲。

同日 致张君劢电报，后发表于一九二四年四月十六日《申

---

① 韩石山编：《徐志摩全集》（第七卷），商务印书馆 2019 年版，第 14—15 页。

报》;又载上海书店出版社《古旧书讯》一九八九年第一期(朱勇强辑)。

16 日 上午,浙江省教育会敦请泰戈尔讲演,徐志摩任翻译。讲演稿后收入《印度诗圣与飞来峰上之雕刻》,发表于一九二四年四月二十二日《晨报》第一八五二号。讲演前"先由徐志摩君登台说明太氏的心境和态度",作《太戈尔杭州讲演之开场致辞》。后发表于一九二四年四月十八日、十九日、二十日上海《申报》第一八三六七号、第一八三六八号、第一八三六九号,题为《印诗人太戈尔在杭州讲演纪》。文中道:"太戈尔先生的声名,固已遐迩咸知。他好比春天的阳光,普照大地,得着他的,都有新生命,并且遇于各种不良底环境,他能用诗赋歌词去安慰他,愉快他。他有纯粹的爱,无远弗届。……"①初收商务印书馆二〇一八年版《远山——徐志摩佚作集》(陈建军、徐志东编),题目及标点为该书编者所加。

同日 中午回上海。返沪途经硖石受欢迎,在月台稍作逗留。

按,韩石山《徐志摩传》:"当天的《申报》上已刊出消息,江苏教育会等二十多个团体,18 日将在商务印书馆图书馆大厅举行欢迎会,并公布了发票的办法:'凡本埠各团体、各学校及个人欲往会听讲者,请于十七日上午九时至十二时,下午二时至五时至闸北商务印书馆交通科、西门江苏省教育会,博物院路二十号全国青年会协会,领取入场券,每人以一券为限,团体学校至多二十张,特此通告,即希公鉴。'"②

---

① 韩石山编:《徐志摩全集》(第二卷),商务印书馆 2019 年版,第 244 页。

② 韩石山:《徐志摩传》,北京十月文艺出版社 2001 年版,第 151 页。

同日　致胡适信，后收入黄山书社一九九四年十二月版《胡适遗稿及秘藏书信选》第三十二册。信中道："前天匆匆走了，也不及来看你，打电话问你又不在家，只听说你又上课去了。我在车里碰见文伯，我与他切实的谈你，我们再不能让你多费无谓的精神，我们再不能不管你，我想你也一定体念我们的著急。……泰老居然到了，我忙得要命，大约二十五前即可到京，……"①

18日　陪同泰戈尔在上海商务印书馆大厅出席欢迎会并演讲合影，任翻译。讲演稿后收入《太戈尔欢迎会记》，发表于一九二四年四月十九日《申报》第一八三六八号；又载《沪团体欢迎太戈尔大会记》（一九二四年四月二十二日天津《大公报》第一张）。晚出席功德林宴会，当晚离沪。

19日—20日　陪同泰戈尔在南京梅庵、东南大学停留访问演讲，并任翻译。东南大学讲演稿收入《太戈尔在宁讲演记》，发表于一九二四年四月二十二日《申报》第一八三七一号。

22日—23日　陪同泰戈尔沿津浦路北上，至济南住铁路宾馆，参观齐鲁大学。22日下午在山东省会议场演讲，徐志摩任翻译，讲演稿收入《济南教育界欢迎太戈尔》，发表于一九二四年四月二十四日《申报》第一八三七七号。又载《泰戈尔过济盛况补志》（一九二四年四月二十五日天津《大公报》第二张）。

23日　陪同泰戈尔到达北京。先后为泰戈尔的六次演讲作翻译。

按，《申报》曾报道泰戈尔抵京情况："印度诗哲太戈尔已于昨日（二十三）下午七时抵京矣，太氏一行于昨日上午由济南乘坐专车北行，下午三时余车抵天津，梁启超曾赴车站欢迎，太氏

---

① 韩石山编：《徐志摩全集》（第八卷），商务印书馆2019年版，第12页。

下车稍憩，适京奉快车已抵津站，太氏遂同英人恩厚之Elmhirst、美女士葛玲 Miss Green、印度学者诺格 Nog、鲍斯Bose 沈 Sen(均泰氏高足弟子)及徐志摩等，改乘京奉车来京，王统照则因照料行李未同行也。下午七时十五分车到东站，赴站欢迎者有蒋百里、林长民、陈源、林玉堂、张逢春等，尚有北大、师大各校多数教授学生，各团体代表及英美日本印度各界人士，共计约有四五百人。太氏乘坐最末辆头等车，到时欢迎者群趋车傍，鼓掌欢呼，太氏则举手为礼，下车后欢迎者群拥而行，途为之塞。太氏穿着青色长袍，戴绛色冠，苍髯满颊，令人望之肃然起敬。王庚率警前导，引出站门，太氏即同随行者乘坐汽车，向东长安街而去。昨晚下榻于北京饭店。”①

24 日 陪同泰戈尔在北京饭店参加宴会，与蒋百里、林长民等聚谈。

25 日 陪同泰戈尔参加英美协会在六国饭店举行的欢迎宴会，下午参观松坡图书馆，在图书馆门前与泰戈尔、梁启超、辜鸿铭、林徽音合影。

26 日 陪同泰戈尔参加在北海静心斋，由梁启超、蒋百里、熊希龄、汪大燮、范源濂等人代表讲学社所设的宴会、胡适、陈普贤、秦墨哂等四十余人作陪。又接受北京佛化新青年会之邀陪同去法源寺赏丁香花。

27 日 陪同参加北京文学界公宴泰戈尔一行。

28 日 为泰戈尔在先农坛与北京学生见面并讲演作翻译。讲演稿后发表于一九二四年四月二十九日《晨报》第一八五九

---

① 《国内要闻三・太戈尔抵京 智识界欢迎之热烈》,《申报》1924 年 4 月 26 日第三版。

号，题为《泰戈尔对京学界演说——东西文化之不同，吾人前途之光明》。又见《纪泰戈尔之雩坛演说》（一九二四年四月二十九日《大公报》第一张），《太戈尔在先农坛之演讲》（一九二四年五月一日《申报》第一八三八〇号）。初收商务印书馆二〇一八年版《远山——徐志摩佚作集》（陈建军、徐志东编）。

按，韩石山《徐志摩传》："这次讲演原先定在天坛南面的圜丘。办事人考虑天坛门票太贵，恐怕学生作难，临时改在先农坛内的雩坛。当日《晨报》刊有改变讲演地点的启事。"①

又按，吴咏《天坛史话》："林小姐人艳如花，和老诗人挟臂而行，加上长袍白面，郊荒岛瘦的徐志摩，有如苍松竹梅的一幅三友图。徐氏在翻译太戈尔的英语演说，用了中国语汇中最美的修辞，以硖石官话出之，便是一首首的小诗，飞瀑流泉，淙淙可听。"

29 日　陪同泰戈尔参加溥仪英文教师庄士敦在油漆作（地名）所设茶话会，游览御花园，与溥仪见面。泰戈尔第二天移住清华学校。

按，韩石山《徐志摩传》："泰戈尔在清华，住在后工字厅。志摩没有陪侍，并不是说就没有去。只是没有接连几天都在身边，辜鸿铭和泰戈尔合影的照片上就有他。"②

5 月

1 日　陪同泰戈尔在清华学校演讲。

按，讲演稿于本年七月翻译，发表于一九二四年十月十日

① 韩石山：《徐志摩传》，北京十月文艺出版社 2001 年版，第 152 页。

② 韩石山：《徐志摩传》，北京十月文艺出版社 2001 年版，第 153 页。

《小说月报》第十五卷第十号，文末附徐志摩《附述》（七月二十六日作）。《附述》云："太氏在清华住的那几天——五月初那星期——，承清华学校曹云祥与张仲述两先生的好意替他安排得又舒服又安闲……他在那边随便与学生们谈论人生问题——自宗教至性恋，自性恋至财政，……我上面翻的是他在清华的一篇讲演。这也不是事前预备的，他在中国与日本的讲演与谈话——除了在真光的三次——都是临时的应景的。我们跟着他的人们常常替他担忧，怕他总有枯窘的时候，长江大河也有水小的季候不是，怕他总不免有时重复他已经说过的话，但是白着急！他老先生有他那不可思议的来源，他只要抓到一点点的苗头，他就有法子叫他生根、长叶、发枝条、成绿荫，让听众依偎着他那清风似的音调在那株幻术的大树下乘着凉，歇着，忘却了在他们周围扰攘的世界。…………我们的祖先也的确会在生活里实现过美的原则，虽则现在目前看得见的除了龌龊与污秽与苟且与懦怯与猥琐与庸俗与荒伧与懒惰与诞妄与草率与残忍与一切的黑暗外我不知道还有什么？我们不合时宜的还是做我们的梦去！"①

8日 参加在协和礼堂举行的泰戈尔六十四岁祝寿活动。

按，韩石山《徐志摩传》："地点在北京协和医学校礼堂，胡适任主席。……由梁启超主持赠名典礼……或许是受这次赠名的启发，随后泰戈尔赠给徐志摩一个印度名字，叫 soosima（素思玛）。……最后一项余兴，是用英语演出泰戈尔的戏剧《齐德拉》……参加演出的人员及所扮演的人物，历来说法不一，梅绍武在一篇文章中，提供了一份演员表，是印度国际大学 1925 年出版

① 韩石山编：《徐志摩全集》（第九卷），商务印书馆 2019 年版，第 37—40 页。

的《泰戈尔访问中国》中记载的，当是很可靠的了。兹抄录如下：张彭春导演，梁思成绘景，林徽因饰公主齐德拉，张歆海饰王子阿俊那，徐志摩饰爱神，林长民饰四季之神阳春，丁西林、蒋方震等饰村民，王孟瑜、袁昌英饰村女。……在排演时印好很多说明书，精美华丽，议定由陆小曼在礼堂门招待时发售，每册一元。”①

又按，周作人《太戈尔的生日》：“顶有名的一回是太戈尔的生日吧，大家给他演短剧《契忒拉》，徐志摩与林徽音都是重要的演员，梁任公主席，胡适之英语致词。”

9 日　上午，泰戈尔在北京真光影戏院讲演，“演毕休息十数分钟，又由徐志摩为之翻译”。讲演稿后发表于一九二四年五月十日《晨报》第一八七〇号，题为《泰戈尔昨天讲演纪略——述其运动文学革命之经过》。初收商务印书馆二〇一八年版《远山——徐志摩佚作集》(陈建军、徐志东编)，改题为《泰戈尔对北京青年的第一次公开讲演》。讲稿云：“余年虽长，余之须发虽白，然余非腐朽时代精神之代表，余之革命的精神，犹昼夜不息之流水。余不为不知老之将至，抑且自视为一活泼之幼童焉。”②

10 日　致泰戈尔信，信中道：

> 林先生和你的阿俊那正在出来赎您，要把您从温泉的热烈拥抱中带回来。您要原谅我拉替身，因为我明晨要去看大夫。今天我已好得多了，我们一起去散过步，也欣赏了苍茫的暮色。我想我身体会康复过来的，到时跟你出门应该没有问题。
>
> 孙博士似乎尚有一口气，或者我们还可以希冀跟他作

① 韩石山：《徐志摩传》，北京十月文艺出版社 2001 年版，第 155 页。

② 韩石山编：《徐志摩全集》(第九卷)，商务印书馆 2019 年版，第 41 页。

点个人的谈话。

我想有一条名为莎狄里的法国轮船在十五日往神户。有几封厚之的信，但看样子并不是什么大不了的要件。山西那边的人正为您筹备一个盛大的欢迎会。

我们会在国立大学那边候您参加四时半的茶会。

我们的朋友全都作了精彩万分的演讲。鲍斯更是把这里每一个人的心都夺去了。①

12日 在北京真光剧场作题为《泰戈尔》的演讲。后发表于一九二四年五月十九日《晨报副刊》，又载六月二日《文学》周报第一二四期。初收台湾时报文化出版事业有限公司一九八〇年版《徐志摩诗文补遗》。

按，5月12日泰戈尔在真光剧场的演讲是他在北京的最后一场演讲。按计划，5月9日泰戈尔生日后的第二天，应讲学社的邀请，泰戈尔在北京真光剧场对北京青年做第一次公开演讲。演讲前的介绍者和主持人为梁启超，泰戈尔演讲使用英语，在结束后十几分钟由徐志摩翻译为汉语。但是，泰戈尔的第一次演讲就遇到了反对者的抵制。在其入场之前，就有人在会场分发“我们为什么反对泰戈尔”的传单，内容主要是认为泰戈尔所宣扬的东方文明取代西方文明、反对以暴力驱逐暴力等论调无异于投降主义，对中国革命来说只有消极作用，而这并不是中国目前所需要的。有人说泰戈尔是“帝国政策的间谍，资本主义的助力，亡国奴族的流民，提倡裹脚的狂人”，也有人说他是政客，不是诗人等等。所以，在本次演讲前，徐志摩做长篇演说为老诗人辩护。

---

① 韩石山：《徐志摩全集》（第八卷），商务印书馆2019年版，第159—160页。

又按，泰戈尔原定在真光影戏院演讲六次，后来因为身体原因取消了其中三场。5月10日演讲之后，徐志摩由于不满于国人对泰戈尔的攻击，一度宣布辞去翻译的职责。5月12日是泰戈尔在此地的最后一次演讲。演讲前徐志摩做发言，大意是泰戈尔虽已是六七十岁的老人，身体又不很健康，但仍然不远万里长途跋涉来到中国，没有一天休息，舟车劳顿不说，单公开演讲及小型集会时的谈话就有三四十次，精神已十分疲倦。但这还不是最让他伤心之处，最难过的是有些人对他的误解。他曾问徐为什么这些人会反对他，徐答曰"不了解"。徐志摩认为，泰戈尔的观点"完全一革命之主张，倾向于社会统一，他最反对的是资本主义，物质文明，他来中国之盼望即欲清除人间一切之障碍"，从而修补中印两国民族中断了千余年的文化桥梁，现在竟有人反对他"实为不幸之事。"徐志摩本人称："我个人对于泰氏牺牲之精神，坚韧之志气，伟大之声音，高尚之人格，深为佩服。泰氏有如喜马拉雅山，只有高空中之青天，知道他之诚实伟大。现在的世界，充满了残酷忌刻，吾人解脱的方法，只有向泰戈尔的精神方面去求。"[①]随后徐志摩宣布今天是泰戈尔最后一次演讲，之后他将去西山休息。

又按，对于泰戈尔来华，郭沫若在《太戈尔来华的我见》中表现出明确的否定态度。他回忆了自己与泰戈尔的"因缘"，指出自己曾经对泰戈尔有相当长时间的迷恋，而对其幻象的破灭来源于长子的出生，他当时挑选了《吉檀迦利》《飞鸟集》《园丁集》三部诗集选编了《泰戈尔诗选》，想要寄给上海出版用来换钱。但是当时中国还未有"泰戈尔热"，所以无论是商务印书馆还是

---

① 刘群：《新月社研究》，复旦大学2006年博士学位论文，第40—42页。

中华书局都没有接受。他由此忽然意识到了自己的生存境遇与泰戈尔的“生命哲学”之间的差异。在郭沫若看来，泰戈尔的来华，他所提倡的“爱的哲学”对于中国的发展无疑是没有好处的，甚至会起反作用。泰戈尔的演讲中赞美东方文明，否定西方文化，与当年罗素、杜威等人的无聊论调没有什么差别，无异于再“演办一次神会”。作为信仰马克思主义的人物，郭沫若认为经济社会制度的改革才是拯救中国的关键，泰戈尔的宣言无异于靡靡之音，是为“有闲阶级”和帝国主义张目。值得指出的是，郭沫若也有借此抨击邀请泰戈尔访华的新月同人的意向。他作此文之前，与徐志摩因“泪浪滔滔”而产生的“官司”，和创造社同人郁达夫等的纠葛，以及与名望、地位、身份、待遇差别巨大的名人胡适就《骂人》一文产生的笔墨官司，都自觉不自觉的夹杂其中。而这，也反映了徐志摩等留学欧美的文化群体在中国当时的生存境况。郭沫若的观点可参照《太戈尔来华的我见》一文（载《创造周报》第二十三号一九二三年十月十四日）。

16 日　陪同泰戈尔与北京佛教讲习会会员谈话，“由徐志摩、邓高镜通译”。讲话稿后发表于一九二四年五月十八日《顺天时报》第七二四六号，题为《泰戈尔高谈佛理》，又发表于五月二十日《申报》第一八三九九号，题为《太戈尔关于佛教之谈话》。初收商务印书馆二〇一八年版《远山——徐志摩佚作集》（陈建军、徐志东编）。

20 日　陪泰戈尔去山西太原。

按，韩石山《徐志摩传》载：

> 5 月 20 日这天，徐志摩几乎疯了。
>
> 这天，泰戈尔一行离开北京去太原，徐志摩陪同前往。车站上，送行的人很多，林徽因也在里面。车快开动了，志

摩还在给林徽因写信，尚未写完，车已开动，他要冲过去递给车下的林徽因，恩厚之见他太伤感，一把抢了过来替他藏起。后来志摩再没提起此事，恩厚之保存起来作为纪念，直到离开中国带回英国托特尼斯的达廷顿庄园。70 年代梁锡华去拜访，让梁看了原件。信里写的是——

我真不知道我要说的是什么话，我已经好几次提起笔来想写，但是每次总是写不成篇。这两日我的头脑只是昏沉沉的，开着眼闭着眼都只见大前晚模糊的凄清的月色，照着我们不愿意的车辆，迟迟地向荒野里退缩。离别！怎么的能叫人相信？我想着了就要发疯，这么多的丝，谁能割得断？我的眼前又黑了！[①]

21 日 陪同泰戈尔见阎锡山。泰戈尔建议在中国推广他在印度搞的农村建设计划。阎同意将晋祠一带地方给泰戈尔、徐志摩他们做试验基地，积极参与洽谈谋划。

22 日 陪同泰戈尔在太原文瀛湖畔自省堂讲演，担任泰戈尔及恩厚之讲演之翻译。泰戈尔讲演稿后以《太戈尔莅晋演说补志》为题发表于一九二四年七月十三日山西《来复报》第三〇五号。发表时前附“记者识”：“太戈尔氏以五月二十一日莅晋，二十二日在文瀛湖畔自省堂讲演。听者万人空巷，自省堂竟无隙地。……太戈尔氏讲演，时约三十分钟。讲毕，由徐志摩君翻译。……记者位次于讲台相近，对于讲演大意，自信尚不误会，因特补志于此。但距离听讲之日已久，又未必不无舛错，阅者谅之。”恩厚之讲演内容收入《各地政教现状撷要・泰戈尔先生游晋纪盛》，发表于一九二四年五月二十五日《来复报》第二九八

① 韩石山：《徐志摩传》，北京十月文艺出版社 2001 年版，第 161—162 页。

号。据载，一九二四年五月二十二日下午，泰戈尔私人秘书恩厚之(L. K. Elmhirst)在山西太原文瀛湖公园自省堂“讲演约半小时，仍由徐君逐段翻译”。两篇讲稿初收商务印书馆二〇一八年版《远山——徐志摩佚作集》(陈建军、徐志东编)。

23日 陪同泰戈尔离开太原。

25日 陪同泰戈尔到达汉口。访问佛学院，与太虚大师见面并在辅德中学作有关教育问题演讲，徐志摩任翻译。然后坐船到上海。

28日 陪同泰戈尔参加在上海慕尔鸣路37号张君劢宅的告别园会，并作翻译。讲稿七月译，后发表于一九二四年八月十日《小说月报》第十五卷第八号。初收台湾时报文化出版事业有限公司一九八〇年版《徐志摩诗文补遗》。文末附《志摩附识》云：

> 那天下午听著老翁这篇告别辞的诸君，也许还记得他说话时的声调与他须眉间异样的笑容。……
>
> 这一篇最好是与他到中国第一次的谈话一起读，碰巧都在同一的园地上讲的，两次都在场的人也应得比较他先后不同的语调与神态。先一次是暮春天气一个最浩爽的下午，后一次是将近梅雨期云低气滞的一个黄昏。有心的读者应该明白在这四十日间是诗人受了中国的试验，还是中国受了诗人的审判。他现在已经远了，他留给我们的记忆不久也会得消淡，什么都不免过去；云影扯过了波心里依旧是不沾印踪。也许有人盼望天光完全隐匿，那时任凭飞鸟也好，飞云也好，我们黑沈沈的水面上连影子都可以不生

痕迹！[1]

29日 陪泰戈尔离上海去日本。

本月 译英国诗人哈代诗《在火车中一次心软》，后发表于一九二四年六月一日《晨报·文学旬刊》。发表时题为《在火车中一次心软》（"*Fan Heart in Railway Train*"），英文原诗在前，译诗在后。初收上海新月书店一九二七年九月版《翡冷翠的一夜》。

本月 译泰戈尔四月十三日讲演稿，后发表于一九二四年七月一日《时事新报》副刊《学灯》；后又以《第一次的谈话》为题发表于八月十日《小说月报》第十五卷第八号。初收台湾时报文化出版事业有限公司一九八〇年版《徐志摩诗文补遗》。

本月 译泰戈尔在华讲演稿《一个文学革命家的供状》，后发表于一九二四年六月十日《小说月报》第十五卷第六号。初收台湾传记文学出版社一九六九年版《徐志摩全集》第六卷。

6月

月初 致胡适信："急行车里有的是现成花片，随手涂一张给你。今晚到东京。日来心绪较佳。"

按，据中国社会科学院近代史研究所胡适档案所藏徐志摩手稿。此为明信片。

12日 随泰戈尔访问日本工商业，赴金融巨子涩泽荣一（1840—1931）东京飞鸟别墅吃茶。

按，2017年4月15日杭州徐志摩纪念馆举行徐志摩120周年诞辰国际纪念会，日本加藤阿幸教授夫妇莅会，并带来徐志摩

① 韩石山编：《徐志摩全集》（第九卷），商务印书馆2019年版，第54页。

生前一段五分钟的纪录片，为涩泽荣一史料馆所珍藏，并在会上放映，其丈夫加藤纮捷先生作题为“徐志摩生前纪录片的发现和在中国的首播”的发言，“我的专业是英美法，但是今天是为要辅助站在我身边的我夫人加藤阿幸教授的研究而来的……我今天的主要目的就是要向各位报告一下日本东京的涩泽荣一史料馆所珍藏的 1924 年 6 月 12 日徐志摩的纪录影片。今天的播放，可说是在中国第一次看到走动着的徐志摩风采的影片。……把这个纪念录片拿到日本以外的地区放映，实在是非常不容易的一件事。经过无数次与涩泽荣一史料馆的呕心沥血的交涉，今天终于实现中国的播放……这个纪录片其实本来并不是为徐志摩而制作的，这是为记录 1913 年亚洲第一个诺贝尔文学奖的泰戈尔在 1924 年 6 月 12 日接受日本的涩泽荣一招待时记录下来的影片。涩泽荣一先生是奠定日本近代经济社会的工商业巨子，作为民间外交的一环，他招待泰戈尔到他东京飞鸟山的别墅，纪录片就是那时拍摄下来的……”①

21 日　在《晨报·文学旬刊》发表《北戴河海滨的幻想》，初收上海新月书店一九二八年一月版《自剖》。

7 月

2 日　随泰戈尔赴日。致胡适信：

我们船快[到]长崎了，让我赶快涂几个字给你。你的信收到，歆海来也讲起你们要我去的意思。我也狠想回北京，与我的同伴合伙儿玩。只是我这一时的心绪太坏，我心里想的是什么，自己都不明白，真该！适之，我其实不知道

① 载杭州徐志摩纪念馆馆刊《太阳花》2017 年第 7 期第 4—8 页。

我上那里去才好，地面上到处都是乏味，又借不到梯子爬上天去，真让人闷。像是寒热上身似的，浑身上觉得酸与软，手指儿都没有劲，神经里只是一阵阵的冰激——这是什么心理，怕不是好兆！我绝对的不能计划我的行止，且看这次樱花与蝴蝶的故乡能否给我一点生趣。

或许我们由朝鲜回，那就逃不了北京，否则仍回上海的，一时恐不得来京。我想到庐山去，也没有定。下半年太远了，我简直的望不见，再说吧。真怪，适之，我的烈情与热焰这么快就变成灰了，冰冷的灰，寻拨不出一小颗的火星儿来。

昨晚与歆海闲谈，想到北京来串一场把戏，提倡一种运动——Beauty Movement[①]，我们一对不负责任的少年，嘴里不是天国就是地狱，乌格！[②]

16日 致徐崇庆信，后发表于一九四八年十月二十五日《子曰丛刊》第五期；又载一九四九年三月《永安月刊》第一一八期。信中道："庐山名迹，顷刻未可穷尽，然山之灵异，尤在云霞，颇拟作新云赋以咏之，此塔不知何名，远塔亦不知名，然意境古澹绝俗，到此惟听松声鸟语，忘机亦忘世矣，寄崇弟玩玩。"[③]文中"此塔"、"远塔"均为明信片正面风景照中物。

本月 陪泰戈尔离日本，并专程送泰戈尔到香港。回来后去庐山约一个半月，译泰戈尔讲演稿，并作诗歌。译泰戈尔讲稿三篇：《清华讲演——五月一日，一九二四，在清华学校》，后发表于一九二四年十月十日《小说月报》第十五卷第十号；《告别

---

① Beauty Moment：唯美活动。

② 韩石山编：《徐志摩全集》（第八卷），商务印书馆2019年版，第13—14页。

③ 韩石山编：《徐志摩全集》（第八卷），商务印书馆2019年版，第88页。

辞——五月二十八，上海慕尔鸣路三十七号的园会》，后发表于一九二四年八月十日《小说月报》第十五卷第八号，文末有《志摩附识》；《国际关系——太戈尔在东京讲演》，后发表于一九二四年八月十日《东方杂志》第二十一卷第十五号，文末附《志摩赘笔》，称："这是太戈尔在东京的一次讲演，那天听讲的人不仅是最多，也是最重要的。那天主请的是东京的实业社或是实业俱乐部，主席是 Viscount Shibusawa[1]，实业界与学界的重要分子都在场。事前太翁问我与歆海要不要借这个机会说话，我们当时也想了一想，但后来非但不曾说，并且连会也不曾到，因为我们那天到那大画家横山大观家里去，他约我们吃饭，接着同去博物馆玩，直到晚上才赶去赴宴的。后来我们同回旅馆的时候我问他今天的演讲怎么样，老人微笑着说：'我没有放过他们，我重重的打了他们几下。'说时他做了一个打拳的手势。'你把他们打痛了没有？'我问。'也许的，'他说，'不过他们这一会态度很好，他们都像很受感动似的，我希望他们真有了觉悟才好。'"[2]

本月　作《沙扬娜拉十八首》与《留别日本》，发表报刊不详。初均收一九二五年八月中华书局《志摩的诗》。上海新月书店一九二八年八月版《志摩的诗》，未收《留别日本》，《沙扬娜拉十八首》则只留最后一首，题为《沙扬娜拉——赠日本女郎》，其余均删。组诗《沙扬娜拉十八首》中以最后一首最为知名，小诗描摹了日本女郎的告别剪影，温柔蕴藉之中，颇得浪漫情味："最是那一低头的温柔，/像一朵水莲花不胜凉风的娇羞，/道一声珍重，

---

① Viscount shibusawa：（涩泽荣一，1840—1931 年），日本实业家，曾任职日本第一国立银行总经理，并创办王子造纸公司和大阪纺织公司，资本渗入日本铁路、轮船、渔业、印刷、钢铁等重要经济部门。

② 韩石山编：《徐志摩全集》（第九卷），商务印书馆 2019 年版，第 65—66 页。

道一声珍重，/那一声珍重里有蜜甜的忧愁——/沙扬娜拉！”①

8月

3日　作完小说《小赌婆儿的大话》，后发表于一九二四年九月十日《小说月报》第十五卷第九号。初收台湾传记文学出版社一九六九年版《徐志摩全集》第六卷。

7日　致胡适信，该信手迹后收入黄山书社一九九四年十二月版《胡适遗稿及秘藏书信》第三十二册。信中道：“但是你自己又打算上那里去呢？为什么说今年不能奉陪？老实说我是舍不得北京的，北京尤其是少不了这三两个的朋友，全靠大家抟合起来，兴会才能发生。我与歆海这次从日本回来，脑子里有的是计划，恨不得立刻把几个吃饭同人聚在一处谈出一点头绪来。徽音走了我们少了一员大将，这缺可不容易补。你们近来有新灵感否？通伯应得负责任才是。我昨天才回家，三数日内又得赶路，这回是去牯岭消暑与歆海同行，孟和夫妇听说也去。我去却不仅为消暑，我当翻译的责任还不曾交卸，打算到五老峰下坐定了做一点工作。到北京大约至迟在九月中，那时候大概你们都可以回去了。你与在君夫妇同去北戴河我也狠羡慕，如其你们住得长久，我也许赶了来合伙都说不定。南方热得像地狱，内地生活尤其是刑罚，我不得不逃。你的女儿究竟好了没有？夫人近来好否？你到海滨去身体一定进步。”②

10日　诗作《太平景象》发表于《小说月报》第十五卷第八号，题为《太平景象——江南即景》；又载一九二四年九月二十八

① 韩石山编：《徐志摩全集》（第五卷），商务印书馆2019年版，第159—160页。

② 韩石山编：《徐志摩全集》（第八卷），商务印书馆2019年版，第14—15页。

日《晨报副刊》，题为《太平景象（江南即景）》；初收中华书局一九二五年八月版《志摩的诗》，改今题。

15日 致胡适信："牯岭背负青嶂，联延壮丽，与避暑地相衔处展为平壤，称女儿城，相传为朱太祖习阵处。今晚在松径闲步，为骤雨所阻，细玩对山云气吞吐卷舒，状态神灵，雨过花馨可嗅，草瓣增色。此时层翳稍豁，明月丽天，山中景色变幻未能细绘，待见面当为起劲言之。"①

16日 翻译泰戈尔访日讲演稿《大阪妇女欢迎会讲词》，后发表于一九二五年三月五日《晨报·文学旬刊》，文后有剑三（王统照）按语：

> 这篇文字是泰戈尔去夏东游时所讲演，还有一篇简短的大阪女子欢迎会讲词，系另一妇女团体请他讲的，也经志摩译出，在下期本刊上发表。
>
> 志摩交稿与我时曾说：他本想在这两篇风味特别的讲词之后，要加上一段附言；但因他将有远行，（还是为这位诗哲的事）所以来不及写了。嘱我替他代告一句。……②

19日 译泰戈尔访华讲演稿《飞来峰——译泰戈尔在杭州讲演原稿》，后发表于一九二五年三月一日《晨报副刊》第七十五号。初收台湾时报文化出版事业有限公司一九八〇年版《徐志摩诗文补遗》。

25日 泰戈尔从印度致徐志摩信，云："我在中国所获得最珍贵的礼物中，你的友谊是其中的一件。"

本月 译泰戈尔访日讲演稿《大阪女子欢迎会》，后发表于

---

① 韩石山编：《徐志摩全集》（第八卷），商务印书馆2019年版，第15页。

② 韩石山编：《徐志摩全集》（第九卷），商务印书馆2019年版，第75页。

一九二五年三月十五日《晨报·文学旬刊》。初收台湾时报文化出版事业有限公司一九八〇年版《徐志摩诗文补遗》，后改题《对日本妇女讲的一段神话》收入商务印书馆香港分馆一九八三年十月版《徐志摩全集》第四册。

本月 译泰戈尔访日讲演稿《科学的位置——太戈尔在日本西京帝国大学讲演》，后发表于一九二四年九月二十五日《东方杂志》第二十一卷第十八号。初收台湾传记文学出版社一九六九年版《徐志摩全集》第六卷。文末附徐志摩《赘语》："这篇有力量的话可以分作两段看。一段是说明科学的位置，区别纯粹科学的本质与利用科学的心机与手段。科学是真理。真理是不可掩讳的，怀疑科学便是怀疑真理。……另一段是说感悟真理，以及宣传真理的人的态度应得怎样。我们不反对宣传真理，不反对宣传宗教，但我们却坚持宣传者应有的态度与存心，……"[①]

本月 与张歆海赠郭子雄一册《牛津英文诗选》，并在封内题词："约会不如邂逅，有心不如无意，我们在庐山相共的日子，我想彼此都不容易忘怀的；十年，二十年，也许到我们出白胡子的日子，也消灭不了此地几个高峰的记忆，尤其是汉阳峰[②]，这是不用说了；你的声音，我们也想永久的记住。这是一本英国诗选，人类共有的一部分可贵的菁华，我们盼望你可以时常在这里得到你文学天才的营养与灵感，你也可以在你忧伤或悲哀，或惆怅，或沮丧的时候寻得精神上的无上的安慰。我们这里小天池多的是迷云与惨雾，人生亦不见得一路有阳光的照亮，但这变异是重要的，天时与人生都少不了相替的阴晴与寒燠，否则这些闪

---

① 韩石山编：《徐志摩全集》（第九卷），商务印书馆2019年版，第86—87页。

② 郭子雄称不是真的指山峰，而是代指同在庐山避暑人群中一个最漂亮的女孩子。

亮的钻宝似的诗歌到如今不免深埋在原始的人心的矿石底里。我们应得寻求幸福,我们却不应躲避苦恼。只有这里面我们有机会证明人的灵魂的高贵与伟大。话说得太认真了,小郭,我们还是讨论山峰的好!”①

按,该题词见郭子雄《忆志摩》(一九三六年三月一日《文艺月刊》第八卷第三期)一文。该文道:“在离山的前几天,志摩同歆海走来送了我一册《牛津英文诗选》,封面内写了下面的一段话:……签的名字虽则有两个,但笔迹却是志摩的,意思自然更是志摩的。”②

约本月 作《庐山小诗两首》(一、朝雾里的小草花 二、山中大雾看景),后发表于一九二四年十二月五日《晨报·文学旬刊》。《朝雾里的小草花》初收中华书局一九二五年八月版《志摩的诗》,后又修改收入上海新月书店一九二八年八月版《志摩的诗》;《山中大雾看景》初收浙江文艺出版社一九八三年七月版《徐志摩诗集》。

约本月 作《庐山石工歌》,后发表于一九二五年四月十三日《晨报副刊》。初收上海新月书店一九二七年九月版《翡冷翠的一夜》。

9 月

19 日 英国作家嘉本特致徐志摩信。

22 日 在《文学周报》第一四〇期发表译诗《我打死的那个人》([英]哈代作),原题《我打死的他》。又载一九二四年九月二

① 韩石山编:《徐志摩全集》(第八卷),商务印书馆 2019 年版,第 170 页。

② 郭子雄:《忆志摩》,《文艺月刊》一九三六年第八卷第三期。

十八日《晨报副刊》，改题《我打死的那个人》（From *Time's Laughingstocks*），括号内英文意为"选自《时光的笑柄》"。

本月 表兄沈叔薇病逝，于十一月一日作《悼沈叔薇》一文。按，陈从周《徐志摩年谱》载：

阴历九月表兄沈叔薇死。……《悼沈叔薇》："沈叔薇是我的一个表兄，从小同学，高小中学（杭州一中）都是同班毕业的，他是今年九月死的。""况且你生前至爱的骨肉，亦久已不在人间，你的生身的爹娘，你的过继的爹娘（我的姑母），你的姊姊——可怜的娟姊，我始终不曾一度凭吊——还有你的爱妻，他们都在坟墓的那一边满开着他们天伦的怀抱，守候着他们最爱的'老五'共享永久的安闲……"又徐母何太夫人八旬寿诞启："丁丑嫁二姐同邑庠生沈葆英（叔薇父）"，《徐摩随笔》（陈从周辑）三十六年十一月十五日《申报·春秋》之廖传文吴语二则，即据娟姐所述者。又志摩的前母是叔薇的姑母，所以他俩除自小同学外，还加上两重的亲戚关系。

又郁达夫《志摩在回忆里》："民国十三四年——一九二四、五——之交……我忽而在石虎胡同的松坡图书馆里遇见了志摩……他的那种轻快磊落的态度，还是和小孩一样。不过因为历尽了欧美的游程之故，无形中已经锻炼成了一个长于社交的人了，笑起来的时候，可还是同十几年前的那个顽皮小孩一色无二。从这年后，和他就时时往来，差不多每礼拜要见好几次面，他的善于座谈，敏于交际，长于吟诗的种种美德，自然而然地使他成了一个社交的中心。……正在这前后和他有一次谈起了中学时候的事情，他却突然的呆了一呆，张大了眼睛，惊问我说，'老沈（原文作老李）你还记得起，记不起。他是死了嘿！'这所谓的老李者，就是我在头上写过的那位顽皮大人，和他一道进中学的他的表哥哥。"①

10月

5日 在《晨报·文学旬刊》发表《一首不成形的诗，咒诅的、忏悔的、想望的》（题名原无标点），包括《毒药》、《白旗》、《婴儿》三首。初收中华书局一九二五年八月版《志摩的诗》。

15日 苏联大使加拉罕移居前沙皇使馆旧址，举行升旗仪式，徐志摩前去参观。徐志摩后来谈到观看的感想时说，"那红色是一个伟大的象征，代表人类历史里最伟大的一个时期，不仅标示俄国民族流血的成绩，却也为人类立下了一个勇敢尝试的榜样。"（见《落叶》）

15日 在《晨报·文学旬刊》发表诗作《白杨树上》。初收中华书局一九二五年八月版《志摩的诗》，改题为《冢中的岁月》。

29日 在《晨报副刊》发表译诗《公园里的座椅》（[英]哈代作），题下有注：译自 Thomas Hardy *Late Lyrics and Earlier*，意为"译自托马斯·哈代《早期与晚期的抒情诗》"。初收台湾时报文化出版事业有限公司一九八〇年版《徐志摩诗文补遗》。

秋 应北京师范大学教务长查良钊之邀，赴该校作题为《落叶》的演讲，后发表于一九二四年十二月一日《晨报六周年纪念增刊》。初收北京北新书局一九二六年六月版《落叶》（散文集）。

秋 到北京大学任教授，讲英美文学和外文。住北京期间，

---

① 陈从周：《徐志摩年谱》，上海书店 1981 年版，第 41—42 页。

主持新月社的事务。

按，李红绿《新月派译诗研究》："新月社成立后，尽管开展了编戏演戏等文学活动，但还留有"聚餐会"的一些特点。这种半为戏剧、半为生活聚餐的社团特点直至1924年年底徐志摩、黄子美等在北京松树胡同七号创办"新月社俱乐部"时依然没有多少改变，主要原因是新月社成员结构混杂，作家、学者、官僚、资本家、教员、社会名流等各式人物都有，每个人参会的目的不同，所以自然也难以形成一个较为统一的文学理念。"①

秋 致凌叔华信，抒发隐微心情。信中道："我准是让西山的月色染伤了。这两天我的心像是一块石头，硬的，不透明的，累赘的，又像是岩窟里的一泓止水，不透光的，不波动的，沉默的。……我内心的秋叶不久也怕要飘尽了，XX，你替我编一只丧歌罢！"②

按，此信系凌叔华辑，据韩石山所编《徐志摩全集》，该信后发表于一九三五年十月四日《武汉日报·现代文艺》第三十四期。陈建军则考证该信应发表于一九三五年五月三十一日《武汉日报·现代文艺》第十六期。③

约本年秋 作诗《问谁》，发表报刊不详。初收中华书局一九二五年八月版《志摩的诗》。

11月

1日 作《悼沈叔薇》，后发表于一九二四年十一月十九日

---

① 李红绿：《新月派译诗研究》，光明日报出版社2019年版，第4页。

② 韩石山编：《徐志摩全集》(第八卷)，商务印书馆2019年版，第74—75页。

③ 陈建军：《再谈徐志摩书信尚需重新整理》，《鲁迅研究月刊》2020年第11期。

《晨报副刊》，初收上海新月书店一九二八年一月版《自剖》。文中道："叔薇，你竟然死了，我常常的想着你，你是我一生最密切的一个人，你的死是我的一个不可补偿的损失。我每次想到生与死的究竟时，我不定觉得生是可欲，死是可悲，我自己的经验与默察只使我相信生的底质是苦不是乐，是悲哀不是幸福，是泪不是笑，是拘束不是自由……"

2日　在《晨报副刊》发表诗作《一个噩梦》，署名云中鹤。初收浙江文艺出版社一九八三年七月版《徐志摩诗集》。

同日　作《莪默的一首诗》一文，后发表于一九二四年十一月七日《晨报副刊》，落款误作"十二月二日"。初收台湾时报文化事业出版有限公司一九八〇年版《徐志摩诗文补遗》。文中列出英译、胡适译及自己所译的莪默（即波斯诗人海亚姆）的同一首诗，译诗前云："胡适之尝试集里有莪默诗的第七十三首的译文，那是他最得意的一首译诗，也是在他的诗里最'脍炙人口'的一首。……方才我一时手痒，也尝试了一个翻译，并不敢与胡先生的'比美'，但我却以为翻诗至少是一种有趣的练习，……"

4日　翻译英国诗人哈代诗作《两位太太》，后发表于一九二四年十一月十三日《晨报副刊》，题下标明："Two Wives" by Thomas Hardy。初收台湾时报文化出版事业有限公司一九八〇年版《徐志摩诗文补遗》。

6日　在《北京大学日刊》第一五六二号发表《徐志摩启事》，初收商务印书馆二〇一八年版《远山——徐志摩佚作集》（陈建军、徐志东编）。

8日　作诗《卡尔佛里》，后发表于一九二四年十一月十七日《晨报副刊》，初收中华书局一九二五年八月版《志摩的诗》，诗末标注："十一月八日早一时半写完"。

9日 在《晨报副刊》发表诗作《谁知道》，初收中华书局一九二五年八月版《志摩的诗》。

13日 翻译法国诗人菩特莱尔(C). Baudelaire，今译波德莱尔诗作《死尸》并写序。后发表于一九二四年十二月一日《语丝》第三期。译诗前的序中阐发了对于欧洲现代主义诗歌的看法，他认为：

> 这首《死尸》是菩特莱尔的《恶之花》诗集里最恶亦最奇艳的一朵不朽的花。翻译当然只是糟蹋。他诗的音调与色彩像是夕阳余烬里反射出来的青芒——辽远的，惨淡的，往下沉的。……他的臭味是奇毒的，但也是奇香的，你便让他醉死了也忘不了他那异味。十九世纪下半期文学的欧洲全闻着了他的异臭，被他毒死了的不少，被他毒醉了的更多，现在死去的已经复活，醉昏的已经醒转，他们不但不怨恨他，并且还来钟爱他，深深的惆怅那样异常的香息也叫重浊的时灰压灭了，……
>
> 所以诗的真妙处不在他的字义里，却在他的不可捉摸的音节里；他刺戟着也不是你的皮肤(那本来就太粗太厚!)却是你自己一样不可捉摸的魂灵——像恋爱似的，……我深信宇宙的底质，人生的底质，一切有形的事物与无形的思想的底质——只是音乐，绝妙的音乐。……无一不是音乐做成的，无一不是音乐。……你听不着就该怨你自己的耳轮太笨，或是皮粗，别怨我。……
>
> 回到菩特莱尔的《恶之花》。我这里大胆也仿制了一朵恶的花。冒牌：纸做的，破纸做的；布做的，烂布做的。就像个样儿；没有生命，没有灵魂，所以也没有他那异样的香与毒。你尽闻尽尝不碍事。我看过三两种英译也全不

成;——玉泉的水只准在玉泉流着。[1]

按,后鲁迅、刘半农等作文批驳这篇译文的观点。鲁迅看过此文之后,觉得徐志摩的说法是“神秘主义”过头,于是作了《“音乐”?》一文,发表在十二月十五日《语丝》第五期上,与徐志摩开了个“玩笑”。后来刘半农在《语丝》第十六期发表《徐志摩先生的耳朵》,再次批评徐志摩此文。对于写《“音乐”?》的动机,鲁迅后来说:“我其实是不喜欢做新诗的——但也不喜欢做古诗——只因为那时诗坛寂寞,所以打打边鼓,凑些热闹待到称为诗人的一出现,就洗手不作了。我更不喜欢徐志摩那样的诗,而他偏爱到处投稿,《语丝》一出版,他也就来了,有人赞成他,登了出来,我就做了一篇杂感,和他开一通玩笑,使他不能来,他也果然不来了。这是我和后来的‘新月派’积仇的第一步。语丝社同人中有几位也因此很不高兴我。”[2]

又按,李红绿《新月派译诗研究》:“在《波特莱尔〈死尸〉诗序》一文中,他对自己的译作做了一番自我开脱式的嘲讽,‘这首《死尸》是波特莱尔的《恶之花》诗集里最恶亦最奇艳的一朵不朽的花,翻译当然只是糟蹋……我这里大胆也仿制了一朵恶的花。冒牌;纸做的,破纸做的;布做的,烂布做的;就像个样儿;没有生命,没有灵魂,所以也没有他那异样的香与毒,你尽闻尽尝不碍事,我看过三两种译文也全不成’。字里行间透露出自己对译文极不满意,而这正是过于认真的翻译态度和要求所致。”[3]

15 日　在《晨报·文学旬刊》发表致欧阳兰信,该信为欧阳兰《文字的匀整》一文所引,文中道:“以上是徐志摩先生寄给我

---

① 韩石山编:《徐志摩全集》(第九卷),商务印书馆 2019 年版,第 225—227 页。

② 《鲁迅全集·第七卷》,人民文学出版社 2005 年版,第 55 页。

③ 李红绿:《新月派译诗研究》,光明日报出版社 2019 年版,第 92 页。

的一封信中的话，文字的匀整是从来没有人注意过的，也即是我们从事新文学的人应努力的一件工作。”徐志摩信件内容如下：“……现在所谓新文学是一个混沌的现象，因为没有标准，所以无从评论起，少数的尝试者只是在黑暗中摸索，有的想移植欧西文学的准绳，有的只凭着不完全不纯粹的意境做他们下笔的向导，到现在为止，我们应得承认失败，几乎完全的。但就这失败的尝试中我们已发见了不少新的可能，为最初提倡新体文学的所未能见到的，我个人就深信不久我们就可以案定一种新的Rhythm，不是词化更不是诗化的 Rhythm，而是文字完全受解放（从类似的单音文字到分明的复音文字）以后纯粹的字的音乐（Word music）。现在的作品，不论诗与散文，还差的远，不是犯含糊病就是犯夹杂病。文字必先纯粹，方能有文体的纯粹。三殿顶上的黄瓦是一个模子做成的；我们的新语言也得有那纯粹性。瓦块不匀整时，便盖不成成品的屋顶，文字不纯粹时，便做不成像样的文章。……”[①]

19 日　致丁文江[②]信：“好久不曾回你的信，想你在魔鬼（不是我的朋友，是我的对头）丛中住着，心里也不定畅快。你何妨进京来玩几天，这星期日中午又是聚餐会，定在太平湖饭庄，你何妨来凑个热闹。你的旧诗新念法我们已经出力的宣传过，大家竖着耳朵想听那，你来吧！受庆已经回头，让老太太假病的金牌骗回的。百里住在君劢处，也是六神无主。梁先生常见否，听说他终日写字，替我问候他，我们又要演戏了，这日是中国戏，你不可错过。……前两三天《晨报》我那首《卡尔佛里》见否？”[③]

---

① 韩石山编：《徐志摩全集》（第七卷），商务印书馆 2019 年版，第 261 页。

② 丁文江，字在君。

③ 韩石山编：《徐志摩全集》（第七卷），商务印书馆 2019 年版，第 1 页。

23 日 作诗《为要寻一个明星》，后发表于一九二四年十二月三十一日《晨报六周年纪念增刊》。同期刊载诗作《古怪的世界》(1923 年冬作，1924 年改)。

同日 晚上致凌叔华信，聊日常琐事，后发表于一九三五年十月四日《武汉日报》副刊《现代文艺》第三十四期，题为《志摩遗札(二)》。信中录《为要寻一颗明星》一诗。

……居然涂成了十六行的怪调，给你笑一笑或是皱一皱眉罢。

为要寻一颗明星
我骑着一匹拐腿的瞎马
向着黑夜里加鞭；——
向着黑夜里加鞭，
我骑着一匹拐腿的瞎马！
我冲入这黑绵绵的荒野，
为要寻一颗明星；——
为要寻一颗明星，
我冲入这黑连连的荒野。
累坏了，累坏了我胯下的牲口，
那明星还不出现；——
那明星还不出现，
累坏了，累坏了马鞍上的身手。
这回天上透出了，水晶似的光明，
黑夜里倒着一只牲口，
荒野里躺着一具尸首，——

这回天上透出了水晶似的光明![1]

24日 在《晨报副刊》发表译诗《谢恩》([印度]泰戈尔作),题名下有英文题名"Thanksgiving"。

24日、26日 在《晨报副刊》发表《两个世界的老头儿的来信》,文中叙述泰戈尔与嘉本特两位老人来信的有关情况。初收台湾时报文化出版事业有限公司一九八〇年版《徐志摩诗文补遗》。

12月

2日 作《济慈的夜莺歌》,后发表于一九二五年二月《小说月报》第十六卷第二号;初收上海新月书店一九二七年八月版《巴黎的鳞爪》。

3日 梁任公发表集宋词联赠志摩。

按,《饮冰室诗话》附录:"我所集最得意的是赠徐志摩一联:临流可奈清癯,第四桥边,呼棹过环碧。此意平生飞动,海棠花下,吹笛到天明。……此联极能表出志摩的性格,还带着记他的故事,他曾陪太戈尔游西湖,别有会心,又尝在海棠花下做诗做个通宵。"这年中秋任公李夫人丧,联是在他夫人病榻旁,作以消遣的作品。

20日 在《现代评论》第一卷第二期上发表《这回连面子都不顾了》。初收台湾时报文化出版事业有限公司一九八〇年版《徐志摩诗文补遗》。

按,陈从周编《徐志摩年谱》:"是文与《政治生活与王家三阿嫂》一文相互有关,都是针对当当英国处理庚子赔款事而发议

① 韩石山编:《徐志摩全集》(第八卷),商务印书馆2019年版,第76—77页。

论。志摩的《政治生活与王家三阿嫂》的序文上说：'……庚子赔款委员会里面他特聘在野的两个名人，狄更生与罗素，这一点就够得上交情。现在坏了，包首相容不得思想与理想。……听说他们已经定了两种用途，一是扬子江流域的实业发展（铁路等等）及实业教育，一是传教。我们当然不胜感激之至！亏他们替我们设想得这样周到！发展实业意思是饱暖我们的肉体，补助传道意思是饱暖我们的灵魂。……狄更生先生每回给我来信总有悲惨的话……狄更生先生替人类难受。我们替他难受，罗素何尝不是替人类难受，他也悲观，但他比狄更生便宜些，他会冷笑，他的讥讽是他针砭人类的利器。这回他给我信上有一句冷话！'I am amused at the Progress of Christionity in China'[①]基督教在中国的进步真快呀！下去更有希望了，英国教会有了赔款的帮忙，教士们的烟士披里纯那得不益发的璨烂起来！别说基督将军，基督总长，将来基督酱油基督麻油这样基督那样花样多着哪，我们等着看吧。'"[②]

25 日　在《晨报·文学旬刊》发表诗作《在那山道旁（送歆海）》。初收中华书局一九二五年八月版《志摩的诗》。

27 日　在《晨报副刊》发表译诗《性的海》（*The Ocean of Sex*，[英]卡彭特作），题名下有英文注：P. 383. "Towards Democracy"，即为《走向民主》第 383 页。初收浙江文艺出版社一九八三年七月版《徐志摩诗集》。

30 日　作诗《雪花的快乐》，后发表于《现代评论》第一卷第六期。初收中华书局一九二五年八月版《志摩的诗》。诗云：

---

① "基督教在中国的进步只让我觉得好笑。"

② 陈从周：《徐志摩年谱》，上海书店 1981 年版，第 43 页。

假如我是一朵雪花，
翩翩的在半空里潇洒，
　　我一定认清我的方向——
　　飞飏，飞飏，飞飏，——
这地面上有我的方向。

不去那冷寞的幽谷，
不去那凄清的山麓，
　　也不上荒街去惆怅——
　　飞飏，飞飏，飞飏，——
你看，我有我的方向！

在半空里娟娟的飞舞，
认明了那清幽的住处，
　　等着她来花园里探望——
　　飞飏，飞飏，飞飏，——
啊，她身上有朱砂梅的清香！

那时我凭藉我的身轻，
盈盈的，沾住了她的衣襟，
　　贴近她柔波似的心胸——
　　消溶，消溶，消溶——
溶入了她柔波似的心胸！[①]

按，《雪花的快乐》是徐志摩爱情诗中的代表作，此诗的创作

---

① 韩石山编：《徐志摩全集》(第五卷)，商务印书馆 2019 年版，第 196—197 页。

一方面是缘于 1924 年自己与陆小曼的恋爱，诗人以雪花自喻，抒写他对爱与美好的热忱。一方面则是表现自己冲破现实枷锁的不羁气质。本诗以象征手法巧妙地将性灵、意象、音律结合起来，幻化出夺目的艺术魅力。诗人朱湘在《评徐君〈志摩的诗〉》中，认为本诗："简直是全体诗中坐红椅的一首诗——全体诗中最完美的一首诗是《雪花的欢乐》。"

本月　作《杂碎》，后发表于一九二五年一月三日《现代评论》第一卷第三期，署名鹤。

本月　在《孤军周报》第四期发表诗作《消息》。初收中华书局一九二五年八月版《志摩的诗》。

本年　致凌叔华信，后发表于一九三五年八月九日《武汉日报·现代文艺》第二十六期[①]，题为《志摩遗札之一》。信中道："今天下午我成心赖学，说头疼(是有一点)没去，可不要告诉我的上司，他知道了请我吃白眼，不是顽儿的。……真是活该报应，刚从学生那里刮下一点时光来，正想从从容容写点什么，又教两个不相干的客人来打断了，来人也真不知趣，一坐下就生根，随你打哈欠伸懒腰表示态度，他们还你一个满不得知！这一来就化了我三个钟头！我眼瞟着我刚开端的东西，要说的话尽管在心坎里小鹿似的撞着，这真是说不出的苦呢。……说也怪，我的话匣子，对你是开定的了，管您有兴致听没有，我从没有说话像对你这样流利，我不信口才会长进这么快，这准是 X 教给我的，多谢你。我给旁人信也会写得顶长的，但总不自然，笔下不

---

① 陈建军：《再谈徐志摩书信尚需重新整理》，《鲁迅研究月刊》2020 年第 11 期。

顺，心里也不自由，不是怕形容词太粗，就提防那话引人多心，这一来说话或写信就不是纯粹的快乐，对你不同，我不怕你，因为你懂得，你懂得因为你目力能穿过字面，这一来我的舌头就享受了真的解放，我有着那一点点小机灵就从心坎里一直灌进血脉，从肺管输到指尖，从指尖到笔尖，滴在白纸上就是黑字，顶自然，也顶自由，这真是幸福。……”①

本年 致凌叔华信，后发表于一九三五年十月四日《武汉日报·现代文艺》第三十四期②。信中显关系亲切："今天整天没有出门，长袍都没有上身，回京后第一次'修道'，正写这里你的信来了，前半封叫我点头暗说善哉善哉，下半封叫我开着口尽笑自语着捉掐捉掐！XX，你真是个妙人，真傻，妙得傻，傻得妙……本来我动手写信时老实说，是想对你发泄一点本天的闷气，太阳也没出来，风像是哭，树上的叶子也完了，几根光光的枝杈儿在半空里擎着，像是老太太没有牙齿关不住风似的，这看了叫人闷气。我大声的念了两遍雪莱的西风歌，正合时，那歌真是太好了，我几时有机会伴着你念好吗？……”③

本年 致凌叔华信，后发表于一九三五年五月二十四日《武汉日报·现代文艺》第十五期④，题为《志摩遗札》。信中道："准有好几天不和你神谈了，我那拉拉扯扯半疯半梦夜里袅笔头的话，清醒时自己想起来都有点害臊，我真怕厌烦了你，同时又私冀你不至十分的厌烦，X，告诉我，究竟厌烦了没有？……不瞒你

---

① 韩石山编：《徐志摩全集》(第八卷)，商务印书馆2019年版，第77—79页。

② 陈建军：《再谈徐志摩书信尚需重新整理》，《鲁迅研究月刊》2020年第11期。

③ 韩石山编：《徐志摩全集》(第八卷)，商务印书馆2019年版，第79—81页。

④ 陈建军：《再谈徐志摩书信尚需重新整理》，《鲁迅研究月刊》2020年第11期。

说，近来我的感情脆弱的不成话：如其秋风秋色引起我的悲伤，秋雨简直逼我哭。……X你有的是阳光似的笑容与思想，你来救度救度满脸涂着黑炭的顽皮XX吧！”①

本年 致凌叔华信，后发表于一九三五年十月四日《武汉日报》副刊《现代文艺》第三十四期，题为《志摩遗札（三）》。信中道：“不想你竟是这样纯粹的慈善心肠，你肯答应常做我的‘通信员’。用你恬静的谐趣或幽默来温润我居处的枯索，我唯有泥首！……同时我却要对你说一句老实话。XX，你既然是这样诚恳，真挚而有侠性。我是一个闷着的人，你也许懂得我的意思。我一辈子只是想找一个理想的“通讯员”，……最满意最理想的出路是有一个真能体会，真能容忍，而且真能融化的朋友。……”②

本年 致凌叔华信：“我又忍不住要写信给你了。这时候，我单身在西湖楼外楼，风还是斜，雨还是细。我这愁人的心曲，也就不言而喻了。堂倌倒颇知趣，菜也要得，台上有鱼有虾，有火腿。半通远年③已经落肚，四肢微微生暖。想起适之，彭春与你，就只你们三位可以领略这风雨中的幽趣，可以不辞醉的对案痛饮，可以谈人生的静，——此外都不成了。”④

本年 译泰戈尔诗《园丁集》之六十（*Gardener Poem* 60），初收台湾传记文学出版社一九六九年版《徐志摩全集》第一卷。

本年 在北京与陆小曼相识，不久两人开始热恋。蒋复璁在北大毕业，由徐志摩介绍给当时清华学校教务长张彭春，在清

---

① 韩石山编：《徐志摩全集》（第八卷），商务印书馆2019年版，第81—85页。

② 韩石山编：《徐志摩全集》（第八卷），商务印书馆2019年版，第85—86页。

③ 一种绍酒。

④ 韩石山编：《徐志摩全集》（第八卷），商务印书馆2019年版，第87页。

华任教两年。

约本年 译哈代诗《多么深我的苦》(*How Great My Grief*),*To Life*(题意为《致生活》),《送他的葬》(*At His Funeral*),《在心眼里的颜面》,初均收入台湾传记文学出版社一九六九年版《徐志摩全集》第一卷。

是年前后 用白话体改写李清照的词,共十二首,包括:(一)转调满庭芳(二)蝶恋花(三)怨王孙(四)浣溪沙B(五)减字木兰花(六)品令(不是今字)(七)行香子(八)永遇乐(九)渔家傲(十)庆清朝慢(十一)多丽 白菊(十二)满庭芳 残梅。后经陈从周整理,发表于一九八五年《新文学史料》第四期,题名《徐志摩白话词手稿》,每首后附李清照原词。该文附陈从周说明文字:"今年(1985)四月廿五日诗人徐志摩的儿子积锴侄从美国纽约到上海,五月三日去硖石扫其父之墓,八日去国返美。他临行前给我十二张复印的徐志摩书白话词(宋词白话译),其时间根据笔迹似应在一九二四年左右。说是得于张歆海先生处,张先生前几年客死美国,他与徐志摩是光华大学与中央大学的同事,夫人韩湘眉也是徐的朋友,徐坠机惨死的前一晚尚在南京张家作客。如今原件张家已找不到,幸留此复制品,它给我们研究近代文学史与徐氏作品,带来了新的发现。现在公之于世,并作了初步的一些看法,自觉未能稳妥,管见所及,提供有求于今之学者。词计十二首,每页书一首。"

1925年(乙丑,民国十四年) 29岁

▲1月,中国共产党第四次代表大会在上海举行。

▲3 月 12 日，孙中山在北京逝世，全国各地群众隆重悼念。

▲5 月，北京女子师范大学学生召开全体紧急会议，决定将校长杨荫榆驱逐出校，出版《驱杨运动特刊》，女师大风潮愈演愈烈。

▲5 月 30 日，上海发生“五卅惨案”，全国掀起反帝国主义浪潮。

▲10 月，冯至等人组织的沉钟社在北京成立，出版《沉钟》周刊。

1 月

11 日　在《京报副刊》发表诗歌《不再是我的乖乖》。初收中华书局一九二五年八月版《志摩的诗》。

24 日　在《现代评论》第一卷第七期发表译诗《有那一天》（[英]弗莱克作）。初收台湾时报文化出版事业有限公司一九八〇年版《徐志摩诗文补遗》。

28 日（乙丑正月初六）　作《快雪同志会记》：“我们这几个人的快雪同志会也有一点小小的掌故。约莫一个月前有一次大雪，那天早上我在叔华那里，室内红白梅花香的醉人，窗外霁雪照个铄亮。我就出了一个小主意，要了一只玉盌，摘了几朵半绽的梅萼，同叔华到园里去，选 丁香树下最白净的雪满盛了一盌，盖上封好扎起，阁在叔华的书架底下，过了两天打开来看时只剩了小些的梅渍，那洌极的香味就不用提了！我们得意极了，就泡上顶好的日本茶，加上几滴梅渍，阿那味儿！西王母那里的琼浆我想也不过如此！那回有福气尝到的有通伯、歆海、彭春，我想他们一辈子也忘不了那异味。随后叔华就发起这快雪同志会，意思是下次要逢着晴爽的雪天，我们署名的同志就有天大的事情也得丢开了一同出城上西山玩去。我们都赞成；后来又加入了巽甫与小曼。……”[1]

按，据中国社会科学院近代史研究所胡适档案所藏徐志摩手稿，原稿下有“一九三一除夕钞成”，后划掉。初收商务印书馆二〇一八年版《远山——徐志摩佚作集》（陈建军、徐志东编）。

本月 作《残诗》，发表于本月十五日《晨报·文学旬刊》，题为《残诗一首》。初收中华书局一九二五年八月版《志摩的诗》。

本月 在美国留学的余上沅、闻一多、梁实秋、熊佛西、林徽音、梁思成等人，组织了“中华戏剧改进社”。他们发函邀请国内新月社成员参加，并建议在北京大学开设“戏剧传习所”，俟时机成熟，建立“北京艺术剧院”，这些建议获得徐志摩赞同。

2 月

6 日 作《玛丽玛丽》后记及附注，后发表于一九二五年二月十八日《晨报副刊》。文中介绍：“这篇小说是爱尔兰作者 James Stephens[2] 有名的精品，他的谐趣，他的人道。他的想像的同情是最可爱不过的。这里是全书的前几章，前年我住在硖石东山时偶尔高兴时翻成的，到今天还不曾翻完，我还想有一天鼓起兴来写完他的，但这话难说得很，我自己都不敢相信，我起头的事太多，完工的事情其实太少——也许这是我长寿的预兆，做事情永远不着急的，一时做不完就阁在一旁，有时记在心里，有时整个儿忘了，良心也不来责备，我朋友们有时到来责备，但我一笑

---

① 韩石山编：《徐志摩全集》（第三卷），商务印书馆 2019 年版，第 3 页。

② James Stephens：斯蒂芬斯（1880—1950 年），爱尔兰作家，代表作为小说《金坛子》，其他作品还有诗集《叛乱》，小说《女佣的女儿》等。

一摇头也就算了。……”

《附注》云:“好极了,这篇小说有译完的希望了。沈性仁女士已经回到北京,承她好意愿为接续成(我)翻译;这是一个好消息,我第一个高兴,让我在这里预先深深的谢她。”[①]

16日 在《京报副刊》第六十二号发表致孙伏园信,题为《再来跑一趟野马》。应孙伏园之邀,继李小峰等之后,开编青年必读书十部:一、《庄子》(十四五篇);二、《史记》(小半部);三、道施妥奄夫斯基(今译陀思妥耶夫斯基)的《罪与罚》;四、汤麦司哈代(今译托马斯·哈代)的 *Jude the Obscure*;五、尼采的 *Birth of Tragedy*;六、柏拉图的《共和国》;七、卢骚(今译卢梭)的《忏悔录》;八、华尔德裴德(Walter Pater)的 *Renaissance*;九、葛德(今译歌德)《浮士德》的前部;十、George Henry Lewes(刘易斯)的《葛德评传》。

16日 作《青年运动》,后发表于一九二五年三月十三日《晨报副刊》,初收北新书局一九二六年六月版《落叶》。文章认为“民族的希望就在自觉的青年”[②]。

27日 赠胡适书并题字。赠书为英国沃尔特·佩特(Walter Pater)所著 *Marius the Epicurean*《享乐主义者马利乌斯》,题字云:“这部著作是裴德七足年劳力的成绩。‘一字不苟’是他著述的铭言;但他还不止‘不苟’;他的字一个个都是他自己‘现制的’,像最细心地雕刻匠似的,斫成了最精妙的形象还得轻轻的把看不见的细屑吹净了去方才满意。他是唯一的散文美术家。他的文章是按我们从容的咀嚼,辨味,决不能让我们胡乱的

① 韩石山编:《徐志摩全集》(第三卷),商务印书馆2019年版,第5—6页。
② 韩石山编:《徐志摩全集》(第三卷),商务印书馆2019年版,第14页。

吞咽。”

中旬 作小说《香水》,后发表于一九二五年二月二十四日、二十六日《晨报副刊》,未完。初收台湾时报文化出版事业有限公司一九八〇年版《徐志摩诗文补遗》。

本月 作诗《这是一个懦怯的世界》,发表报刊不详,初收中华书局一九二五年八月版《志摩的诗》。

3月

1日 作诗《一块晦色的路碑》,后发表于一九二五年三月七日《晨报副刊》。初收上海新月书店一九三一年八月版《猛虎集》。

2日 参加泰戈尔短剧《契玦腊》在北京协合礼堂公演。

同日 与陆小曼恋爱在京城饱受议论,徐志摩深感“离婚再恋爱”所遭受的舆论压力。此时,正要赴意大利晤泰戈尔之约,所以决定去欧洲旅游,同时准备在归国途中去印度参观泰戈尔在山迪尼基顿的学校。

3日 致陆小曼信。初收上海良友图书印刷公司一九三六年三月版《爱眉小札》。信中道:“这实在是太惨了,怎叫我爱你的不难受?假如你这番深沈的冤屈有人写成了小说故事,一定可使千百个同情的读者滴泪,……总之一句话:时候已经到了,你得 Assert your own personality①。你的心肠太软,这是你一辈子吃亏的原因,但以后可再不能过分的含糊了,因为灵与肉实在是不能绝对分家的,要不然 Nora② 何必一定得抛弃她的家,永

---

① Assert your own personality:维护你自己的人格。

② Nora:易卜生《玩偶之家》中的女主人公娜拉。

别她的儿女，重新投入渺茫的世界里去？她为的就是她自己的人格与性灵的尊严，污辱与蹂躏不应得到容许的。”①

4日　致陆小曼信，要求陆每天写信，当作日记来写，后来《小曼日记》即由此信而生。是时，辞去北京大学教授职务。在出国前答应陈源等人邀请，任《现代评论》的特约通讯员。信中道：“关于游历方面，我已经答应做《现代评论》的特约通讯员，大概我人到眼到的事物多少总有报告，使我这里的朋友都能分沾我经验的利益。”

9日　在《语丝》第十七期发表译诗《在一家饭店里》（[英]哈代作），初收台湾时报文化出版事业有限公司一九八〇年版《徐志摩诗文补遗》。

10日　早、晚各致陆小曼信，表达强烈爱念，要陆“加倍的奋斗……彼此不要辜负了”。同时，启程出国。

同日　在《小说月报》第十六卷第三号发表译作《夜深时》（[英]曼殊斐儿作），后附《再说一说曼殊斐儿》一文。文中道：“我翻译这篇矮矮的短篇，还得下注解。……曼殊斐儿是个心理的写实家，她不仅写实，她简直是写真。你要是肯下相当工夫去读她的作品，你才相信她的天才是无可疑的；她至少是二十世纪最重要的作者的一个。……这篇《夜深时》并不是她最高的作品，但我们多少可以领略她那特别的意味。”

11日　在《晨报副刊》发表翻译剧作《涡堤孩》（[英]考特尼作），后于本月12日、13日、14日、16日、17日、18日《晨报副刊》续完。初收广西民族出版社一九九一年版《徐志摩全集》第二卷。

---

① 韩石山编：《徐志摩全集》（第七卷），商务印书馆2019年版，第130页。

同日　到奉天(沈阳),住日本旅馆。

12 日　到哈尔滨。

同日　致陆小曼信:

叫我写什么呢?咳!今天一早到哈,上半天忙着换钱,一个人坐着吃过两块糖,口里怪腻烦的,心里不很好过。国境不曾出,已经是举目无亲的了,再下去益发凄惨,赶快写信吧,干闷着也不是道理。但是写什么呢?写感情是写不完的还是写事情的好。

日记大纲:

星一松树胡同七号分脏。车站送行百子响,小曼掩耳朵。

星二睡至十二时正,饭车里碰见老韩,夜十二时到奉天,住日本旅馆。

星三早上大雪缤纷,独坐洋车进城闲逛,三时与韩同行去长春。车上赌纸牌,输钱,头痛。看两边雪景,一轮日。夜十时换俄国车吃美味柠檬茶。睡着小凉,出涕。

星四早到哈,韩待从甚盛。……

韩事未了,须迟一星期。我先走,今晚独去满洲里,后日即入西伯利亚了。这次是命定不得同伴,也好,可以省唾液,少谈天,多想,多写,多读。真倦,才在沙发上入梦,白天又沈西,距车行还有六个钟头,叫我干什么去?

……这信迟四天可以到京,此后就远了。好好的自己保重吧,小曼,我的心神摇摇的仿佛不曾离京,今晚可以见你们似的,再会吧![1]

---

① 韩石山编:《徐志摩全集》(第七卷),商务印书馆 2019 年版,第 138—139 页。

13 日 过满洲里。

14 日 致陆小曼信：

昨夜过满洲里，有冯定一招呼，他也认识你的。难关总算过了，……今天下午三时到赤塔，也有朋友来招呼。这国际通车真不坏，我运气格外好，独自一间大屋子，舒服极了。……

同车有一个意大利人极有趣，狠谈得上。他的胡子比你头发多得多，他吃烟的时候我老怕他着火；德国人有好几个，蠢的多；中国人有两个（学生），不相干。英美法人一个都没有。再过六天，就到莫斯科，我还想到彼得堡去玩哪！这回真可惜了，早知道西伯利亚这样容易走，我理清一个提包，把小曼装在里面带走不好吗？不说笑话，我走了以后你这几天的生活怎样的过法？我时刻都惦记着你，你赶快写信寄英国吧，要是我人到英国没有你的信，那我可真要怨了。你几时搬回家去，既然决定搬，早搬为是，房子收拾整齐些，好定心读书做事。这几天身体怎样？散拿吐瑾一定得不间断的吃，记着我的话！……说起我临行忘了一本金冬心梅花册，他的梅花真美，不信我画几朵你看。①

14 日 到苏联赤塔。旅途中作《欧游漫录——第一函：给新月》，后发表于翌月二日《晨报副刊》。初收台湾时报文化事业出版有限公司一九八〇年版《徐志摩诗文补遗》。此文道：

……今天我不仅想念我的朋友，我也想念我的新月。……

组织是有形的，理想是看不见的，新月初起时只是少数

---

① 韩石山编：《徐志摩全集》（第七卷），商务印书馆 2019 年版，第 140—141 页。

人共同的一个想望，那时的新月社也只是个口头的名称，与现在松树胡同七号那个新月社俱乐部可以说并没怎样密切的血统关系。我们当初想望的是什么呢？当然只是书呆子们的梦想！我们想做戏，我们想集合几个人的力量，自编戏自演，要得的请人来看，要不得的反正自己好玩。说也可惨，去年四月里演的契玦腊要算是我们这一年来唯一的成绩，而且还得多谢泰谷尔老先生的生日逼出来的！去年年底也曾忙了两三个星期，想排演西林先生的几个小戏，也不知怎的始终没有排成。随时产生的主意尽有，想做这样，想做那样，但结果还是一事无成。

同时新月社俱乐部，多谢黄子美先生的能干与劳力，居然有了着落，房子不错，布置不坏，厨子合式，什么都好，就是一件事为难——经费。开办费是徐申如先生（我的父亲）与黄子美先生垫在那里的，据我所知，分文都没有归清。经常费当然单靠社员的月费，照现在社员的名单计算，假如社员一个个都能按月交费，收支勉强可以相抵。但实际上社费不易收齐，支出却不能减少，所以单就一二两月看，已经不免有百数以外的亏空。……

跳蚤我们是不怕的，但露不出棱角来是可耻的。这时候，我一个人在西伯利亚大雪地里空吹也没有用，将来要有事情做，也得大家协力帮忙才行。……①

按，李红绿《新月派译诗研究》："从这段话可以看出，当时新月社的组织是较为松散的，部分社员没有按期交会费，导致社团活动开支紧张，入不敷出。1924 年 2 月，徐志摩从浙江老家写信

① 韩石山编：《徐志摩全集》（第三卷），商务印书馆 2019 年版，第 55—58 页。

给胡适的时候还提到了新月社一度因经费吃紧难以运转，多亏胡适慷慨解囊才度过窘境。可以看出，新月社组织性不是很强。徐志摩的这番话也说明新月社是一个以戏剧活动为主的文学团体，成立的主要'期望'是'集合几个人的力量，自编戏自演'。至于逢年过节举行年会、灯会，也有吟诗作画，纯属'副业'。"①

14日 在《现代评论》第一卷第十四期发表小说《一个清清的早上》。初收上海中华书局一九三〇年四月版《轮盘》。

中旬 过西伯利亚时作诗《西伯利亚道中忆西湖秋雪庵芦色作歌》和《西伯利亚》，前一首发表于一九二五年九月七日《晨报副刊》；后一首发表于一九二六年四月十五日《晨报副刊·诗镌》第三期，诗末注"一九二五年过西伯利亚倚车窗眺景随笔"。两首诗均收入上海新月书店一九二七年九月版《翡冷翠的一夜》。

16日 赴欧途中在西伯利亚致《晨报副刊》编辑刘勉已信，谈《庐山石工歌》的创作经过。后发表于一九二五年四月十三日《晨报副刊》，作为《庐山石工歌》的附录，题为《徐志摩欧游途中来函》。初收上海新月书店一九二七年九月版《翡冷翠的一夜》，仍作为《庐山石工歌》的附录，改题为《致刘勉己函》。信中说："我与歆海住庐山一个半月，差不多每天都听着那石工的喊声……那是痛苦人间的呼吁，还是你听者自己灵魂里的悲声？Chaliapin（俄国著名歌者，即夏列亚平——引者）有一只歌，叫做《鄂尔加河上的舟人歌》（Volga Boatmen's Song，现译伏尔加船夫曲——引者）是用回返重复的低音，仿佛鄂尔加河沉着的涛声，表现俄国民族伟大沉默的悲哀。我当时听了庐山石工的叫

---

① 李红绿：《新月派译诗研究》，光明日报出版社，2019年版，第9页。

声，就想起他的音乐，这三段石工歌便是从那个经验里化成的。……我只盼望将来有音乐家能利用那样天然的音籁谱出我们汉族血赤的心声！”①

18日 到鄂木斯克。致陆小曼信：

好几天没信寄你，但我这几天真是想家的厉害。每晚（白天也是的）一闭上眼就回北京，什么奇怪的花样都会在梦里变出来。曼，这西伯利亚的充军，真有些儿苦，我又晕车，看书不舒服，写东西更烦，车上空气又坏，东西也难吃，这真是何苦来。同车的人不是带着家眷便是回家去的，他们在车上多过一天便离家近一天，就只我这傻瓜甘心抛去暖和热闹的北京，到这荒凉境界里来叫苦！

再隔一个星期到柏林，又得对付她（指张幼仪——引者注）了；我口虽硬，心头可是不免发腻。小曼你懂得不是？这一来柏林又变了一个无趣味的难关，所以总要到意大利等着老头以后，我才能鼓起游兴来玩；但这单身的玩，兴趣终是有限的，我要是一年前出来，我的心里就不同，那时倒是破釜沈舟的决绝，不比这一次身心两处，梦魂都不得安稳。

……你知道我并没有多么不可动摇的大天才。我这两年的文字生活差不多是逼出来的，要不是私下里吃苦，命途上颠仆，谁知道我灵魂里有没有音乐？安乐是害人的，像我最近在北京的生活是不可以为常的，假如我新月社的生活继续下去，要不了两年，徐志摩不堕落也堕落了，我的笔尖上再也没有光芒，我的心上再没有新鲜的跳动，那我就完

① 韩石山编：《徐志摩全集》（第七卷），商务印书馆2019年版，第43—44页。

了——'泯然众人矣'！到那时候我一定自惭形秽，再也不敢谬托谁的知己，竟许在政治场中鬼混，涂上满面的窑煤——咳，那才叫做出丑哩！要知道堕落也得有天才，许多人连堕落都不够资格。我自信我够，所以更危险。因此我力自振拔，这回出来清一清头脑，补足了我的教育再说——爱我的，期望我成才的，都好像是我的恩主，又像债主，我真的又感激又怕他们！小曼，你也得尽你的力量帮助我望清明的天空上腾，谨防我一滑足陷入泥混的深潭，从此不得救度。小曼，你知道我绝对不慕荣华，不羡名利，——我只求对得起我自己。……①

19日 次子德生(彼得)因患腹膜炎殇于柏林。徐志摩于二十六日到达柏林，已来不及见面。于六月三日在佛洛伦斯作《我的彼得》悼念德生。

20日 到莫斯科。在此期间，参观了十月革命后的莫斯科城。拜见了托尔斯泰的女儿，并谒契诃夫、克鲁泡特金的墓。

22日 在《晨报副刊》发表译诗《诔词》(［英］阿诺德②作)。初收上海新月书店一九三一年八月版《猛虎集》。

25日 在《晨报·文学旬刊》发表诗作《那一点神明的火焰》。初收台湾时报文化出版事业有限公司《徐志摩诗文补遗》。

26日 致陆小曼信谈及次子徐德生早夭一事。信中道：

柏林第一晚。一时半。方才送C女士(指张幼仪，引者注)回去，可怜不幸的母亲，三岁的小孩子③只剩了一撮冷

---

① 韩石山编：《徐志摩全集》(第七卷)，商务印书馆2019年版，第141—142页。

② 阿诺德(1822—1888)英国维多利亚时代的诗人和评论家，主要著作有抒情诗集《多佛海滩》，叙事诗《邵莱布和罗斯托》及论著《文化与无政府状态》等。

③ 徐志摩和张幼仪的次子徐德生。

灰，一周前死的。她今天挂着两行眼泪等我，好不凄惨。只要早一周到，还可见着可爱的小脸儿，一面也不得见，这是那里说起？他人缘到有，前天有八十人送他的殡，说也奇怪，凡是见过他的，不论是中国人德国人，都爱极了他，他死了街坊都出眼泪，没一个不说的不曾见过那样聪明可爱的孩子。曼，你也没福，否则你也一定乐意看见这样一个孩儿的——他的相片明后天寄去，你为我珍藏着吧。真可怜，为他病也不知有几十晚不曾阖眼，瘦得什么似的，她到这时还不能相信，昏昏的只似在梦中过活。小孩子儿的保姆比她悲伤更切。……我今天赶来哭他，半是伤心，半是惨目，也算是天罚我了。

咳！家里有电报去，堂上知道了更不知怎样的悲惨，急切又没有相当人去安慰他们，真是可怜！曼！你为我写封信去吧，好么？听说老谷尔也在南方病着，我赶快得去，回头老人又有什么长短，我这回到欧洲来，岂不是老小两空！而且我深怕这兆头不好呢。

C可是一个有志气有胆量的女子，她这两年来进步不少，独立的步子已经站得稳，思想确有通道，这是朋友的好处，老K的力量最大，不亚于我自己的。她现在真是“什么都不怕”，将来准备丢几个炸弹，惊惊中国鼠胆的社会，你们看着吧！

……

小曼，对你不起，收到这样一封悲惨乏味的信，但是我知道你一定生气我补这句话，因为你是最柔情不过的，我掉眼泪的地方你也免不了掉，我闷气的时候你也不免闷气，是不是？

今晚与C看《茶花女》的乐剧解闷，闷却并不解。明儿有好戏看，那是萧伯讷的Jean D'arc[①]；柏林的咖啡（叫Macca）真好，Peach Melba[②]也不坏，就是太贵。

今年江南的春梅都看不到，你多多寄些给我才是！[③]

约春末 修改《丹农雪乌》（一九二二年作）一文，新写《绪言》。

4月

月初 赴法国漫游，并谒波特莱尔、小仲马、伏尔泰、卢骚、曼殊斐儿等人的墓。

按，徐志摩《欧游漫录——西伯利亚游记：十一，契诃夫的墓园》："我这次到欧洲来倒像是专做清明来的；我不仅上知名的或与我有关系的坟（在莫斯科上契诃夫、克鲁泡德金的坟，在柏林上我自己儿子的坟，在枫丹薄罗上曼殊斐儿的坟，在巴黎上茶花女、哈哀内的坟；上菩特莱《恶之花》的坟；上凡尔泰、卢骚、嚣俄的坟；在罗马上雪莱、基茨的坟；在翡冷翠上勃郎宁太太的坟，上密佐郎其罗，梅迪启家的坟；日内到Ravenna[④]还得上丹德的坟，到Assisi[⑤]上法兰西士的坟，到Mantua[⑥]上浮吉尔Virgil[⑦]的

---

① Jean D'arc：不详。萧伯纳仅有一剧名Saint Joan，即《圣女贞德》，疑为此剧。

② Peach Melba：蜜桃面包。

③ 韩石山编：《徐志摩全集》（第七卷），商务印书馆2019年版，第144—146页。

④ Ravenna：拉文纳，又译腊万纳，意大利东北部港市。

⑤ Assisi：意大利翁市里亚区城镇。

⑥ Mantua：曼图亚，意大利北部城市。

⑦ Virgil：维吉尔（公元前70—前19年），古罗马诗人，作品有《牧歌》十首、《农事诗》四卷和史诗《埃涅阿斯纪》。

坟)。我每过不知名的墓园也往往进去留连,那时情绪不定是伤悲,不定是感触,有风随风,在块块的墓碑间且自徘徊,等斜阳淡了再计较回家。”①

1日 在《晨报副刊》发表译文《萧伯纳的格言》,后于本月六日《晨报副刊》续完。初收台湾时报文化出版事业有限公司一九八〇年版《徐志摩诗文补遗》。

8日 晚上到伦敦。

9日 访傅来义和魏雷。

10日 致陆小曼信:“我一个人在伦敦瞎逛,……可是印度我总得去,老头在不在我都得去。这比菩萨面前许下的愿心还要紧。照我现在的主意竟是至迟六月初动身到印度,八九月间可回国,那就快乐了不是?”②

11日 在《现代评论》第一卷第十八期发表小说《船上》。初收上海中华书局一九三〇年四月版《轮盘》。

11日 离伦敦赴巴黎。

15日 与张幼仪同到意大利威尼斯,在意大利各地游玩两周。月底,张幼仪回柏林,徐志摩到佛罗伦萨(即“翡冷翠”)。

按,“翡冷翠”系徐志摩按意大利原文 Firenze 的译音,他在《关于女子》的讲演中说,这是“一个具有音乐性和足以唤起多种美丽联想的名字”。

15日 在《晨报·文学旬刊》第六七号发表译诗《唐琼与海》([英]拜伦作),为拜伦长诗《唐璜》第二章中的一段。初收浙江文艺出版社一九八三年七月版《徐志摩诗集》。

---

① 韩石山编:《徐志摩全集》(第三卷),商务印书馆 2019 年版,第 93 页。

② 韩石山编:《徐志摩全集》(第七卷),商务印书馆 2019 年版,第 146—147 页。

25日　在《晨报·文学旬刊》发表诗作《她怕他说出口》。初收上海新月书店一九二七年九月版《翡冷翠的一夜》。

30日　致泰戈尔信，告知别后近况，希望能再见面，信中道：

我也不知道是什么缘故使我到如今才给您信。懒动笔并非主因。虽然写信不勤，但我总以为自己即使在疲滞的状态下，也不是那样不济的。可是我毕竟是这样拖拖塌塌，从甲城流浪到乙城、丙城……一天天这样飘飘荡荡，没有办法自我振作来给您，亲爱的老戈爹，清楚的说明我自去年夏天在香港跟您分手后所遭遇的一切。别后的日子，我的确没有一天不恋念您给我留下的一连串甜蜜的记忆。……我记得二月上旬一个早晨，厚之从南美发的长函到了我的手上。这信告诉我，我敬爱的老戈爹不但没有忘记他的素思玛，而且在疾病中还盼望得素思玛随侍左右尽孩子的责任，使他劳瘁的心怀稍得舒慰。我当时全人漫溢着忧思与感念，捧信颤抖，情不能已。我没有忘记与您今年在欧洲相会的诺言，但因筹措旅费困难重重，使我颇为丧气。中国贫穷的实况是您难以想象的。那些永无休止的战祸也必然使富者贫而贫者更贫，所以我在极度沮丧中，差不多是放弃与您在欧洲陆聚首的希望了。但那天读了厚之的来信，我又似乎再次直接接触到您的思想，因而我再也不能忍受环境给我的阻碍，我坚决起来，定规要用任何的方法把这个早已成竹在胸的欧游计划实现。……我现在寄寓翡冷翠，在群山环抱中一座优雅的别墅租了个地方。居停主人蒙皓珊女士很有文化修养，而且平易近人，对您也非常敬慕。这里的园子有美木繁花，鸟声不绝，其中最动人的是夜莺的歌唱。若不是狄更生先生和其他英国朋友一催再催要我至少回剑桥小住数天，我可以在这个静谧清美的安乐窝终老的。亲爱的老戈爹，您一定要让我知道如何抉择，是（一）续留欧洲候您再来，还是（二）我六月左右赴印打算与您在山迪尼基顿见面。……无论如何，我非见您不可，即使同在一会儿也好。……

……您在中国的朋友，也就是您的一群仰慕者，对您的身体深表关怀，他们和我一道祝您早日康复；事实上他们还盼望您会再访中国。……[①]

本月　译曼殊斐儿小说《幸福》，后发表于一九二五年十二月一日《晨报七周年纪念增刊》。

5月

月初　在"翡冷翠"（佛罗伦萨）开始写欧行游记。

1日　为所译曼殊斐儿小说《幸福》写序。后发表于一九二五年十二月一日《晨报七周年纪念增刊》，附于译作《幸福》之前。序中道："曼殊斐儿是不容易念的；有地方你得用心看看才体会得到她的微妙的匠心。翻译她当然是大胆；我译她纯粹是为爱播她。但她有时真叫你的译手发窘。这篇是为增刊译的，匆匆脱稿，不满意的地方有不少不少，我此时也懒得复校，等将来收集子时再想法修正罢。"

5日　作诗《苏苏》，后发表于一九二五年十二月一日《晨报七周年纪念增刊》。初收上海新月书店一九二七年九月版《翡冷翠的一夜》。

同日　于佛罗伦萨致钱稻孙信："你的《神曲》编成了没有，

---

① 韩石山编：《徐志摩全集》（第八卷），商务印书馆 2019 年版，第 165—168 页。

我在这里天天碰到丹德的东西，这张的画好极了，但我想 Giotto 先生难免有些偏袒，丹德老先生的尊容未见得如此端正吧！差远着哩！北京有新闻没有？我不想回来了，同时口袋快见底，这怎么好？”①

9 日 作完《西伯利亚游记》，后陆续载于《晨报副刊》。

26 日 致陆小曼信，信中为收不到信及对方患病而着急、愁闷：“适之的回电来后，又是四五天了，我早晚忧巴巴的只是盼着信，偏偏信影子都不见，难道你从四月十三写信以后，就没有力量提笔？适之的信是二十三，正是你进协和的第二天，他说等‘明天’医生报告病情，再给我写信，只要他或你自己上月寄出信，此时也该到了，真闷煞人！……”②

29 日 作《血——莫斯科游记之一》，文中认为苏联社会主义革命胜利是泅过“血海”达到的，表示了他对十月革命的不满。5 月底，作完《莫斯科游记》，后陆续发表于《晨报副刊》。

按，《欧游漫录——西伯利亚游记》分为以下几部分：一、开篇；二、自愿的充军；三、离京；四、旅伴；五、两个生客；六、西伯利亚；七、西伯利亚(续)；八、莫斯科；九、托尔斯泰；十、犹太人的怖梦；十一、契诃夫的墓园；十二、“一宿有话”——真正老牌“迦门”；十三、“血——谒列宁遗体回想”，文末标明“徐志摩斐伦翠山中五月二十九日”。

《开篇》《自愿的充军》《离京》三篇总题为《欧游漫录(二)——西伯利亚游记》，后发表于一九二五年六月十二日《晨报副刊》。这里的“欧游漫录(二)”系与《给新月》接续排为二；

---

① 韩石山编：《徐志摩全集》(第八卷)，商务印书馆 2019 年版，第 184 页。

② 韩石山编：《徐志摩全集》(第七卷)，商务印书馆 2019 年版，第 149 页。

《旅伴》发表于同年六月十七日《晨报副刊》，总题为《欧游漫录（三）——西伯利亚游记》；《西伯利亚》发表于同年六月十八日《晨报副刊》，总题为《欧游漫录（四）——西伯利亚游记》；《两个生客》发表于同年六月十九日《晨报副刊》，总题为《欧游漫录（五）——西伯利亚游记》；《西伯利亚（续）》发表于同年七月三日《晨报副刊》，题为《欧游漫录（六）——西伯利亚（续六月十九日）》，文末注："（西伯利亚完）五月九日佛洛伦司 志摩"；《莫斯科》发表于同年七月六日《晨报副刊》，题为《欧游漫录（七）——莫斯科》（未完），后于七日、九日、十一日《晨报副刊》续完，题为《欧游漫录（八）——莫斯科（续）》《欧游漫录（九）——莫斯科（续）》《欧游漫录（十）——莫斯科（续）》，文末注："（莫斯科游记未完）五月二十六日斐伦翠山中"；《托尔斯泰》发表于同年八月一日《晨报副刊》，总题为《欧游漫录（十一）（莫斯科游记续）》；《犹太人的怖梦》发表于同年八月二日《晨报副刊》，总题为《欧游漫录（十二）（莫斯科游记续）》；《契诃夫的墓园》发表于同年八月十日《晨报副刊》，题为《一个静美的向晚——莫斯科游记之一》；《"一宿有话"——真正老牌"迦门"》发表于同年八月五日《晨报副刊·文学旬刊》，原题未改，文末注："志摩，斐伦翠山中，六月七日"。

30日 上海发生震惊中外的"五卅惨案"。徐志摩后来在《自剖》中回忆道：

> 说来是时局也许有关系。我到京几天就逢着空前的血案。五卅事件发生时我正在意大利山中，采茉莉花编花篮儿玩，翡冷翠山中只见明星与流萤的交唤，花香与山色的温存，俗氛是吹不到的。直到七月间到了伦敦，我才理会国内风光的惨淡，等得我赶回来时，设想中的激昂，又早变成了

明日黄花，看得见的痕迹只有满城黄墙上黑彩斑烂的“泣告”！

这回却不同。屠杀的事实不仅是在我住的城子里发见，我有时竟觉得是我自己的灵府里的一个惨象。杀死的不仅是青年们的生命，我自己的思想也仿佛遭着了致命的打击，好比是国务院前的断脰残肢，再也不能回复生动与连贯。但这深刻的难受在我是无名的，是不能完全解释的。这回事变的奇惨性引起愤慨与悲切是一件事，但同时我们也知道在这根本起变态作用的社会里，什么怪诞的情形都是可能的。屠杀无辜，还不是年来最平常的现象。自从内战纠结以来，在受战祸的区域内，那一处村落不曾分到过遭奸污的女性，屠残的骨肉，供牺牲的生命财产？这无非是给冤氛围结的地面上多添一团更集中更鲜艳的怨毒。再说那一个民族的解放史能不浓浓的染着 Martyrs[①] 的腔血？俄国革命的开幕就是二十年前冬宫的血景。只要我们有识力认定，有胆量实行，我们理想中的革命，这回羔羊的血就不会是白涂的。……[②]

本月　作 *Florentine Journals*（《翡冷翠日记》），原为英文撰写。初收上海良友图书公司一九三二年十一月版《秋》，原题《翡冷翠日记四页》。

月底　闻一多、赵太侔、余上沅离美回国。闻一多后由徐志摩介绍任北京艺术专门学校教务长。

---

① Martyrs：殉道者。

② 韩石山编：《徐志摩全集》（第三卷），商务印书馆 2019 年版，第 374 页。

6 月

月初 作《白地亚》,后发表于一九二五年七月四日《现代评论》第二卷第三十期,又发表于同年八月二十五日《晨报·文学旬刊》。原拟续写,故"白地亚"前均有总题:《翡冷翠山居闲话——欧游漫录之一》。

5 日 在《晨报·文学旬刊》发表译文《说"是一个男子"》([英]劳伦斯作),题下有英文"*On Being a Man*"。初收台湾时报文化出版事业有限公司一九八〇年版《徐志摩诗文补遗》。

约上旬 作《意大利的天时小引》一文,后发表于一九二五年八月十九日《晨报副刊》,题为《意大利的天时小引——欧游漫录之一》。初收台湾时报文化出版事业有限公司一九八〇年版《徐志摩诗文补遗》。

约上旬 作《我的彼得》,后发表于一九二五年八月十五日《现代评论》第二卷第三十六期。初收上海新月书店一九二八年一月版《自剖》。

11 日 作诗《翡冷翠的一夜》,后发表于一九二六年一月二日《现代评论》第三卷第五十六期,又载一月六日《晨报副刊》。初收上海新月书店一九二七年九月版《翡冷翠的一夜》。

中旬 离意大利佛洛伦斯去法国巴黎。在巴黎想见罗曼·罗兰,未遂愿。(在意大利想见邓南遮也未成)

18 日 在巴黎致恩厚之信:

> 到底找到你了,可喜之至!好啦,既然我第一次的贺柬你没收到,我一定要补一补。我在巴黎获得两项性质截然不同的消息:(一)老戈翁已离开欧洲;(二)我亲爱的厚之兄是进了蓬莱仙境。这样,我在同一时间内尝到了失望和喜

乐的滋味。天呀！我巴不得能跳过这条大西洋小沟把你们抱在一起！啊，那就乐极了！

好家伙，好家伙，我真羡慕你呀，厚之！你那美丽的新娘子，经过那么多年的纽约大都会生活，对英伦乡村的憩静环境喜欢不？我恨不得立刻就见到你们。我现在在巴黎，从翡冷翠来的，盼望在一两个星期之内来到英国。七月上旬我会到剑桥找狄老，然后就去流浪；现在请马上告诉我去什么地方找你。老戈翁两周前拍来一个电报，说准于八月到达，嘱我等他。你认为他能在盛暑中作海途旅行吗？目前中国一片混乱，我心绪十分不宁，朋友和家里的人都催我回去。但是如果老戈翁实在的要来，我就非得候他来了才动身回国不可。

卡里代斯也是在蜜月期中，你知道吗？好了，好了，人人都自得其乐；我呢，一个流浪孤鬼，如此而已。请来信，地址见后。祝俪安。①

25日　致陆小曼信，表达浓烈的思念。

26日　收到陆小曼来信，并回信。

7月

4日　在《现代评论》第二卷第三十期发表《翡冷翠山居闲话》。初收上海新月书店一九二七年八月版《巴黎的鳞爪》。

上旬　到英国。

10日　承狄更生介绍，访问著名英国作家哈代(Thomas Hardy)，同哈代讨论了英国诗歌。

---

①　韩石山编:《徐志摩全集》(第八卷)，商务印书馆2019年版，第96—97页。

按，徐志摩《谒见哈代的一个下午》（一九二八年三月十日《新月》月刊第一卷第一号）回忆："去年七月在英国时，承狄更生先生的介绍，我居然见到了这位老英雄，虽则会面不及一小时，在余小子已是莫大的荣幸，不能不记下一些踪迹。我不讳我的'英雄崇拜'。山，我们爱踹高的；人，我们为什么不愿意接近大的？但接近大人物正如爬高山，往往是一件费劲的事；你不仅得有热心，你还得有耐心。半道上力乏是意中事，草间的刺也许拉破你的皮肤，但是你想一想登临顶峰时的愉快！……哈代！多远多高的一个名字！"①

同日 致恩厚之信："我已见到威塞斯的哲者汤麦斯哈代了，真是很不寻常的眼福哩！他八十三岁了，但视听和其他的官能都好到令你难以想象。我们谈了一句钟，话题主要在英诗。临走时，他从花园中采了两朵石竹花给我作纪念。他还能走好几里的路。在我看来，他很可能活到一百岁或百岁以上——不过他却是个嘲笑生命的人。我会到爱撒特去看那大教堂，也会在爱撒特过夜。明天我会到便珊斯找罗素，盼望星期天到你的伟大王国，请一定写信或拍个电报给我，用罗素的地址，让我知道你能否到那边共谋一聚，或告诉我从便珊斯到你那边是怎样走法。我的地址如下：便珊斯，玻斯柯尔那，肯伏尔，罗素转。我必须在星期一赶回伦敦，以便立刻飞越海峡，但我亟盼在离英之先能再见你。"②

11日 在彭赞斯波斯科诺与罗素过周末，相谈甚欢。

13日 离开罗素家到伦敦。在伦敦收到陆小曼催他立即回

---

① 韩石山编：《徐志摩全集》（第四卷），商务印书馆2019年版，第229—234页。

② 韩石山编：《徐志摩全集》（第八卷），商务印书馆2019年版，第98页。

国的电报，接电后即于当日打电报和写信给泰戈尔及恩厚之，取消了到英托特尼斯拜访恩厚之夫妇和参观他们在英国办的村庄，及在欧洲等候泰戈尔到来的计划。在伦敦致恩厚之信："真对不起，本来预想要跟你俩聚首，但现在我宿愿未偿就要跑了。我的周末在便珊斯玻斯柯尔那'度'过，跟罗素谈得很有趣。我明天往巴黎，取得俄人的签证后就要直接赶回北京。今天我拍了电报给老戈爹，他收到后一定会大感惊奇的。厚之老兄，请你一定好好的替我解释，不然的话，他一辈子也不会饶恕我这次突然跑掉的举动了。我希望你明白这次事情的真相，并且能同情我。……"①

15日 在巴黎等苏联政府的旅行签证。致恩厚之信，商议办英文季刊一事，并介绍金岳霖：

> 我现在在巴黎，想尽快走。真真遗憾的是不能到德温访问你那个地方，也没有机会和你畅谈。我们的会面总是太短促和太仓促。我还有许多要跟你说的话，我更知道我有千万的事情要跟你学。我们两人都处在一个多事之秋；对于我们来说，爱特兰妲的赛跑只完成了一半。我不是说你我不同的境遇，我乃是指我们面临的人生转捩点。这在原则上是毫无二致的。事情的发生据今不过数月，那时你那封有纪念性的信到了我手上，就使我立刻放下一切离开北京，接受这个不期而至、又使人忧心忡忡的流放生活。你信内说你正在"航行于前途未卜的海洋"，但却希望"上有好风淑气，下无浅滩暗礁，那么我的一叶危舟，最后就可能安然进港"。现在，轮到我来怒海泛舟了。我是否可以像你一

① 韩石山编：《徐志摩全集》（第八卷），商务印书馆 2019 年版，第 100 页。

样祈求上有好风淑气，下无浅滩暗礁，好叫我也像你一样，找到一个灵魂归宿之所呢？然而我不知道会有什么结果；以目前的光景来看，我的盼望总不免言之过早而迹近空想。

我还另有一件超乎个人利害的事情要跟你商量。你记得老戈爹去年敦促我们办个季刊之类的英文杂志，借此建造一条直通的桥梁，一头接新中国以及其中发生的灵感，又期望另一头接其他各国的智识界。这件事，去年冬天是着手要去干的了，可是事情还没上轨道，仗却打起来，一切也就停下来了。但我们还是怀抱希望：事实上，我们认识到发表心声是绝对需要的，我们一定要尽快争取机会。为了这事，我十分热切要把我的朋友金岳霖博士介绍给你认识，他可能今夏访英，到时他将盼望与你会面。他是我的真正好朋友。据我所知，他在中国智识界不在任何人之下。他是研究哲学的，在美国杂志常发表文章，American Mercury 是其中之一。他对我们想办的季刊也很热心。要是事情进展顺利，他可能负编辑之责。现在我盼望到北京后就过忙碌生活，到时会写信给你报告一切，我可能今晚就离开巴黎了，盼月底到北京。……

再者：罗素，狄更生以及其他的朋友都答应给我们未来刊物撰稿。①

31日 致刘海粟信："因景秋知前晚病热昏沉中承惠访，未及一谈，为罪。顷已强病北来，京津雨水不鲜，天时凉爽，逃沪亦一乐也。欲与兄谈事颇多，然非面对不能畅，今又隔千里，奈何！然旧历七月中尚须归家，过沪时当图一叙。此次相见太匆匆，亦

① 韩石山编：《徐志摩全集》（第八卷），商务印书馆2019年版，第103—104页。

太热也。北京闻潦水泞道,交通甚难。然泞道难,不欲奇热相逼,况我固不能一忽离京者乎?”①

本月 作诗《在哀克刹脱教堂前(E)xeter》,后发表于一九二六年五月二十七日《晨报副刊·诗镌》第九号。初收上海新月书店一九二七年九月版《翡冷翠的一夜》。

夏 作诗《诗句》,后发表于一九二五年十二月一日《晨报七周年纪念增刊》。初收台湾时报文化出版事业有限公司一九八〇年《徐志摩诗文补遗》。

8月

1日 作诗《给母亲》,后发表于一九二五年八月三十一日《晨报副刊》。初收台湾时报文化出版事业有限公司一九八〇年版《徐志摩诗文补遗》。

6日 偕陆小曼和林长民同游瀛台宫湖,应陆小曼之索,林长民书苏东坡诗赠之。

按,陈从周编《徐志摩年谱》:“林书跋云:‘适与小曼志摩同游瀛台宫湖归寓,小曼索书,即以旧纸书赠之,乙丑六月十七日宗记。’”②

9日起 开始写日记《爱眉小札》,记载和陆小曼相恋的经过和心情,记载至九月十七日。《爱眉小札》(陆小曼辑)于一九三六年三月由上海良友图书印刷公司出版。

按,陆小曼所写《爱眉小札》序二云:

---

① 韩石山编:《徐志摩全集》(第七卷),商务印书馆2019年版,第45页。

② 陈从周:《徐志摩年谱》,上海书店1981年版,第49页。

今天是志摩四十岁的纪念日子，虽然甚么朋友亲戚都不见一个，但是我们两人合写的日记却已送了最后的校样来了。为了纪念这部日记的出版，我想趁今天写一篇序文；因为把我们两个人呕血写成的日记在这个日子出版，也许是比一切世俗的仪式要有价值有意义得多。

提起这二部日记，就不由得想起当时摩对我说的几句话：他叫我"不要轻看了这两本小小的书，其中那一字那一句不是从我们热血里流出来。将来我们年纪老了，可以把它放在一起发表，你不要怕羞，这种爱的吐露是人生不易轻得的！"为了尊重他生前的意见，终于在他去世后五年的今天，大胆的将它印在白纸上了。要不是他生前说过这种话，为了要消灭我自己的痛苦，我也许会永远不让它出版的。其实关于这本日记也有些天意在里边。说也奇怪，这两本日记本来是随时随刻他都带在身旁的，每次出门，都是先把它们放在小提包里带了走，惟有这一次他匆促间把它忘掉了。看起来不该消灭的东西是永远不会消灭的，冥冥中也有人在支配着。

……最后几句话我要说的，就是要请读者原谅我那一本不成器的日记，实在是难以同摩放在一起出版的（因为我写的时候是绝对不预备出版的。）可是因为遵守他的遗志起见，也不能再顾到我的出丑了。好在人人知道我是不会写文章的，所留下的那几个字，也无非是我一时的感想而已，想着甚么就写甚么，大半都是事实，就这一点也许还可以换得一点原谅；不然我简直要羞死了。[①]

① 韩石山编：《徐志摩全集》（第六卷），商务印书馆 2019 年版，第 325—329 页。

11日　在《晨报副刊》发表《译 Schiller 诗一首》([德]席勒作)。初收台湾时报文化出版事业有限公司《徐志摩诗文补遗》。

12日　在《晨报副刊》发表《译 Sappho〈一个女子〉(Rossetti 集句)》。初收台湾时报文化出版事业有限公司《徐志摩诗文补遗》。

14日　半夜记,想去买一只“玲珑坚实的小箱”,存放与陆小曼的来往信件:“存你我这几日来交换的信件,算是我们定情的一个纪念”①。

15日　在《晨报·文学旬刊》第七十八期发表译诗《歌德四行诗》。后再次翻译发表于是年八月二十九日《现代评论》第二卷第三十八期。

按,徐志摩以歌德的四行诗为例,提出关于译诗的问题。朱家骅、周开庆、郭沫若都参加讨论,并各自翻译了这首四行诗。徐志摩初译稿是在意大利翡冷翠山中根据卡莱尔(Thomas Carlyle)的英译版转译的。在《晨报副刊》发表后,胡适指出他用韵有误,故再次翻译,并与朱、周、郭的译诗一并发表。详见徐志摩《一个译诗问题》。

17日　在《晨报副刊》发表诗作《海韵》。初收上海新月书店一九二七年九月版《翡冷翠的一夜》,并于一九二七年由赵元任谱曲,得到较为广泛的流传。

21日　作《四行诗一首》,后发表于一九二五年八月二十四日《晨报副刊》。初收台湾传记文学出版社一九六九年版《徐志摩全集》第六卷。

23日　作《一个译诗问题》,后发表于一九二五年八月二十

---

①　韩石山编:《徐志摩全集》(第六卷),商务印书馆 2019 年版,第 338 页。

九日《现代评论》第二卷第三十八期（发表时目录题为《一个译诗的问题》，正文题为《一个译诗问题》）。此文发表后，朱家骅、李竞何著文商榷，分别发表于一九二五年十月三日、十一月二十一日《现代评论》第二卷第四十三期、第五十期。文中道：

> 去年我记得曾经为翻莪默一首四行诗引起许多讨论，那时发端是适之，发难是我，现在又来了一个同样的问题，许比第一次更有趣味些，只是这次发端是我，发难是适之了。
>
> 翻译难不过译诗，因为诗的难处不单是他的形式，也不单是他的神韵，你得把神韵化进形式去，像颜色化入水，又得把形式表现神韵，像玲珑的香水瓶子盛香水。有的译诗专诚拘泥形式，原文的字数协韵等等，照样写出，但这来往往神味浅了；又有专注重神情的，结果往往是另写了一首诗，竟许与原作差太远了，那就不能叫译，例如适之那首莪默，未始不可上口，但那是胡适，不是莪默。[①]

按，李红绿《新月派译诗研究》：

> 徐志摩就诗歌翻译策略发表的观点并不多。关于他诗歌翻译策略的观点主要见于他 1925 年 8 月在《现代评论》上发表的文章《一个译诗的问题》一文中。在这篇文章中，徐志摩就译诗策略谈了看法……主要表达了两个观点：(1)译诗是一件很难的事情；(2)译诗不仅要注意保留原诗的形式，而且要保留原诗的神韵。简而言之，译诗须神形兼顾。在译诗实践中，徐志摩在大多数情况下还是践行了自己的翻译策略。

① 韩石山编：《徐志摩全集》（第三卷），商务印书馆 2019 年版，第 114 页。

……徐志摩对译诗形式和神韵的重视与其诗学理念是分不开的。作为高举新诗格律运动大旗的新月"盟主",他曾经反复倡导诗歌的格律形式与音乐性,强调"诗的灵魂是音乐的,所以诗最重音节"。……

尽管徐志摩在理论上对译诗的形式和神韵非常重视,在大部分译诗实践中他也会努力做到忠实原诗的形式和神韵,但是徐志摩在本性上崇尚自由,他思想和情感有时会如脱缰的野马,打破自己曾经拥有的信念,任诗意任意驰骋。……徐志摩是一个率性而为的性情中人。他对自己在译诗过程中因自由不羁的个性而导致的各种问题从来不加避讳和遮掩。他说,"我性成的大意是出名的,尤其在翻译上有时一不经心闹的笑话在朋友中间传诵的事实繁有徒。"一个译者能坦率到这个份上,我们实在也不必再多苛求,何况他的译作大部分还是可以接受的。[①]

24日 在《晨报》第二三一六号发表《苏俄这是什么话!》一文,文中道:"……单就目前论我们正式要求苏俄立即释放的在俄被捕的华人,并且说明他们下狱的原因,我们认为无根据时得要求对个人的赔偿与中国的道歉;并且在我们派出大使以前,我们得要苏俄政府严正的认诺担保以后再不会有这样不幸的事实发现使我们期望苏俄的失望厌恶,使嫉忌苏俄的窃笑得意。"[②]

本月 第一本诗集《志摩的诗》在中华书局自费出版。诗集用连史纸,仿宋字体,中式线装,共收诗五十五首。诗集中以下诗作写作时间和发表报刊不详:《多谢天!我的心又一度的跳

---

① 李红绿:《新月派译诗研究》,光明日报出版社2019年版,第88—91页。

② 陈建军、陆志东编:《远山——徐志摩佚作集》,商务印书馆2018年,104—105页。

荡》《我有一个恋爱》《无题》《五老峰》《乡村里的音籁》《天国的消息》《青年曲》《她是睡著了》(手稿末尾署“十九日夜二时半”)《难得》《一星弱火》《为谁》《落叶小唱》。此后徐志摩作了删改,于一九二八年八月由上海新月书店出版。删改中删去了十五首诗作:《留别日本》《自然与人生》《地中海》《东山小曲》《一小幅的穷乐图》《雷峰塔》《青年曲》《一家古怪的店铺》《哀曼殊斐儿》《一个祈祷》《默境》《月下待杜鹃不来》《希望的埋葬》《家中的岁月》《康桥,再会吧》,并将《沙扬娜拉》一至十七节删去,仅存第十八节。增加了《恋爱到底是怎么一回事》。

按,陈子善编《梁实秋文学回忆录》:

志摩的作品,最大的成就是在新诗方面。他的第一部诗集《志摩的诗》(《志摩的诗》,1925 年 8 月初版,聚珍仿宋版线装本徐志摩自费印行。1928 年 8 月又由新月书店出版删改本。),是他自己印的,中华书局出版,连史纸,中式线装,仿宋体的字,古色古香。以后几部诗集,《翡冷翠的一夜》、《猛虎集》、《云游》,都是在上海新月书店印的。《志摩的诗》最先出,也是比较最弱的,以后的作品渐臻于成熟之境。

志摩有天生的诗人的气质。他对生活的兴趣,异常浓厚,他看见什么东西都觉得有意思。所以他的诗取材甚广。他爱都市,也爱乡野,喜欢享受物质文明,也喜欢徜徉于山水之间。他描写丑陋的,他常常留连在象牙之塔里,但是对社会政治也偶然有正义的流露。这是最好的诗人气质,能这样才能充实,“充实之谓美”。

志摩的诗之异于他人者,在于他的丰富的情感之中带着一股不可抵拒的“媚”。这妩媚,不可形容,你不会觉不到，它直诉诸你的灵府。从表面上看，这妩媚的来源可能是他的文字运用之巧妙。陆小曼说："他的诗比一般的来得俏皮，真是象活的一样，字用得特别美，神仙似的句子，叫人看了神往，忘却人间有烟火气。"这话是对的，我还嫌不够。志摩的诗是他整个人格的表现，他把全副精神都注入了一行行的诗句里，所以我们觉得在他诗的字里行间有一个生龙活虎的人在跳动，他的音容、声调、呼吸、都历历如在目前。他的诗不是冷冰冰的雕凿过的大理石，是有情感的热烘烘的曼妙的音乐。他平常说话就是惯用亲昵的热情的腔调，所以笔底也是一派撩人的妩媚。[①]

9月

3日　在《晨报副刊》发表诗作《呻吟语》。初收上海新月书店一九二七年九月版《翡冷翠的一夜》。

4日　致胡适信，称其为"好哥哥"："我真得叫你一声好哥哥；即使我真有一个哥哥，他也不会有你那样爱我关切我；这次中途要不碰著你，剖肚肠的畅谈了两晚，我那一肚子的淤郁不发成大病才怪哪！"[②]并将在沪宁道中写的诗《我来扬子江边买一把莲蓬》录示给胡。

5日　到上海。在《现代评论》第二卷第三十九期发表诗作《起造一座墙》。初收上海新月书店一九二七年九月版《翡冷翠的一夜》。

10日　作诗《客中》，后发表于一九二五年十二月十日《晨报

① 陈子善编：《梁实秋文学回忆录》，岳麓书社 1989 年版，第 197—198 页。

② 韩石山编：《徐志摩全集》（第八卷），商务印书馆 2019 年版，第 15—16 页。

副刊》,署名海谷。初收上海新月书店一九二七年九月版《翡冷翠的一夜》。

12日　致胡适信:

前晚我写了封快信,昨天经过的事实根本取消了那信里的梦想,所以幸亏不曾发。事情越来越像 Farce[①] 了,F[②] 百二十分的愿意做“开眼”,M[③] 百二十分的顾忌,我的百二十分什么也就不用提了。惨极亦趣极,见面再详谈吧。

我昨晚看了爸妈可怜的情形也狠动心,随便把自己毁了,不怎么交关,但结果还得连累无罪的老亲,实在有些不忍,所以狠想摇一摇头,忍忍痛暂时脱离了病态心理再说。我急于要朋友的慰藉,给我一点健康的补剂,或许我还有机会做一点人的事业,我恨不得立刻就在你们的身旁,但事实上不可能,我爸妈逼著我回硖石过几天,我还得探一探西湖,一半天至少,所以回京至早也得二十边,你们快来信催我吧,让我好在爸妈前交代。我回京你我同到西山去几天,你走得开吗?我希望你能。

眉心心想做 Heleise,你给他那本小书的是不?可还差远著哪。我成天还是发疟似的难受。你好?[④]

13日　到杭州。

15日　致胡适信:

一年前也是一个大雨天,你记得我从上海冒险跑得来,晚上与胜之兄妹游湖,又听了一遍“秋香”,馀音还在耳边;

---

① Farce:闹剧。

② 指王赓。

③ 指陆小曼。

④ 韩石山编:《徐志摩全集》(第八卷),商务印书馆2019年版,第18页。

今天又是淫雨天，爸爸伴我来，我来并无目的，只想看看影踪全无了的雷峰，望望憔悴的西湖，点点头，叹叹气，回头就走。在家里住了两晚，为（连）两塔院里也不曾去住。昨天爸爸伴我摇船出去采菱看山，作一小点缀。爸真太慈悲了，知道我心闷，多方想替我解散，我口里说不出，我眼里常揾着感激的泪水。适之，我现在急急想回京，回到你的身旁，与你随便谈谈，你知道怎样使我记得，也知道怎样使我忘却，至少我想你总还不会拿"一万重的蓬山"关在我的面前！

适之，这心到底是软的，真没法想，连著几晚（伴你同床）真是：

我长夜里怔忡，
挣不开的恶梦：
谁知我的苦痛？①

16日 致胡适信：

昨天我在楼外楼对雨独酌，大啖鱼虾。这时候在烟霞洞，方才与复三谈起你，逝迹如昨，不禁惘惘。今天风雨大得狠，差一点轿子都叫刮翻了。去看雷峰，雷峰只剩了一个荒冢。上面不少交抱的青条，不知这里面葬的是谁家情种？去满菊隆寻桂，谁知又是失望，初桂禁不起风雨，竟已飘零净尽。再兼在迷风凄雨中寻烟霞旧径，迎面那两字'仙岩'最令怅触。复三殷勤如故，只是把我认做姓朱的。他忙着去做素点心给我吃，我乐得叨扰他一顿，可惜你不在，否则这情景逼人，大可联句。

① 韩石山编：《徐志摩全集》（第八卷），商务印书馆2019年版，第19页。

冤家还不曾来，我倒要走了！她今晚许到的，但到了便怎样，还不是一样的尴尬？

现在只想快快的见你，再没有别的巴望。①

24日 致刘海粟信："二信都到，常言说天才天忌，人才人忌，这回看来，是有点道理。要不然，为什么人人这样的怕你，他们也说不出所以然来，只是有些怕，因此不敢……。现在的情形大概严彭是不成事实了，虽则所说严早有非异人任的架子，行严②简直不管，但最近索性叫'老牛干'，省得麻烦。方才我们商议，与其来一个不相干的人弄得我们几个朋友进退二难，还不如上面放一个一无成见的牛爷。全内行既不可得，爽性来一个全外行，并且现在办学最难是经费！牛爷是部里人，筹款当然比旁人便利，所以我们意思暂时请他上去，也算是没办法中的办法。歆海今早去沪，见时可知详情，你可去电万昇酱园找他。展览会的事，承你好意，我们很感激。我过半天就去找仁山，再给你通信。文章别忘了做，滕固③兄处代致意。我这半年立志不受'物诱'。读我的报，教我的书，多少做一些'人的事业'；要不然，真没有脸见朋友了！棣华兄见了没有？我有点急，但愿那电报没有闯祸，否则歆海怎对得起人。你再来信。"④

按，此信后收入《志摩手札——给刘海粟》一文，发表于一九四三年七月十五日《文友》半月刊第一卷第五期第五号。此文共收录徐志摩致刘海粟信十一封，致信时间从一九二五年到一九三一年，文前有何煜所撰《前记》：

---

① 韩石山编：《徐志摩全集》（第八卷），商务印书馆2019年版，第20页。

② 即章士钊。

③ 滕固（1901—1941），江苏宝应人，字若渠，美术理论家，小说家。

④ 韩石山编：《徐志摩全集》（第七卷），商务印书馆2019年版，第45—46页。

“刘海粟——这东方艺坛的巨人。

约在两个月前，刘氏从巴达维亚返抵阔别四年的上海后，记者便不时去拜访。在一个细雨迷漫的上午，忽蒙刘氏把他珍藏了已达二十年的已故诗人徐志摩的书信，交给了记者。他说：‘你可以在这些信件里，找出我和志摩的友情，是怎样的恳切和明朗……’

记者为了这些颇有意义的珍品，不敢自秘，所以把它一一抄录，以飨爱好徐氏诗文的读者。”

下旬 在北京参加美术展览会的筹备工作。

本月 在西湖作两首诗：其一为《再不见雷峰》，后发表于一九二五年十月五日《晨报副刊》；其二为《这年头活着不易》，后发表于一九二五年十月十二日《晨报副刊》，署名鹤。两首诗初均收入上海新月书店一九二七年九月版《翡冷翠的一夜》。

本月 赠张幼仪《志摩的诗》，并题字：“幼仪：这小集，是我这几年漂泊生涯的一帖子果实，怕没有熟透，小心损齿！”①

本月 赠谢冰心《志摩的诗》，并题字：“芜言一册奉　冰心哂存”。

10 月

1 日 应陈博生之邀接编北京《晨报副刊》。该副刊遂逐渐成为“新月派”及与徐志摩同声相求的知识分子的“文艺园地”。原想编《理想》月刊和《新月》月刊，泰戈尔访华时曾建议他办个英文杂志，都未成。接编当日，徐志摩即发表《我为什么来办，我想怎么来办》，宣告其办刊态度及编辑方针：“但同时我又警告博

① 韩石山编：《徐志摩全集》（第三卷），商务印书馆 2019 年版，第 125 页。

生，我说我办就办，办法可得完全由我，我爱登什么就登什么，……我自问我决不是一个会投机的主笔，迎合群众心理，我是不来的，谀附言论界的权威者我是不来的，取媚社会的愚闇阴与褊浅我是不来的；我来只认识我自己，只知对我自己负责任，我不愿意说的话你逼我求我我都不说的，我要说的话你逼我求我我都不能不说的：我来就是个全权的记者，……我自己是不免开口，并且恐怕常常要开口，……”①

按，黄红春《古典与浪漫：新月派文学观念研究》：

> 1925 年 10 月，徐志摩出任《晨报副刊》的主编，这对于徐志摩本人和新月派来说，都是意义非同寻常的一件事情。
>
> 《晨报》是研究系的机关报。研究系是梁启超、汤化龙领导下的一个政治派系，源于 1916 年在京成立的宪法研究会，志在凭借固有旧势力来改良中国，曾在政治上先后依附袁世凯、段祺瑞军阀势力，而与国民党相对立。1916 年 8 月，研究系创立《晨钟报》，1918 年 2 月改称《晨报》。1919 年 2 月 7 日宣布改革《晨报》第 7 版，在原来专门刊载学术与文内容的基础上，增添《自由论坛》和《译丛》两栏并转而倾向于新文化运动。1920 年 7 月，第 7 版由孙伏园主编，后来又由他改出 4 开 4 版的单张，报名为《晨报副镌》。徐志摩之前，孙伏园、刘勉己、丘景尼、江绍原、瞿菊农等先后主编过《晨报副镌》。徐志摩接任主编后，将它改称为《晨报副刊》。
>
> 《晨报副刊》在五四前后成为《新青年》之外传播马克思主义、介绍俄国革命的主要阵地，后来随着马克思主义宣传

① 韩石山编：《徐志摩全集》（第三卷），商务印书馆 2019 年版，第 128—130 页。

中心移向上海,《晨报副刊》转而主要宣传新文学,并成为新文学运动早期著名的“四大副刊”(其他三种为:《时事新报·学灯》《民国日报·觉悟》和《京报副刊》)之一。鲁迅、冰心、徐玉诺、郁达夫、许钦文、庐隐、蹇先艾、黎锦明等都在它上面发表过作品,其中鲁迅的共有50余篇。

让徐志摩接手《晨报副刊》的原因主要有两个(参见刘群:《饭局·书局·时局——新月社研究》,武汉出版社2010版,第108—109页。):一是孙伏园与刘勉己等人发生龃龉,离开《晨报》与鲁迅另办《语丝》;二是徐志摩在接待泰戈尔访华中声名突显,且与梁启超等私交甚笃。

徐志摩接编《晨报副刊》后,立即发表了办报宣言,表明他的目的和风格。他说:“我早就想办一份报。”“我说我办就办,办法可得完全由我,我爱登什么就登什么。”“我自问我决不是一个会投机的主笔,迎合群众心理,我是不来的,谀附言论界的权威者我是不来的,取媚社会的愚暗与褊浅我是不来的,我来只认识我自己,只知对我自己负责任,我不愿意说的话你逼我求我我都不说的,我要说的话你逼我求我我都不能不说的:我来就是个全权的记者,但这来为他们报纸营业着想却是一个问题。”①可见徐志摩早就希望有一个阵地能发表言论,当初成立新月社就是“想做戏”,但新月社没有自己的刊物,现在终于有了一个“戏台”,生性独立自由的他当然要自主的权利。而接下来《晨报副刊》发生的“一篇文章两场论战”事件更体现了他的自由主义作风。

① 徐志摩:《我为什么来办我想怎么办》,赵遐秋等编《徐志摩全集》第4卷,广西民族出版社1991年版,第318页。

“一篇文章”是指徐志摩只认文章不认人，更不顾及发文规则，发表沈从文的散文《市集》。《市集》(一九二五年三月二十日于窄而霉小斋作)在被徐志摩看中之前已经在《燕大周刊》发表，并在《民众文艺》上转载了。徐志摩是从前任编辑刘勉已留下来的文稿中意外发现此文的。沈从文当时还没有什么名气，为赚稿费而将自己发过和未发的文章一起编成集子送给刘勉已，希望能出版。徐志摩并不熟悉沈从文，但文章成了他们之间友谊的桥梁。徐志摩不仅将它发表了，还热情洋溢地为它写了评语附在文后，称“这是多美丽，多生动的一幅乡村画。作者的笔真像是梦里的一只小艇，在波纹瘦鳒鳒的梦河里荡着，处处有着落，却又处处不留痕迹。”他明明是在夸奖沈从文，却偏要说：“奖励也是多余的：因为春草的发青，云雀的放歌，都是用不着人们的奖励的。”[①]当沈从文担心《市集》的再刊会带来麻烦时，徐志摩不仅回应他“不碍事”，算副刊转载，还宣称如果没有好稿子，他宁愿印《红楼梦》。可见徐志摩是个性情中人，凭感觉和义气行事。艺术标准是第一标准，好的艺术作品在他那里是不必恪守发表规则的。徐志摩在主编《晨报副刊》期间，不仅力邀赵元任、梁启超、张奚若、傅斯年、任鸿隽、陈衡哲、陶孟和、张东荪等自由主义知识分子撰稿，发表了闻一多的新诗、谢冰心的《寄小读者》等作品，还组织了几次关乎国计民生的讨论，使《晨报副刊》一度成为北京的一块重要

① 徐志摩：《对沈从文〈市集〉的批语》，赵遐秋等编《徐志摩全集》第4卷，广西民族出版社1991年版，第387页。

的思想文化阵地。[1]

同日 致刘海粟信，请刘海粟为《晨报副刊》设计新图案：

来书言之慨然。世固俗极陋极，不可以为伍，则唯有斗之斥之，以警其俗而破其陋。海粟豪爽，曷与乎来？共作战矣。讲义收到，今晚阅过，不禁笔痒，一起遂不可止，得三千言，且较原文愈倍矣。我言甚朴，因不愿听公教之。

歆海犹未归，失意事多可叹！然得意亦尔尔，或不如失意为饶诗意焉，则亦无可比量矣。

副刊新图案何似？胡不为我造新？

老牛竟未谋面，不识最近内情。兄欲举荐者谁何？荷见知。

画来均当披露，画报特刊容与博生商之。[2]

按，接编《晨报副刊》后，曾向梁启超、胡适、闻一多、陈源（西滢）、凌叔华、郁达夫、刘海粟、陈衡哲、陶孟和郭沫若、沈从文等人约稿，但郭沫若不予理睬。

同日 致沈性仁信，约请陶、沈夫妇赴宴，并询问《晨报副刊》约稿完成情况及对《晨报副刊》新版式的观感。[3]

同日 在《晨报副刊》发表《〈中秋晚〉附言》。初收上海书店出版社一九九五年八月版《徐志摩全集》第八册。《中秋晚》为凌叔华应徐志摩之邀所创作的小说。《〈中秋晚〉附言》中云："为应节起见，我央着凌女士在半天内写成这篇小说"。

---

① 黄红春：《古典与浪漫：新月派文学观念研究》，江西人民出版社 2015 年版，第 68—69 页。

② 韩石山编：《徐志摩全集》（第七卷），商务印书馆 2019 年版，第 46—47 页。

③ 陈子善：《新见徐志摩致沈性仁函三通考索》，《北京青年报》2021 年 6 月 13 日。

月初　节译尼采《超善与恶》，后发表于一九二五年十月八日《晨报副刊》，题为《〈超善与恶〉节译》，未署名。

5日　在《晨报副刊》发表《迎上前去》一文。初收上海新月书店一九二八年一月版《自剖》。文中坦陈："是的，我从今起要迎上前去！生命第一个消息是活动，第二个消息是搏斗，第三个消息是决定；思想也是的，活动的下文就是搏斗。搏斗就包含一个搏斗的对象，许是人，许是问题，许是现象，许是思想本体。一个武士最大的期望是寻着一个相当的敌手，思想家也是的，他也要一个可以较量他充分的力量的对象，'攻击是我的本性，'一个哲学家说，'要与你的对手相当——这是一个正直的决斗的第一个条件。……'"①

按，此时，陆小曼在徐志摩鼓励下已同王庚离婚，刚从上海来到北京，一时找不到徐志摩。见到此文，方知徐在《晨报副刊》任职，即在当日找到他告知离婚的消息。

同日　在《晨报副刊》发表为张奚若《副刊殃》写的附注，附于张奚若《副刊殃》文后，原无题，现题为《〈副刊殃〉附注》。

6日　《晨报·社会周刊》发表了陈启修的《帝国主义有白色和赤色之分吗?》，陈文认为苏联"是我们的朋友"，赞颂了苏维埃政权，引起了极大的反响。张奚若于八日在《晨报副刊》发表《苏俄究竟是不是我们的朋友》回应陈文，并说："我在这里顺便劝告《晨报》主人一下：一个报对于社会上的重大问题要有一种一贯的主张，若是今日说东，明日说西，那就近于儿戏了。……我劝你们以后对于这个问题不但要在正张的新闻栏留心，也要在副张的论说上加意，不要使敌人的宣传品乘机混入。老实说，若是

---

① 韩石山编：《徐志摩全集》（第三卷），商务印书馆2019年版，第139页。

你们昨天没有登陈先生那篇替苏俄宣传的文章，我现在就用不着在这里申斥你们。”张的提议得到了徐志摩的赞许，遂在《晨报副刊》上展开一场长达两个月之久的“苏俄仇友问题”的大讨论。

7日 在《晨报副刊》发表译作短篇小说《生命的报酬》（［意］马拉伊尼作）。文前有为该译作所写的附记：《从小说讲到大事》，文前括号内按语云：“本来这一段应该附在下面这篇一文后背的，但在我没有写完的时候，我已经决定不仅把他放在译文的前面，并且还当作本期的正文。”初收上海新月书店一九二七年八月版《巴黎的鳞爪》。

8日 致孙伏园信，后发表于是年十月九日《京报副刊》。信中道：

> 这回《晨报副刊》篇首的图案是琵亚词侣的原稿，我选定了请凌叔华女士摹下来制版的。我谢了她，却没有提画的来源。重徐（陈学昭笔名，引者注）先生不耐烦了。该的。他骂了。该的。幸亏我不是成心做贼，一点也不虚心，赶快来声明吧。第一我先得把重徐先生这份骂完全承担在我一个人身上再说，绝对没有旁人的分。那天出了报以后我的朋友就问我为什么没有声明那是琵亚词侣的原画；叔华更是着急，她说又该人家骂了！我说不忙，我正想长长的做一篇说明我为什么选用那个姿态，我正在忙着寻一本卡图勒斯 Catulius 的集子哪。琵氏原画是像图解卡图勒斯一节诗的，那诗的内容我不知道，所以我得看了书再写。我问了好几个朋友都没有那书。同时我忙着编稿，就搁了下来，直到今天一早一个朋友摇电话给我，把我从暖被窝里挖出来，告我说有人骂了，该的！可不要错怪了人，这疏忽的分全是我的。其实琵亚词侣的黑白素绘图案，就比如我们何子贞、张

谦卿的字，是最不可错误的作品，稍微知道西欧画事的谁不认识，谁不爱他？我们朋友里就有不少一见那图案就指说是他的，没有错儿。我还记得那晚最先认出的是徐祖正与邓以蛰两位。所以我即使成心做贼，我也决不会到团城里去偷了那尊大玉佛回来，供在家堂说这是我亲手雕的。太笑话了。只是卡图勒斯的诗集始终不曾找到，我想做的一篇说明因此没有做，我倒要乘便问问那位要是碰巧有在手头愿意借给我的，我一定道谢(顶好是英译本)。

真对不起，伏园，这来得沾光贵刊的篇幅，请你就替我登出，并且有便时转致重馀先生以后多多教正。同时我得替我摹制图案人深深的道歉，因为我自己不小心连累她也招人错怪了。还有那原画有一小块林木的黑影没有摹上的，乘便声明。[①]

按，致孙伏园信的具体原因是：由于徐志摩上任伊始，为了彰显自身的艺术趣味，换掉了副刊的“刊头”，将原来的“晨报副镌”四个隶书黑体大号字，换成了凌叔华手绘的“扬手女郎图”，不少人认为这幅西洋女子画，很颓废很不健康。更有意思的是，10 月 8 日《京报副刊》刊登了一篇署名“重馀”(陈学昭)的文章，题为《似曾相识的〈晨报副刊〉篇首图案》，指责《晨报副刊》的篇首图案系抄袭之作。为此，徐志摩才致信孙伏园，强调这一事件与凌叔华无关，完全是由于自己的疏忽造成的。

同日　在《晨报副刊》发表《葛德的四行诗还是没有翻好》，文章云：“自从我在《现代评论》第二卷第三十八期提起了一个译诗的问题以来，德文学者朱家骅先生也来了一道译文。我这里

---

① 韩石山编：《徐志摩全集》(第七卷)，商务印书馆 2019 年版，第 38—39 页。

又收到周开庆先生的一封信，内附他的三种译法，此外还有郭沫若先生在上海我见他时交给我他的译稿，我现在把各家的译文按次序写上，再来讨论。”

同日　在《晨报副刊》发表诗作《运命的逻辑》(署名鹤)，初收上海新月书店一九二七年九月版《翡冷翠的一夜》；发表《唈死木死》，此文是就同期刘海粟《特拉克洛洼与浪漫主义》一文的评论，初收台湾时报文化出版事业有限公司一九八〇年版《徐志摩诗文补遗》。

同日　在《晨报副刊》发表《又从苏俄回讲到副刊——勉己先生来稿的书后》一文，谈对“苏俄仇友问题讨论”的看法。认为“中国对苏俄的问题，乃至共产主义与中国，和国内共产党一类问题，到今天为止，始终是不曾开刀或破口的一个大疽，里面的脓水已经积聚到一个无可再淤的地步，同时各地显著与隐伏着的乱象已经不容我们须臾的忽视。假如在这个时候，少数有独立见解的人再不应因理智这把快刀，直剖这些急迫问题的中心，我怕多吃一碗饭多抽一支烟的耽误就可以使我们追悔来不及。理智是一把解决纠纷的快刀，我信。”

同日　作《天鹅哀歌》附言，后发表于是年十月十九日《晨报副刊》，附于焦菊隐所译《天鹅哀歌》之后。附言云：“此译与Constance Garnett[①] 似有小出入处，我今晚头疼不及代校，印出后盼菊隐自己再去复校一次，恕我躲懒了。”[②]

按，《天鹅哀歌》系契诃夫的话剧，焦菊隐由英译本转译，发表于一九二五年十月十二日、十五日、十七日、十九日《晨报副

① Constance Garmett：伽尼特(1861—1946 年)，英国翻译家，译有托尔斯泰、契科夫等俄国作家作品。

② 韩石山编：《徐志摩全集》(第三卷)，商务印书馆 2019 年版，第 169 页。

刊》。徐志摩附言载十九日《晨报副刊》，十二月二十六日《晨报副刊》刊出焦菊隐《更正》。

12日 在《晨报副刊》发表译作短篇小说《维龙哪的那个女人》（[法]法郎士作，署鹤译）。初收台湾时报文化出版事业有限公司《徐志摩诗文补遗》。

同日 在《晨报副刊》发表《读桂林梁巨川先生遗书》，谈对梁巨川自杀的看法。此文刊后，隐衡哲、陶孟和均作文参加讨论，十月十五日《晨报副刊》发表陶孟和《再论梁巨川先生的自杀》一文，文前有徐志摩所作"附言"。徐志摩后又于十月二十四日在《晨报副刊》发表《再论自杀》一文结束讨论，文前附陈衡哲来信。

14日 在《晨报副刊》发表《叔本华与叔本华的妇女论》。文中道："我们又来犯大不韪了！叔本华的妇女论是一篇无忌惮的'毁文'，他的古怪脾气，他的偏僻性，他的厌世观，他的打破偶像主义，都在这篇短文里得到了尽情的发泄。……"①

同日 在《晨报副刊》发表《〈把戏〉附言》。《把戏》为徐雉所作诗歌。

15日 在《晨报副刊》设"关于苏俄仇友问题的讨论"专栏，发表《关于苏俄仇友问题讨论的前言》，附陈均的"来稿一"、陈翔的"来稿二"。同期发表《〈再论梁巨川先生的自杀〉附言》，初收北新书局一九二六年六月版《落叶》。

同日 作《吊刘叔和》一文，后发表于是年十月十九日《晨报副刊》。初收上海新月书店一九二八年一月版《自剖》。

17日 在《晨报副刊》发表《〈志摩的诗〉附注》，此文附于周

① 韩石山编：《徐志摩全集》（第三卷），商务印书馆 2019 年版，第 177 页。

容《志摩的诗》文后，原无题，署“志摩附注”；同期发表《道谢》一则，未署名：“这幅新图案是闻一多先生制赠的，我们多多道谢。”①

22日 在《晨报副刊》发表《记者的声明——“仇友赤白的仇友赤白”讨论的前言》一文。文中道：

奚若最初说《晨报》不应该登载赞成或隐利苏俄的文章，我不这样想。我心目中的友只是我上面列举的几条“我爱”；我的敌人也就是上面列举的几条“我恨”，这标准似乎狠空泛，不着实际，但我再也想不出更合理的标准。绍原说我“尚不失赤子的心”，我觉着安慰，因为我信得过他这句话里没有混入“爱伦内”。就凭着这一点“赤子之心”，如果我真的不曾完全失去，我才敢来与你们相见。

我现在特辟这“仇友赤白的仇友赤白”一栏，专为登载关于中俄关系乃至联起的中国将来国运问题，盼望国内有思想的特权与责任的朋友们共同来讨论这件大事。②

按，本文为总题《仇友赤白的仇友赤白》的第一部分，题名《一、前言 记者的声明》，同时收入张奚若《联俄与反对共产》，江绍原《来信》，抱朴《苏俄不是帝国主义吗？》。

24日 在《晨报副刊》发表《零碎》，署名记者。初收台湾时报文化出版事业有限公司一九八〇年版《徐志摩诗文补遗》。本文谈了自己作编辑的一些感受以及自己与郭沫若、刘海粟等作者的交往经历。

做编辑先生得到的第一个虚荣的满足是信多。有人爱

---

① 韩石山编：《徐志摩全集》（第三卷），商务印书馆2019年版，第200页。

② 韩石山编：《徐志摩全集》（第三卷），商务印书馆2019年版，第202—203页。

信，有人不爱信；我总算是爱的。……

同时郭沫若先生有封信来：

“志摩：在友人处看见你所编纂的《晨报副刊》，看见你把我译的歌德的那几行诗也一道发表了，甚是惭愧。你说‘还是没有翻好’，是一些也不错的。不过其中错了一个字，我不能负责，倒要请你为我改正一下。便是第三行的‘独坐在枕头上哭到过天明’的‘枕’字，我决不会有那样荒唐，会连德文的Bett（床）字也要译成枕字的。我所以特别写这封信来请求你，请你替我改正。郭沫若上，十月十二日。”……

我写东西太大大意了，有时竟会不自觉的得罪人，我这回有些知道了。海粟是我的好友，他那爽恺，他那豪放，最合我脾胃。他知道我办副刊，他就投稿来帮忙。……①

同日　在《晨报副刊》发表《再论自杀》，文前附陈衡哲来信。初收北新书局一九二六年六月版《落叶》。文中道：“我不狠明白陈女士这里‘自杀的愿念’的意义。……所以自杀照我看是决不可以一概而论的；虽则它那行为结果只是断绝一个身体的生命。……但是我们还不曾讨论出我们应得拿什么标准去评判自杀。……这里我想我们得到了一点评判的消息。就是自杀不仅必得是有意识的，而且在自杀者必定得在他的思想上达到一个‘不得不’的境界，然后这自杀才值得我们同情的考量。”

26日　在《晨报副刊》发表《话匣子（一）——〈汉姆雷德〉与留学生》。初收台湾时报文化出版事业有限公司一九八〇年版《徐志摩诗文补遗》。

28日　在《晨报副刊》发表《话匣子（二）——一大群骡；一只

---

①　韩石山编：《徐志摩全集》（第三卷），商务印书馆2019年版，第210—212页。

猫：赵元任先生》。初收台湾时报文化出版事业有限公司一九八〇年版《徐志摩诗文补遗》。

29日 致刘海粟信："连奉二函，铭感深矣。战事起，百凡停顿。展览事亦受影响，真闷损人。承问近来心绪，诚如君言，较前安适多矣。小曼身世可怜，此后重新做人，似亦不无希望，天无绝人之路，于此验矣。承嘱将护，敢不加勉！见时当为道及，曼必乐闻。兄欧游极忙。行严如留，所说事当易办到。容见时先为道及。康、吴、朱诸老固所忻慕。适之有此机会，令我咽唾不置。此后再有机会，定须为我设法。我海外交游类皆六十乃至八十之老人，忘年交有时最真切也。适之兄恋上海，此间无日不盼，岂有此理！告他我的头颅已经丝瓜长了。滕固兄小说胡尚迟迟？《晨报》不到，想为交通阻绝故。新学制容问后再闻。"

同日 在《晨报副刊》发表诗作《我来扬子江边买一把莲蓬》（署名海谷），初收上海新月书店一九二七年九月版《翡冷翠的一夜》。

同日 在《晨报副刊》发表发表《〈如何才能完成国庆的意义〉订误》，原题《订误》，未署名。《如何才能完成国庆的意义》为梁启超所作连载文章。

31日 在《晨报副刊》发表《罗曼罗兰》。初收上海新月书店一九二七年八月版《巴黎的鳞爪》。文章表达了对罗曼罗兰和托尔斯泰敬意："罗曼罗兰（Romain Rolland），这个美丽的音乐的名字，究竟代表些什么？他为什么值得国际的敬仰，他的生日为什么值得国际的庆祝？他的名字，在我们多少知道他的几个人的心里，唤起些个什么？他是否值得我们已经认识他思想与景仰他人格的更亲切的认识他，更亲切地景仰他；从不曾接近他的赶快从他的作品里去接近他？

一个伟大的作者如罗曼罗兰或托尔斯泰，正像是一条大河，它那波澜，它那曲折，它那气象，随处不同，我们不能划出它的一湾一角来代表它那全流。我们有幸【福】在书本上结识他们的正比是尼罗河或扬子江沿岸的泥堁，各按我们的受量分沾他们的润泽的恩惠罢了。说起这两位作者——托尔斯泰与罗曼罗兰，他们灵感的泉源是同一的，他们的使命是同一的，他们在精神上有相互的默契……"①

同日　在《晨报副刊》发表《征文启事》（未署名），附于《罗曼罗兰》文前："卡立大斯那格先生（Kalidas Nag，加尔各搭大学历史教授，上年与泰谷尔同来中国）新近有信给我，专为法国罗曼罗兰明年六十年整寿征文。他们预备出一本纪念集子，收集各国作者关于罗曼罗兰的各类文章；代表印度的泰谷尔与甘地。他信上说起罗曼罗兰先生自己极想望从'新中国'听到他思想的回响。他们正在筹备替他'做生'，那是一九二六年（明年）正月，但纪念集子须赶前印出，所以国内如有投稿（英文法文均可）至迟须于十一月付寄。"②

同日　在《晨报副刊》发表《下期预告》，原题《预告》，未署名。《预告》："（一）英国经济学者开痕司③（John Maynard Keynes）新著《论苏俄》论文，载在伦敦《国民周刊》（The Nation and Athenaeum）第一篇特约张慰慈译出，下期起载本刊，阅者注意。

（二）下期有张奚若先生答陈启修先生文。"④

---

① 韩石山编：《徐志摩全集》（第三卷），商务印书馆 2019 年版，第 222 页。

② 韩石山编：《徐志摩全集》（第三卷），商务印书馆 2019 年版，第 230 页。

③ 今译凯恩斯。

④ 韩石山编：《徐志摩全集》（第三卷），商务印书馆 2019 年版，第 231 页。

本月 在编《晨报副刊》同时兼任北京大学教授，在英文系任课。

按，陈子善据张友鸾《徐志摩写〈济慈的夜莺歌〉》一文推断：徐志摩1924年12月以前已在北大执教，并讲授过《夜莺歌》[①]。

秋 替林长民出面，代表段祺瑞政府邀请泰戈尔再次访华，泰戈尔没有接受。

秋 作诗《丁当——清新》，后发表于一九二五年十二月一日《晨报七周年纪念增刊》。初收上海新月书店一九二七年九月版《翡冷翠的一夜》。

11月

约3日 致王统照信，就对方寄来的小说稿《水夫阿三》发表批评意见。后附于《水夫阿三》前，发表于是年十一月五日《晨报副刊》。信中道：

> 真想不到你近来会得这样的大胆，这样的无忌惮，这样的惨刻！我意思是说你的小说，不指你的行为。前好几天我初接到你的来稿，我好不欢喜，我就随手回你一个信说立即付印。但我看不到一半我心里已经觉得老大的不自在；看完以后我益发踌躇了。像这样的粗恶描写下等人的性欲生活的东西，我这体面的《晨报副刊》，小姐太太们都看得到的，如何能登？而况这正是提倡风化，整饬纪纲的明时，这类恶滥的作品如何可以占据清白的篇幅？并且还得从我个

① 陈子善：《新见忆徐志摩文两篇》，《书城》2021年第7期。

人编辑的名誉着想。不，我得考虑。反正我即使不登，剑三也决不会见怪的。

那晚自己这样想。

后来我又顺便请一两个朋友替我看，他们批评力都比我高明；他们的案语是，"不狠看懂"。

这篇稿已经在我桌上有两星期了。我并没有看第二遍，但"水夫阿三"的影子只是更浓浓的在我的记忆里或是想像里动着。我可以说这篇写得还不好，用字还着实欠经济，许多粗浊的字样可以避去同时不至损及作者要表现的粗浊的意致；但我凭良心不能说这篇东西是完全要不得，虽则我从不怎样喜欢曹拉派的写实小说。我们可以批评文学家运用题材的方法，但我们不能干涉他运用任何的题材；所以我们至多只能说剑三的《水夫阿三》写的还不好，却不能说剑三你不该写这样的文章。

现今的作品，尤其是小说与所谓新诗，其实是本质上太单薄，都像是小器主人拿出来的面汤，只见混水，捞不到几根面条。这原因是作者们自身没有真实的经验的背景，单想凭幻想来结构幻景，或是把不曾亲自"实现"的经验认作了现成的题材，更说不上想像的洗炼（练），结果写出来的都是不关痛痒的"乱抓抓"——叫你看了不乐也不恼，反正是这么一回事。这是最难受不过的。剑三这篇东西至少叫你不得轻易看过就算，你不叫好，就得叫骂，而且我猜一定有不少人看了会着恼的。剑三可以自傲也就是这一点。因此我把它压了两个星期的结果还是忍不住拿来付印，抵拼分挨一部分的痛骂。剑三，我想我这当编辑的总算是负责任的了！

按，发表时小说后附王统照《水夫阿三》附记："志摩连写了几次信来，嘱我为他的'新副刊'作文，我实在忙得很，一时做不及，只有复信'延期'而已，但是这位新编辑拉人做文字的手段也不弱——我听见过余上沅先生说的——恰好他又来信了；也恰好《自由周刊》因为被人家扣留停寄，便暂停刊，于是这一篇《水夫阿三》也没被《自由》攫去。本来这是我最近两天的深夜中工作的余暇，在睡眼迷离中乱写的。《自由》早已经预定下了，现在好了，我就此送与志摩暂作搪塞罢。还请新编辑先生不要说我拿了别处的稿子做人情！"

4日　在《晨报副刊》发表《刘侃元先生来件前言》，附于刘侃元《中国的建国策与对苏俄》文前。刘文后于十一月七日、九日、十二日、十四日《晨报副刊》续完。

按，邵华强《徐志摩年谱简编》：本月4日发表刘侃元赞同陈启修观点的文章。徐志摩同期发表《刘侃元先生来件前言》，反对刘侃元的观点，说："我不是主张国家主义的人，但讲到革命，便不得不讲国家主义；为什么自己革命自己作不了军师，还得运外国主意来筹画流血？那也是一种可耻的堕落。"

同日　在《晨报副刊》发表《〈论苏俄〉按语》，原无题，署名记者。附于张慰慈译开痕司《论苏俄》一文前。

5日　在《晨报副刊》发表译文《鹞鹰与芙蓉雀》（[英]赫得逊作），正文前附小序云："我有一次问太谷尔在近代作者里他最喜欢谁；他说他就喜欢赫孙。"①初收上海新月书店一九二七年八月版《巴黎的鳞爪》。

7日　在《晨报副刊》发表译作长篇小说《赣第德》（[法]伏尔

---

① 韩石山编：《徐志摩全集》（第九卷），商务印书馆2019年版，第101页。

泰作)，前附序言。小说后连载于《晨报副刊》一九二五年十一月七日、九日、十八日、二十一日，十二月十四日，一九二六年八月九日、十一日、十四日、十八日、二十一日，九月十三日，十二月九日、十一日、十三日。一九二七年六月上海北新书局出单行本。序言云："这是凡尔太在三天内写成的一部奇书。凡尔太是个法国人，他是十八世纪最聪明的，最博学的，最放诞的，最古怪的，最臃肿的，最擅讽刺的，最会写文章的，最有势力的一个怪物。他的精神的远祖是苏格腊底士，阿里士滔芬尼士，他的苗裔，在法国有阿那托尔法郎士，在英国有罗素，在中国——有署名西滢者有上承法统的一线希望。不知道凡尔太就比是读二十四史不看史记，不知道赣第德就比是读史记忘了看项羽本纪。我今晚这时候动手翻赣第德——夜半三时——却并不为别的理由，为的是星期六不能不出副刊，结果我就不能不抱佛脚，做编辑的苦恼除了自己有谁知道，有谁体谅。但赣第德是值得你们宝贵的光阴的，不容情的读者们，因为这是一部西洋来的镜花缘，这镜里照出的却不止是西洋人的丑态，我们也一样分得着体面，我敢说；尤其在今天，叭儿狗冒充狮子王的日子，满口仁义道德的日子，我想我们有借镜的必要，时代的尊容在这里面描着，竟许足下自己的尊容比旁人起来相差也不在远。你们看了千万不可生气，因为你们应该记得王尔德的话，他说十九世纪对写实主义的厌恶是卡立朋(莎士比亚特制的一个丑鬼)在水里面照见他自己尊容的发恼。我再不能多说话，更不敢说大话，因为我想起书里潘葛洛斯(意思是全是废话)的命运。"①

11日　在《晨报副刊》发表《志摩的欣赏》，附于沈从文散文

① 韩石山编：《徐志摩全集》(第十卷)，商务印书馆2019年版，第342—343页。

《市集》后，原无题，文末注“志摩的欣赏”。文中云：“这是多美丽，多生动的一幅乡村画。作者的笔真像是梦里的一只小艇，在波纹瘦鳒鳒的梦河里荡着，处处有着落，却又处处不留痕迹；这般作品不是写成的，是‘想成’的，给这类的作者，批评是多余的，因为他自己的想像就是最不放松的不出声的批评者；奖励也是多余的，因为春草的发青，云雀的放歌，都是用不着人们的奖励的。”①

按，《市集》是沈从文撰写的一篇描绘故乡集市场景的白描式文字，此前已在《燕大周刊》发表且被《民众文艺》转载，之前署名“休芸芸”，此次署名“沈从文”。徐志摩再次将此文发表，并附上了《志摩的欣赏》，对之进行赞扬。鉴于此文一稿多发，沈从文立即写了《关于〈市集〉的声明》，请徐志摩刊登在是年十一月十六日《晨报副刊》加以解释。徐志摩亦撰附记发表于沈从文的声明后：“从文，不碍事，算是我们副刊转载的，也就罢了。有一位署名‘小兵’的劝我下回没有相当稿子时，就不妨拿空白纸给读者们做别的用途，省得搀上烂东西叫人家看了眼疼心烦。我想另一个办法是复载值得读者们再读三读乃至四读五读的作品，我想这也应得比乱登的办法强些。下回再要没有好稿子，我想我要开始印《红楼梦》了！好在版权是不成问题的。”沈从文自此进入“新月派”团体，也成为徐志摩担任主编时期《晨报副刊》的主要撰稿人。

同日　在《晨报副刊》发表《介绍〈燕大周刊〉》（未署名）：“《燕大周刊》自第八十二期起归焦菊隐君编辑，单印成册，本期有刘大钧、周作人、俞平伯诸先生论文，特为介绍。”

---

① 韩石山编：《徐志摩全集》（第三卷），商务印书馆2019年版，第247页。

同日 在《晨报副刊》发表《守旧与“玩”旧——孤桐先生的思想书店》。初收北新书局一九二六年六月版《落叶》。

按，邵华强《徐志摩年谱简编》：“批评孤桐（章士钊）在《甲寅周刊》第十七期上发表的《再疏解释义》一文，认为孤桐在思想上没有基本信念。后孤桐在《甲寅周刊》第十八期上发表《答志摩》，反驳徐志摩的批评。”

16日 在《晨报副刊》发表为《关于〈市集〉的声明》所写“附记”。

21日 在《晨报副刊》发表《〈陶孟和函〉附言》，原无题，未署名。陶孟和于是日《晨报副刊》发表《职业与生殖》，文末附致徐志摩函，徐志摩于此函后附言：“我只有一句话：我切盼陶先生多做几朵‘丑花’给我们醒醒眼。”①

同日 在《晨报副刊》发表《小启一则》，原无题，未署名。

22日 致胡适信：

> 今天你上车正逢大雨，不狼狈否，念念！在床上闻有电来问马褂，此间却无有，已寻得否？在津想必剧忙，有暇作书否？梁先生信未见转来，想不忘却，我父处最好能为再去一信促成好事。不瞒哥哥说，弟妹们（用史记调）盖稍稍情急矣！
>
> 季刊函已寄庄士敦，有万一希冀否，好在数少，能为助成最盼。②

25日 在《晨报副刊》发表诗作《决断》，署名海谷，初收上海新月书店一九二七年九月版《翡冷翠的一夜》；发表译诗《我要

---

① 韩石山编：《徐志摩全集》（第三卷），商务印书馆2019年版，第251页。

② 韩石山编：《徐志摩全集》（第八卷），商务印书馆2019年版，第20—21页。

你》([英]阿瑟·西蒙斯作,徐译沙孟士),发表时题为《译诗》,另注:"Amoris Victima"第六首,意为《爱的牺牲者》第六首,署名鹤。

28日 在《晨报副刊》发表《〈梁启超来函〉附志》,署"志摩附志"。

按,梁启超将《佛教教教理概要》寄徐志摩时附函说明原委,徐刊出梁文时,将梁函刊于文前并写附记。

同日 在《现代评论》第二卷第五十一期发表诗作《海边的梦》。初收台湾传记文学出版社一九六九年版《徐志摩全集》第六卷。此诗是改写周灵均的一首同题诗而成,发表时载有周灵均的原题和西滢的附记。

29日 《晨报》馆失火,停刊7天。

本月 致信胡适,希望其帮忙促成与陆小曼的婚事:

> 我这封信写了好几天了。有不少话要说,开头先讲几句正经话,你的课我已经去代了。不但代课,连我自己的都去上了。……
>
> ……
>
> 我们见天盼你回来,还以为你留连忘返哪,谁知你吃著大苦来著。现在要讲更正经的正经话了。眉的信想已收到。我们这来变化细情,非等你回来说不详尽的。反正现在我与她已在蜜缸里浸著,所有可能的隔阂麻烦仇敌缝儿全没了;剩的只是甜。并且不但我与眉,就连眉的爹娘也是十分的了解与体谅。现在唯一的问题是赶快要一个名义上的成立。我的意思是如此。我的父亲赶快得来,最好你能与他同来,那美极了!我们先得靠傍你,我们唯一的知友忠友,替我们在他面前疏说一切。应得说清楚的至少有这几

点:第一,眉是怎样一个人;第二,我与她的感情关系已到了何种程度;第三,这回眉离婚纯出彼父母主意,因为彼双亲同看著F待她有极不堪的情形,不由得她不反过五十年的旧脑筋决定离婚,并且将来再结婚也得她二老的主政(烈情的浪漫当然讲不到也用不著讲了)。使他明白F夫妇并不是被我拆散的;四,我爸妈待我太好了,我有大事不能不使他们满意,因此我要爸(妈能同来当然更好)来,亲自来看看眉,我想他一定会喜欢她的。他满意了以后还得让他对眉的二老谈这件事再行订定,名正言就顺了不是?总之无论如何,爸爸总得来京,而且得快来,因为我们直著急不了。爸爸上次来京见了眉,说她纯粹一个小孩子,跳跳蹦蹦的,但同时他又听着了她的事情,这回又有上海的事情,老人家不免有误解的地方,并且在南边他更听得著许多不相干的话(F自己方面比如说),这都是应得说清楚的。爸最信服你,他也知道你是怎样知我爱我的,你如其与他恳切的谈一次天,一定是事半功倍的。总之老阿哥,烦你也烦到底了,放著你自己屁股吃苦我们不能安慰你,反而央你管我们的事,但我们相信你决不会不愿意的。总算是你自己弟弟妹妹的大事,做哥哥的不能不帮忙到底,对不对?且等著你回来,我们甜甜的报酬你就是。不多写了。[①]

12月

1日　在《晨报七周年纪念增刊》发表译作短篇小说《幸福》([英]曼斯菲尔德作),发表时前附序言。小说初收上海北新书

---

① 韩石山编:《徐志摩全集》(第八卷),商务印书馆2019年版,第21—23页。

局一九二七年四月版《曼殊斐尔小说集》。

7日 在《晨报副刊》发表《灾后小言》，初收台湾时报文化出版事业有限公司《徐志摩诗文补遗》。文中云：

> 副刊多少不免寄生性质。报馆叫一把火烧了，正张出不了版，副刊也只得跟着不作声；正张醒了，副刊也只得跟着爬起来。……
>
> 我记得我接手副刊的时候有人说起凡是副刊全要不得，全该取销；这回差点儿连正刊都给取销了！有一位朋友提什么火烧不火烧，就有人顶着嚷宣武门外火起了，你们看着！谁知竟成了谶语，果然遭了火，……[①]

同日 在《晨报副刊》发表《记者谨启》，署名记者："惠稿诸君鉴，报馆遭难，副刊稿件幸无恙，用否容分别函复。本刊复活，至盼投稿，共维生命。"[②]

9日 在《晨报副刊》发表《火烧纪念》："江先生原稿第十四张在报馆被毁遗失，阙此存念；此外有沈从文君《赌徒》篇亦遭殃。"[③]按，江先生指江绍原。

10日 在《晨报副刊》发表译文《契诃夫论新闻记者的两封信》（[俄]契诃夫作），署名海谷。初收台湾时报文化出版事业有限公司《徐志摩诗文补遗》。

中旬 致沈性仁信，向其约稿："昨儿几个电话都没打着，也不为别的，就贺你的小说写得好。……话说回来，你非得给我副刊写一篇不可，限一星期'出货'，我逼你一下试试。你的笔致其实来得爽脆！"

---

① 韩石山编：《徐志摩全集》（第三卷），商务印书馆2019年版，第258—259页。

② 韩石山编：《徐志摩全集》（第三卷），商务印书馆2019年版，第261页。

③ 韩石山编：《徐志摩全集》（第三卷），商务印书馆2019年版，第262页。

16日 在《晨报副刊》发表《〈接吻发凡〉附言》，原无题，附于《接吻发凡》译文后，署名记者。附言云："蔼理斯原书不在手边，夏君此译无从校阅，但大致似无讹，故即照登。"夏君为夏斧心，《接吻发凡》为其译作。

同日 在《晨报副刊》发表散文《巴黎的鳞爪》，后于是年十二月十七日、二十四日《晨报副刊》续完。全文于十二月十二日作完，分序言、《九小时的萍水缘》、《先生，你见过艳丽的肉没有？》三部分。初收上海新月书店一九二七年八月版《巴黎的鳞爪》。《先生，你见过香艳的肉没有？》后改题为《肉艳的巴黎》，收入上海中华书局一九三〇年版《轮盘》。

约19日 致周作人信，后发表于本月二十一日《晨报副刊》，附于周作人来函后，总题为《周作人先生来函附复》。初收台湾时报文化出版事业有限公司一九八〇年版《徐志摩诗文补遗》。信中曰：

> 我真该长长的答你一个信，一来志谢你这细心的读者替我们校阅的厚意，二来在我们接到你的来件是一种异样的欣慰。因为本刊的读者们都应该觉出时候已经很久的了。自从作人先生因为主政《语丝》不再为本刊撰文，我接手编辑以来也快三个月了，但这还是第一次作人先生给我们机会接近他温驯的文体，这虽只是简短的校阅，我们也可以看出作人为学的勤慎与不苟。……我们恳切盼望的是作人先生以及原先常在副刊露面的作者们不要完全忘了交情，不要因为暂时的不长进就永远弃绝了它，它还得仰仗你们的爱护，培植，滋润，好叫它将来的光彩（如其有那一天）

是你们的欢喜，正如现时的憔悴应分是你们的忧愁。[①]

19日 在《晨报副刊》发表《杜洛斯奇》（未完），后于二十一日《晨报副刊》续完，发表时另加副题《续鲁那卡夫斯奇记杜洛斯奇》，杜洛斯奇即托洛茨基。

24日 林长民死于郭松龄、张作霖之战。闻讯后极为悲痛，于翌年二月二日作《伤双栝老人》悼念。（林长民晚年在家门前栽种双栝树，人们称其为双栝老人）。

25日 致胡适信："十二月二日发的信今天才到——走了二十四日。这打仗真急死人，什么事情都叫它捣乱了的。……你上一封信是十一月二十九的，此后你该见过我父亲了。结果如何，我焦急得狠，她的二老天天见面问家里有信没有？适之有信没有？不会有问题吗？……我父亲那里还得求相机进言。他迟早得来北京一次，我不能不使他满意。爸太好了！……"[②]

28日 在《晨报副镌》第一四一六号发表《〈幻梦〉更正》，原题为《更正》，未署名。《幻梦》，檄生作，发表于一九二五年十二月二十四日《晨报副镌》第一四一五号。

30日 在《晨报副刊》发表《法朗士先生的牙慧》，初收台湾时报文化出版事业有限公司一九八〇年版《徐志摩诗文补遗》。文中道：

> 不，至少今晚我不能讲法朗士。我的脾气太坏，一动笔就有跑野马的倾向，何况是法朗士，这老头太逗人。今晚一来没有时候，二来没有劲，要不为做编辑没办法，这大冷的风夜，谁愿意拿笔写？……

---

① 韩石山编：《徐志摩全集》（第七卷），商务印书馆2019年版，第250—261页。

② 韩石山编：《徐志摩全集》（第八卷），商务印书馆2019年版，第23—24页。

巴黎真是值得知道的。凭你在生活的头上加什么形容词——精神的，享乐的，美术的，肉欲的，书虫的——巴黎都有可以当场出彩或是现成做得的最完美的活标本给你看。……①

31日 在《晨报副刊》发表译文《法朗士：他的“职业秘密”》（原作者不详）。初收台湾时报文化出版事业有限公司《徐志摩诗文补遗》。

本月 作《婚前闲札》，是与陆小曼婚前所写日记。

按，据商务印书馆二〇一九年版《徐志摩全集》第六卷（韩石山编）：《婚前闲札》“一九二五年十二月”部分，是徐志摩死后，胡适从徐志摩留在胡家的日记里摘录的，后发表于一九三二年《独立评论》第三号，题为《徐志摩日记一页》。胡适摘录手迹载清华大学出版社二〇〇三年六月版《北京大学图书馆藏胡适未刊书信日记》中，题为《志摩日记（一九二五年十二月的日记）》。另，《婚前闲札》还收入“一九二六年春夏间”日记，此部分曾收入香港商务版《徐志摩全集》散文丁集中，与游天目山日记合称《日记残叶》，今从中析出，改用此题。

冬 翻译英国诗人罗塞蒂（D）. G. Rossetti 的诗作《图下的老江》，后发表于一九二六年一月一日《现代评论第一周年纪念增刊》，题下注 John of Tours（old French）。初收上海新月书店一九二七年九月版《翡冷翠的一夜》。

本年 致张寿林信，初载张寿林《追怀志摩》文中，文刊一九

① 韩石山编：《徐志摩全集》（第三卷），商务印书馆 2019 年版，第 282—283 页。

三一年十二月十四日《晨报·学园副刊》。信中道："多谢你最恳切的慰藉，这年头这类话真的不易听到；但是你放心，寿林兄，沮丧我是不晓得的。"①

1926年(丙寅，民国十五年)　30岁

▲3月18日，北京发生"三一八"惨案，段祺瑞下令屠杀请愿要求拒绝八国通牒的民众。

▲4月26日，新闻记者邵飘萍被奉军枪杀。邵飘萍主持的《京报》，因大胆披露张作霖罪行而遭到张的忌恨。

▲7月9日，蒋介石就任国民革命军总司令职，革命军誓师北伐。

▲10月，上海工人在中共领导下举行第一次武装起义。

1月

4日　作《〈现代评论〉与校对》，后发表于是年一月六日《晨报副刊》。此文是徐志摩为重登《翡冷翠的一夜》所写的说明。初收台湾时报文化出版事业有限公司一九八〇年版《徐志摩诗文补遗》。文中道："前年《时事新报》的《学灯》替我印过一首长诗《康桥再会罢》。新体诗第一个记认是分行写，所以我那一首也是分行写。但不知怎的第一次印出时新诗的记以给取销了：变成了不分行的不整不散的一种东西。……承《现代评论》不弃，在最近一期上给我印了我的一首《翡冷翠的一夜》，那是我该

① 韩石山编：《徐志摩全集》(第七卷)，商务印书馆2019年版，第101页。

感谢的，可是这回的鼻子下巴又给弄倒了，那我可不怎样的领情。错字错标点，更不用提。我不能不觉得诧异。《现代评论》不该连一个校对都用不起。还是主持编辑的先生们故意给做新诗的开玩笑，意思说新诗反正是这么一回事，印倒不印倒能有多大关系？我想不通。……省得再去更正，白占《现代评论》最宝贵的篇幅，我对他们告一个罪，恕我就在就近副刊上复登一次原诗，也好叫少数不把新诗完全当'狗屁'看的朋友们至少看一个顺溜。"①

9日 在《晨报副刊》发表译作《法朗士先生与维纳丝》（原作者不详）。初收台湾时报文化出版事业有限公司一九八〇年版《徐志摩诗文补遗》。

11日 在《晨报副刊》发表为刘大杰《〈余痕〉之余》所作附案。初收台湾时报文化出版事业有限公司一九八〇年版《徐志摩诗文补遗》。

同日 作《〈闲话〉引出来的闲话》，后发表于是年一月十三日《晨报副刊》。初收台湾时报文化出版事业有限公司一九八〇年版《徐志摩诗文补遗》。

> 西滢在《现代评论》第五十七期的《闲话》里写了一篇可羡慕的妩媚的文章。上帝保佑他以后只说闲话，不再管闲事！……西滢的法郎士实在讲得不坏。你看了他的文章，就比是吃了一个檀香橄榄，口里清齐齐甜迷迷的尝不尽的余甘。法郎士文章的妩媚就在此。……像西滢这样，在我看来，才当得起'学者'的名词，不是有学问的意思，是认真学习的意思。……他不自居作者；在比他十二分不如的同

---

① 韩石山编：《徐志摩全集》（第三卷），商务印书馆2019年版，第291—292页。

时人纷纷的刻印专集，诗歌小说戏剧那一样没有，他却甘心抱着一枝半秃的笔，采用一个表示不竞争的栏题——《闲话》，耐心的训练他的字句。……但我当然只说西滢是有资格学法郎士的。我决不把他来比傍近代文学里最完美的大师，那就几乎是笑话了。他学的是法郎士对人生的态度，在讥讽中有容忍，在容忍中有讥讽；学的是法郎士的'不下海主义'，任凭当前有多少引诱，多少压迫，多少威吓，他还是他的冷静，搅不混的清澈，推不动的稳固，他唯一的标准是理性，唯一的动机是怜悯；……①

按，此文引起了周作人的不满，作《闲话的闲话之闲话》寄《晨报副刊》讥讽徐志摩头脑不清，"徐先生糊起一个蜃楼来，我就把他戳上两个小窟窿，说世上不大有这种美景，虽然没有什么恶意，但也很对不起。不过这也怪不得，只能怪我们的眼睛生得不同，因为徐先生是天生的是诗人眼，飘来飘去到处只看见红的花，圆的月，树林中夜叫痴的鸟；我的呢是一双凡胎肉眼，虽然近视，却已望得见花底下的有些不洁。徐先生说，'拿了人参汤喂猫，她不但不领情，结果倒反赏你一爪'。这一句很漂亮的话倒正可以拿来作我读了他的好文章反而去顶撞他的这件事的批评。"②遂在《晨报副刊》上也开始了"闲话"笔战。

"闲话笔战"之所以爆发，从徐志摩其后的那篇《再添几句闲话便妄想解围》(1 月 20 日)中可以知悉，徐志摩所赞颂的陈西滢与周氏兄弟关于 1924 年"女师大"事件的"宿怨"。以鲁迅、周作人等为代表的女师大教授联名发表《对于北京女子师范大学风

① 韩石山编：《徐志摩全集》(第三卷)，商务印书馆 2019 年版，第 299—302 页。
② 韩石山编：《徐志摩全集》(第三卷)，商务印书馆 2019 年版，第 326 页。

潮宣言》,表示了对学生正义行动的支持,而以陈西滢等为代表的"现代评论派"则站在杨荫榆校长的立场上反对女师大的学生风潮,且认为此次风潮是有幕后主使利用学生作为工具,牺牲学生的学业来达到个人目的,教授发表宣言等行为不过是"粉刷毛厕"。1925 年 5 月 30 日出版的《现代评论》上陈西滢发表了第一篇关于女师大风潮的文字《粉刷毛厕》,就假托"流言"之口,称女师大风潮是受了"北京教育界占最大势力的某籍某系的人"的"暗中鼓动"和"暗中挑剔"。对此鲁迅作了《我的"籍"和"系"》(载 1925 年 6 月 2 日《莽原》周刊第 7 期)予以还击,而周作人则写了《京兆人》予以回击。

自 1 月 20 日到 26 日,陈西滢、周作人、张凤举等北大教授,或彼此之间,或与徐志摩之间频繁通信,可谓唇枪舌剑,你来我往。徐志摩遂将陈西滢的来信,以及陈西滢所辑录的与周作人、张凤举通信 9 封,再附上刘半农与陈西滢的通信 3 封,共计 12 封信全部刊登在 30 日的《晨报副刊》上。徐志摩在这组信件前面加了按语《关于下面一束通信告读者们》,认为这场争执虽然表面看是私人性质的,但当事人都是思想文化界名人,且争执起于去年教育界最重要的学生风潮,已是影响社会政治道德的公共事件,故将他们的通信公开发表于此。

又按,韩石山认为,"闲话"之争中还牵涉到后来成为著名地质学家的李四光的"薪水"问题。李四光当时任北京大学教授,又兼任国家京师图书馆副馆长,等于拿双份工资,此事遭到鲁迅的批评(《"公理"的把戏》),其实还是由于李四光在女师大风潮事件中属于现代评论派阵营中人,鲁迅在文中顺便将其讽刺一下也不奇怪。而陈西滢在给徐志摩的长信(载《晨报副刊》1926 年 1 月 30 日)中,为李四光抱不平,且以此为例说明"鲁迅先生一下笔就想构陷人家罪状”;李四光也给徐志摩去信,解释自己的“薪水”问题,同时对鲁迅先生的指责表示不满,说“鲁迅先生是当代比较有希望的文士”,但是中国文人常有作“捕风捉影之谈”的习惯,希望鲁迅先生能查清事实,“做十年读书,十年养气的功夫,也许中国因此可以产生一个真正的文士”,此信被徐志摩以《李四光先生来件》刊登在2月1日的《晨报副刊》。对此,鲁迅在《不是信》一文中予以反击,表示极为反感称自己为“当代比较有希望的文士”。而李四光随后又给徐志摩去信,在谈了对陈西滢、周作人及鲁迅的看法后,以极诚恳的态度郑重声明,“对于一切的笑骂,我以后决不答一辞,仅守幽默就罢了”①。

又按,黄红春《古典与浪漫:新月派文学观念研究》:“‘闲话之争’源于1926年1月13日徐志摩发表在《晨报副刊》上的文章《〈闲话〉引出来的闲话》。《闲话》本是《现代评论》上的一个杂文专栏。1926年1月9日,陈西滢在它上面发表《法郎士先生的真相》,徐志摩读后非常佩服,于是写了此文高度赞扬它。不想徐的文章受到周作人的关注,尤其是徐志摩的评价——‘西滢是分明私淑法郎士的,也不止写文章一件事——除了他对女性的态度,那是太忠贞了,几乎叫你联想到中世纪修道院里穿长袍喂鸽子的法兰西士派的‘兄弟’们’,引起周作人的反感。联想起女师大风潮中陈西滢的态度,周作人忍不住写了《闲话的闲话之闲话》,寄给《晨报副刊》。他抓住‘忠贞’二字来反击陈西滢。陈西滢并不示弱,立即撰文回应。因此,双方拉开文字之战。陈西滢在论战中将剧刊一并质问批评,并指称鲁迅的《中国小说史略》

① 韩石山:《少不读鲁迅 老不读胡适》,中国友谊出版公司2005年版,第202—213页。

抄袭了日本盐谷温的《支那文学概论》一书，由此引起鲁迅的愤怒，鲁迅于是撰写《不是信》一长文发表在《语丝》上予以回击。对于他们之间的论战，徐志摩几次出面解围，希望能扮演中立的角色，但他的言辞总是不经意地偏向陈西滢。因此，这场闲话之争实际上是新月派、现代评论派和语丝派之间的一次交锋，也是导致新月派与鲁迅结怨的一个事件。新月派与现代评论派之所以会站在一起，最主要的原因是他们均为欧美留学生群体，对时事的看法基本上都持自由主义态度。所以，'闲话之争'在某种意义上也可以说'是中国现代知识分子欧美留学群体与留日群体利用各自的阵地进行的一次人格与智慧的大较量'[①]"[②]

14日 在《晨报副刊》发表《吸烟与文化》。文中提到："我们也得承认牛津或是康桥至少是一个十分可羡慕的学府，它们是英国文化生活的娘胎。多少伟大的政治家，学者，诗人，艺术家，科学家，是这两个学府的产儿——烟味儿给熏出来的。"[③]

同日 在《晨报副刊》发表《再来声明一次》："再来声明一次，我们去年十月以来的副刊是分家做的办法：每星期二是《社会》周刊，刘勉己先生编的；每星期五是《国际》周刊，陈博生先生编的；每星期日是《家庭》周刊，德言先生编的；此外四天，星一星三星四星六，算是副刊本身，这是归我负责编辑的。此后投稿诸先生最好在来信封面上写明投给谁的，省我们一些手续，感谢之至。再十一月份稿费迟发因本报会计主任卧病故，抱歉万分，至

---

① 刘群：《饭局·书局·时局——新月社研究》，武汉出版社2010版，第128页。

② 黄红春：《古典与浪漫：新月派文学观念研究》，江西人民出版社2015年版，第70页。

③ 韩石山编：《徐志摩全集》（第三卷），商务印书馆2019年版，第305页。

请原谅。”[1]

14日、15日 作《我所知道的康桥》。十四日所写部分(从开头到“准不爱听那水底翻的音乐,在静定的河上描写梦意与春光!”)发表于是年一月十六日《晨报副刊》,末尾附记:“应该还得往下写,但今晚只得告罪打住了。”十五日所写部分发表于是年一月二十五日《晨报副刊》。

按,韩石山《徐志摩传》:“在剑桥期间,志摩记有《康桥日记》……《康桥日记》中所记的,该是他离婚后在康桥的这一段生活了。《康桥日记》已随着他的‘八宝箱’的消失而永远消失了。”[2]

又按,刘洪涛《徐志摩的剑桥交游及其在中英现代文学交流中的意义》:“徐志摩在剑桥的交游非常广泛。文学批评家理查兹说:‘徐志摩朋友遍剑桥’[3],中国学者赵毅衡更认为徐志摩制造了‘剑桥神话’[4]。在徐志摩给奥格顿的信披露之前,人们已经知道他与狄更生、罗杰·弗赖、罗素、韦利、嘉本特、威尔斯等英国学者、艺术家、作家的深厚友谊,知道他拜访过哈代、曼斯菲尔德等著名作家,还知道他与康拉德、萧伯纳等著名作家见过面。徐志摩给奥格顿的六封英文书信披露后,徐志摩交往过的学者名单上又添了许多新的名字。这些人物中的绝大多数都在相关

---

① 韩石山编:《徐志摩全集》(第三卷),商务印书馆2019年版,第308页。

② 韩石山:《徐志摩传》,北京十月文艺出版社2000年版,第68—69页。

③ 梁锡华:《徐志摩新传》,台北联经出版事业公司1982年10月第2版,第30页。

④ 参阅赵毅衡《制造剑桥神话的徐志摩》一文,收入《伦敦浪了起来》,人民文学出版社2002年版。

领域做出过突出贡献，青史留名。① 上个世纪二十年代是剑桥大学人文学术的黄金时代，名家荟萃，群英辈出。我们可以说，徐志摩是这个黄金时代的见证人；在某种程度上，我们甚至可以说，他是那个黄金时代的参与者。……从徐志摩在剑桥的广泛交游可以发现，他是一位出色的文化交流使者。经由与剑桥—布卢姆斯伯集团学者、作家的交往，他把英国知识界最新的潮流带到中国，把英国知识精英的注意力吸引到中国；同时，徐志摩也给英国知识界见证了新文学在异国土壤中萌芽的过程以及中国传统文化在新一代作家身上的延伸和发展。最早论述徐志摩在这方面贡献的英国学者是新批评理论家理查兹（Ivor Armstrong Richards，1893—1979）。理查兹写于1932年的《中国的文艺复兴》一文中，论述了五四新文学特征以及所受外国文学，尤其是英国文学的影响。……徐志摩当年在剑桥的一位至交，汉学家韦利（Arthur David Waley，1889—1966）在1940年曾写过一篇文章《欠中国的一笔债》。他在文中深情回忆了徐志摩在剑桥的学习和交游经历，论述了他对战后英国和知识分子的影响。……徐志摩的影响是多重的，他丰富了中国人关于英国的知识，他是如此动情地描写英国风景和建筑的第一个中国人，他让中国人知道，英国不单有人口密集的商业中心，也有拜伦潭、国王学院的教堂以及康沃尔海岸。此外，徐志摩还翻译了不

① 徐志摩1924年2月11日给奥格顿的信透露的交往名单中，有美学家伍德（James Edward Hathom Wood），数学家、哲学家弗兰克·兰姆瑟（Frank Plumpton Ramsey，1903—1930），心理学家和人类学家瑞沃斯（William Halse Rivers，1864—1922），社会学家斯普如特（Walter John Herbert Sprott，1897—1971），历史学家福布斯（Mansfield Duval Forbes，1889—1936），哲学家布瑞斯维特（Richard Bevan Braithwaite，1900—1990）等，他们都从剑桥大学毕业，大都留在那里任教。详情请参阅《徐志摩的六封英文书信》相关注释。

少英国诗歌，把英诗格律介绍到中国。韦利进而认为，徐志摩对英中文化关系走向'一个伟大的转折点'做出了贡献却没有受到重视，这是英国知识界'欠中国的一笔债务'。……因为徐志摩的剑桥交游以及作为诗人的声誉，他甚至在剑桥文学史上也留下了痕迹。格莱厄姆·切尼(Graham Chainey)的《剑桥文学史》有一段文字论及徐志摩，被我发掘出来，以飨读者：通过狄更生，中国诗人徐志摩(1896—1931)于1921—1922年进入国王学院学习，并被介绍给布卢姆斯伯里社交圈。与此同时，徐志摩对雪莱产生了兴趣，开始相信灵魂不断进取猎奇是人生的最高理想。于是他将这一理想立即付诸行动，与他的妻子离了婚(原先一直和妻子在莎士顿一处村舍中居住)，创作了第一批诗歌作品，全身心地享受生活。后来他回忆说，只有1922年春天'我的生活是自然的，是真愉快的！'徐志摩后来成为最先创作中国'现代'诗歌的诗人之一。他的两首名诗和一篇散文是写剑桥的，在他笔下，有着座座桥梁、行行金柳的剑河是"全世界最秀丽的一条水"。他的诗文使剑桥城在中国人的情感中占有独特的位置。徐志摩还把他的中国帽送给了狄更生。'[①]格莱厄姆·切尼的这段文字只摆了一些大家熟知的常识……重要的是，徐志摩进入了剑桥文学史，他与华兹华斯、拜伦、罗塞蒂、阿诺德、福斯特等剑桥文豪们并列。"[②]

又按，黄红春《古典与浪漫：新月派文学观念研究》："新月派诗人都不同程度地受到西方浪漫主义诗歌的影响，重视情感表

① Graham Chainey, A Literature History of Cambridge (Cambridge: University Press, 1985)，第247页。

② 刘洪涛：《徐志摩的剑桥交游及其在中英现代文学交流中的意义》，《中国现代文学研究丛刊》2006年第6期。

达和艺术想象，思想自由甚至具有叛逆性。徐志摩是其中与浪漫主义文学精神最为契合的一个。他一生游历欧洲三次，三次亲近英国，深受英国十九世纪浪漫主义文学的影响。……康桥是他一生最重要的转折点，诗歌《春》《康桥晚照即景》和《再别康桥》等充分显示了康桥文化对他的洗礼。也正是在康桥他的性灵被开启，从此成为一名诗人。徐志摩不但与很多西方文学家，包括哈代、曼斯菲尔德、狄更斯、韦尔斯、邓南遮等，有过直接接触，同时迷恋拜伦、雪莱、济慈、布莱克、彭斯与华兹华斯等的诗歌。他早期的诗歌主要受到华兹华斯等的浪漫主义诗歌影响，后期则受到哈代等的现代主义诗歌影响。”①

“‘康桥’意象凝聚了‘西学东渐’的时代思潮，把世纪之交的西方文明提炼为一个艺术之‘象’——‘康桥’，这使徐志摩诗歌具有了独特的思想文化史价值。……‘康桥’意象，也成为新诗史上最具审美价值的意象。”②

20日 在《晨报副刊》发表《再添几句闲话的闲话乘便妄想解围》。这是作者对周作人《闲话的闲话之闲话》的回应，附于周文后。文中说：“先说我那篇闲话的闲话，我那晚提笔凑稿子时，‘压根儿’就没忖到这杆笔袅下去是夸奖西滢的一篇东西。我本想再检一点法郎士的牙慧的。……也不知怎的念头一转弯涂成了一篇‘西滢颂’。……第二天起来想起昨晚写的至少有一句话不妥当。‘唯一的动机是怜悯’这话拿给法郎士已经不免遭‘此话怎讲’的责问；若说西滢，那简直有些挖苦了。……说他对女

---

① 黄红春：《古典与浪漫：新月派文学观念研究》，江西人民出版社2015年版，第128—129页。

② 黄红春：《古典与浪漫：新月派文学观念研究》，江西人民出版社2015年版，第155页。

性忠贞，我也只想起他平时我眼见与女性周旋的神情，压根儿也没想起女师大一类的关系。……我实在始终不明白我们朋友中像岂明与西滢一流人何以有别扭的必要——除非你相信‘文人相欺’是一个不可摇拔的根性。不，我不信任他们俩中间（就拿他们俩作比例）有不可弥缝的罅隙！……我来做一个最没出息最讨人厌的和事老（佬），朋友们以为何如？”①

21日　在《晨报副刊》发表《列宁忌日——谈革命》。此文针对曲秋（陈毅）《纪念列宁》一文（系陈毅在列宁学会的讲演稿，曾油印寄各报）而发。文章说："我个人是怀疑马克思主义阶级说的绝对性。""对于列宁我却并不希望他的主义传播"，"青年人，不要轻易讴歌俄国革命，要知道俄国革命是人类历史上最惨刻苦痛的一件事实，有俄国人的英雄性才能忍耐到今天这日子的。这不是闹着玩的事，不比趁热闹弄弄水弄弄火捣些小乱子是不在乎的。"②

23日　在《晨报副刊》上发表《话匣子（三）——新贵殃》，署名大兵，原题《话匣子 新贵殃》。讥讽沿着"锋头（风头）。成功。得意。升官。发财。硕士。博士"一路跑过来的留学生："门口蹲着大石狮子竖着大旗杆的各部衙门里。溜光的发亮的跳舞厅的地板上。伟大的各式会议的议席上，安着特制大法螺的各大学的讲台上。锋头。成功。得意。升官。发财。硕士。博士。破天荒之成绩"。③

25日　在《晨报副刊》发表《〈新式婚姻制度下的危险性〉按

---

① 韩石山编：《徐志摩全集》（第三卷），商务印书馆2019年版，第321—323页。

② 韩石山编：《徐志摩全集》（第二卷），天津人民出版社2005年版，352—359页。

③ 韩石山编：《徐志摩全集》（第三卷），商务印书馆2019年版，第329页。

语》，附于《新式婚姻制度下的危险性》文后，题为《志摩按》。

同日 在《晨报副刊》发表《〈人权保障宣言〉附言》，附于《人权保障宣言》文后，署名记者。

26日 为"闲话"之事致周作人信："我妄想解围做和事老（佬），谁想两头都碰钉子，还是你一边的软些，你只说无围可解；那一边可是大不高兴，唬得我再也不敢往下问，改天许还看得见闲话，等着看罢。……说来我还是不明白我们这几个少数人何以一定有吵架的必要。我呢，也许是这无怀氏之民的脾胃，老是想把事情的分别看小看没了的。"①

27日 在《晨报副刊》发表《志歉》："上月份本刊所载《衬衣》一篇，系张资平、英麟两君合译，付印时未将译者名登入，特此补白，并志歉意。"②

同日 在《晨报副刊》发表《达文謇的剪影》（未完），后于本月二十八日《晨报副刊》续完。初收上海新月书店一九二七年八月版《巴黎的鳞爪》。达文謇（Leonardo da Vinci），今译达·芬奇（1452—1519）。

28日 致赵景深信。信中道："想念极了，得讯至喜。年前回南，一定想法找到你谈谈。"

29日 作《关于下面一束通信告读者们》，发表于是年一月三十日《晨报副刊》。初收台湾时报文化出版事业有限公司一九八〇年版《徐志摩诗文补遗》。文中道："无论如何，我以本刊记者的资格得向读者们道歉，为今天登载这长篇累牍多少不免私人间争执性质的一大束通信。……"③

---

① 韩石山编：《徐志摩全集》（第七卷），商务印书馆2019年版，第253页。

② 韩石山编：《徐志摩全集》（第三卷），商务印书馆2019年版，第340页。

③ 韩石山编：《徐志摩全集》（第三卷），商务印书馆2019年版，第341页。

按，此文是就陈西滢《闲话的闲话之闲话引出来的几封信》写的评论，说陈西滢《闲话》里对时事的批评，“我也是与他同调的时候多”。“鲁迅先生我是压根儿没有瞻仰过颜色的，……鲁迅先生的作品，说来不大敬得狠，我拜读过很少”，“他平常零星的东西，我即使看也等于白看，没有看进去或是没有看懂”。周作人和陈西滢之间的“意见不合”，并不是“什么深仇大恨，应当可以消解的”。同日，《晨报副刊》刊发一组陈西滢关于“闲话”论战的通信，几封信计：（一）西滢致岂明（即周作人教授）；（二）岂明致西滢；（三）岂明致西滢；（四）西滢致凤举；（五）凤举致西滢；（六）西滢致岂明；（七）凤举致西滢；（八）西滢致凤举；（九）西滢致志摩。并附录三封计：（甲）西滢致半农（即刘复博士）；（乙）半农致西滢；（丙）西滢致半农。其中陈西滢的《致志摩》大骂鲁迅是“刀笔吏”[1]，鲁迅见后即作《不是信》（刊二月八日《语丝》周刊第六十五期），予以回驳。

30日　致刘海粟信，后发表于一九四三年七月十五日上海《文友》半月刊第一卷第五期第五号。信中道：“顷来知贤伉俪俱感小不豫，为念。美展会今得杏佛电，蔡蒋亦出席，须延期至星期一下午二时，即盼转知。伯鸿先生已谈过否？明日中午或再来。”[2]

31日　致周作人信。谈论“闲话”之争：“关于这场笔战的事情，我今天与平伯、绍原、今甫诸君谈了，我们都认为有从此息争的必要，拟由两面的朋友们出来劝和”。又说，“只有令兄鲁迅先生脾气不易捉摸，怕不易调和，我们又不易与他接近，听说我与

① 韩石山编：《徐志摩全集》（第二卷），天津人民出版社2005年版，第373—382页。

② 韩石山编：《徐志摩全集》（第七卷），商务印书馆2019年版，第48页。

他虽则素昧平生，并且他似乎嘲弄我几回我并不曾还口，但他对我还像是有什么过不去似的，我真不懂，惶惑极了。我极愿意知道开罪所在，要我怎样改过我都可以，此意有机会希为转致。”①

2月

2日　作《伤双栝老人》，后发表于是年二月三日《晨报副刊》："看来你的死是无可致疑的了，宗孟先生，虽则你的家人们到今天还没法寻回你的残骸。最初消息来时，我只是不信，那其实是太兀突，太荒唐，太不近情。……不，你不是'老人'；你至少是我们后生中间的一个。在你的精神里，我们看不见苍苍的鬓发，看不见五十年光阴的痕迹；你的依旧是二三十年前《春痕》故事里的'逸'的风情——'万种风情无地着'，是你最得意的名句，谁料这下文竟命定是'辽原白雪葬华颠'！……"②

3日　在《晨报副刊》发表《结束闲话，结束废话！》，此文是对李四光一月三十一日来信的回信，发表时附于李四光来信后。文中道：

> 你这封信来时，前函已经付印，不及删改。你的话沈痛极了，我想与你同感想的人一定不止我一个。实际上前天我们聚餐的时候我们着实讨论了这当今的问题。我们一致认为这场恶斗有从此结束的切要，不但此，以后大家应分引为前鉴，临到意气冲动时不要因为发表方便就此造下笔孽。这不仅是绅士不绅士的问题，这是像受教育人不像的问题。我不后悔我发表西滢这一束通信，因为这叫一般人看到了

① 韩石山编：《徐志摩全集》（第七卷），商务印书馆2019年版，第254—255页。

② 韩石山编：《徐志摩全集》（第三卷），商务印书馆2019年版，第356页。

相骂的一个 Limit[1]。这回的反动分明是不仅从这一方面来的。学生们看做他们先生的这样丢丑，忍不住开口说话了。绝对没关系人看了这情形也不耐烦了，例如张克昌君的来件(我这里不登的同性质的来件另有三四起)。两边的朋友们，不消说，简直是汗透重裘了，再不能不想法制止。就是当事人，我想，除非真有神经病的，也应分有了觉悟，觉悟至少这类争论是无谓的。"有了经验的狗"，哈代在一处说，尚且"知道节省他的呼吸，逢着不必叫的时候就耐了下去"(好像是"Far from the Madding Crowd"[2])，何况多少有经验的人，更何况大学的教授们，更何况负有指导青年重责的前辈！

带住！让我们对着混斗的双方猛喝一声。带住！让我们对着我们自己不十分上流的根性猛喝一声。假如我们觉得胳膊里有余力，身体里有余勇要求发泄时，让我们望升华的道上走，现在需要勇士的战场正多着哪，为国家，为人道，为真正的正谊——别再死捧着显微镜，无限的放大你私人的意气！

再声明一句，本刊此后再不登载对人攻击的文字。[3]

按，半途中被扯入的鲁迅并未就此"结束"。鲁迅在一九二六年二月七日的《京报副刊》撰写《我还不能"带住"》一文，对自己的"被株连"作了强烈的回应："他们的闲话……闲话问题，本与我没有什么鸟相干，'带住'也好，放开也好，拉拢也好，自然大可以随便玩把戏。但是，前几天不是因为'令兄'关系，连我的

---

① Limit：限度。

② Far from the Madding Crowd：《远离尘嚣》。

③ 韩石山编：《徐志摩全集》(第三卷)，商务印书馆 2019 年版，第 352—353 页。

‘面孔’都攻击过了么？我本没有去‘混斗’，倒是株连了我。现在我还没有怎么开口呢，怎么忽然又要‘带住’了？”他指斥徐志摩等人至今还在“用绅士服将‘丑’层层包裹，装着好面孔”去冒充“青年的导师”。鲁迅表示，要无情地将他们的假面“撕下来”，“撕得鲜血淋漓，臭架子打得粉碎”，决不“带住”。鲁迅明确地表示：“我自己也知道，在中国，我的笔要算较为尖刻的，说话有时也不留情面。但我又知道人们怎样地用了公理正义的美名，正人君子的徽号，温良敦厚的假脸，流言公论的武器，吞吐曲折的文字，行私利己，使无刀无笔的弱者不得喘息。倘使我没有这笔，也就是被欺侮到赴诉无门的一个；我觉悟了，所以要常用，尤其是用于使麒麟皮下露出马脚。”①

4日　陈毅（曲秋）在《京报副刊》第四〇五号发表《答徐志摩先生》，批驳徐志摩的《列宁忌日——谈革命》。

同日　在《晨报副刊》发表《志谢》，署名记者：“志摩今日南回，下星期起副刊编辑暂烦江君绍原代劳，先此志谢。”②

同日　在《晨报副刊》发表《志歉》，署名记者。文中道：

> 早一月光景，我收到从开封寄来一封不署名的信，信里叙的是某“孙匪”犯安徽亳县（他的本土）时他家遭受的惨变。通信某君的母亲叫匪给打死，他的十三岁的妹子因被强污自尽，他的妻也受了奇辱，他自己遍体鳞伤。现在他人在开封，想相机“报仇”。那信里叙述，兵匪的凶相，真叫人不忍卒读，我当时就提笔加上几百字的案语，发出付印。也不知怎的，后来报馆说觅不到此稿，我自己这里也是遍寻不

① 《鲁迅全集·第三卷》，人民文学出版社2005年版，第258—260页。

② 韩石山编：《徐志摩全集》（第三卷），商务印书馆2019年版，第360页。

到，这真使我抱歉极了。

某君的衔冤当然是实情，听说年来战域内这类事情是极平常的。但年来河南一带好像是归“不扰民”的军队管辖，何以匪徒还有这样放肆情形？我们同情某君的奇冤，同时也不得不期望领袖军队的圣人们此后格外注意些小百姓们的幸福。①

同日 作《〈一封情书〉按语》，后发表于二月六日《晨报副刊》，此文是为林宗孟（长民）《一封情书》所写的按语，发表时附于《一封情书》前。初收台湾时报文化出版事业有限公司一九八〇年版《徐志摩诗文补遗》。按语云：“下面一篇我题名叫《一封情书》的，是新近在关外乱军中身亡的林宗孟先生写给我的一封信。这话得解释。分明是写给他情人的，怎么会给我呢？我的答话是我就是他的情人。听我说这段逸话。四年前我在康桥时，宗孟在伦敦，有一次我们说着玩，商量彼此装假通情书。我们设想一个情节，我算是女的，一个有夫之妇，他装男的，也是有妇之夫，在这双方不自由的境遇下彼此虚设的通信讲恋爱。好在彼此同感‘万种风情无地着’的情调，这假惺惺未始不是一种心理学家叫做‘升华’。下面印的是他给我最长的一封（实际上我们各写各的，情节并不对准，否则凑起倒也成一篇有趣的小说）。……”②

6日 到天津。翌日，坐船南下。于十日到上海，十一日去硖石。

同日 下午致陆小曼信：“现在在南开中学张伯苓处，问他

---

① 韩石山编：《徐志摩全集》（第三卷），商务印书馆2019年版，第361页。

② 韩石山编：《徐志摩全集》（第三卷），商务印书馆2019年版，第363页。

要纸笔写信，他问写给谁，我说不相干的，仲述[1]在旁解释一句：‘顶相干的。’方才看见电话机，就想打。但有些不好意思。回头说吧。如住客栈一定打。……你日记写不写？盼望你写，算是你给我的礼，不厌其详，随时涂什么都好。……此信明日下午四五时可到，那时我已经在大海中了。告诉叔华他们准备灯节热闹，别等到临时。……”[2]

7日 致陆小曼信，简述坐船情况：“上船了，挤得不堪；站的地方都没有，别说坐。这时候写字也得拿纸贴着板壁写，真要命！票价临时飞涨，上了船，还得敲了十二块钱的竹杠去。上边大菜间也早满了，这回买到票，还算是运气，比我早买的都没买到。……”[3]

8日 在《晨报副刊》发表《〈神经病院中的喻森〉按语》，同时刊出的还有江绍原的按语。二人的按语均附于月拉文后，三文的总题为《从哈尔滨来的奇闻惨案》。

15日 在杭州。与胡适一起去肺病院探望郁达夫，未遇。

中旬 徐家达成家产分配协议，徐申如和长兄各一半。

按，韩石山《徐志摩传》：“徐申如，徐蓉初老兄弟，一直没有分家。这次分家，先是老兄弟俩分。一人一半。因为家产均在营业中，只是名义上分开，仍须统一管理。接下来，才是徐申如这边分家。徐申如把他名下的一半分作三份，老辈自己留一份，徐志摩得一份，阿欢（徐积锴）得一份。阿欢的这一份归张幼仪管理。但有个限定，幼仪必须担负阿欢的教养责任，如终身不

① 张彭春，字仲述，天津人，张伯苓之弟。学者，曾代理南开校长及任清华教务长等职。

② 韩石山编：《徐志摩全集》（第七卷），商务印书馆2019年版，第157—158页。

③ 韩石山编：《徐志摩全集》（第七卷），商务印书馆2019年版，第159页。

嫁，阿欢的一份即归之，若出嫁仅能划取若干奁资阿欢及余产仍归徐家，尔时即与徐家完全脱离关系。这一条也得幼仪同意才能生效。”①

17日　致陆小曼信：“我又在上海了。本与适之约定，今天他由杭州来同车。谁知他又失约，料想是有事绊住了，走不脱，我也懂得。只是我一人凄凄凉凉的在栈房里闷着。遥想我眉此时亦在怀念远人，怎不怅触！……见报北京得雪，我们那快雪同志会，我不在，想也鼓不起兴来。……前晚在杭州，正当雪天奇冷，旅馆屋内又不生火。下午风雪猛厉，只得困守……下午与适之去肺病院看郁达夫，不见。我一个人去买了点东西，坐车回硖。过年初四，你的第二封信等着我，爸说有信在窗上我好不欢喜。……我爸前天不舒服，发寒热，咳嗽，今天还不曾全好。他与妈许后来沪。新年大家多少有些兴致，只我这孤零零心魂不定，眠食也失去了常度，还说什么快活？爸妈看我神情，也觉着关切……”②

同日　在上海受郑振铎等宴请。

18日　致陆小曼信：“别太心烦了。有好戏就伴爹娘去看看，听听锣鼓响暂时总可忘忧。说实话，我也不要你老在火炉生得太热的屋子里窝着，这其实只有害处，少有好处；而况你的身体就要阳光与鲜空气的滋补，那比什么神仙药都强。……我这里事情总算是有结果的，成见的力量真是不小，但我总想凭至情至性的力量去打开他，那怕他铁山般的牢硬。今年与我妈谈，极有进步，现在得等北京人到后，方有明白结束，暂时只得忍耐

---

① 韩石山：《徐志摩传》，北京十月文艺出版社2001年版，第215—216页。

② 韩石山编：《徐志摩全集》(第七卷)，商务印书馆2019年版，第160—161页。

……”[1]

19日　致陆小曼信:“唐有壬本已替我定好初十的日本船,十二就可到津,那多快!不是不到一星期就可重在眉眉的左右,同过元宵,是多么一件快心事?但为北京来人杳无消息,我为亲命又不能不等,只得把定票回了,真恨人!适之今天才来;方才到栈房里来,两眼红红的,不知是哭了还是少睡,也许两样全有!他为英国赔款委员快到,急得又不能走。本说与我同行,这来怕又不成。其实他压根儿就不热心回京;不比我……”[2]

20日　致陆小曼信:“我希望这次发信后,就可以决定行期,至多再写一次上船就走。方才我们一家老小,爸妈小欢都来了。老金有电报说幼仪二十以前动身,那至早后天可到。她一到我就可以走,所以我现在只眼巴巴的盼她来,这闷得死人,这样的日子。今天我去与张君劢谈了一上半天连着吃饭。下午又在栈里无聊,人来邀我看戏什么都回绝。……钱昌照我在火车里碰着……我得赶快把信寄出,动身前至少还有一两次信。眉眉,你等着我吧,相见不远了,不该欢慰吗?”[3]

21日　致陆小曼信谈与张幼仪离婚及与陆小曼订婚等事:

今天该是你我欢喜的日子了,我的亲亲的眉眉!方才已经发电给适之,爸爸也写了信给他。现在我把事情的大致讲一讲:我们的家产差不多已经算分了,我们与大伯一家一半。但为家产都系营业,管理仍须统一。所谓分者即每年进出各归各就是了,来源大都还是共同的。例如酱业、银号,以及别种行业。然后在爸爸名下再作为三份开:老辈

---

① 韩石山编:《徐志摩全集》(第七卷),商务印书馆2019年版,第161—163页。

② 韩石山编:《徐志摩全集》(第七卷),商务印书馆2019年版,第163页。

③ 韩石山编:《徐志摩全集》(第七卷),商务印书馆2019年版,第164—165页。

(爸妈)自己留开一份,幼仪及欢儿立开一份,我们得一份:这是产业的暂时支配法。

第二是幼仪与欢儿问题。幼仪仍居干女儿名,在未出嫁前担负欢儿教养责任,如终身不嫁,欢的一份家产即归她管;如嫁则仅能划职一份奁资,欢及馀产仍归徐家,尔时即与徐家完全脱离关系。嫁资成数多少,请她自定,这得等到上海时再说定。她不住我家,将来她亦自寻职业,或亦不在南方;但偶尔亦可往来,阿欢两边跑。

第三,离婚由张公权[1]设法公布;你们方面亦请设法于最近期内登报声明。

这几条都是消极方面,但都是重要的,我认为可以同意。只要幼仪同意即可算数。关于我们的婚事,爸爸说这时候其实太热,总得等暑后才能去京。我说但我想夏天同你避暑去,不结婚不便。爸说,未婚妻还不一样可以同行。我说但我们婚都没有订。爸说,"那你这回回去就定(订)好了。"我说那边好,媒人请谁呢?他说当然适之是一个,幼伟来一个也好。我说那爸爸就写个信给适之吧,爸爸说好吧。订婚手续他主张从简,我说这回通伯叔华是怎样的,他说照办好了。

眉,所以你我的好事,到今天才算磨出了头,我好不快活。今天与昨天心绪大大的不同了。我恨不得立刻回京向你求婚,你说多有趣。闲话少说,上面的情形你说给娘跟爸爸听。我想办法比较的很合理,他们应当可以满意。……[2]

---

① 即张嘉璈,张幼仪之兄。

② 韩石山编:《徐志摩全集》(第七卷),商务印书馆 2019 年版,第 165—166 页。

22 日　在《晨报副刊》发表《〈今日的国学研究者的自白〉按语》，署名记者。

按，《今日的国学研究者的自白》是作者辑录顾颉刚为《北大研究所国学门周刊》所写的"一九二六年始刊词"而成的一篇文章，全文署名记者，这是该篇的按语。

23 日　致陆小曼信，告知"事情有些眉目了。昨晚与娘舅寄父谈，成绩很好，他们完全谅解，今天许有信给我爸"，但"一时还走不了……"[①]

24 日　致陆小曼信，告知要等张幼仪来，至少得十天后才能与陆小曼见面，"近来《晨报》不知道怎样，……回京时编辑教书的任务，又逼着来，想起真烦。"[②]

25 日　致陆小曼信，告知张幼仪坐新丰轮，"要二月二十七才从天津开，真把我肚子都气瘪。这来她至少三月一二才能到，我得呆着在这里等，你说多冤！……前两天唐有壬、欧阳予倩走，我眼看他们一个个的往回走。就只我落在背后，还有满肚子的心事，真是无从叫苦。英国的赔款委员会全到了，开会在天津，我一定拉着适之同走。回头再接写！"[③]

26 日　致赵景深信。信中道："太对不起你了！你信到后，我就想专诚去看你，先不通知你，但新年来为私事在沪杭路屡次往复，不曾腾出空来，所以没去成，也没回信，请你原谅。明天（元宵）我上午到振铎家里，我叫他约你也去，不知便否，盼望你见面。我听说你快成家了，而且是苏州亲，先贺喜你，不是我俗套，因为迟早躲不了那一天，我自己也不在远，说实话。诗集明

---

① 韩石山编：《徐志摩全集》（第七卷），商务印书馆 2019 年版，第 167—168 页。

② 韩石山编：《徐志摩全集》（第七卷），商务印书馆 2019 年版，第 169 页。

③ 韩石山编：《徐志摩全集》（第七卷），商务印书馆 2019 年版，第 170 页。

天带给你。”[①]

同日 致陆小曼两封信：一封写于当天上午，另一封写于当天夜里。后一封信道：“今天托沈文之带京网篮一只，内有火腿茶菊，以及家用托买的两包。……适之真可恶，他又不走了！赔款委员会仍在上海开，他得在此接洽……你想上银幕的意思趁早打消了罢！我看你还是往文学美术方面，耐心的做去。不要贪快，以你的聪明，只要耐心，什么事不成，你真的争口气，羞羞这势力世界也好！”[②]

27日 致陆小曼信，告知：“昨晚写了信，托沈久之带走，他又得后天才走，我恨不能打长电给你……为政治捣乱，害得我们信都不得如意的通。……方才派人去买船票了，至迟三日四日不能不动身。再要走不成，我一定得疯了！”[③]

同日 在《晨报副刊》发表《编者代注》，未署名。此文是为叔翰小说《杨五奶奶》加的注。

3月

上旬 坐通州轮启程北上。因国民三军孙岳的军队守在大沽口以拒奉军，通州轮在天津大沽口外耽搁了七天才到天津。三月九日，回到北京。

12日 作诗《三月十二深夜大沽口外》，发表于是年三月二十二日《晨报副刊》。初收上海新月书店一九二七年九月版《翡冷翠的一夜》。

---

① 韩石山编：《徐志摩全集》（第八卷），商务印书馆2019年版，第71页。

② 韩石山编：《徐志摩全集》（第八卷），商务印书馆2019年版，第171—173页。

③ 韩石山编：《徐志摩全集》（第八卷），商务印书馆2019年版，第173—174页。

同日　致胡适信：

好容易今天才到了天津，通州船在大沽口叫海军攻炮台截住了，进退维谷，几乎绝水绝粮，又几乎折回上海，急得我哭不是笑不是，真难！今天得进口总万幸，可又太迟，赶不进京，明天一早走。方才通电小曼又病倒了，说没甚大病，只须避风，我当然更急。适之，我这番回去实在心上不安，还幸苦中间有你，给我一个下场，否则——

……近来新月社问题又多一层麻烦，仲述[①]见了，态度尚镇静，与曹明火开仗，看来势不两立。日前曹只顾恋位，无所不至，仲述暂退也好，我只盼他写戏。谁都是私心！……我要你帮《晨报》忙，寄些文章来，你难道不手痒吗？[②]

14日　姑父蒋谨旃病逝，当时在北大教书的刘子庚为蒋作墓志铭，谬误百出，徐志摩知道后极为不满，于七月八日写信大加指责。

21日　致胡适信：

天天想写，天天不写，你懂得。通伯叔华已经老太爷批准，不久可成眷属，会捉老虫猫不叫，殆斯之谓欤！

大媒本属行严君矣，今为势禁不得不取销。梁先生曾为作函，当然居媒席；另一席非胡圣人不办，不能到可委员代理，区区颇妄想谋得此阙，资格尽够，资望少差耳，奈何！

我当然眼热，不瞒老阿哥说。此次回来深怕两头受夹，幸陆家二老明白，一无责难，慰怜有加，今但静待我爸妈慈恩大赦矣。

---

① 即张彭春。

② 韩石山编：《徐志摩全集》（第八卷），商务印书馆2019年版，第25—26页。

将来事成时我妄想请蔡先生为我主婚或是什么，你看有希望否？

北京不见你回来，颇失望，《晶报》替你登广告，其实不佳，再弗能容此。昨晚你家搬家酒。我事前不知，失礼矣。你为甚不移沧州，非移不可，千万！你得抽工夫替我写些文章，可以抵销《晶报》一部分效力。

梁先生割去了一个腰子，尚不碍。静生“血崩”几殆，今稍愈。

沪上对惨案反动为何？此后事变益离轨不可收拾，自在意中。

盼来信。[①]

22日 在《晨报副刊》发表《〈长城之神〉按语》，原无题，署名记者，附于熊佛西《长城之神》文前。按语云：“熊佛西先生现在美国，专研剧学，这篇《长城之神》是他三年来唯一的作品，新从美国寄来的。”[②]

24日 在《晨报副刊》发表《〈三月十二日深夜大沽口外〉订误》，发表时题为《订误》，未署名。文曰：“三月二十二日副刊《三月十二日深夜大沽口外》第二诗段第三行，‘谁敢说人生有自由？’‘说’字漏印。又第三段第三行‘心空如不波的湘水’应作‘心定如不波的湖水’。”[③]

25日 致李祁信：“真想不到‘示子’和‘寄’都是你！狠不错，希望你陆续寄稿来，小说更欢迎。昨登诗不是印误，乃是一次沈从文来戏改的，‘凝成冰冷’似稍有语病；应如何改正希示再

---

① 韩石山编：《徐志摩全集》（第三卷），商务印书馆2019年版，第26—27页。

② 韩石山编：《徐志摩全集》（第三卷），商务印书馆2019年版，第369页。

③ 韩石山编：《徐志摩全集》（第三卷），商务印书馆2019年版，第370页。

订误。”①

25日至4月1日 作《自剖》，后发表于是年四月三日《晨报副刊》。文中说：

> 我是个好动的人；每回我身体行动的时候，我的思想也仿佛就跟着跳荡。我做的诗，不论它们是怎样的‘无聊’，有不少是在行旅期中想起的。我爱动，爱看动的事物，爱活泼的人，爱水，爱空中的飞鸟，爱车窗外掣过的田野山水。星光的闪动，草叶上露珠的颤动，花须在微风中的摇动，雷雨时云空的变动，大海中波涛的汹涌，都是在在触动我感兴情景。是动，不论是什么性质，就是我的兴趣，我的灵感。是动就会催快我的呼吸，加添我的生命。
>
> 近来却大大的变样了。第一我自身的肢体，已不如原先灵活；我的心也同样的感受了不知年岁还是什么的拘絷。动的现象再不能给我欢喜，给我启示。先前我看着在阳光中闪烁的金波，就仿佛看见了神仙宫阙——什么荒诞美丽的幻觉，不在我的脑中一闪闪的掠过；现在不同了，阳光只是阳光，流波只是流波，任凭景色怎样的灿烂，再也照不化我的呆木的心灵。我的思想，如其偶尔有，也只似岩石上的藤萝，贴着枯干的粗糙的石面，极困难的蜒着；颜色是苍黑的，姿态是倔强的。
>
> 我自己也不懂得何以这变迁来得这样的兀突，这样的深彻。……说来是时局也许有关系。我到京几天就逢着空前的血案。五卅事件发生时我正在意大利山中，采茉莉花编花篮儿玩，翡冷翠山中只见明星与流萤的交唤，花香与山

① 韩石山编：《徐志摩全集》(第七卷)，商务印书馆2019年版，第108页。

色的温存，俗氛是吹不到的。直到七月间到了伦敦，我才理会国内风光的惨淡，等得我赶回来时，设想中的激昂，又变成了明日黄花，看得见的痕迹只有满城黄墙上黑彩斑烂的"泣告"！

这回却不同，屠杀的事实不仅是在我住的城子里发见，我有时竟觉得是我自己的灵府里的一个惨象。杀死的不仅仅是青年们的生命，我自己的思想也仿佛遭着了致命的打击……

爱和平是我的生性。在怨毒、猜忌、残杀的空气中，我的神经每每感受一种不可名状的压迫。记得前年奉直战争时我过的那日子简直是一团黑漆，每晚更深时，独自抱着腊壳伏在书桌上受罪，仿佛整个时代的沉闷盖在我的头顶——直到写下了'毒药'那几首不成形的咒诅诗以后，我心头的紧张才渐渐的缓和下去。这回又有同样的情形；只觉着烦，只觉着闷，感想来时只是破碎，笔头只是笨滞……[①]

27日 在《晨报副刊》发表《饶孟侃诗改句》，未署名："星四饶孟侃诗'怎么你衣襟血迹模糊'改作'吓！你那大襟上是血……可不？'"[②]

按，饶孟侃诗载是年三月二十五日《晨报副刊》，题为《"三月十八"——纪念铁狮子胡同大流血》。

同日 在《晨报副刊》发表诗作《白须的海老儿》，署名海谷。初收上海新月书店一九二七年九月版《翡冷翠的一夜》。

同日 去闻一多家，同闻一多及经常聚集在闻家讨论新诗

① 韩石山编：《徐志摩全集》（第三卷），商务印书馆2019年版，第372—375页。
② 韩石山编：《徐志摩全集》（第三卷），商务印书馆2019年版，第371页。

创作和理论的诗人朱湘、刘梦苇、胡也频等商量编辑出版《晨报副刊·诗镌》。

30日 作《诗刊弁言》，发表于是年四月一日《晨报副刊·诗镌》第一期。后收上海良友图书印刷公司一九三五年版《中国新文学大系·史料索引集》。文曰：

> 我们几个朋友想借副刊的地位，每星期发行一次诗刊，专载创作的新诗与关于诗或诗学的批评及研究文章。
>
> 本来这一句话就够说明我们出诗刊的意思；但本期有的是篇幅，当编辑的得想法补满它；容我先说这诗刊的起因，再说我个人对于新诗的意见。
>
> 我在早三两天前才知道闻一多的家是一群新诗人的乐窝，他们常常会面，彼此互相批评作品，讨论学理。上星期六我也去了。……我们的大话是：要把创格的新诗当一件认真事情做……再说具体点，我们几个人都共同着一点信心：我们信诗是表现人类创造力的一个工具，与音乐与美术是同等同性质的；我们信我们这民族这时期的精神解放或精神革命没有一部像样的诗式的表现是不完全的；我们信我们自身灵性里以及周遭空气里多的是要求投胎的思想的灵魂，我们的责任是替它们搏造适当的躯壳，这就是诗文与各种美术的新格式与新音节的发见；我们信完美的形体是完美的精神唯一的表现；我们信文艺的生命是无形的灵感加上有意识的耐心与勤力的成绩；最后我们信我们的新文艺，正如我们的民族本体，是有一个伟大美丽的将来的。……同时我也感觉一种戒惧。我第一不敢担保这诗刊有多久的生命；第二不敢担保这诗刊的内容可以满足读者们最低限度的笃责。这当然全在我们自己；这年头多的是虎头

蛇尾的现象，且看我们这群人终究能避免这时髦否？[①]

按，黄红春《古典与浪漫：新月派文学观念研究》："在新月派文人中，重视天才与灵性的人不在少数，如徐志摩提出'诗人总得有天才'……在徐志摩看来，天才是具有艺术灵感与非凡想象力的人。……他肯定灵感和现实生活有密切的联系，只有自然与和谐的生活环境才能滋生美的灵感与情绪。在散文《济慈的夜莺歌》中，他指出具有社会内涵的时代的苦痛和烦恼的呼声，才是最富灵感的天然音乐。同理，天才在他看来，有一部分是天赋的，有一部分却是后天的努力所致。他还说：'只有无限的耐心才是天才唯一的凭证。'对于灵感与天才的关系，他给出了更为辩证的看法：'我们相信文艺的生命是无形的灵感加上有意识的耐心与勤力的成绩。'[②]"[③]

31日 在《晨报》第二五二四号发表《梁先生病院谈话记》。又发表于是年四月十四日《兴华报》周刊第二十三年第十四册，题为《梁任公病中谈惨案》，题下署"（徐志摩寄自北京）"，文末署"（三月三十晚志摩记）"。

本月 开始作《结婚日记》，记至九月间。原稿共九页，初收商务印书馆二〇一八年版《远山——徐志摩佚作集》（陈建军、徐志东编）。

按，韩石山《徐志摩全集》第六卷："徐志摩与陆小曼于1926年8月14日订婚，同年10月3日举行婚礼，因此所谓'结婚'日

① 韩石山编：《徐志摩全集》（第三卷），商务印书馆2019年版，第379—382页。

② 徐志摩：《〈诗刊〉弁言》，《晨报副刊·诗镌》1号，1926年4月1日。

③ 黄红春：《古典与浪漫：新月派文学观念研究》，江西人民出版社2015年版，第76—77页。

记，实为‘恋中’日记。”[1]

4月

1日 在《晨报副刊·诗镌》第一期发表诗歌《梅雪争春(纪念三一八)》，初收上海新月书店一九二七年九月版《翡冷翠的一夜》。由此开始在《晨报副刊》上推出《诗镌》栏目。

按，李红绿《新月派译诗研究》:“1926年4月，新月派迎来了一个至关重要的发展期。一是徐志摩在《晨报副刊》上开辟了《诗镌》栏目，使新月派有了自己的文学刊物。文学刊物的创办对于传播和整合社团的文学理念起着极其重要的作用。”[2]

“《诗镌》的创刊是在刘梦苇提议下，经闻一多、饶孟侃、朱湘、于赓虞和蹇先艾等人响应，在徐志摩的帮助下创办的。……从某种程度上说，《晨报副刊·诗镌》的创立标志着新月派的正式形成，在新月派的形成历程中占有非常重要的位置。……据吉明学先生统计，《诗镌》先后共载诗文103篇(首)，其中新诗83首，诗论、诗评等20篇。……在83首新诗中，有徐志摩的《梅雪争春》等11首……徐志摩虽然没有撰文新诗建设的理论专文，但在其《诗刊弁言》和《诗刊放假》两文中基本上表达了他对新诗建设的一些观点。”[3]

“关于诗歌的格律理论，主编徐志摩虽然没有在《晨报副刊·诗镌》上发表专论，但是他的格律思想却在他写的《诗镌·弁言》和《诗镌·诗刊放假》中体现出来。他说:‘我们也感觉到

---

① 韩石山编:《徐志摩全集》(第六卷)，商务印书馆2019年版，第372页。

② 李红绿:《新月派译诗研究》，光明日报出版社2019年版，第4页。

③ 李红绿:《新月派译诗研究》，光明日报出版社2019年版，第12—13页。

一首诗应是一个有生机的整体，部分与部分相关联，部分对全体有比例的一种东西；正如一个人身上的秘密是它的血脉的流通，一首诗的秘密也就是它的内含的音节的匀整与流动。明白了诗的生命是在它的内在的音节（的道理），我们才能领会到诗的真的趣味；不论思想怎样高尚，情绪怎样热烈，你得拿来彻底的“音节化”（那就是诗化）才可以取得诗的认识，要不然思想自思想，情绪自情绪，却不能说是诗。我们还可以进一说，正如字句的排列有恃于全诗的音节，音节本身还得起原于真纯的‘诗感’。再拿人身作比，一首诗的字句是身体的外形，音节是血脉，‘诗感’或原动的诗意是心脏的跳动，有它才有脉的流转。’[①]在这段话中，徐志摩说明了音节对于诗歌的重要意义，提出‘诗歌的生命存在于诗歌内在的音节’，因为音节是诗歌的血脉。不仅如此，徐志摩还说明获得诗歌的音节的方法，一是依靠诗歌中字句的排列，二是依靠‘诗感’。同样，字句的排列可以通过反复研磨而获得，而‘诗感’却依靠诗人即兴的爆发。……

《晨报副刊·诗镌》自1926年4月1日创刊至同年6月10日终刊，约两个半月的时间，共出11期（号），每周四出版，内容涉及文论、评论、散文、新诗、译诗及“编后”“按语”等。第三、第四两期由闻一多主编，第五期由饶孟侃主编，其他八期全部由徐志摩主编。”[②]

又按，黄红春《古典与浪漫：新月派文学观念研究》：“新月派的人员构成包括分别以徐志摩和闻一多为中心的两群知识分子，或者简称为‘徐派’和‘闻派’。之前，徐派的活动主要在新月

---

① 徐志摩：《诗刊放假》，《晨报副刊·诗镌》，1926年（11）。

② 李红绿：《新月派译诗研究》，光明日报出版社2019年版，第29—30页。

社，闻派的活动主要在清华文学社、大江会与中华戏剧改进社。只有当这两派走到一起参与相同的文学活动时，完整意义上的新月派才正式形成。徐志摩主编《晨报副刊》，创办《诗镌》和《剧刊》，为新月派提供专门而共同的文艺平台，这是徐派与闻派合流的标志，也是新月派从以宣扬政治思想为主转向研究文学艺术为主的开始，对于新月派文艺观念的发展，有着重大意义。……《诗镌》的艺术追求是，'使诗的内容及形式双方表现出美的力量，成立一种完美的艺术'①。徐志摩撰写的发刊词明确表示，他们心目中的新诗，'就是诗文与各种美术的新格式与新音节的发见，我们信完美的形态是完美的精神唯一的表现'②"③

又按，"以 1926 年 4 月 1 日创办《诗镌》为标志而形成的'新月'诗派，是中国诗歌发展史上一个重要而影响深远的诗歌流派。该派代表人物徐志摩、闻一多、饶孟侃等 1928 年创办《新月》杂志后，随着后进陈梦家、方玮德、卞之琳、林徽因等的崛起而到了它的繁荣期。1931 年徐志摩等创办《诗刊》，陈梦家选编《新月诗选》，'新月'诗派发展到它的顶峰期。徐志摩死后，'新月'诗人有的'出轨'，有的转向，有的放下了诗笔，'新月'诗派到了它的没落期。这是一个有自己经典的诗歌流派。像象征派、普罗诗派、现代派、'七月'诗派、'九叶'诗派以及后来的'朦胧'诗派一样，'新月'诗派也曾独领风骚：它坚守生命诗学观，它以其卓有成效的诗歌艺术美探索，拓展了新诗艺术的广阔领域，对

---

① 于赓虞：《志摩的诗》，《北平晨报·北晨学园·哀悼志摩专号》，1931 年 12 月 7 日。

② 徐志摩：《〈诗刊〉弁言》，《晨报副刊·诗镌》1 号，1926 年 4 月 1 日。

③ 黄红春：《古典与浪漫：新月派文学观念研究》，江西人民出版社 2015 年版，第 72—73 页。

新诗艺术的发展产生了重要影响①。"②

5 日　作《再剖》一文，发表于是年四月七日《晨报副刊》，文末标"（待续？）"。初收上海新月书店一九二八年一月版《自剖》。文中说："一种新意识的诞生。这来我再不能盲冲，我至少得认明来踪与去迹，该怎样走法如其有目的地，该怎样准备如其前程还在遥远？"③

8 日　在《晨报副刊·诗镌》发表《请注意》，署名记者。文曰："本期挤出朱湘君新诗评之二，挪在星六副刊发表，请注意。"

按，朱湘《新诗评（二）郭君沫若的诗》发表于四月十日《晨报副刊》。

同日　作《"这是风刮的"》，发表于是年四月十日《晨报副刊》。此文系徐志摩译曼殊斐儿小说《刮风》的前言。

10 日　在《晨报副刊》发表译作短篇小说《刮风》（[英]曼殊斐儿作），初收上海北新书局一九二七年四月版《曼殊斐尔小说集》。

同日　在《晨报副刊》发表《〈昭君出塞〉订误》。《昭君出塞》是朱湘的诗，发表于是年四月八日《晨报副刊·诗镌》。

同日　作《〈关于"林宗孟先生的情书"〉附识》，后发表于四月十二日《晨报副刊》，原无题，署"志摩附识　四月十日深夜炮

---

① "新月"诗派的分期大体有两种意见。一种是把"新月"诗派分为前期和后期，从《诗镌》起到 1931 前后为前期，1931 年后为后期。一种是把"新月"诗派分为前期、中期和后期，1926 年到 1931 年为前、中期，1931 年后为后期。本文论述依据后者。但在 1926 年《诗镌》前以清华文学社为主体，"新月"诗人已经有文学活动，徐志摩的《志摩的诗》、闻一多的《红烛》等已经出版，因此、本文论述中有些地方把它称为前"新月"期。

② 程国君：《新月诗派研究》，长江文艺出版社 2003 年版，第 2 页。

③ 韩石山编：《徐志摩全集》（第四卷），商务印书馆 2019 年版，第 10 页。

声如春雷时”，附于顾颉刚《关于“林宗孟先生的情书”》书信后。

14日—16日 作散文《想飞》，后发表于是年四月十九日《晨报副刊》，初收上海新月书店一九二八年一月版《自剖》。文中道：

> “其翼若垂天之云……背负苍天，而莫之夭阏者”：那不容易见着。我们镇上东关庙外有一座黄泥山，山顶上有一座七层的塔，塔尖顶着天。塔院里常常打钟，钟声响动时，那在太阳西晒的时候多，一枝艳艳的大红花贴在西山的鬓边回照着塔山上的云彩，——钟声响动时，绕着塔顶尖，摩着塔顶天，穿着塔顶云，有一只两只有时三只四只有时五只六只蜷着爪往地面瞧着的“饿老鹰”，撑开了它们灰苍苍的大翅膀没挂恋似的在盘旋，在半空中浮着，在晚风中泅着，仿佛是按着塔院钟的波荡来练习圆舞似的。那是我做孩子时的“大鹏”。有时好天抬头不见一瓣云的时候听着猇忧忧的叫响，我们就知道那是宝塔上的饿老鹰寻食吃来了，这一想像半天里秃顶圆睛的英雄，我们背上的小翅膀骨上就仿佛豁出了一锉锉铁刷似的羽毛，摇起来呼呼响的，只一摆就冲出了书房门，钻入了玳瑁镶边的白云里玩儿去，谁耐烦站在先生书桌前晃着身子背早上上的多难背的书！阿飞！不是那在树枝上矮矮的跳着的麻雀儿的飞；不是那发（凑）天黑从堂扁后背冲出来赶蚊子吃的蝙蝠的飞；也不是那软尾巴软嗓子做窠在堂檐上的燕子的飞。要飞就得满天飞，风拦不住云挡不住的飞，一翅膀就跳过一座山头，影子下来遮得阴二十亩稻田的飞……[1]

---

① 韩石山编：《徐志摩全集》（第四卷），商务印书馆2019年版，第19—20页。

21日　在《晨报副刊》发表《一点点子契诃甫》。初收台湾时报文化出版事业有限公司一九八〇年版《徐志摩诗文补遗》。

22日　在《晨报副刊·诗镌》第四期发表诗作《罪与罚（一）》，原题《罪与罚》，署名谷。初收上海新月书店一九二七年九月版《翡冷翠的一夜》，改题为《"罪与罚"（一）》。

按，《罪与罚（二）》亦收入上海新月书店一九二七年九月版《翡冷翠的一夜》，写作时间及发表报刊不详。

同日　在《晨报副刊·诗镌》第四期发表《译诗》（［英］阿瑟·西蒙思作），署名谷，题名下有原诗题"Amoris Victima"（西班牙文），意为"爱的牺牲者"。初收台湾时报文化出版事业有限公司一九八〇年版《徐志摩诗文补遗》。

同日　作诗《再休怪我的脸沈》，后发表于是年四月二十九日《晨报副刊·诗镌》第五期。初收上海新月书店一九二七年九月版《翡冷翠的一夜》。

24日　在《晨报副刊》发表译文《高尔基记契诃甫》（［苏］高尔基作），后于是年四月二十六日《晨报副刊》续完。初收台湾时报文化出版事业有限公司一九八〇年版《徐志摩诗文补遗》。

同日　在《晨报副刊》发表《〈我的读诗会〉附识》，原无题，署"志摩附识"，附于朱湘《我的读诗会》文后。

按，邵华强《徐志摩年谱简编》："四月二十四日，朱湘在《晨报副刊》上发表《我的读诗会》一文，预告将于五月一号下午在北京适存中学举办，读诗会。"他认为："我国的新诗，如今正在胚胎中，怎样知道音节上的试验的成功，读诗会是解决这个问题的方法。"徐志摩在该文后附记，指出朱湘是"最不苟且最用心深刻的一位新起作者，他这初次读诗会应分是新文学界的一个愉快！”[1]对朱湘的设想表示赞同。

26日 致胡适信，感谢胡对他和陆小曼的帮助，并谈到北京友人情况，说“最近的消息，是邵飘萍大主笔归天，方才有人说梦麟也躲了。我知道大学几位大领袖早就合伙了在交民巷里住家——暂时不进行他们‘打倒帝国主义’的工作。何苦来，这发寒热似的做人！”[2]

29日 在《晨报副刊·诗镌》发表《〈朱湘启事〉订误》。

5月

1日 在《晨报副刊》发表译文《契诃甫的零星》（[俄]契诃夫作）。初收台湾时报文化出版事业一九八〇年版《徐志摩诗文补遗》。

同日 作《关于朱湘读诗会的声明》，后发表于是年五月三日《晨报副刊》，原无题，署名记者。声明说：“有一件该得道歉的事。早几天朱湘先生借本刊公布他的‘个人读诗会’，定在五月一日。谁知朱先生临时‘回’了，他寄来的第二个字条声明读诗会暂缓举行的，到今天下午（五月一日）才到我的手里！我很怕一定有人白跑了；如其有，我十分觉得抱歉，因为不能及早把‘回’条贴出。还有朱先生来条上说他要等他的诗集于印出后再来‘公开念’，一并代为声明。”[3]

5日 在《晨报副刊》发表《关于〈说有这么一回事〉的信并一

---

① 邵华强：《徐志摩研究资料》，知识产权出版社2011年版，第32页。

② 韩石山编：《徐志摩全集》（第八卷），商务印书馆2019年版，第28页。

③ 韩石山编：《徐志摩全集》（第四卷），商务印书馆2019年版，第33页。

点小事》的附识，题为“志摩附识”。《说有这么一回事》是素心（凌叔华）的一篇小说，该小说根据杨振声的小说《她为什么发疯了》改写。

6日 在《晨报副刊·诗镌》第六期发表诗作《望月》《又一次试验》。初均收入上海新月书店一九二七年九月版《翡冷翠的一夜》。

10日 在《晨报副刊》发表《罗素与幼稚教育》（未完），后于是年五月十二日《晨报副刊》续完。文中道：“关于这革命工作的性质，原则，以及实行的方法，罗素在他新出《论教育》的书里给我们极大的光亮与希望。那本书听说陈宝锷先生已经着手翻译，那是一个极好的消息，我们盼望那书得到最大可能的宣传，真爱子女的父母们都应得接近那书里的智慧，因为在适当的儿童教育里隐有改造社会最不可错误的消息。”①

按，程国君《新月诗派研究》：“徐志摩在罗素家中逗留了两个晚上。罗素的智慧、思想深深地感染了徐志摩。在《罗素与幼稚教育》一文中，徐志摩从罗素夫妇对其孩子的教育方式谈起，探讨了中西方对幼儿教育的不同之处，也谈到了和罗素那两晚的交谈：‘我在他们家住了两晚。听罗素说话正比是看法国烟火；种种玄妙的神奇，不可思议的在半空里爆发，一胎孕一胎的，一彩缩一彩的，不由你不讶异，不由你不欢喜。’②……

“罗素对徐志摩产生的影响是多方面的。首先是政治与社会思想的影响。罗素发表于1920年前的诸多著作，对徐志摩离美赴英起到了决定性的作用。徐志摩这个年轻的理想主义者，

---

① 韩石山编：《徐志摩全集》（第四卷），商务印书馆2019年版，第46页。

② 徐志摩：《罗素与幼稚教育》，载《晨报副刊》1926年5月12日。

在罗素的政治及社会思想中大获鼓舞，是十分自然的。罗素攻击卑鄙虚伪、资本主义和共产主义，提倡世界政府，热爱和平、文明、人类，捍卫创作自由及思想自由，这都是志摩所完全接受的，而罗素在困境中不卑躬屈膝，不向外界势力低头那个勇敢的形象，那个为真理宁愿锒铛入狱也不愿苟且将就的大无畏精神，更是深深的感动志摩[①]。……

“徐志摩在美求学期间，一直对美国的工业文明心存反感，他否定资本主义的剥削和工业主义竞争，同情劳工的悲惨生活。‘现在一切都为物质所支配，眼里所见的是飞艇，汽车，电影，无线电，密密的电线和成排的烟囱，令人头晕目眩……’[②]‘工业主义只孕育丑恶、庸俗、龌龊、罪恶、嚣虺，高烟囱与大腹贾’[③]。1920年，罗素访问苏俄，俄国革命的流血和暴力是他所不愿接受的，他回到英国后写下了《布尔什维克主义之理论与实践》一书，由俄国革命的赞扬者变成了攻击者：‘救度的方法，决计是平和的，不是暴烈的：暴烈只能产生暴烈。’[④]受其影响，徐志摩也从美国求学期间共产主义信徒（徐志摩在美期间的书架上经常放着研究苏俄的书籍，所以他也曾被留学生们戏称为‘鲍尔雪维克’）开始转向，对俄国革命抱有了矛盾和存疑态度。在《罗素游俄记书后》一文中，徐志摩记述了罗素游俄后的感受：‘巡游毕，罗氏

---

① 梁锡华：《徐志摩新传》，台湾联经出版事业公司，1982年版，第36页。

② 徐志摩：《未来派的诗》，《徐志摩全集·第一卷》，天津人民出版社，2005年版，第333页。

③ 徐志摩：《罗素又来说话了》，《徐志摩全集·第一卷》，天津人民出版社，2005年版，第371页。

④ 徐志摩：《罗素又来说话了》，《徐志摩全集·第一卷》，天津人民出版社，2005年版，第371页。

归，其意爽然、惘然、怅然、淆然，著书纪其游而加论断焉。’[1]‘鲍尔雪维克说之谬，在于侧重经济之不平，以为此路通而路路可通。吾不信社会问题之复凑而可抉一题以概万汇者，然使吾择一事为政治之主恶，则吾宁择权力之不平以概其余。’[2]

“徐志摩最终认同的社会理想，就是从罗素那儿学来的：‘他以为只要有四个基本条件之存在，人生便是光明的。第一是生命的乐趣——天然的幸福。第二是友谊的情感。第三是爱美与欣赏艺术的能力。第四是爱纯粹的学问与知识。这四个条件只要能推及平民——他相信是可以普遍的——天下就会太平，人生就有颜色。’[3]其实这正是从 G. E. 摩尔到罗素，布鲁姆斯伯里集团一直奉行的真理。”

13 日 作《再谈管孩子》一文，后发表于是年五月十五日《晨报副刊》。初收台湾时报文化出版事业有限公司一九八〇年版《徐志摩诗文补遗》。

同日 在《晨报副刊·诗镌》第七期发表诗作《新催妆曲》，署名南湖。初收上海新月书店一九二七年九月版《翡冷翠的一夜》。

15 日 在《晨报副刊》发表《〈关于翻译来函〉附记》。初收台湾时报文化出版事业有限公司一九八〇年版《徐志摩诗文补遗》。

按，这是作者为霁秋《关于翻译来函》写的附记，就霁秋来函

① 徐志摩：《罗素游俄记书后》，《徐志摩全集·第一卷》，天津人民出版社，2005年版，第 60 页。

② 徐志摩：《罗素游俄记书后》，《徐志摩全集·第一卷》，天津人民出版社，2005年版，第 62 页。

③ 徐志摩：《罗素又来说话了》，《徐志摩全集·第一卷》，天津人民出版社，2005年版，第 367 页。

中指菊隐译契诃夫作品中有误发表看法。

19日 在《晨报副刊》发表《〈关于罗素与幼稚教育〉质疑的答问》，发表时题为《〈关于罗素与幼稚教育〉质疑与答问》，徐志摩撰文回答欧阳兰质疑，附于欧阳兰来信后。初收台湾时报文化出版事业有限公司一九八〇年版《徐志摩诗文补遗》。

同日 在《晨报副刊》发表《〈狂喜之后〉作者订误》，未署名。

20日 在《晨报副刊·诗镌》第八期发表诗作《半夜深巷琵琶》；初收上海新月书店一九二七年九月版《翡冷翠的一夜》；同期发表《厌世的哈提》（五月作），初收台湾时报文化出版事业有限公司一九八〇年版《徐志摩诗文补遗》。

同日 在《晨报副刊·诗镌》第八期发表《〈随便谈谈译诗与作诗〉附记》，初收台湾时报文化出版事业有限公司一九八〇年版《徐志摩诗文补遗》。《随便谈谈译诗与作诗》为钟天心所写书信，徐志摩回复：

> 天心，你得容恕我的"自由"；我不但窜改了你的诗（那译诗是我改的），这回又删改了你的信！关于译诗你这回改的我也认为比初稿好得多。盼望你再继续。关于论新诗的新方向，你的警告我们自命做新诗的都应得用心听。天下如其有一件不可勉强的事，我以为是做诗；好在真金自有真金的硬度，光彩，分量，暂时镀上金色的烂铜破铁是经不起时间的试验的。我对于新诗式的尝试却并不悲观，虽则我也不能是绝对甚至相对的乐观。等着看吧。[1]

21日 致李祁信："近来有无作品？凌叔华女士相慕颇殷，

---

① 韩石山编：《徐志摩全集》（第八卷），商务印书馆2019年版，第72页。

愿相结友,何时有暇当为介绍何如?"①

27日 在《晨报副刊·诗镌》第九期发表诗作《偶然》。初收上海新月书店一九二七年九月版《翡冷翠的一夜》。

29日 在《晨报副刊》发表《我们病了怎么办》,这是就梁仲策《病院笔记》写的评论文章。初收台湾时报文化出版事业有限公司一九八〇年版《徐志摩诗文补遗》。

6月

2日 在《晨报副刊》发表为梁启超《我的病与协和医院》写的附记,原无题,署名记者,附于梁文后。附记云:"梁先生这篇自述,我们敢说,一定可以消解一部分人这次对协和医院,乃至西医本体,可能的误会;但同时我们还是诚恳的盼望本京有身分的几个医院,不仅协和,都能自此益发加勉,因为他们无私的责任心永远是病人们的恩典。我这里同时收到协大李振翩先生的来件,大意与《现代评论》第七十六期《闲话》里陈志潜君的见解相类,恕不并载"。②

同日 在《晨报副刊》发表为《江绍原先生来函》写的附言,附言云:"《古代的冠礼》将脱稿,约两万字!请即寄下。"同期发表《小启一则》,原无题,未署名。

3日 在《晨报副刊·诗镌》第十期发表诗作《大帅(战歌之一)》《人变兽(战歌之二)》《"拿回吧,劳驾,先生"》,均署名南湖。前二首初收上海新月书店一九二七年九月版《翡冷翠的一夜》,后一首初收台湾时报文化出版事业有限公司一九八〇年版《徐

① 韩石山编:《徐志摩全集》(第七卷),商务印书馆2019年版,第108页。

② 韩石山编:《徐志摩全集》(第四卷),商务印书馆2019年版,第82页。

志摩诗文补遗》。

上旬 由于暑假临近，《诗镌》同人离京较多，给组稿带来不便，又因余上沅、张嘉铸等国立艺专热心国剧运动的朋友催促，徐志摩决定《诗镌》停办，改出《剧刊》。

8日 作《〈诗刊〉放假》，后发表于是年六月十日《晨报副刊·诗镌》第十一期。初收台湾传记文学出版社一九六九年版《徐志摩全集》第六卷。文中说：

> 《诗刊》以本期为止，暂告收束。此后本刊地位，改印《剧刊》，详情另文发表。
>
> 《诗刊》暂停的原由，一为暑期内同人离京的多，稿事太不便，一为热心戏剧的几个朋友，急于想借本刊地位，来一次集合的宣传的努力，给社会上一个新剧的正确的解释，期望引起他们对于新剧的真纯的兴趣；诗与剧本是艺术中的姊妹行，同人当然愿意暂时奉让这个机会。按我们的预算，想来十期或十二期剧刊，此后仍请诗刊复辟，假如这初期的试验在有同情的读者们看来还算是有交代的话。
>
> 《诗刊》总共出了十一期，在这期间内我们少数同人的工作，该得多少分数，当然不该我们自己来擅自评定：我们决不来厚颜表功；但本刊既然暂行结束，我们正不妨回头看看：究竟我们做了点儿什么？
>
> 因为开篇是我唱的，这尾声（他们说）也得我来。实际上我虽则忝居编辑的地位，我对诗刊的贡献，即使有，也是无可称的。在同人中最卖力气的要首推饶孟侃与闻一多两位；朱湘君，凭他的能耐与热心，应分是我这团体里的大将兼先行，但不幸（我们与读者们的不幸）他中途误了卯，始终没有赶上，这是我们觉得最可致憾的；但我们还希冀将来重

整旗鼓时，他依旧会来告奋勇，帮助我们作战。我们该得致谢邓以蛰余上沅两位先生各人给我们一篇精心撰作的论文；这算是我们借来的“番兵”。……但我们究竟做了点什么，这是问题。第一在理论方面，我们讨论过新诗的音节与格律。……我们还可以进一步说，正如字句的排列有恃于全诗的音节，音节的本身还得起原于真纯的“诗感”。再拿人身作比，一首诗的字句是身体的外形，音节是血脉，“诗感”或原动的诗意是心脏的跳动，有它才有血脉的流转……①

按，邵华强《徐志摩年谱简编》：“自从《晨报副刊·诗镌》创办以后，徐志摩经常同闻一多等讨论诗歌问题，探索新诗形式，据陈梦家《纪念志摩》一文，十五年（一九二六年），志摩在北平约一多，子离（饶孟侃）等聚起一个诗会，讨论关于形式的问题。”

另徐志摩在《猛虎集·序》中说：“关于诗的艺术”和技巧，是“我和一多今甫一群朋友在《晨报副刊》刊行《诗镌》时，方才开始讨论到。一多不仅是诗人，他也是最有兴味探索诗的理论和艺术的一个人。我想五六年来我们几个写诗的朋友多少都会受到《死水》的作者的影响。我的笔本是不受羁绊的一匹野马，看到了一多的谨严的作品我方才醒悟到我自己的野性；但我素性的落拓始终不容我追随一多他们在诗的理论方面下过任何细密的工夫。”②

10日　在《晨报副刊·诗镌》第十一期发表诗作《两地相思》，署名南湖。初收上海新月书店一九二七年九月版《翡冷翠

① 韩石山编：《徐志摩全集》（第四卷），商务印书馆2019年版，第88—90页。

② 邵华强：《徐志摩研究资料》，知识产权出版社2011年版，第32—33页。

的一夜》。

11 日　在《清华周刊》第二十五卷第十六期发表《文学与美术》，署“徐志摩先生讲演　瞪岚笔记”，文前有记者按语。初收商务印书馆二〇一八年版《远山——徐志摩佚作集》（陈建军、徐志东编）。讲稿曰：“我因为事忙，虽然前几天就听说有几位要学文学美术的朋友们要我来讲演，我都没工夫预备。我口才又不好，说起来恐不见动听，然而我竟敢来与专学美术的人来谈天，我的胆子也就够大。……说到艺术，无非是表现自己心中的兴感，所以无论你是文学家或美术家，头一件顶重要的事，就是要抓住自己。……美术家对于生活的态度，是要有准备牺牲的决心，不要以为美术是出风头的事，这是世界上顶苦的生活，不要受名利的利诱，要全应内心的要求。……”①

15 日　作《〈剧刊〉始业》，后发表于本月十七日《晨报副刊·剧刊》第一期。初收台湾传记文学出版社一九六九年版《徐志摩全集》第六卷。该文阐述了“新月派”的戏剧观：“第一是宣传：给社会一个剧的观念，引起一班人的同情与注意……第二是讨论：我们不限定派别，不论那一类表现法……都认为有讨论的价值……第三是批评与介绍：批评国内的剧本，已有的及将来的；介绍世界的名著。第四是研究：关于剧艺各类在行的研究……同时我们也征求剧本，虽则为篇幅关系，不能在本刊上发表。我们打算另出丛书，印行剧本以及论剧的著作。”②

17 日　《剧刊》栏目在《晨报副刊》正式开张。《诗镌》和《剧刊》从此成为“新月派”的主要文艺阵地。

---

① 韩石山编：《徐志摩全集》（第四卷），商务印书馆 2019 年版，第 94—98 页。

② 韩石山编：《徐志摩全集》（第四卷），商务印书馆 2019 年版，第 102 页。

按，黄红春《古典与浪漫：新月派文学观念研究》："《诗刊》'放假'之后，新月社热心于戏剧的人又合计借其版面宣传戏剧。1926年6月17日，《晨报副刊·剧刊》正式创刊。徐志摩撰写了发刊词《剧刊始业》。如果说《诗镌》是出于'闻派'的提议，那《剧刊》是由'徐派'原来就'想做戏'和中华戏剧社的国剧运动计划共同促成。1926年9月23日，《剧刊》结束，共出15期，刊载文章41篇。后来余上沅从这些文章中选出20多篇结成《国剧运动》一书，由新月书店出版。限于篇幅，《剧刊》没有发表过一个剧本，成为国剧运动专门的理论与批评平台。1927年。新月俱乐部的牌子被摘除，标志着新月派的活动暂时告一段落。《剧刊》的价值在于，它为新月派开展国剧运动提供阵地，宣扬了新月派的戏剧观。第一，中国的传统戏剧有可以改造利用的地方。……第二，戏剧应该讲究规范和程式。……第三，戏剧不应成为'思想'与'主义'的宣传工具。……第四，主张理智和情感的平衡。……可见，新月派在总体上持中庸的古典主义戏剧观。"[1]

24日 致丁文江信：

> 振飞哥来畅谈几次，末次在福来饭店与适之三人专谈老哥，至三时之久不懈，是岂非所谓敬也欤哉？
>
> 振飞已归，此函到时想已见过谈过。京友概况，当可憭然。通伯叔华已定本星期六订婚，七月十四结婚，老哥送礼须从速，如不及寄即加入我等公份何如？
>
> 歆海家在北京路四二五号万昇酱园，得暇希约谈，我下周或南归，冀一面晤。[2]

---

① 黄红春：《古典与浪漫：新月派文学观念研究》，江西人民出版社2015年版，第73—74页。

② 韩石山编：《徐志摩全集》(第七卷)，商务印书馆2019年版，第2页。

28日　作《〈落叶〉序》，后发表于是年七月三日《晨报副刊》。初收北新书局一九二六年六月版《落叶》，封面由闻一多设计。

本月　北京北新书局出版散文集《落叶》，收入《话》《海滩上种花》等文章。

按，《话》《海滩上种花》二文写作时间和发表报刊不详。据徐志摩《〈落叶〉序》："这是我的散文集，一半是讲演稿：《落叶》是在师大，《话》在燕大，《海滩上种花》在附属中学讲的。"

7月

月初　离京南下。在上海、硖石、杭州、临安等地游玩一个多月，八月初回家。

8日　致父母信："……刘子庚（盘毓）当初（为蒋）作墓志铭[①]，据云大半根据觐圭（名锡韩，谨旃弟）与不厂（单不厂，觐圭妻舅）口述，则其谬误更足奇怪，岂有九叔之亲而不知四房尚有两个年轻侄儿之理，讣文上果如何写法，想总不致遗漏。刘文云：'年三十，初丧妻，义不再娶；居九年，以父命结婚，非君志。盖始终一伦纪中人也。终以所处不纯，寝以不起。'岂非昏愦荒谬？第一续弦时，父已不在，何来父命？第二续娶何以遂非伦纪中人。末二句更该打，万一姑丈是续娶后不久即死，那看文气岂非妻有嫌疑；但事实是相处至十多年，子女生到六个之多。又文中述后裔：'子燕诒，叶出，虢修、兰徵、女四幼，徐出，孙祖同敦复，燕诒出。'遗漏亦奇。……现在应得查问的墓志已否刻石？如已刻，文字有更动否？如为文刊出，实太岂有此理！徐氏固商

---

① 此墓志铭乃为徐志摩姑父蒋钦项所作。钦项字谨旃，一九二六年三月十四日去世。

贾之家，没有读书人，不配读古文式墓志铭，但蒋氏诗礼传家，岂尽属草包，任一无聊文人颠倒瞎写，连正字嗣继都给删除，觐圭当然特别负责，我昨去不厂处，本想问及，但彼以病甚重，神志未清，故未说话。此函请交大伯一看，即去蒋家一查，我颇觉生气也。”①

9日 致陆小曼信。谈及回硖石情况：“只是满心不愉快，身体也不好，没有胃口，人瘦的凶，……但这是暂时的，心定了就好，……”

10日 在《晨报副刊》发表《〈今日俞平伯〉按语》，原无题，署名记者：“天气这般的闷热，大家都爱吃冰淇淋不是？虽则吃多了，你们的肚子许要作怪。方才某君送来几封朋友的信，问可否刊登。这些信的内容是否纯正，且不去管它；幸而味道倒还别致。说明算作冰淇淋发表出来，或者不致于闹乱子。‘今日波罗’，‘今日香蕉’……是有例可援的。我们自己的‘今日俞平伯。’你们看了也许会联想到几月一五一公司门首的招牌：‘新到孙中山。’”②

17日 致陆小曼信。告知新屋建筑进度，一些设施布置设想，小抒思念之情，并谈近日行程：“我等今夜去杭，后日（十九）乃去天目，看来二十三快车万赶不及，因到沪尚须看好家具陈设，煞费商量也。如此至早须月底到京，与眉聚首虽近，然别来无日不忐忑若失。……昨回硖，乃得适之复电，云电码半不能读，嘱重电知。”

18日 致陆小曼信。诉说染恙及思想之苦，告之购置新婚

---

① 韩石山编：《徐志摩全集》（第七卷），商务印书馆2019年版，第21—22页.

② 韩石山编：《徐志摩全集》（第四卷），商务印书馆2019年版，第126页。

家具的打算："简直热死了，昨夜还在西山上住。又病了，……今晚我们玩西湖去，明早六时坐长途汽车去天目山，约正午可到。……床我想买 Twin 的，别致些。你说那样好？赶快写回信，许还赶得及。我还得管书房的布置：这两件事完结，再办我们的订婚礼品。我想就照我们的原议，买一只宝石戒，另配衣料……"①

21 日　致陆小曼信。告知："在深山中与世隔绝，无从通问，最令悒悒。三日来由杭而临安，行数百里，纡道登山。旅中颇不少可纪事……归时再当畅述也。"又告近日情况："前日发函后，即与旅伴（歆海、老七及李藻孙）出游湖，……十九日早六时起，六时二十分汽车开行，约八时到临安，修道甚佳，一路风色尤嵋绝，此后更不虞路难矣。临安登轿，父亲体重，舆夫三名不胜，增至四；四犹不任，增至六。上山时簇拥邪许而前，态至狼狈。十时半抵螺丝岭，新筑有屋，住僧为备饭。十二时又前行，及四时乃抵山麓。小憩龙泉寺，啖粥点心。乃盘道上山，幸云阻日光，山风稍动，不过热。轿夫皆称老爷福量大。登山一里一凉亭，及第五亭乃见瀑，猥泻石罅间，殊不庄严。近人为筑亭，颜天琴，坐此听瀑，远瞰群冈，亦一小休。到此东天目钟声剪空而来，山林震荡，意致非常。……二十日早上山，……二十一日早下山。十时到西天目。"②

本月　作《天目山日记》，后收入香港商务版《徐志摩全集》散文丁集中，与《婚前闲礼》中"一九二六年春夏间"部分合称《日记残叶》。

本月　与张幼仪在上海见面，谈妥离婚事宜。

---

① 韩石山编：《徐志摩全集》（第七卷），商务印书馆 2019 年版，第 177—178 页。

② 韩石山编：《徐志摩全集》（第七卷），商务印书馆 2019 年版，第 178—180 页。

8月

4日　在《晨报副刊》发表《启事两则》，原无题，署名摩。

有朋友愿以去年八月份《晨报副刊》合订本见让者，欲得原价或其他书报为酬，均可照办，报寄太仆寺街七十号陈先生转沈从文收，后寄璧还。

从文：请你那一个早上便到我寓处一谈。①

7日　作《丑西湖》，发表于是年八月九日《晨报副刊》。后与《劳资问题》（写作时间不详，载是年八月二十三日《晨报副刊》）合成《南行杂纪》一文。初收台湾时报文化出版事业有限公司一九八〇年版《徐志摩诗文补遗》。

同日　在《晨报副刊》发表译作《答闻一多先生》（[日]小畑熏良作），文末附《志摩附记》。初收台湾时报文化出版事业有限公司一九八〇年版《徐志摩诗文补遗》。

14日（农历七月七日乞巧节）　中午十二点钟，与陆小曼在北海董事会举行订婚典礼。

按，梁实秋《谈徐志摩》：

……我第二次见到志摩是在一九二六年，我刚从美国回来。是年夏，我在北平家里，接到他的一张请柬。

这张请柬很是别致，不是普通宴会的性质，署名的是志摩、小曼，小曼是谁？夏历七月七日，那不是“牛郎会织女”的日子么？打听之后，才知道这是志摩和陆小曼订婚日的宴客。我和志摩本不熟识，我回国后在酬酢中见过几面，在我未回国前曾投寄稿了到志摩主编的晨报副刊，而最重要

① 韩石山编：《徐志摩全集》（第四卷），商务印书馆2019年版，第127页。

的一点关系是我们有几位共同的朋友，如闻一多、赵太侔、余上沅，都是先我一年回国，而且与志摩是时常过从的，所以我一回国立刻就和志摩相识。他之所以寄给我一张请柬者以此。

北海有两个好去处，一个是濠濮间，曲折自然，有雅淡之趣，只是游人多了就没意思，另一个是北海董事会，方塘里一泓清水，有亭榭，有厅亭，因对外不开放，幽静宜人。那一天，可并不静，衣香钗影，士女如云，好像有百八十人的样子。在我这一辈中，我也许是最年纪小的一个，（不，有一个比我还小两岁的，那便是叶公超，当时大家都唤他为“小叶”。）在这一集会中我见到许多人，如杨今甫、丁西林、任叔永、陈衡哲、陈西滢、唐有壬、邓以蛰，等等，我忝陪末座，却喝了不少酒。

听人窃窃私议，有人说志摩、小曼真是才子佳人，天作之合，也有人在讥讽，说小曼是有夫之妇，不该撇了她的丈夫王赓（受庆，西点毕业生），再试与有妇之夫的徐志摩结合。我的看法很简单，结婚离婚都仅是当事男女双方之事，与第三者何干？……[①]

18日　在《晨报副刊》发表为自己的散文集《落叶》拟写的广告语，原无题，未署名。广告语曰：“这是徐志摩先生的散文选集，系《落叶》、《青年运动》、《话》、《海滩上种花》等共八篇，文字轻快流利，别具一种新风格，乃融会中西文学优点而独创者，现已出版。”[②]

---

① 梁实秋：《谈徐志摩》，《朋友心中的徐志摩》，百花文艺出版社1992年版，第34—35页。

② 韩石山编：《徐志摩全集》（第四卷），商务印书馆2019年版，第138页。

25日 在《晨报副刊》发表为金岳霖《自由意志与因果关系的关系》一文写的按语，署“志摩饶舌”。初收上海书店出版社一九九五年八月版《徐志摩全集》第八册。

30日 在《晨报副刊》发表《更正》，未署名。

本月 开始写日记《眉轩琐语》。后由陆小曼辑录整理，发表于一九三二年《时代画报》第三卷第六期，初收上海晨光出版公司一九四八年一月版《志摩日记》。

按，据商务印书馆二〇一九年版《徐志摩全集》第六卷（韩石山编）：陆小曼在题名下原标“一九二六年八月～一九二七年四月”，有误，应为“一九二六年八月～一九二八年六月”。

9月

3日 致刘海粟信。后发表于是年九月十六日《新艺术》半月刊第一卷第十期，与蔡元培一九二六年八月二十七日所作短文，合题为《对于刘海粟近作的两个批评》。信中道：

> 你曾经几次要我题跋你的作品，我却不敢遵命。因为我实在不能说是懂得美术，勉强的事情我是不来的。这次你又来要我破例；我先看了信，心想海粟何必一定得窘着我，眉头不由的发皱了。但等看了你信里附来的那几张作品的缩印，我不仅放开了眉头，并且在心里感到新来的惊讶和欢喜。真的，我这几天逢着有朋友来，就拿这些画给他们看说：“你看，再不用怀疑这画家的力量；将（若）说这还不是艺术，我不知道艺术是什么。”
>
> 海粟，你这次寄来的六幅画里的确是有使人十分羡慕，甚至讶异的东西。我说这话似乎有充内行的意思，但是不，我只说我这回才在我自身的脉搏上觉出了你的艺术的表现

的力量。你要我在每张上题句，但那办法有些迹近复古，我觉得不敢尝试。我决意写这信去当替代，说话也来得方便，恳切，我想你一定可以原谅的。……

但这次你寄来的，虽则只是原画缩印，却使我得到完全不同的印象。《西溪》的布局，《秦淮渡舟》的配置与色感，都显出你的特长。最应得赞赏的是那幅《南高峰绝顶》；在我看来这是你的杰作。在这里，第一、我觉得你的笔力，那是原来强的，得到了充分却又有节度的施展，这显出你的功夫的纯熟；第二、我感到通体节奏（Rhythm①）的纯粹，从地下的泥土到枯树的末梢，没一点不表出艺术的匠心周密，没一点不激荡着切题的情感：这是一首画着的诗；第三、我不能不惊你的色感的兴奋，你能用这么多强烈的色彩，却不让色彩的强烈带了你走，这真不是偶然做得到的。这是一个灵感；一个意境的完全的表现；这是艺术。我不能不表示我的敬意！②

同日 致沈性仁信："……叔华病了，知否？像是秋瘟，医生不许见客。《玛丽》稿奉去，译完即交书局出版何如？亚东远些，北新倒近便，且准一月可出书。孟和似不信任北新，但彼方状儿甚巴结，尊意何如？"

4日 在《晨报副刊》发表《天目山中笔记》，初收上海新月书店一九二七年八月版《巴黎的鳞爪》；同期发表《订误与说明》，原无题，未署名。

6日 在《晨报副刊》发表《求医》，原题《求医（续自剖）》。初

---

① Rhythm：应作 Rhythem。

② 韩石山编：《徐志摩全集》（第七卷），商务印书馆 2019 年版，第 48—49 页。

收上海新月书店一九二八年一月版《自剖》。

9日 作《〈一个态度〉的按语》，后发表于是年九月十一日《晨报副刊》，与张慰慈按语、胡适旅苏信件摘录合为《一个态度，及案语》发表。

按，邵华强《徐志摩年谱简编》："九月上旬张慰慈摘录了胡适在赴英途中写给他的三封信，交给徐志摩请《晨报副刊》发表。胡在信中用试验主义的观点，谈了对苏联的看法。说对苏联我的感想与志摩不同，他们再次做一个空前的伟大政治新试验；他有理想，有计划，有绝对的信心，只此三项已是使我们愧死，并认为苏俄的教育政策，确是操取世界最新的教育学说。"[①]徐志摩对此十分不满，于九日作按语，和胡适书信摘录一起在十一日《晨报副刊》发表。徐在按语中反驳了胡适称赞苏联社会主义制度的观点，认为中国不能走苏联的路。按语又赤裸裸地攻击了苏联社会主义教育制度，说苏联完全是主义教育，或是党化教育；他们侧重的，第一是宣传的能力，第二是实用的科目，列如化学与工程。纯粹科学与纯粹文学几乎占不到一个地位。宗教是他们无条件排斥的，但他们都拿马克思与列宁来替代耶稣，拿《资本论》一类书来替代《圣经》，"这也许是适之先生所谓最新教育学说的一部分吧。"[②]

12日 致胡适信，告知七夕订婚情况，"那天到客有五六十人，谁都说可惜大功臣缺席"，又谈结婚日期，"婚期陆家看定孔子生日八月二十七，过此九月不宜，须至十月，……幼仪已挈阿欢来京，寓老金处。"并谈："我的计划是暂时（至少暂时）脱离北

---

① 邵华强：《徐志摩研究资料》，知识产权出版社 2011 年版，第 33—34 页。

② 邵华强：《徐志摩研究资料》，知识产权出版社 2011 年版，第 34 页。

京，想婚后即回老家伴爹娘尽尽子职去，……叔华通伯已回京，叔华病了已好，但瘦极。……我如南归，《晨报》那劳什子也不干了！……你论俄国的几封信，一定有狠多批评，我陆续寄给你。……见罗素、狄更生、华拉士、赖世基、威尔士一群人，千万代候，说我太懒。尤其罗、狄二位，我的喜事亦可告知！”①

13 日　作《一个启事》，后发表于是年九月十五日《晨报副刊》。初收台湾时报文化出版事业有限公司一九八〇年版《徐志摩诗文补遗》。此文为悼念《诗刊》同人杨子慧与刘梦苇的夭折："死，虽则说脱离这恶浊和烦恼纠结的世界不定是苦痛，终究是一件大事：往往使我们叹息，有时使我们涕泣，永远使我们在扰攘的生活道上感到半晌有蕴藏的沈默。”②

15 日　在《晨报副刊》发表译作短篇小说《一杯茶》（[英]曼殊斐儿作）。初收上海北新书局一九二七年四月版《曼殊斐尔小说集》。

16 日　在《晨报副刊・剧刊》第十四期发表《托尔斯泰论剧一节（附论“文艺复兴”）》。初收台湾传记文学出版社一九六九年版《徐志摩全集》第六卷。文中说：“生活不容许的时候，艺术就没有站住的机会。生活相当的安宁是艺术的产生的一个最主要的前提。乱世与文化是不相容的。生活与艺术，正如托尔斯泰说的，是从同一种材料里做出的，这意思是我们只有有限的注意力，只有在生活允准我们闲暇的日子，我们才可以接近艺术，创作艺术。”③

20 日　在《晨报副刊》发表《关于党化教育的讨论——答张

① 韩石山编：《徐志摩全集》（第八卷），商务印书馆 2019 年版，第 29—30 页。

② 韩石山编：《徐志摩全集》（第四卷），商务印书馆 2019 年版，第 161 页。

③ 韩石山编：《徐志摩全集》（第四卷），商务印书馆 2019 年版，第 166 页。

象鼎先生》。

按，邵华强《徐志摩年谱简编》：九月十八日，张象鼎致徐志摩信，对徐志摩反对"党化教育"观点提出了不同的看法，徐志摩当日即回信，又强调了自己反对一切"党化教育"的观点。二信以"关于党化教育的讨论"为题发表于九月二十日《晨报副刊》。

23日 在《晨报副刊·剧刊》第十五期发表《〈剧刊〉终期》，署名志摩。徐文未完，后半部分系余上沅所作，署名余上沅。文中说：

> 我已经说了剧刊不能不告终止的理由是为朋友们四散；但这十五期多少也算是一点工作，我们在关门的时候，也应得回头看看，究竟我们做了点什么事，超过或是不及我们开门时的期望，留下了什么影响，如其有，在一般读者的感想是怎么样，我们自己的感想又怎么样。
>
> 先说我们做了点什么事。在剧刊上发表的论文共有十篇：赵太侔论《国剧》，夕夕（即一多）论《戏剧的歧途》，西滢论《新剧与观众》，邓以蛰论《戏剧与道德的进化》，杨振声论《中国语言与中国戏剧》，梁实秋的《戏剧艺术辨正》，邓以蛰论《戏剧与雕刻》，熊佛西的《论剧》，余上沅论《戏剧批评》，以及冯友兰译的狄更生的论希腊的悲剧。批评文字有八篇：张家铸评艺专习演，叶崇智评辛额（J. M. Synge[①]），余上沅评中国旧戏，张嘉铸评英国三个写剧家，萧伯纳，高斯倭绥，与贝莱勋爵，以及杨声初君的《兵变之后》与俞宗杰君的《旧戏之图画的鉴赏》，论旧戏二篇：顾颉刚君的《九十年前

---

① J. M. Synge：辛格（1871—1909年），爱尔兰剧作家，爱尔兰文艺复兴运动的代表人物，作品有悲剧《骑马下海人》、喜剧《峡谷阴影》和《西方世界的花花公子》等。

的北京戏剧》，与恒诗峰君的《明清以来戏剧的变迁说略》。论剧场技术的有七篇……此外另有十几篇不易归类的杂著及附录。[1]

按，邵华强《徐志摩年谱简编》："《剧刊》停刊主要原因有二：一是人事问题，当时热心戏剧运动的真正行家闻一多、赵太侔等都因北京八校欠薪和艺专风潮影响而离散了。徐志摩因刚和陆小曼订婚，在京忙着筹备结婚和南下，也无暇兼顾，甚至连那篇《剧刊终期》的文章也没有作完，留给了余上沅结尾。二，剧刊同人的根据地——国立艺专戏剧系一向不很景气，只招二十名学生，以后越来越少，俟主持者先后南下，交熊佛西办后，不久也因经费无着落而停办。在《剧刊》上发表的重要论文，后由余上沅编成《国剧运动》一书，由新月书店出版。"[2]

28日　致沈性仁信："此柬专为奉请来日代劳招待小曼一家。午前即去北海，故最好能去那边便饭。小芳也请她招待小来宾，小琴笃儿们想当有几位也。……"[3]

29日　在《晨报副刊》发表诗作《珊瑚》，署名删我。初收上海新月书店一九二七年九月版《翡冷翠的一夜》。

10月

3日　与陆小曼在北海结婚。

按，韩石山《徐志摩传》：

……结婚典礼在10月3日，农历八月二十七日，孔诞

① 韩石山编：《徐志摩全集》（第四卷），商务印书馆2019年版，第169—170页。
② 邵华强：《徐志摩研究资料》，知识产权出版社2011年版，第34页。
③ 韩石山编：《徐志摩全集》（第七卷），商务印书馆2019年版，第126页。

日。地点仍在北海，只是不在董事会而在画舫斋了。环境幽雅，地方也宽敞些。

来宾总有二百人，赵元任和陈寅恪专程从城外的清华赶去。金岳霖是伴婚人，按婚礼规定必须穿长袍马褂，金没有，“我本来就穿西服，但是，不行，我非穿长袍马褂不可。我不知道徐志摩的衣服是从哪里搞来的，我的长袍马褂是从陆小曼父亲那里借来的”。

证婚人是梁启超。本来是要请胡适的，一则是他要出国，二则是他知道自己并不是合适人选，转而推荐梁启超。梁起初也不答应，胡适再三恳请才应允下来。

媒人和婚书一概废除。结婚礼节只是新郎新娘交换一块汉玉。梁先生模仿西洋牧师的方式，先问志摩：“徐志摩，你是自己愿意，并且又得到父母之命，与陆小曼结婚吗？”又以同样的话问了小曼。待两人点头回答后，梁先生接下去说：“很好，我可以做你们的证人。”

接下来，梁先生发表了一通严厉的训词：“徐志摩，陆小曼，你们是曾经经过风波的人，社会上对于你们有种种的误会，种种的不满意，你们此后总得要想法解除这种误会。爱情当然是人性，不过也只是人情中之一，除了爱情以外，人情还有许许多多的种类，你们也不得不注意。”

末了，梁先生还说了几句极为厉害的话：“徐志摩，你是一个天资极高的人，这几年来只因你生活的不安，所以亲友师长对于你也能有相当的谅解。这次结婚以后，生活上总可以算是安了，你得要尽力做你应当做的事。陆小曼，你此后可不能再分他的心，阻碍他的工作。你是有一种极大的责任。至少对于我证婚人梁启超有一种责任。”

梁讲话的严厉，事先是给志摩打了招呼的，志摩也是做了相当的心理准备的，只是没料到会这样的严厉。……据说小曼当时懵懵懂懂，连梁说什么都没听懂。旁边的人看了直替她难过。后来才知道，前一天晚上多吃了安眠药，脑子昏昏沉沉，确实没听清梁在说什么。当时在场的张慰慈，第二天把婚礼上的情况写信告诉远在英国的胡适，……[1]

4日 徐志摩和陆小曼去清华园向梁启超申谢。

同日 在《晨报副刊》发表《〈几则启事〉之一》，原题《几则启事》。

按，徐志摩所撰启事为十月初致彭浩徐信，与彭浩徐致徐志摩信、《晨报副刊》记者声明合题为《几则启事》发表于《晨报副刊》。

10日 在《小说月报》第十七卷第十号发表译作《柴霍甫的零简——给高尔基》（[俄]契诃夫作），文末署“转载《晨报副刊》”。初收台湾传记文学出版社一九六九年《徐志摩全集》第六卷。

中旬 正式辞掉《晨报副刊》主编职务，偕陆小曼一起南下。

12日 到上海，住新新旅馆。

13日 在《晨报副刊》发表《志摩启事》：“志摩启事：我告假回老家去几时，《晨副》的编辑自本月初起请瞿菊农先生担任，他家住后内东板桥西妞妞房五号，有事请径与瞿先生接洽可也。”[2]

14日 独自回硖石看新房施工情况。新房一时还建不成，老住旅馆不是办法，后到大西路吴德生家暂住。

---

① 韩石山：《徐志摩传》，北京十月文艺出版社2001年版，第222—224页。

② 韩石山编：《徐志摩全集》（第四卷），商务印书馆2019年版，第174页。

15日 致刘海粟信：

曼像卒不能竟，最是可惜。临行又未及一谈，在沪承兄与诸友隆宠异常，深感何似。今归来乡里，遂尔隐避。新居有楼，小霞可望，早晚清静，正好工作。

兄在沪事实过忙，惧来乡之约未易言践。家君言兄曾诺堂画一幅，今构舍已成，惠赐未见，虚壁以待，想必不吝此一挥也。近得高邕之画四大幅，可爱已极。兄来当共赏之。康圣[1]处迄未去，亦一憾事。欲求一尺方'清远楼'匾字，兄能为代谋最感。昌老近日见否？[2]

按，疑此信原载日期"十五年十月十五日"为农历，对应公历日期为1926年11月19日。

16日 致蒋复璁信："在京多承帮忙，知感无既。一路尚称平安，半夜在临城附近吃小惊吓，幸即过去。到下关，公谷（蒋复璁兄，引者注）及歆海，上沅，以蛰来接，老蹇亦派人偕省署差遣过江招呼，故行李虽多，未经阻难。初六晚到沪，有谭裕卿约同乡友女眷多人在站欢迎，又在新新旅馆布置新房，红烛高烧，又是一番景象。前日我回硖，昨夜回申，家中新屋未竣，须至十月初方可进屋。我与小曼今移寓吴德生家，一切舒服。沪友知者多来，日内恐不免应酬忙也。硖石丝毫不改，新设娱园有女戏班，日夜开演。吴桐生做前台老板，神气活现。新埭（硖石一条老街，引者注）颇有生气，我伯父每日坐轿出来，且打牌矣。我母卧病两月，瘦削可怜。张慰平近搬家，欲求梁先生七言对，能为谋否？训词手卷[3]表得后，希即邮寄来。代付若干，即望开示，以

---

① 即康有为。

② 韩石山编：《徐志摩全集》（第七卷），商务印书馆2019年版，第50页。

③ 指梁启超证婚词，托蒋复璁裱为手卷。

便寄还。《晨报》临行嘱按日寄报，迄今未见，希为电馆一问。北京消息盼常来信。梁先生处请代道安。福叔仍在前方，局面或有变化。”①

25日 致张慰慈信。信中云：“到上海半月什么事也没做，朋友也见得狠少，谈话也只泛泛，德生家招待倒真好，什么都舒泰，我们不出门的时候多，有时打牌，有时干坐著，……这次浙江闹乱子，硖石差点子作战场。……我明天回家去看看，一半天就出来，时局平静的话，二星期内小曼要去正式拜见翁姑了。我爸爸今年亏负得厉害，新屋子又超过了预算将近一倍，正愁著哪。”②

同日 日记载：“今天是观音生日，也是我眉儿的生日，……蜜月已经过去，此后是做人家的日子了。……至于我的译书工作我也不奢望，每天只想出产三千字左右。只要有恒，三两月下来一定狠可观的。”③

11月

2日 致张慰慈信。信中道：“第二函悉，适之原函及《现代评论》希寄我，我本想写信，不知他年内行止何如？……我等尚流寓在沪，硖石新屋布置将次就绪，约十月初可以进屋。小曼在此大好，能吃能眠，一无病痛，螃蟹汤圆但吃无妨，与在京时已判若两人，奇哉。……我曾回硖三次，此时但急于安顿，负累甚重，非赶快工作不可。硖石虽小，有曼相伴当不至烦，且我亦倦矣。

---

① 韩石山编：《徐志摩全集》（第八卷），商务印书馆2019年版，第251—252页。
② 韩石山编：《徐志摩全集》（第七卷），商务印书馆2019年版，第102页。
③ 韩石山编：《徐志摩全集》（第六卷），商务印书馆2019年版，第380—382页。

晨副急切无人，你愿意接手否？”[①]

16日 （农历十月十二日）与陆小曼回到硖石，住进干河街刚刚建成的新式楼房里。

22日 致张慰慈信，述及与陆小曼回硖石后的新婚生活情景：“上海一住就住了一月有馀，直到前一星期咱们俩才正式回家，热闹得狠哪。小曼简直是重做新娘，比在北京做的花样多得多，单说磕头就不下百外。新房里那闹更不用提，乡下人看新娘子那还了得，呆呆的几十双眼，十个八个钟头都会看过去，看得小曼那窘相，你们见了一定好笑死。闹是闹，闹过了可是静，真静，这两天屋子里连掉一个针的声音都听出来了。我父在上海，家里就只妈，每天九点前后起身，整天就管吃，晚上八点就往床上钻。……适之的长信谁都讨了看，现在转到经农那里去了，还没寄回来，我想还在晨副上披露吧。……”[②]

下旬 打算在硖石隐居著书一段时间。小说《家德》大约于此时完成。主人公的生活原形即时硖石家中的老佣人。

30日 致刘海粟信：“猥处乡陬，报亦不看。顷偶去商会，见新闻报，言及美专风潮事。觅旧报已不得，正拟书问，手示适来。然则究何因为然耶？兄如居沪不怡，何妨径行来硖，新庐尽可下榻。饭米稍粗，然后圃有蔬。汲井得水，听雨看山，便过一日。尘世喧烦，无由相逼。曼亦安居，甚旷适。惟近日病眼，不能书写，甚盼兄能贲临，相与共数晨夕，围炉煮茗，并抒衷曲，何似在海上烦恼丛中讨生活也。家君因事北去，此间益形清索。兄如来，能带零星画布尤佳。小鹣[③]婚期已迫，虑不及趋贺。他日到

---

① 韩石山编：《徐志摩全集》（第七卷），商务印书馆2019年版，第103—104页。

② 韩石山编：《徐志摩全集》（第七卷），商务印书馆2019年版，第104—105页。

③ 江新（1894—1939），字小鹣，江苏吴县人，江标之子。美术家。

沪，再当拜谒。吉日希饬役代买花蓝申贺（或加入尊处公份亦可）。草率，并希代解。”①

月底 致瞿菊农信：

信到，书未到。其实我这里已觅到一册《赣第德》，正在续译，至多再有十天，总可译完。近来做事的效率，大不如前，也不知为甚么。从前我译那本《涡提孩》。只费六晚工夫就完事。这本《赣第德》也不见长多少，难译多少。但我可算整整译了一年还没译成！这样看来，做事情不论甚么，应该是一鼓作气才有成效，一曝十寒的办事，总是难的。

家里住着，静是够静的，早晚除了雨声，更听不到什么。凭窗本来望得见东山的塔，但这几天教雨雾给迷住了，只偶尔透露一些楼廊，依稀就认得是山□给□。我回家来惟一的两大志愿是想改造屋后□的一个菜园子，但不幸这两星期来连接的淫雨，无从工作起，只好等晴放。……

我要《晨副》的稿纸，请寄些来。②

本月 致张幼仪信：“我们在上海一无事情，现在好了，房子总算完了工，定十月十二（阴历）回家；从此我想隐居起来，硖石至少有蟹和红叶，足以助诗兴，更不慕人间矣！”③

12 月

11 日 致刘海粟信。告：“曼日来又不爽健，早晚常病，以此生愁。……时局颇迫，或年内尚不免逃难。令侄译成钜著，可

① 韩石山编：《徐志摩全集》（第七卷），商务印书馆 2019 年版，第 51 页。

② 韩石山编：《徐志摩全集》（第八卷），商务印书馆 2019 年版，第 263 页。

③ 韩石山编：《徐志摩全集》（第七卷），商务印书馆 2019 年版，第 97 页。

贺。译笔亦似见过，颇明净。嘱写序，实有所惧。摩尝赠胡蔡专作序。我不为序，不为人序，亦不序自作书：此固非牢不可破，然能躲即躲。在京时已辞却不知几许人矣。令侄书已看过，或为草一短评如何？能豁我为盼！并希转告思训兄，多多谅解。谈起此书，老蔡定乐为之序，胡不一问？《上海画报》十一月二十四日一期，有张秋帆为曼母纪事一则，请为买一份来，谢谢！又《晶报》能为代定否？”①

中旬　北伐军日渐逼近，孙传芳部队加紧备战，硖石一带处于战线中心。为避战祸，向舅父沈佐宸（葆思）借款乘船去上海。到上海后，住福建路通裕旅馆，经济窘迫，后搬至宋春舫家。

14日　致张幼仪信：

爸爸来，知道你们都好，尤其是欢进步得快，欣慰得狠。你们那一小家庭，虽是新组织，听来倒是热闹而且有精神，我们避难人听了十分羡慕。你的信收到，万分感谢你。幼仪，妈在你那里各事都舒适，比在家里还好些，真的，年内还不如留京的好，一则路上不便，二则回来还不免时时提心吊胆。我们不瞒你说，早想回京，只是走不动，没有办法。我们在上海的生活是无可说的，第一是曼同母亲行后就病，直到今天还不见好，我也闷得慌，破客栈里困守着，还有什么生活可言。日内搬去宋春舫家，梅白格路六四三号，总可以舒泰些。

阿欢的字真有进步，他的自治力尤其可惊，我老子自愧不如也！丽琳寄一笔杆来“钝”我，但我还不动手，她一定骂

① 韩石山编：《徐志摩全集》（第七卷），商务印书馆2019年版，第51—52页。

我了![1]

16 日　致章士钊信:“……在京曾通书柬,不得复音。过津造访德义楼,乃知已迁新居,匆匆未及走谒。南来已及二月,蛰居自娱,稍亲书卷,更不省世变。顷得梦旦先生书,悉《云麾碑》又几遭灾厄,幸未伤失,今已归林氏庋藏,永荷厚惠矣。此册叠经波折,令人生感。足下何不即闻纪述其事以跋之?当益增此拓身价也。《甲寅》又崛起,毅勇可佩,想必有新来烟士披里纯,亟盼拜观。……”[2]

26 日　在欧洲旅游的胡适致恩厚之信,说徐志摩和陆小曼“他们两口子在那小地方(指徐志摩家乡)住得太久,就会受害不浅了。他们多方面的才华会浪费消逝于无形。”要求恩厚之“能找出办法把志摩夫妇送到英国或欧洲地方,让他们有两三年时间念点书,那就极好了。”此事得到恩厚之答允。

1927 年(丁卯,民国十六年)　31 岁

▲4 月,蒋介石于上海发动反革命政变,在南京成立国民政府。

▲4 月 28 日,李大钊等 20 名共产党人和革命者在北京被奉系军阀杀害。

▲6 月 2 日,著名学者王国维自沉于颐和园昆明湖。

▲8 月 1 日,周恩来、朱德等领导南昌起义。

---

① 韩石山编:《徐志摩全集》(第七卷),商务印书馆 2019 年版,第 97—98 页。

② 韩石山编:《徐志摩全集》(第八卷),商务印书馆 2019 年版,第 198 页。

▲9月，毛泽东领导秋收起义。十月底到达井冈山，建立第一个革命根据地。

1月

1日 在日记中写道："愿新的希望，跟着新的年产生，愿旧的烦闷跟着旧的年死去。《新月》决定办，……给我勇气，给我力量，天！"

按，关于该日记时间有争议。陆小曼所辑时间为1927年1月1日。依此说，这里的"《新月》决定办"，不是指决定创办《新月》杂志，而是指着手创办新月书店；而韩石山认为，该日记记于1928年1月23日（农历正月初一），日记中"新月"即指《新月》杂志。①

5日 致恩厚之信。信中提及胡适欧游，告知与陆小曼婚讯，并问候泰戈尔：

> 欣悉胡适到过你的翠庄访问。他一定已经告诉你所要知道的中国的详情，以及中国朋友的光景。从他的来信看，这次欧游使他振奋莫名——他早该到欧洲跑跑了。……生命是件不可思议的把戏。当我们和老戈爹在一起的时候，我们都不知道命运为我们作出了什么安排。我的老兄，在这个大伙儿都倒霉的世界里，我两个人同属幸运儿——你相信不相信？你已经获得你的心上人，我也是如此。……我击败了一股强悍无比的恶势力，就是人类社会赖以为基的无知和偏见，我不知道你是否对我的妻子（她名小曼）有点印象，但她仍然记得'东奔西走，紧张得像个世界最忙的

① 参见韩石山编：《徐志摩全集》（第六卷），商务印书馆2019年版，第383页。

人’那个英俊的英国青年人，我们俩真想有一天跟你们俩碰头呀！小曼体质不强，我已定意要用大自然这味药来给她补一补。我们婚后头两个月在一个村镇中度过，既宁静又快乐；可是我们现在却混在上海的难民中间了，这都是拜这场像野火乱烧的内战之赐。敝省浙江一直是战乱不侵的，使其他地方的人羡慕不已，但看来这一次也不能幸免了。杭州半个城的人已经跑光，到处所见的是各种恐怖气氛与事实，这都是随着内战而来的凶险；可怜的西湖，只馀一片荒凉破败！

我们在上海就好像是搁了浅的，我还不敢回北京，因为那边是个没有薪水发的地方。我也不能回老家。我们极盼飞到外国去，但恨无羽翼。你的来信真是我们极大的安慰。我很久没有收到老诗人的消息了。我信他和家人一起生活在山迪尼基顿是健康愉快的。和他重聚的机会现在是微乎其微，我想起这件事就不免愁绝。我对他不胜孺慕，切望能在他宽博无边的庇荫下饱享宁谧。

7日 致胡适信，向胡适述说近况：

生命薄弱的时候，一封信都不易产出，愈是知心的朋友，信愈不易写。你走后，我那一天不想着你，何尝不愿意像慰慈那样勤写信，但是每回一提笔就觉着一种枯窘，生命，思想，那样都没有波动。在硖石的一个月，不错，总算享到了清闲寂静的幸福。但不幸这福气又是不久长的，小曼旧病又发作，还得扶病逃难，到上海来过最不健康的栈房生活，转眼已是二十天，曼还是不见好。方才去你的同乡王仲奇处看了病，他的医道却还有些把握，但曼的身体根本是神经衰弱，本原太亏，非在适当地方有长期间的静养是不得见效的，碰巧这世乱荒荒，那还有清静的地方容你去安住，这是我最大的一件心事。你信上说起见恩厚之夫妇，或许有办法把我们弄到国外去的话，简直叫我惝恍了这两天！我那一天不想往外国跑，翡冷翠与康桥最惹我的相思，但事实上的可能性小到我梦都不敢重做。……

留在中国的话，第一种逼迫就是生活问题。我决不能长此厚颜倚赖我的父母。就为这经济不能独立，我们新近受了不少的闷气。转眼又到阴历年了，我到那里好？干什么好？曼是想回北京，她最舍不得她娘，但在北京教书是没有钱的，晨副我又不愿重去接手(你一定懂我的意思)，生活费省是省，每月二百元总得有不是？另寻不相干的事我又是不来的，所以回北京难。留在上海也不妥当，第一我不欢喜这地方，第二急切也没有合我脾胃的事情做。最好当然是在家乡耽着，家里新房子住得顶舒服的，又可以承欢膝下，但我又怕我父母不能相谅，只当我是没出息，这老大还得靠着家，其实只要他们能懂得我，我到十分愿意暂时在家里休养，也着实可以读书做工，且过几时等时局安靖些再想法动活。目下闷处在上海，无聊到不可言状，曼又早晚常病，连个可与谈的朋友都难得有(吴德生做了推事，忙极了的)，硖石一时又回不去，你看多糟！……

本月　据郁达夫《日记》记载：十四日“午后三四点钟，上出版部去看信。听到了一个消息，说上海的当局，要来封锁创造社出版部，因而就去徐志摩那里，托他为我写了一封致丁文江的信。”[①]十八日“饭后至创造社，看信件，得志摩报。说司令部要通

① 胡从经编：《郁达夫日记集》，陕西人民出版社1984年版，第46页。

缉的，共有百五十人，我不晓得在不在内。”[1]

2月

1日 致蒋复璁信。信中道：“以为你年内回来，故未写信。谁知你又不回来，开年究能来否？家中人倚闾相望，游子于心安乎？我一时决计不北，亦非为星者言，故切弗信张奚若胡说。光华相邀教席已允就，如不欠薪，生活或可敷衍。但急要书，已函菊农会同我兄设法打开书柜取书，如足下南来最便即烦相挈，否则须另行想法。蹇老在此无日不麻，间或有醉，稍稍骂座，亦怡然自得之一道也。”

同日 致沈性仁信，讨论二人合译《玛丽玛丽》单行本出版事宜。拟将此书交李小峰主持的北新书店出版。[2]

7日 致沈性仁信。信中提到：“蜜饯的日子更飞得快，早想奉书，总是懒惰。小曼又病目，不能写字，故京友处竟未通一字，想已遭怪不少。……乡居完全闭塞现代，久不见，无从知朋辈功力如何。南方天冷，未可轻视。前晚西风如虎，微霰满庭。小曼冻得像刺猬，一步不能移动，幸有壁炉小火，慰情聊胜无。北京花窖中红梅想已艳放，北海溜冰或已开始。大好阳光今年没我们的分，怅极！北新李小峰曾函来嘱转求《玛丽》译本，如无特别困难，何妨即交付排印，此番必不致白叨也。学术讲演竟成事，孟和功不浅。《赣第德》已译完，想试写小说。”

15日 致刘海粟信，说道：“日昨空手枵囊而去，饱腹满载以

---

① 胡从经编：《郁达夫日记集》，陕西人民出版社1984年版，第48页。

② 陈子善：《新见徐志摩致沈性仁函三通考索》，《北京青年报》2021年6月13日。

归，幸运何似！具见为海翁祝长生之有利也。忌日千万不可妈货[1]，太太应用强制手段。吕班路房子，歆海兄弟俩要租，请代致郎西先生，向房东一说。即日起租，租金六十五两。馀细则由歆海二兄直接交涉可也。”

3月

7日 恩厚之致徐志摩信，邀徐志摩到欧洲或印度访问，并建议徐到越南、爪哇等地旅游，同时寄给徐志摩二百五十英镑旅费。但徐收下了旅费后，未能去印度和欧洲。

4月

1日 致恩厚之信。信中道：

约十日前读到来信，翌日又收到汇票二百五十镑。……在这多难的日子里，知道世界某一角落至少还有一位朋友在百忙中不遗在远，并且极力伸出支援之手，这对于受惠的当事人，是一件了不起的大事！……

我在这里的一间大学教学，赚点钱过日子。我已决定不再倚赖家父，因为他的日子并不好过。（我家乡镇上的流氓已开始向他找麻烦了；事实上他们已霸占了我们的新房子。）我目前的心情是没有办法诉诸笔墨的。我唯一的希望是两口子能跑得动，离开中国一段日子再算。……我不知道你和狄老之间作了什么协商。若能到山迪尼基顿跟我们亲爱的老戈爹同住一个时候，这就是我这些年来唯一的梦

[1] 妈货：似马虎之意。

想的实现了。但我们怎能束装就道呢？我们夫妇俩当然不能完全靠你来负责旅费的，你说是不是？另方面，要是这里情势没有好转之兆，我看即使是一笔小款也没有办法向家里打主意，而目前我的妻子又体弱不适宜作长途旅行。印度的夏天会要她半条性命的，所以我们要等炎暑过后才能作访印的打算。我们往那边大概最适宜是在十月。假如百事就手，我们还可以找张彭春一道去。请你想想，在老人身边再次绕膝谈心是多乐呀！这个若不能实现，我的心总不会享安宁。我当然会写信给狄老，我应该早就写了。他对我真是太好了。是的，要做的是：再见太戈尔；加上造访托特尼斯你那令人流连的大府，享受点和平的日子！

20日 译哈代诗《哈代八十六岁诞日自述》，并作诗《残春》。后均发表于一九二八年五月十日《新月》月刊第一卷第三号。初均收上海新月书店一九三一年八月版《猛虎集》。

按，此处写作时间存疑。这两首诗作的写作时间均见徐志摩日记《眉轩琐语》。据韩石山对《眉轩琐语》写作时间的考证，则此两篇作品应作于1928年。

本月 所译《英国曼殊斐儿小说集》由上海北新书局出版。其中所收译作短篇小说《毒药》未曾单篇发表。

春 筹办新月书店。

按，“胡适、徐志摩、余上沅、张歆海、张禹九、徐新六、宋春舫和吴德胜一起，在上海创办了新月书店。他们的目的，一是帮助著书的朋友印行出版，二是为教育和文化做贡献。”[①]由徐志摩任总编辑，胡适任董事长，余上沅任经理。（后余上沅离沪去京，由张嘉铸接任经理。）书店几经更换店址，初设幻龙路环龙别墅四号，后设总发行所于望平街，后又迁至四马路中市九十五号。新月书店的成立，徐志摩奔走最积极，在筹备阶段，书店共筹集资金约两千元，大股一百元，小股五十元。

又按，关于书店的筹划，梁实秋在《谈谈志摩》中记载：“一九二七年春，国民革命军北伐，占领南京，当时局势很乱，我和季淑芳在新婚，匆匆由南京逃到上海，偕行的是余上沅夫妇，同时北平学界的朋友们因为环境的关系纷纷离开故都。上海成为比较最安定的地方，很多人都集中在这地方。‘新月书店’便是在这情形下在上海成立的。‘新月社’原是在北平创立的，是一种俱乐部的性质，是由一批银行界的开明人士及一些文人共同组织的，志摩当然是其中的主要分子，‘新月’二字便是由泰戈尔诗集《新月集》套下来的。上海的新月书店和北平新月社，没有正式关联。新月书店的成立，当然是志摩奔走最力，邀集股本不过两千元左右，大股一百元、小股五十元，在环龙路环龙别墅租下了一幢房屋。余上沅夫妇正苦无处居住，便住在楼上，名义是新月书店经理，楼下营业发行。当时主要业务是发刊新月杂志。参加业务的股东有胡适之先生、志摩、上沅、丁西林，叶公超、潘光旦、刘英士，罗努生、闻一多、饶子离、张禹九和我。胡先生当然是新月的领袖，事实上志摩是新月的灵魂。我们这一群人，并无严密组织，亦无任何野心，只是一时际会，大家都多少有自由主

---

① 黄红春：《古典与浪漫：新月派文学观念研究》，江西人民出版社 2015 年版，第 75—76 页。

义的倾向，不期然而然地聚集在一起而已。后来业务发展，便在四马路租下了铺面，正式经营出版业务，以张禹九为经理，我任编辑。”①

后来，梁实秋在回忆录中再次写到：“《新月》杂志初办时，志摩过于热心，有时不免在手续上不大讲究，令人觉得他是在独断独行，颇引起一部份同人不满。其实他是毫无成见的。日子久了，接触多了，彼此之间的冰冷与误会都被他的热情给融化了。新月同人一直和谐无间，从没有起过什么争执，一直到后来大家都离开上海以至无疾而终，大部分要归功于志摩的发生‘连索’效用。”②

新月书店以发行《新月》杂志为主要业务内容，在编辑杂志的同时，新月书店还出版了许多高质量书籍。书籍以文学类为主体，徐志摩的诗集是再版最多的。“文学当然是新月书店出版的重中之重。新月书店出的第一种书籍，就是梁实秋的批评文集《浪漫的与古典的》，宣扬白璧德的新人文主义；第二种为徐志摩、沈杏仁合译的英国占姆士·司蒂芬士(James Stephens)的长篇小说《玛丽玛丽》(A Charwoman's Daughter)。在文学类书中，小说最多，诗歌其次，再次是戏剧论著与剧本类。其中徐志摩的书籍最多，梁实秋，胡适等的书也不少。这说明他们不但为作者提供了一个出版平台，而且为读者提供了有影响力的高质量书籍。《志摩的诗》是再版最多的，多至六版。关于这本诗集徐志摩曾说过：‘在这集子里初期的汹涌性虽已消减，但大部分

---

① 梁实秋：《谈谈志摩》，《朋友心中的徐志摩》，百花文艺出版社1992年，第51—52页。

② 陈子善编：《梁实秋文学回忆录》，岳麓书社1989年版，第189页。

还是情感的无关拦的泛滥，什么诗的艺术或技巧都谈不到。'"[1]

1927年新月俱乐部的牌子被摘除，标志着新月派的活动暂时告一段落。

春 与储安平相识于新月书店。

按，陈从周《徐志摩年谱》："储文（《新月》月刊四卷一期）：'我初次认识是在五年前的一个春年。那时有若干人想排演一个脚本，《茶花女》，在华龙路新月书店三楼谈话，在座有余上沅先生、江小鹣先生、吴瑞燕女士这一些人。志摩先生就像一架火炉，大家围着他感到有劲。虽然这一次谈话以后也没有再有问闻，可就在那时，我感到他的热心，永远是大家一个最好的监督。'"[2]

春 居上海梅白格路六四三号宗家，患伤寒，甚危。

5月

14日 致父母信，说："前天真好笑，头二等不卖票，委屈上海客人都到阴恻恻的三等车去，老四[3]最为失望，幸而三等颇清，一群人坐着唱唱谈谈，也就过了三个钟头。妈连着几天辛苦，觉得怎样？胃口仍能如旧否？那晚张医生[4]来了没有？他大约是不知道，否则他一定来拜寿的。过几天上海一对小姊妹袁汉云、美云[5]要到硖石来唱三天戏，我叫她们到我们家玩，已写一个信

① 黄红春：《古典与浪漫：新月派文学观念研究》，江西人民出版社2015年版，第76页。

② 陈从周：《徐志摩年谱》，上海书店出版社2008年版，第71—72页。

③ 指张幼仪四妹张嘉蕊，朱文熊夫人。

④ 指硖石镇医生张庆成。

⑤ 袁汉云、袁美云时为沪上电影明星，人称"袁氏姊妹"，美云又为陆小曼寄女。

给李芬[1]。妈看看她们好玩不。她们戏唱得很好，上海颇有名，绰号小妖怪。”

6月

21日 梁实秋在上海《时事新报·青光》发表《新月书店》一文（署名“小圃”），为即将开业的新月书店“广而告之”：“胡适之、徐志摩等创办之新月书店，闻已租定法界麦赛尔蒂罗路一五九号为店址，现已付印之新书约十余种，正在整理待印者尚有四十余种之多，店址不广，但布置甚佳，开张之日，传说有要略备茶点之意，而此种茶点，又传说有要作为招待来宾之用之意。”（梁实秋曾用笔名“王小圃”）

本月 所译法国作家伏尔泰的小说《赣第德》由上海北新书局出版，被列为“欧美名家小说丛刊之一”。

本月 起议筹创《新月》月刊。

7月

1日 新月书店开张。

24日 致沈性仁信。信中谈及陆小曼新近“却不过面情答应了唱戏，……这三四星期只忙着南腔北曲，要到下月初才能完事”。并谈及办新月书店及《新月》月刊等事，告知合译《玛丽玛丽》由闻一多设计封面，“全稿我自己校阅，今天已经完全发排，大约十天半即可见书”。[2]

---

① 即李彩霞，时供职于由张幼仪经营的女子银行。

② 陈子善：《新见徐志摩致沈性仁函三通考索》，《北京青年报》2021年6月13日。

按,《玛丽玛丽》后由新月书店于1927年8月出版。

27日 在《时事新报·青光》发表《徐志摩寻人》,后收入浙江文艺出版社一九九八年八月版《文人事》(陈子善著)。此为致梁实秋(秋郎)信,信中道:

秋郎先生:

请你替我在《青光》上发一个寻人的广告,人字须倒写。

我前天收到一封信,信面开我的地址一点也不错,但信里问我们的屋子究竟是在天堂上还是在地狱里,因为他们怎么也找不到我们的住处。署名人就是上次在《青光》上露过面的金岳霖与丽琳;他们的办法真妙,既然写信给我,就该把他们住的地方通知,那我不就会去找他们,可是不,他们对于他们自己的行踪严守秘密,同时却约我们昨晚上到一个姓张的朋友家里去。我们昨晚去了,那家的门号是四十九号A。我们找到一家49号没有A!这里面当然没有他们的朋友,不姓张,我们又转身跑,还是不知下落。昨天我在所有可能的朋友旅馆都去问了,还是白费。

我们现在倒有些着急,故而急急要你登广告,因为你想这一对天字第一号打拉苏阿木林,可以蠢到连一个地址都找不到,说不定在这三两天内碰着了什么意外,比如过马路时叫车给碰失了腿,夜晚间叫强盗给破了肚子,或是叫骗子给拐了去贩卖活口!谁知道。

话说回来,秋郎,看来哲学是学不得的。因为你想,老金虽则天生就不机灵,虽则他的耳朵长得异样的难看甚至于招过某太太极不堪的批评,虽则他的眼睛有时候睁得不必要的大,虽则——他总还不是个白痴。何至于忽然间冥顽到这不可想像的糟糕?一定是哲学害了他,柏拉图、葛林、罗素，都有份！要是他果然因为学了哲学而从不灵变到极笨，果然因为笨极了而找不到一个写得明明白白的地址，果然因为找不到而致流落，果然因为流落而至于发生意外，自杀或被杀——那不是坑人，咱们这追悼会也无从开起不是？

我想起了他们前年初到北京时的妙相。他们从京浦路进京，因为那时车子有时脱取至一二天之久，我实在是无法拉客，结果他们一对打拉苏一下车来举目无亲！那时天还冷，他们的打扮是十分不古典的：老金他簇着一头乱发，板着一张五天不洗的丑脸，穿着比俄国叫化子更褴褛的洋装，蹩着一双脚；丽琳小姐更好了，头发比他的矗得还高，脸子比他的更黑，穿着一件大得不可开交的古货杏黄花缎的老羊皮袍，那是老金的祖太爷的，拖着一双破烂得像烂香蕉皮的皮鞋。他们倒会打算，因为行李多不雇洋车，要了大车，把所有的皮箱，木箱，皮包，篮子，球板，打字机，一个十斤半沉的大梨子，破书等等一大堆全给窝了上去，前头一只毛头打结吃不饱的破骡子一蹩一蹩的拉着，旁边走着一个反穿羊皮统面目黧黑的车夫。他们俩，一个穿怪洋装的中国男人和一个穿怪中国衣的外国女人，也是一蹩一蹩的在大车背后跟着！虽则那时还在清早，但他们的那怪相至少不能逃过北京城里官僚治下的势利狗子们的愤怒的注意。黄的白的黑的乃至于杂色的一群狗哄起来结成一大队跟在他们背后直嗥，意思说是叫化子我们也见过，却没见过你们那不中不西的破样子，我们为维持人道尊严与街道治安起见，不得不提高了嗓子对你们表示我们极端的鄙视与厌恶！在这群狗的背后，又跟着一大群的野孩子，哲学家尽走，狗尽叫，孩子们尽拍手乐！

29 日　作《小言》，后发表于是年八月大东书局印制《上海妇女慰劳会剧艺特刊》，初收商务印书馆二〇一八年版《远山——徐志摩佚作集》（陈建军、徐志东编）。文中道："我们谁不想早一天庆贺北伐最后的成功？……关于此次为慰劳会效力的人，有几句应说的话，得借光这特刊的地位。发起人是应得表彰的，要不是她们的热心与指导这次大规模的慰劳会是不可能的。关于上次南洋大学游艺大会的始末，另有一册慰劳特刊付印，不须赘述，这册剧艺是专为此次演剧发刊的。此次演剧最劳苦功高的当然是我们的唐瑛女士。……亚于唐小姐最卖力气的要算陆小曼女士。……但是小曼虽则爱戏，她可是初次登台，现学现做的，保不定有很多生疏的地方，我们第二晚戏目上的真名家还得推徐老太太。……至于本刊的印行，黄梅生周瘦鹃江小鹣诸位先生都应得居首功的……"①

8 月

1 日　致母亲信："爸爸昨天来，带来雪团（瓜名，引者注）、潘园（李子名，引者注），皆甚好吃，尤以潘园多年未吃得，更觉有味，不知还有否？爸爸说，妈前晚因鼠子闹，不曾睡好，昨早上有些气喘，不知已平复否？为念。幼仪昨天见她也病了多日，但我病得更乏，至今犹未开胃，吃食即反呕，喉间隔住，难受之至。妈要吃水蜜桃否？"

3 日　致周作人信，并赠新出版的《赣第德》。信中道："在北京的朋友纷纷南下，老兄似乎是硕果仅存的了。我倒是羡慕你，

① 韩石山编：《徐志摩全集》（第四卷），商务印书馆 2019 年版，第 177—180 页。

在这年头还能冷笃笃的自顾自己的园地！《赣第德》已经印得，老兄或已见过，但我不能不亲自奉呈一本给你。因为我曾经意外的得到你的奖励。那给我不少的欢喜。我南来以后，真叫是‘无善足述’，单说我的砚田已经荒了整十个月了，怎好！近来也颇想自勉，但生活的习惯仿佛已经结成一张顽硬的畸形的壳，急切要打破它正费事得很哩。新办两家店铺，新月书店想老兄有得听到，还有一爿云裳公司，专为小姐娘们出主意的，老兄不笑话吗？《新月》初试，能站住否不可知，老兄有何赐教？如蒙光赐敝店承印大作，那真是不胜荣幸之至了！”

20日　作《给陆小曼——〈巴黎的鳞爪〉代序》，初收上海新月书店于本月出版的《巴黎的鳞爪》。序中道：

> 这几篇短文，小曼，大都是在你的小书桌上写得的。在你的书桌上写得：意思是不容易。设想一只没遮拦的小猫尽跟你捣乱：抓破你的稿纸，踹翻你的墨盂，袭击你正摇着的笔杆，还来你鬓发边擦一下，手腕上啃一口，偎着你鼻尖“爱我”的一声叫又跳跑了！但我就爱这捣乱，蜜甜的捣乱，抓破了我的手背我都不怨，我的乖！我记得我的小诗里有“假如她清风似的常在我的左右”，现在我只要你小猫似的常在我的左右！
>
> 你又该噘嘴生气了吧，曼，说起来好像拿你比小猫。你又该说我轻薄相了吧。凭良心我不能不对你恭敬的表示谢意。因为你给我的是最严正的批评（在你玩儿够了的时候），你确是有评判的本能，你从不容许我丝毫的“臭美”，你永远鞭策我向前，你是我的事业上的诤友！新近我懒散得太不成话了，也许这就是驽马的真相，但是，曼，你不妨到时

候再扬一扬你的鞭丝，试试他这羸倒是真的还是装的。[1]

23日　作《给陆小曼——〈翡冷翠的一夜〉代序》，以手迹形式初收上海新月书店于本月出版的《巴黎的鳞爪》，作为该书代序。序中道：

如其送礼不妨过期到一年的话，小曼，请你收受这一集诗，算是纪念我俩结婚的一份小礼。秀才人情当然是见笑的，但好在你的思想，眉，本不在金珠宝石间！这些不完全的诗句，原是不值半文钱，但在我这穷酸，说也脸红，也算是这三年来唯一的积蓄。我不是诗人，我自己一天明白似一天，更不许隐讳；狂妄的虚潮早经销退，余剩的只一片粗埆的不生产的砂田，在海天的荒凉中自艾。"志摩感情之浮，是他不能为诗人，思想之杂，使他不能为文人。"这是一个朋友给我的评语。煞风景，当然，但我的幽默不容我不承认他这来真的辣入骨髓的看透了我。煞风景，当然，但同时我却感到一种解放的快乐——

"我不想成仙，蓬莱不是我的分，

我只要地面，情愿安分的做人"……

本来是！"如其诗句的来"，诗人济慈说："不像是叶子那么长上树枝，那这不如不来的好。"我如其曾经有过一星星诗的本能，这几年都市的生活早就把它压死，这一年间我只淘成了一首诗，前途更是渺茫，唉，不来也吧，只是我怕辜负你的期望，眉，我如何能不感到惆怅！因此这一卷诗，大约是末一卷吧，我不能不郑重的献致给你，我爱，请你留了

---

① 韩石山编：《徐志摩全集》(第四卷)，商务印书馆2019年版，第181页。

它，只当它是一件不稀奇的古董，一点不成品的纪念。[①]

27日 胡适之自英国寄函志摩。

同日 作诗《干著急》，后发表于是年九月十日《现代评论》第六卷第一四四期。初收上海新月书店一九三一年八月版《猛虎集》。

本月 和沈性仁合译的英国詹姆士·史蒂芬的小说《玛丽玛丽》由新月书店出版，书前有徐志摩所写序言。

本月 散文集《巴黎的鳞爪》由新月书店出版，封面为闻一多设计。

本月 昆剧曲词与《汾河湾》唱词，发表于大东书局《上海妇女慰劳会剧艺特展》，未署名。初均收商务印书馆二〇一八年版《远山——徐志摩佚作集》(陈建军、徐志东编)。

本月 迁居环龙花园别墅十一号，应光华大学聘，担任翻译、英文小说派别等课教授。并兼东吴大学法学院(院长吴德生)英文教授。是时光华新创，张寿镛、张韵海分任正副校长，罗隆基、梁实秋、董任坚等均在该校任教。

9月

4日 作诗《俘虏颂》，发表于是年九月十七日《现代评论》第六卷一四五期，原题《俘虏赞》。初收上海新月书店一九三一年八月版《猛虎集》。

按，该诗发表时有删改，据徐志摩自述："此诗原投《现代评论》，刊出后编辑先生来信，说他擅主割去了末了一段，因为有了那一段诗意即成了'反革命'，剪了那一段则是'绝妙的一首革命

---

① 韩石山编：《徐志摩全集》(第四卷)，商务印书馆2019年版，第182—183页。

诗’,因而为报也为作者,他决意割去了那条不革命的尾巴!我原稿就只那一份,割去那一段我也记不起,重做也不愿意,要删又有朋友不让,所以就让它照这‘残样’站着吧。”①

本月 第二本诗集《翡冷翠的一夜》由上海新月书店出版,封面图案是翡冷翠《佛罗伦斯》的维查乌大桥的一节景,由江小鹣设计。此书编成后曾给闻一多看。闻认为:“这比《志摩的诗》确乎是进步了。”后徐志摩在《猛虎集·序言》中说:“我的第二集诗——《翡冷翠的一夜》——可以说是我的生活上的又一个较大的波折的留痕。”②诗集中所收入的三首诗作(《变与不变》《最后的那一天》《天神似的英雄》)与一首译诗([英]哈代《一个厌世人的墓志铭》)创作时间和发表报刊不详。

10 月

4 日 胡适自英国致徐志摩信。

26 日 致周作人信。信中道:“今日得简,甚喜。江南秋光正好,艳日和风,不寒不暖,极想出门玩去,又为教务所累,天天有课,一步也行不得。对此光景,能不懊怅!上海生活,诚如兄言,真是无从喜欢,除了光滑马路,无一可取。一辈子能淘成得几许性灵,又生生叫这烦嚣窒灭,又无从振拔。家中老小,一年来唯有病缘,求医服药,日夜担心。如此生活,焉得著述闲情!笔政荒无,自觉无颜。遥想老兄安居城北,拂拭古简古笺,写三两行字,啜一碗清茶,养生适性,神仙亦不过如此,着实可羡。此固是老兄主意坚定,不为时潮所弃,故有此福,亦其宜也。大作

---

① 韩石山编:《徐志摩全集》(第五卷),商务印书馆 2019 年版,第 324—325 页。

② 韩石山编:《徐志摩全集》(第四卷),商务印书馆 2019 年版,第 422 页。

尚未寄到,前日正翻阅两大书,趣味冷然,别有胸襟,岂意于二十世纪复能得此?愿兄暇时更多事抒写众生苦闷,亦可怜也。新月广告,语涉夸狂,然此皆出主事者手笔,我不与闻,盖所谓'广告'者是也。云裳本意颇佳,然兴趣一懈,即一变而为成衣铺,江小鹣亦居然美术家而裁缝矣。"

秋 泰戈尔在美国、日本讲学结束,于回国途中在上海停留两天,住徐志摩家。

按,陆小曼《泰戈尔在我家作客》:"对印度人的生活习惯,我是一点都不知道,叫我怎样招待?准备些甚么呢?志摩当然比我知道得多,他就动手将我们的三楼布置成一个印度式房间,里边一切都模仿印度的风格,费了许多心血。我看看倒是别有风趣,很觉好玩。忙了好些天,总算把他盼来了。

那天船到码头,他真的是简单得很,只带了一位秘书叫Chanda,是一个年轻小伙子,我们只好把他领到旅馆里去开了一个房间,因为那间印度式房间只可以住一个人。谁知道这位老诗人对我们费了许多时间准备的房间倒并不喜欢,反而对我们的卧室有了好感。他说,'我爱这间饶有东方风味、古色古香的房间,让我睡在这一间罢!'真有趣!他是那样的自然,和蔼,一片慈爱的抚着我的头管我叫小孩子。他对我特别有好感,我也觉得他那一头长长的白发拂在两边,一对大眼睛晶光闪闪的含着无限的热忱对我看看,真使我感到一种说不出的温暖。他的声音又是那样好听,英语讲得婉转流利,我们三人常常谈到深夜不忍分开。

虽然我们相聚了只有短短两三天,可是在这个时间,我听到了许多不易听到的东西……有时同志摩谈起诗来,可以谈几个钟头。……”[1]

又按，郁达夫《志摩在忆里》（载《新月》月刊四卷一期志摩纪念号）道：

……他就拉我一道到了大赉公司的轮船码头。因为午前他刚接到了无线电报，诗人泰戈尔回印度的船系定午后五时左右靠岸，他是要上船去看看这老诗人的病状的。

当船还没有靠岸。岸上的人和船上的人还不能够交谈的时候，他在码头上的寒风里立着——这时候似乎已经是秋季了——静静地、呆呆地对我说：

“诗人老去，又遭了新时代的摈斥，他老人家的悲哀，正是孔子的悲哀。”

因为泰戈尔这一回是新从美国日本去讲演回来，在日本在美国都受了一部分新人的排斥，所以心里是不十分快活的；并且又因年老之故，在路上更染了一场重病。志摩对我说这几句话的时候，双眼呆看着远处，脸色变得青灰，声音也特别低。我和志摩来往了这许多年，在他脸上看出悲哀的表情来的事情，这实在是最初也便是最后的一次。

秋　致张惠衣信。此信据张惠衣后人所藏信稿整理：“两奉惠简，未即复为歉。雁声[2]事岂不关切？蒋梦麟处早经切实去函，请求保释。但彼回信说：‘只要无甚证据，决无大碍。至于保释一层，此时谁也做不到。……浙江待反动派要算是仁至义尽的了。至于叫化子捉蛇，误捉几条黄鳝也是有的。’这是他的话，

---

① 陆小曼：《泰戈尔在我家作客》，《陆小曼诗文》，百花文艺出版社 2002 年，第 22—23 页。

② “雁声”即潘雁声，原在北京大学上学，北伐时属激进派，据说参与过清算徐志摩之父徐申如，“四一二”时被捕入狱，不久被释，任硖石镇商会秘书。

恐怕一时不易保出。同时我在沈定一[1]处疏通。想来雁声无非是牢狱之灾,别的什么是不会得的。百里昨已谈过,亦在设法。请转语雁声且达视镇定,不久自有救星也。"

秋　作诗《秋虫》,后发表于一九二八年三月十日《新月》月刊第一卷第一号。

11月

27日　致陆小曼信,告知去南京宿张韵海家情况,"昨刘太太亦同行,……午快车等于慢车,每站都停;到南京已九时有馀。……忆上次到南京,正值龙潭之役。昨夜月下经过,犹想见血肉横飞之惨。……歆海家一小洋房,平屋甚整洁。湘玫理家看小孩,兼在大学教书,甚勤。……即刻奚若,端升光临了。……此间天气甚好,十月小阳春也。"

冬　致郭子雄信:"张道藩要你去看他,地址在片上。你那首《白云》,我知道第一期《狮吼》不曾赶进,但第二期至今未出,故《白云》亦遂未见。如要取还,我问邵洵美去,想来不至于丢也,你老哥春间或可返。"

冬　致父亲信。说到次子葬于硖石西山事:"阿德[2]虽定期初五,有幼仪同阿欢去也就够了,妈一去就逢着伤感,那又何必?老二(即雅君)怕还得回门,反正不迟,让妈跟他们新夫妇一起回硖如何?"

---

① 原名宗传、玄庐,萧山人,曾任浙江省议长、浙江省反省院院长。

② 即徐志摩次子。

12 月

6 日　与陆小曼在上海夏令配克大戏院演《玉堂春·三堂会审》,徐志摩饰红袍。①

15 日　在《上海画报》三〇三期发表《海粟的画》。该文评述:

> ……海粟自己赏鉴的标准也只是一个:伟大。不嫌粗,不嫌野,他只求大。'大'是他崇拜的英雄们的一个共性。在西方他觅得了密恰朗其罗,罗丹,塞尚,梵高;在东方他倾倒八大,石涛。这不是偶然的好恶,这是个人性情自然的向往。因缘是前定的;有他的性情才有他的发见,因他的发见更确定了他的性情。
>
> 所以从他的崇仰及他自己的作品里我们看出海粟一生精神的趋向。他是一个有体魄有力量的人,他并且有时也能把他天赋的体魂和力量着实的按捺到他的作品里。我们不能否认他的胸襟的宽扩,他的意境的开展,他的笔致的遒劲。你尽可以不喜欢他的作品,你尽可以从各方面批评他的作品,但在现代作家中你不能忽略他的独占的地位。他是在那里,不论是粗是细。他不仅是在那里,他并且强迫你的注意。尤其在这人材荒歉的年生,我们不能不在这样一位天赋独厚的作者身上安放我们绝望中的希望。吴仓老已经作古,我们生在这时代的不由的更觉得孤寂了,海粟更应

---

①　当时的新闻报道可参见蒋剑侯:《天马会剧艺会之第一日》,《新闻报》1927年12月8日;相关研究可参见陈建华《陆小曼与上海戏台风云(上)》(《书城》2017年第3期)、王鹏程《徐志摩的"粉墨"生涯》(《新文学史料》2021年第2期)等。陈建华文中指出徐志摩参与演出时间为12月6日,王鹏程文则认为在12月7日。

得如何自勉！自信力是一切事业的一个根脚；海粟有的是自信力。但同时海粟还得用谦卑的精神来体会艺术的真际，山外有山，海外有海，身上本来长有翅膀的何苦屈伏在卑琐的地面上消磨有限的光阴？海粟是已经决定出国去几年，我们可以预期像他这样有准备的去探宝山，决不会得空手归来，我们在这里等候着消息！这次的展览是他去国前的一个结束，关心艺术的不可错过这认识海粟的一个唯一机会。①

16日　于硖石致章士钊信："……在京曾通书柬，不得复音。过津造访德义楼，乃知已迁新居，匆匆未及走谒。南来已及二月，蛰居自娱，稍亲书卷，更不省世变。顷得梦旦先生书，悉《云麾碑》又几遭灾厄，幸未伤失，今已归林氏庋藏，永荷厚惠矣。此册叠经波折，令人生感。足下何不即闻纪述其事以跋之？当益增此拓身价也。《甲寅》又崛起，毅勇可佩，想必有新来烟士披里纯，亟盼拜观。……"

23日(冬至)　参加"中华妇女慰劳伤病军士会"演出，再演《玉堂春》。②

按，由演戏而生出的事端让徐志摩苦不堪言，他在本月27日日记③中写道："我想在冬至节独自到一个偏僻的教堂里去听几折圣诞的和歌，但我却穿上了臃肿的袍服上舞台去演不自在的'腐'戏。"

---

① 韩石山编：《徐志摩全集》(第四卷)，商务印书馆2019年版，第185—186页。

② 陈建华：《陆小曼与上海戏台风云(下)》，《书城》2017年第4期。

③ 王鹏程认为该日记记于1927年12月7日。详见：王鹏程《徐志摩的"粉墨"生涯》，《新文学史料》2021年第2期。韩石山认为日记中"'腐'戏"指本月6日与陆小曼合演《玉堂春》一事。详见：韩石山编《徐志摩全集》(第六卷)，商务印书馆2019年版，第382页。疑二人说法均有误。

下旬　致父母信。在信中谈到了自己主持“新月社”刊物《新月》月刊之事，倾诉了自己组稿期间为了凑齐版面需要，需要为之大量撰稿的辛苦：“……文字债欠了满身，《新闻报》、《申报》都派人来逼着替他们元旦增刊写文章，这倒不要紧，最使我着急的是我们自己的《新月》月刊，至少要八万字，现在只有四万字拿得住，我是负责的总编辑，叫我如何不担心。……至于他（指长子徐积锴，引者注）的为学方向，不能尽如亲意，那是不能勉强的，因为各人有各人的长处，我如学商，竟可以一无成就，也许真的会败家，我学了文学，至少已经得到了国内的认识，我并不是没有力量做这件事的，并且在这私欲横流的世界，我如能抱定坚贞的意志，不为名利所摇惑，未始不是做父母的可以觉得安慰的地方。”

本月　作小说《死城（北京的一晚）》，后发表于一九二九年一月十日《新月》月刊第一卷第十一号。初收中华书局一九三〇年四月版《轮盘》。

年底　应《申报》之约，作《年终便话》，后发表于一九二八年一月一日《申报》。

1928年（戊辰，民国十七年）　32岁

▲2月，《语丝》杂志在上海复刊。

▲4月28日，朱德、陈毅率南昌起义军余部与毛泽东会师井冈山，组成红军第四军，朱德任军长，毛泽东任党代表。

▲5月，国立中央大学在南京正式成立。

▲6 月，鲁迅和郁达夫合编的《奔流》月刊在上海创刊。

▲本年，创造社、太阳社倡导无产阶级革命文学，并与鲁迅、茅盾等开展论争。

1 月

仍在上海光华大学东吴大学法学院任教。

1 日　在上海《新闻报年旦增刊》第一张发表《新年漫想》。初收商务印书馆二〇一八年版《远山——徐志摩佚作集》（陈建军、徐志东编）。

同日　在《光华期刊》第二期发表演讲稿《秋声》，此为徐志摩在暨南大学的讲稿。后改题《秋》，于一九三一年十一月收入赵家璧主编“一角丛书”第十三种，书名《秋》，副题“徐志摩遗作”，由上海良友图书印刷公司出版。

按，赵家璧《写给飞去了的志摩 篇前》：

> 预告了好久的《秋》，今天终于出版了。只可怜《秋》的作者早不在这丑恶的人间，而已长了翅膀，向无边的宇宙里，自由的翱翔，去寻求他的快乐去了。
>
> 在这样的一个时代里，我们中华国民，真是万事“豁了边”，这混乱的局面，到近几天来，已渐渐上升于峰点。志摩生前，就在替我们这一族担忧，他就觉到最危险的，是近百年来，中国人民失了中心的信仰，没落了一个握住生活重心的思想，这一个缺点，看到目前国内上下陷于“无办法”的混乱中，更觉得这位诗人的话是不差的。
>
> 志摩死了，将来中国文艺界上也许有为他作传记的人，我的那篇《写给飞去了的志摩》，可供给他一些宝贵的材料。志摩在光华教了四年书，他自己也感得与他曾发生过深切

的感情，而我那篇文字，十九是完全依据事实，不加半分臆造的。

志摩的《秋》，是前年在暨南大学的讲演稿，从未在社会刊物上发表过，这是一篇极美的散文，也可说是他对于中国思想界发表的一点切实可取的意见，原稿在今夏交给我，原题为'秋声'，他说声字不要他，因而成了现在的书名。书后附的英文翡冷翠日记，是最可宝贵的遗作。他的几部日记，完全在济南殉葬。这里几页，是在光华执教时一度录下而发表于学校刊物上者，除了这些以外，其他几千行用心血织成的日记，已完全在党家庄化做了黑胡蝶，向天空里找寻他主人去了。要是这几本日记留在人间，怕比他所有的著作更值得宝贵呢！

啊，我的志摩！

4日 在《小日报》第五〇九期发表《志摩小曼启事》，启事云："小曼有病，志摩有事，游艺演剧，一概辞谢。 徐志摩 陆小曼同白"[①]该启事又发表于是年一月六日《申报》第一九六九一号，题为《徐志摩陆小曼启事》，无署名。初收商务印书馆二〇一八年版《远山——徐志摩佚作集》（陈建军、徐志东编）。

12日 起诉《福尔摩斯小报》被驳回。

28日 胡适致徐志摩信，要求退出新月书店董事会。信中提及五事：一、准许胡适辞去董事长之职；二，准许胡辞去书稿审查委员会委员之职；三，由胡适招来的江冬秀、张慰慈、胡思杜三个大股（各一百元的），要退回原主，由他转交；四，胡自己的一股也要退回；五，胡的《白话文学史》稿（当时尚未做完）也要撤回，

① 韩石山编：《徐志摩全集》（第四卷），商务印书馆2019年版，第211页。

已用去的费用，由胡自己补偿。

同日 日记载：

今年我要出一本文集、一本诗集、一本小说、两篇戏剧。

正月初七称重一百卅六磅（连长毛皮袍），曼重九十。……顷立窗间，看邻家园地雪意。瞬间忆起贝加尔湖雄踞群峰。小瑞士岩稿梨梦湖上的少女和苏格兰的雾态。

按，该篇日记标注时间为“一月六日”，韩石山考证此为农历，故日记记载时间为公历一九二八年一月二十八日。[①]

本月 散文集《自剖》在上海新月书店出版，由江小鹣设计封面。

本月 在《秋野》文学季刊第二期（暨南大学秋野文学社办）发表散文诗《秋阳》。初收上海书店出版社《古旧书讯》一九八八年第六期，朱勇强辑。

本月 译哈底（今译哈代）诗《文亚峡》，后发表于 1928 年 6 月初版《现代评论第三周年纪念增刊》。

2 月

8 日 日记载：

闷极了，喝了三杯白兰地，昨翻哈代的《对月》，现在想译他的《瞎了眼的马》，老头难得让他的思想往光亮处转，如在这首诗里。

天是在沉闷中过的，到哪儿都觉得无聊，冷。

按，该篇日记标注时间为“二月八日”，据韩石山《徐志摩全集》，此篇写于一九二八年。

---

① 参见韩石山《徐志摩全集》（第六卷），商务印书馆 2019 年版，第 383 页。

本月 译哈代诗《一个星期》《对月》，后发表于是年三月十日《新月》月刊第一卷第一号。《一个星期》初收一九三一年八月上海新月书店《猛虎集》；《对月》初收一九三一年八月上海新月书店《新月》。

本月 英国诗人、小说家哈代逝世，享寿88岁。作诗《哈代》，后发表于是年三月十日《新月》月刊第一卷第一号。初收上海新月书店一九三一年八月版《猛虎集》。诗中道：

为维护这思想的尊严，
　诗人他不敢怠惰，
高擎著理想，睁大著眼
　抉剔人生的错误。

现在他去了，再不说话，
　（你听这四野的静，）
你爱忘了他就忘了他
　（天吊明哲的凋零！）[①]

本月 应聘兼任上海大夏大学教授。

3月

10日 《新月》月刊在上海创刊，由新月书店正式出版。最初由徐志摩、闻一多、饶孟侃任主编，后几经变换。“至1933年6月出至4卷7号终刊，一共出版了4卷43期，历时5年之久。《新月》的编辑变换较大，创刊之初是由徐志摩、闻一多、饶孟侃负责主编，闻一多只参与编辑了一卷，于1929年4月离开了编

① 韩石山编：《徐志摩全集》（第五卷），商务印书馆2019年版，第335—337页。

辑部。从第2卷第2号到第5号，梁实秋、叶公超、潘光旦三人加入编辑部，由徐志摩、饶孟侃等5人主编。”[①]

诗歌的发表在《新月》月刊中占有非常重要的地位，贯穿办刊的始终。

按，“《新月》月刊共刊发了42位诗人的作品，共计164首诗歌，原创诗歌133首，译诗31首。其中徐志摩原创诗歌有《我不知道风往哪一个方向吹》《秋虫》《残春》《西窗》《再别康桥》《他眼里有你》《枉然》《怨得深夜》《拜献》《生活》等23首，译诗有《白朗宁夫人的情诗二》《哈代八十六岁诞日自述(哈代作)》《歌冠烈士丁娜(罗塞蒂著)》等3首。”[②]

在创刊号上，徐志摩执笔发表发刊词《新月的态度》一文，未署名。文中道：

> 我们这月刊题名《新月》，不是因为曾经有过什么“新月社”，那早已散消，也不是因为有“新月书店”，那是单独一种营业，它和本刊的关系只是担任印刷与发行。《新月》月刊是独立的。
>
> 我们舍不得新月这名字，因为它虽则不是一个怎样强有力的象征，但它那纤弱的一弯分明暗示著，怀抱著未来的圆满。
>
> 我们这几个朋友，没有什么组织除了这月刊本身，没有什么结合除了在文艺和学术上的努力，没有什么一致除了几个共同的理想。
>
> 凭这点集合的力量，我们希望为这时代的思想增加一

① 李红绿《新月派译诗研究》，光明日报出版社2019年版，第16页。
② 李红绿《新月派译诗研究》，光明日报出版社2019年版，第17页。

些体魄，为这时代的生命添厚一些光辉。

但不幸我们正逢著一个荒歉的年头，收成的希望是枉然的。这又是个混乱的年头，一切价值的标准，是颠倒了的。……

先说我们这态度所不容的。……我们把它们列举起来看看：——

七、感伤派；二、颓废派；三、唯美派；四、功利派；五、训世派；六、攻击派；七、偏激派；八、纤巧派；九、淫秽派；十、热狂派；十一、稗贩派；十二、标语派；十三、主义派

……要从恶浊的底里解放圣洁的泉源，要从时代的破烂里规复人生的尊严——这是我们的志愿。……

文章首先引用《圣经》中的话："上帝说，这世界要有光，于是有了光。"和雪莱的诗句："冬天来了，春天还会远吗?"，表达了对中国文坛会迎来黎明和希望的信心。并提出"不妨害健康"和"不折辱尊严"两大文学原则和审美态度，以这两个原则驳斥了当时文坛中盛行的十三种艺术观念。提倡"文艺和学术上的努力"和无功利主义的文学理想，宣扬爱的力量。

按，关于"健康"与"尊严"的文学主张，李红绿在《新月派译诗研究》中写道："他们明确表态：不附和唯美与颓废、不赞许伤感与狂热、不崇拜任何的偏激、不归附功利、不要标语和主义，而'标准，纪律，规范，不能没有'。至于什么是'健康'什么是'尊严'，文章没有正面回答，但从字里行间可以看出：所谓的'健康'是人生的常态，是人的理智与道德；而'尊严'是独立与自由，不归附于谁，不服务于哪种主义。显然，这两个原则都有梁实秋新人文主义的痕迹。梁实秋自己后来也说，此文是'志摩的手笔，好像是包括了我们的共同信仰'。这个'我们'未必是新月派全

体同仁，而是梁实秋自己。因为闻一多和饶孟侃当时看了发刊词就不同意，不仅不同意其主张，还认为它对文坛左右开弓，将引起不必要的争论。果然，创造社的彭康发表了文章，从阶级的立场批驳它。”①

同时，在《新月的态度》一文中，徐志摩表达了新月派诗人重视生命、实现生命的文学观念。“生命从它的核心里供给我们信仰，供给我们忍耐与勇敢。为此我们方能在黑暗中不害怕，在失败中不颓废，在痛苦中不绝望。生命是一切理想的根源，它那无限而有规律的创造性给我们在心灵的活动上一个强大的灵感。它不仅暗示我们，逼迫我们，永远往创造的，生命的方向走，它并且启示给我们的想像，物体的死只是生的一个节目，不是结束，它的威吓只是一个谎骗，我们最高的努力的目标是与生命本体同绵延的，是超越死线的，是与天外的群星相感召的。”②

按，程国君在《新月诗派研究》中将其概括为“新月”诗人的生命诗学观：“‘新月’诗人认为，‘文学是实现生命的。’徐志摩说，我们没有艺术恰恰就在我们没有生命。那种充溢着自我意识的生命的缺乏必然导致艺术的贫乏，充实美好的人生会自发地绽出实在的美，并终将影响我们对永恒的理解。‘新月’诗人把生命作为诗美的本质，以生命、人性、命运、生命意识、生命方式及对生命与人生理想的关注作为审美判断的核心，构筑起了他们的生命诗学观。这是在五四文学注重思想启蒙和情感宣泄的文学观之外，在西方生命哲学影响下形成的一种全新的艺术观念。……‘新月’诗人从多方面探索诗美的本质，最终将关注

---

① 黄红春：《古典与浪漫：新月派文学观念研究》，江西人民出版社 2015 年版，第 79 页。

② 韩石山编：《徐志摩全集》(第四卷)，商务印书馆 2019 年版，第 218 页。

的视点直接投聚到人类自己身上，热爱生命，对生命审美，对生命进行重新审视与定位，形成‘生命的文学’。这是五四‘人的文学’的产物，又是‘新月’诗人区别于五四‘人的文学’的一个重要标志。”①

同日 在《新月》月刊第一卷第一号发表《汤麦士哈代》、《谒见哈代的一个下午》、《哈代的著作略述》（原作为《谒见哈代的一个下午》附录一）、《哈代的悲观》（原作为《谒见哈代的一个下午》的附录二），初均收台湾传记文学出版社一九六九年版《徐志摩全集》第六卷。

同日 在《新月》月刊第一卷第一号发表《白朗宁夫人的情诗》一文。初收上海新月书店一九三一年八月版《新月》。文中对白郎宁夫人的十首诗作了点评，寄予同情和欣赏，同时谈及商籁体诗歌的审美特征。文后附闻一多的译诗。

按，程国君曾说：“徐志摩的创造在于，他从审美形态的高度出发看待他尝试着的各种诗体。他创作的商籁体就是在基于对商籁体审美特征深刻的把握之上的艺术行为。他说：‘商籁体那诗格是抒情诗体制中最完美最庄严最严密最有弹性的一格……槐哀德与石垒伯爵最初试用是完全仿效彼得阿可的体裁与音韵组织……商籁体是西洋诗式中格律最严谨的，最适于表现深沉的盘旋的情绪，它有最激昂的高音，也有最呜咽的幽声。’”②

同日 在《新月》月刊第一卷第一号发表诗作《秋虫》（1927年秋作）、《我不知道风是在那一个方向吹》，初收上海新月书店一九三一年八月版《猛虎集》。《我不知道风是在那一个方向

① 程国君：《新月诗派研究》，长江文艺出版社 2003 年版，引言部分第 1—2 页。

② 程国君：《新月诗派研究》，长江文艺出版社 2003 年版，第 205—206 页。

吹》云：

我不知道风
是在那一个方向吹——
我是在梦中，
在梦的轻波里依洄。

我不知道风
是在那一个方向吹——
我是在梦中，
她的温存我的迷醉。

我不知道风
是在那一个方向吹——
我是在梦中，
甜美是梦里的光辉。

我不知道风
是在那一个方向吹——
我是在梦中，
她的负心，我的伤悲。

我不知道风
是在那一个方向吹——
我是在梦中，
在梦的悲哀里心碎！

我不知道风

是在那一个方向吹——

我是在梦中，

黯淡是梦里的光辉。①

此诗是诗人在经历种种挫折、痛苦与思索后所作，体现了追求“回到生命本体中去”的诗歌理想。全诗共六节，每节的前三句相同，辗转反复，余音袅袅，诗中用这种刻意经营的旋律组合，渲染了“梦”的氛围，也给吟唱者更添上几分“梦”态。

10 日后 致蒋复璁信。信中道：

得书至喜。坐汽车诚有其事，舒服等情亦无可饰辩。但所以置车者，实为光华、东吴每日有课，一在极西，一在极东，设如奔波，隆冬奈何？为此小曼坚持毁‘饰’乘舆，敢为足下一陈其详焉。但居今之上海实不可无车，适之首创此说。置辇亦既成议，所以迟迟者，圣人有心北返耳。此外穷教授如慰慈，如歆海，如颜任光，如吴德生，皆已四缸者四而六缸者六矣。传言及京，故人得毋哗然揣捻。然而上海生活，休矣休矣。几月来真如度死，一无生气，一无著述。本期《新月》出世，藉事振作，岂意刍议粗定，内波忽起。适之退出编辑，月报无形停顿。下月出报之约，殆难践矣。小曼累病不健，今稍活络，则又允天马会为筹款演剧《贩马记》、《狮吼记》，弦管节拍，又复喧阗。

我父母已迁来花园别墅。母病幸已霍然，谢天谢地，可怕哉病也。福叔颇险，已走东瀛，归期未有。蹇老见面颇稀，听说牌兴不坏。见任师函，说金仍珠病愈颇奇，然则张

① 韩石山编：《徐志摩全集》（第五卷），商务印书馆 2019 年版，第 338—339 页。

少轩家之活络丸必非常制。蓉初五伯病风亦颇相类，能为一询宝药否？上次烦代贮杂物，并非急务。陆宅何时退屋，再当函知。

29日 致刘海粟信。信中道："今日又有事，即须回乡。美专的讲演可否移至清明以后？决不爽约。希即转致校内。"

3月至4月23日 与陆小曼合著戏剧《卞昆冈》，发表于是年四月十日《新月》月刊第一卷第二号，五月十日第一卷第三号；一九二八年七月由上海新月书店出版单行本《卞昆冈》。

按，《卞昆冈》是徐志摩与陆小曼合作的唯一一部作品，也是徐志摩参与创作的唯一一部剧本。剧本共分为五幕，涉及11个人物，剧本的情节受当时西方象征剧，尤其是意大利歌剧的影响。卞昆冈是一位石雕艺术家，妻子亡故后，和老母共同抚养女儿阿明。他一直不能忘却对亡妻青娥的怀念，而女儿的双眸像极了逝去的青娥。但是卞母撮合卞昆冈和村里水性杨花的寡妇李七妹结婚，婚后，卞对亡妻的深爱分毫不减，这令李七妹愤恨不已。她先和奸夫尤桂生合谋使阿明眼睛变瞎，继而害死阿明，远逃他乡。阿明的死令卞昆冈彻底绝望，继而在有恃无恐和万念俱灰中跳崖自尽，而他的徒弟此时拿起了复仇的柴刀……

又按，黄红春在《古典与浪漫：新月派文学观念研究》中对《卞昆冈》评价道："徐志摩与陆小曼合写的五幕剧《卞昆冈》也是不可忽视的。虽然他们奉献给新月派的原创剧作仅此一部，但它充分显示了新月派唯美剧的成绩。……总的来看，该剧将美丑、善恶作对比，表现了善被恶摧残的痛苦和忧伤。这种唯美的艺术显然与剧作者受到唯美主义文学，尤其是意大利唯美戏剧的影响有关。”①

4月

5日 回家乡硖石。本月7日日记载：

清明日早车回硖石，下午去蒋姑母家。次晨早四时复去送除帏。十时与曼坐小船下乡去沈家浜扫墓，采桃枝，摘薰花菜，与乡下姑子拉杂谈话。阳光满地，和风满裾，致足乐也。下午三时回硖，与曼步行至老屋，破乱不堪，甚生异感。森侄颇秀，此子长成，或可继一脉书香也。

次日早车去杭，寓清华湖。午后到即与瑞午步游孤山。偶步山后，发见一水潭浮红涨绿，俨然织锦，阳光自林隙来，附丽其上，益增娟媚。与曼去三潭印月，走九曲桥，吃藕粉。②

21日 在上海《中央日报》副刊《文艺思想》第十八期发表《〈萤火虫〉附注》，原无题，文末署“志摩附注”，附于陆小曼译文《萤火虫》之后。陆小曼《萤火虫》译自英国作家加尼特(Richard Garnett，1835—1906年)的*The Twilight of the Gods*(《诸神的黄昏》)。

25日 致景深信：“蹇先艾有一部诗集求印，新月审查会主张今年不出诗集。蹇诗想早见过，还算不错；你可否替他向开明或是光华问问？如能出版，也算了却一件心事，因蹇年少好胜，

① 黄红春：《古典与浪漫：新月派文学观念研究》，江西人民出版社2015年版，第225页。

② 该日记标记时间为“三月十七日”，韩石山考证其应为闰二月十七日，公历为1928年4月7日。详见：韩石山编《徐志摩全集》(第六卷)，商务印书馆2019年版，第385页。

颇急于印书也。诗稿在此，得便来取或饬送奉亦可，请以现址告”。

本月 应刘海粟之邀，到上海美术专科学校讲演。

本月 诗作《中秋月》收入上海革新书店《回忆中底她》（刘冠吾编）出版。

5月

3日 “济南惨案”发生。在本月日记中写道：“这几天我生平第一次为了国事[①]难受，固然我第一年在美国时，得到了‘五四’的消息，曾经‘感情激发不能自己’过。大前年从欧洲回来的时候，曾经十分‘忧愁’过，但这回的难受情形有些不同。第一次是纯粹感情的反射作用，国内青年的爱国运动在我胸中激起了同样的爱国热，第二次是理性的观察影响到精神上，明明这是自杀的路子，明明这是开出无穷扰乱的路子，那些民党大领袖先生却还不遗余力的来开辟，结果是自己接连的打嘴。这回却既不是纯粹的感情问题，也不是理性所解剖的现象，一方面日本人当然是可恶，他们的动作，他们的态度，简直没有把我们当作‘人’看待，且不说国家与主权，以及此外一切体面的字样，这还不是‘欺人太甚’？有血性的谁能忍耐？但反过来说，上面的政府也真是糟，总司令不能发令的，外交部长是欺骗专家，中央政府是昏庸老朽的收容所。没有一件我们受人家侮辱的事不可以追原到我们自己的昏庸。但这把火是已经放下了，房子倒下来不单是压死在政的党员，外来的侮辱是人人分着的，这是那里说起？

---

① 所谓“国事”指 1928 年 5 月 3 日，日军在济南发动大规模武装挑衅，屠杀中国军民 17 万余人及外交官蔡公时等 17 人。史称“济南惨案”，又称“五三惨案”。

我们未尝不想尽点责任，向国外说几句话，但是没有‘真理’就没有壮气，我们的话没有出口，先叫自己的舌头给压住了，我们既不能完全一任感情收拾起良心来对外说谎，又不能揭开了事实的真相对内说实话，这是我们知识阶级现下的两难。”

10日 在《新月》月刊第一卷第三号发表《一个行乞的诗人》一文。初收台湾传记文学出版社一九六九年版《徐志摩全集》第六卷。此文介绍英国诗人戴维斯（William H. Davies），又为纪念哈代，文曰：“萧伯讷先生在一九〇五年收到从邮局寄来的一本诗集，封面上印著作者的名字，他的住址，和两先令六的价格。附来作者的一纸短简，说他如愿留那本书，请寄他两先令六，否则请他退回原书。在那些日子萧先生那里常有书坊和未成名的作者寄给他请求批评的书本，所以他接到这类东西是不以为奇的。这一次他却发见了一些新鲜，第一那本书分明是作者自己印行的，第二他那住址是伦敦西南隅一所硕果仅存的‘佃屋’，第三附来的短简的笔致是异常的秀逸而且他那办法也是别致。但更使萧先生奇怪的是他一着眼就在这集子小诗里发见了一个真纯的诗人，他那思想的清新正如他音调的轻灵。萧先生决意帮助这位无名的英雄。他做的第一件好事是又向他多买了八本，这在经济上使那位诗人立时感到希有的舒畅，第二是他又替他介绍给当时的几个批评家。果然在短时期内各种日报和期刊上都注意到了这位流浪的诗人，他的一生的概况也披露了，他的肖影也登出了——他的地位顿时由破旧的佃屋转移到英国文坛的中心！他的名字是惠廉苔微士，他的伙伴叫他惠儿苔微士（Will Davies）。”[①]

① 韩石山编：《徐志摩全集》（第四卷），商务印书馆2019年版，第270—271页。

同日　在《新月》月刊第一卷第三号发表《〈自剖〉广告语》，未署名。文中介绍："《自剖》是一部不愉快的文集，看书如要热闹要'窝心'的不必看这部书。看书为要学得现成代嚼烂的学问为现成口号的不必过问它。看书为要照见读者自己丰腴可喜的俊脸的也不必揭它的篇页。它只是叫你不愉快；它是一只拉长的脸子，它是作者的一腔苦水。第一辑'自剖'是作者烦闷的呼声。第二辑'哀思'是他对于生死的感想。第三辑'游俄'是他前两年经过俄国时的观察，这辑里至少末了一篇标题叫《血》的似乎值得'有心人'们的一瞥。"①

13日　日记载：

> 昨晚叫夏天拉去新新播音台作八分钟的英语演说，也是初次干的事儿。
>
> 老孚来说，慰劳会要排《卞昆冈》，拟请毛剑佩饰李七妹，王泊生饰卞昆冈，顾宝莲饰阿明，萧英饰老敢，郑正秋饰瞎子，请（余）上沅导演。

29日　作诗《生活》。后发表于一九二九年五月十日《新月》月刊第一卷第三号，初收上海新月书店一九三一年八月版《猛虎集》。

31日　徐申如五十七岁生日，偕袁汉云、袁美云同去硖石，唱戏三天。

6月

10日　在《新月》月刊第一卷第四号发表诗作《西窗》，署名仙鹤。初收上海新月书店一九三一年八月版《猛虎集》。

---

①　韩石山编：《徐志摩全集》（第四卷），商务印书馆2019年版，第287页。

同日 在《新月》月刊第一卷第四号发表译作短篇小说《万牲园里的一个人》([英]伽尼特[1]作),未译完,文末注“未完”。

同日 在《新月》月刊第一卷第四号发表译诗《歌》([英]罗塞蒂[2]),初收上海新月书店一九三一年八月版《猛虎集》。诗云:

我死了的时候,亲爱的,
　别为我唱悲伤的歌;
我坟上不必安插蔷薇,
　也无须浓荫的柏树:
让盖著我的青青的草
　淋著雨,也沾若露珠;
假如你愿意,请记著我,
　要是你甘心,忘了我。……[3]

13日 致胡适信。信中道:

刚得小曼信,说你也病了,而且吐——血,这我着急得狠,想打电话问,又□□电不痛快。适之,我只盼望你已经暂时恢复健康,我知道你的生活也是十分的不自在,但你也是在铁笼子里关着,有什么法子想?人生的悲惨愈来愈明显了,想着真想往空外逃,唉,这奈何天!

碰到这儿全国在锅子里熬煎,你不又能不管,我这□遥事□心里也不得一丝的安宁,过日子就像是梦,这方寸的心,不知叫烦恼割成了几块,这真叫难受。同时我问你我应当立即回国,你也没有回信给我,假如你的来电上加有“速回”字样,我此时许在中国了,但到了北京又怎样呢?

---

① David Garnett(伽尼特)(1892—1981),英国小说家与批评家。

② Christina Georgina Rossetti(罗塞蒂)(1830—1894),英国诗人。

③ 韩石山编:《徐志摩全集》(第九卷),商务印书馆2019年版,第274—275页。

我告诉你，我现在的地址，我来是纯粹为老儿，那你知道的，现在老儿又快到了（八月），他来极恳切的信，一定要我等着他，说有我就比一切医师都好。因此，我不能不再等下去了，既然三个月已经挨过了——为他，但同时不知道我的心在那里，你一定明白的，也不必我明说，我梦里那一晚不回去，这一时，我神思恍惚极了，我本来自诩有决断的，但这来竟像急行车。

没有现成照片，随手□一张给你。今晚到东京，日来心绪致佳。

14日 作《书〈白居易新丰折臂翁〉跋》，陈从周辑。后发表于一九四九年陈从周自编自印、一九八一年一月上海书店出版社复印再版《徐志摩年谱》。文曰："丁在君发明古诗新读法，最擅诵此诗，声容并茂，新丰翁得交江北公，亦不朽矣！玉堂（林语堂原名，引者注）要我写字，录此诗博粲，欧行前一日深夜，志摩涂。"①

按，梁实秋在《梁实秋文学回忆录》中记载："民国十七年十二月，志摩欧游前一日给林语堂先生写白居易《新丰折臂翁》。林先生于二十五年正月十三日跋云：'志摩，情才，亦一奇才也，以诗著，更以散文著。吾于白话诗念不下去，独于志摩诗念得下去。其散文尤奇，运句措辞，得力于传奇，而参任西洋语句，了无痕迹。然知之者皆谓其人尤奇。志摩与余善，亦与人无不善，其说话爽，多出于狂叫暴跳之间，乍愁乍喜，愁则天崩地裂，喜则叱咤风云，自为天地自如。不但目之所痛，且耳之所过，皆非真物之状，而志摩心中之所幻想之状而已。故此人尚游，疑神、疑鬼，

① 韩石山编：《徐志摩全集》（第四卷），商务印书馆2019年版，第288页。

尝闻黄莺惊跳起来，曰："此雪莱之夜莺也。"'志摩的字颇娟秀，有时酷似郑孝胥。林语堂先生的描写亦颇传神。凡知志摩者，盖无不有一深刻之印象。"①

同日 致刘海粟信："忽然而行，慌忙无极，兄处竟不及走辞，思训文亦无暇阅看，幸兄善宥之矣。明日早九时新关码头启程，然勿敢劳相送也。胡公均候。"

15 日 启程出国，去日本、美国、英国、法国、印度等地旅游。

17 日 于去日本航途中作《卞昆冈·跋》。

同日 致陆小曼信，告知去日本船上生活起居与见闻，及有关写《卞昆冈》跋有关事项："我方才随笔写了一短篇《卞昆冈》的小跋，寄给你，看过交给上沅付印，你可以改动，你自己有话的时候不妨另写一段或是附在后面都可以。只是得快些，因为正文早已印齐，等我们的序跋和小鹏的图案了，这你也得马上逼着他动手，再迟不行了！再伯生他们如果真演，来请你参观批评的话，你非得去，标准也不可太高了，现在先求有人演，那才看出戏的可能性，将来我回来，自然还得演过。不要忘了我的话。同时这夏天我真想你能写一两个短戏试试，有什么结构想到的就写信给我，我可以帮你想想。我对于话剧是有无穷愿望的，你非得大大的帮我忙！"

18 日 下午到日本神户，即坐火车去东京。并致陆小曼信，叙说一人去东京车上的情况以及所见日本的一些风光风物。信中道："船到四时才靠岸，我上午发无线电给济远的，他所以约了鲍振青来接，另外同来一两个新闻记者，问这样问那样的，被我几句滑话给敷衍过去了，但相是得照一个的，明天的神户报上可

① 陈子善编：《梁实秋文学回忆录》，岳麓书社 1989 年版，第 190 页。

见我们的尊荣了。”

19日 上午到达东京。乘船离开日本去美国。

23日 致陆小曼信,谈坐加拿大皇后号海上航行八天来的感受。

24日 致陆小曼信,说了一些穿衣的笑话,表示“到美国我真想常穿中国衣”。又说:“陈洁如你知道吗?蒋介石的太太,她和张静仁的三小姐在纽约……”

25日 致陆小曼信。告之:

明天我们船过子午线,得多一天。今天是二十五,明天本应二十六,但还是二十五;所以我们在船上的多一个礼拜一,要多活一天。不幸我们是要回来的,这检来的一天还是要去掉的。这道理你懂不懂?小孩子!……

船上吃饱睡足,精神养得好多,面色也渐渐是样儿了。不比在上海时,人人都带些晦气色。身体好了,心神也宁静了。要不然我昨晚的信如何写得出?那你一看就觉得到这是两样了。上海的生活想想真是糟。陷在里面时,愈陷愈深;自己也觉不到这最危险,但你一跳出时,就知道生活是不应得这样的。

……同船另有一对中国人,男姓李,女姓宋,订了婚的,是广东李济深的秘书;今晚一起吃饭,……

我也到年纪了,再不能做大少爷,妈虎[①]过日。近来感受种种的烦恼,这都是生活不上正轨的缘故。曼,你果然爱我,你得想想我的一生,想想我俩共同的幸福;先求养好身体,再来做积极的事。一无事做是危险的,饱食暖衣无所用

① 妈虎:即马虎。

心，决不是好事。你这几个月身体如能见好，至少得赶紧认真学画和读些正书。要来就得认真，不能自哄自，我切实的希望你能听摩的话。你起居如何？早上何时起来？这第一要紧——生活革命的初步也。

本月　在《现代评论第三周年纪念增刊》发表译诗《文亚峡》（[英]哈代作），发表时标明翻译时间为“戊辰一月”。初收浙江文艺出版社一九九〇年一月版《徐志摩诗全编》。

月底　到美国。

7月

2日　致陆小曼信，叙述在北美一路感受和见闻。“下午四时上船，从维多利亚到西雅图……八时半到西雅图，……后天是美国共和纪念日，我们正到芝加哥。”

5日　到纽约。并致陆小曼信，告知已过芝加哥到达纽约。

20日　致恩厚之信：

我现在在纽约，盼两三星期内到英国。这是使你惊奇的消息吧？我十分着急要知道你的行踪，怕你今夏不在英伦。可否请你立刻回信（拍电报更佳）告诉我你八月中旬的行止，就是在要来的两三星期内的动态。我在欧陆不会有很多时间，因为我急于要到印度见我们亲爱的老戈翁，据安德鲁最近来信，老人家身体日渐衰弱；但要是我仆仆欧陆而没有机会见你和多乐芙，那真是荒谬之至了。

厚之呀，经过这数年的两地睽违，我实在有许多关于中国和关于我自己的话要跟你倾吐。你知道，虽然国民党是胜利了，但中国经历的灾难极为深重，我自己也不是顶快乐。就说一件罢：我的妻子从去年夏天就一直缠绵病榻。……

再者:我另寄上一册奥尼尔(Engene O'Neill)写的《奇怪的插曲》。这是一本少见的伟大著作。以我个人来说,读了这本书后,我对美国这个国家大大改观了!

24日 致恩厚之电报:"德温,托特尼斯,达廷顿庄,恩厚之。乘高贵轮八月四日抵索咸顿请定见面时日回电纽约华美"。

本月 致安德鲁信:

上次我们在香港见面乐极拥抱,到如今似乎已有数十寒暑之感了,……我以认识老戈爹为我一生最大的幸福,而自从跟他个人有了交往之后,我就一直生活和呼吸在他无所不透的人格感染之中。在世界发展到今天的日子,他的人格就是我们认识至圣至善的最直捷的通路。光明和荣耀都出乎此,但却是属乎人间的,没有任何超自然的神秘成分。虽然他已届风烛之年,而且孤单无助,但仍然坚毅卓绝地努力不懈,造福人群。这件事感我至深,使我满怀谢意,而又觉闪熠生辉的希望与信心重现目前;虽然现实生活毁灭性的黑暗力量大到几乎使人人低头,但这点光明却荧然不受任何干扰。

三年前我得到老戈爹消息,于是横渡西伯利亚和苏俄,满心希望在欧洲某地和他相会。但很不幸,老戈爹那年初夏在印度抱恙,而我也无法在欧洲久留,接着便兼程回国。我这样做是因为那时中国局势动荡,又有跟英国开仗的谣言。至于以后来的,是那些打不完的内战。去年(一九二七年)春天,内战白热化,毫无原则的毁灭性行动弄到整个社会结构都摇动了。少数有勇气敢抗议的人简直是在荆棘丛中过生活,摸到脖子,就不禁因脑袋尚存而感觉希奇了!我们的重重困难尚在目前；但事情既然稍定了一点，我们至少盼望有喘息的机会，即使短短的一刻也好，不然我们就会因筋疲力尽而致死了。

这些年间，要访问山迪尼基顿和再次与老戈爹见面的渴望，使我心中的确有五中如焚的感觉。……我认为印度的炎暑天气是很不容易抵受的，所以才不直接从上海到印度。我目下在纽约，来了才不过几天，准备八月四日离此启程往伦敦，在那里我盼望见到狄更生和恩厚之一家，我还没有最后决定是从马赛或别的意大利港口下船。不过到英国时就会清楚了。到时我再拍电报，让你知道我抵印的日期；看情形大概是九月下旬，再早是不可能的。德鲁兄，请你一定立刻转告诗人，说他的“素思玛”在两个月后便会见他的面了。……

8月

上旬 到伦敦。

11日 致恩厚之明信片：“我已到伦敦了，通信处是玻兰德路四十四号中国公使馆；你在什么地方呢？我会在此候你到九月为止。下周我去剑桥。傅来义（Roger Fry）约我到索福克（Suffolk）。请回一音。”

按，到伦敦后，先去贝潭访问傅来义，后去剑桥大学，又到达廷顿庄园看望恩厚之夫妇，并参观了他们创办的农村建设基地。在达廷顿期间，向恩厚之夫妇重提一九二四年泰戈尔拟在中国山西省进行的农村建设计划。恩厚之夫妇对此极为赞许，并答应在经济上给予帮助。

21日 致胡适信，告知行程，并表达对《新月》月刊的关心：

我的行踪你大约知道，文伯不久即可到沪，我至少还有（从今天起）两个半月。……我现在康桥，本想来享几天闲福，或许可以写些东西，但小曼七月中又病了的消息又把我的心绪扯个粉碎！总是逃不了做感情的奴隶，有甚法想！

我先说我的行程。英国大约住至九月初旬，迟至初十必走，颇想去德国溜达一星期。巴黎总得到，但至多留四五天。我的船是九月二十一自马赛行，一直到 Bombay（孟买，引者注），再坐火车去 Calcutta（加尔各答，引者注）。老头早就有电来欢迎。从 C 回中国的船颇不方便，船不多，行期亦未探得，约计十月二十边动身，得三星期可到上海，相见当在十一月初旬。

第一件事要问你的是《新月》月刊的生命。我走的时候颇感到除老兄外鲜有负责任人，过日本时曾嘱通伯夫妇加倍帮忙。出版不致愆期否，最在念中。……

本月 修订版《志摩的诗》由上海新月书店出版。内收《恋爱到底是什么一回事》，此诗写作时间及发表报刊不详。

本月 于剑桥王家学院致傅来义信：

我盼望你在离开贝潭之先能收到此信。寄上几张我跟你拍的照片，看样子还照得不错。其他的明天就印好了。……回剑桥重温旧梦使我至感喜悦。格涅德也见到了，我很喜欢他。

我在念惠珍妮亚[①]的《到灯塔去》，这真是精彩之至的作品。来义呀，请你看看是否可以带我见见这一位美艳明敏的女作家，找机会在她宝座前焚香顶礼。我很盼望在离开

① 今译弗吉尼亚·伍尔芙。

英国时能带着点点滴滴难忘的忆念。我也希望再多见你几面才跟你道别,在此谨向你一家致意。……

再者:我一定要告诉安莉普太太,我在往剑桥途中一时大意把我那把小伞遗失了。

9月

7日 致恩厚之信:

十一月回国后,我第一件事要做的事是找张彭春、瞿世英和其他数人,在上海成立一个小组,然后到浙江及江苏两省的内地进行研究。我们要了解实际情况,找出当地的需要,作出实验计划的方案,然后由你核准和作进一步的建议。

现在我已预算了计划第一步的所需,以及我个人由印度到中国的旅费。要是你觉得下面提出的细节有任何不合适的地方,我可以按你的意思逐一修正:

孟买到加尔各答旅费	拾磅
加尔各答到上海(可能经缅甸)	陆拾磅
张彭春(天津、上海来回旅费)	叁拾磅
瞿世英(天津、上海来回旅费)	叁拾磅
金岳霖(天津、上海来回旅费)	叁拾磅
L. Y. Chen, Y. Chang 等人	叁拾磅
小组旅行二至四周旅费	壹佰磅
什费	拾磅
共	叁佰磅

我下周的通讯处是:德国,法兰克福,罗士拿街四号 Richard Wilhelm 博士转。

8 日　离开达廷顿去往伦敦。并致恩厚之夫妇信：

我不只带着欢愉的忆念离开达廷顿，还带着希望和鼓舞。根据我在这个世界的阅历，达廷顿的道路是直达人类理想乐园的捷径。你们对我像是大哥大姐，你们赐予我多方面的深情厚意，使我铭感莫名。我唯一的遗憾，就是自觉愚鲁，无法想出合适的言辞，来表达我至深至大的谢忱和感激。是的，我真不知从何说起。

我发觉我们的哲学家还是跟往常一样，话语间充满了辛辣的情趣和温厚的幽默感。他又再度全家出动到了这里，要给他们的两个孩子一点德育训练。从昨晚起，我们共度好时光。由于我只能逗留一夜，所以我们珍惜一分一秒见面的时间。我们对坐长谈，近凌晨两点，似乎还不自觉！……

今晨我往伦敦，明天下午到德国。来函盼望寄法兰克福地址便可，我会继续写信的。

9 日　到德国。

10 日　在《新月》第一卷第七号发表《编辑余话》，未署名。

按，据陈子善《〈新月〉中的志摩佚文》考证，该篇为徐志摩所作。[①]

15 日　致恩厚之信：

一到法兰克福就收到来函，谢甚。厚之，我现在能想到的，只有一句话，就是：你们两位真是太好了。你提及我里面的‘诗人与艺术家’；这句当头棒喝的话十分中肯，我一定会铭记于心。顺便问问你，听说安德鲁现今在欧洲。你知

---

① 陈子善：《〈新月〉中的徐志摩佚文》，《新文学史料》2019 年第 3 期。

道这事吗?

我在法国到过不少地方,也看过不少的人,现在我要往巴黎去了。狄老在土伦等我,我在上船之先要去那边。我会把你和你的伟大经营全告诉他,也会劝他到你那边跑跑,让他亲眼看一看。

你提议在上海开个银行户头的意见好极了。我来往那间是上海北京路的中国通商银行。我的朋友徐新六在那边当总经理(来信由他转便妥)。我要在十一月初才回到上海,所以时间是充裕的。现在我正在给中国的朋友们写信。

按,此信摘自1982年《新文学史料》第三期梁锡华编译《徐志摩英文书信集》,此信提到“我要往巴黎去”,与是月二十日致胡适的信中谈到“欧游已告结束,明晚自马赛东行。巴黎三日,故侣新知,共相欢叙,愉乐至深”相考,此信当作于是月中旬,中旬的星期六为15日。

中旬 在巴黎见梁宗岱、谢寿康、周太玄等留法学生,并以《新月》编辑部名义向他们约稿。

20日 致胡适信:“自英去函谅到。欧游已告结束,明晚自马赛东行。巴黎三日,故侣新知,共相欢叙,愉乐至深。《新月》重劳主政,待归再来重整旗鼓。此行得友不少,得助亦不少。谢寿康、周太玄、梁宗岱皆允为《新月》撰文。宗岱与法当代大诗人梵乐利(梁译‘哇莱荔’)交往至密,所作论梵诗文颇得法批评界称许,有评传一篇日内由商务徐元度送交兄处,希即刊载《新月》,稍迟再合译作印书。谢文下月或可到。我呢——‘尚早’!通伯夫妇今何在,至念。国内稍见生气否?离别三月,急思归矣。”

20日左右 在马赛见狄更生。

21日 致恩厚之信：

在轮船启碇之先我利用这一点小时间来略草数言，我毕竟见到狄老了，真感到快慰无限。我从巴黎给他拍电报，盼望他回电定个见面时间，但电报到他手上时已太晚了。我以为不会见到他的，但他直下土伦，在那边找我不着，之后又赶程到马赛，这样我们到底见面了。他这样一口气到马赛来共谋一叙，其盛情至足感念。我跟他大谈到你，使他兴趣盎然。他会在本周回英。以后要是你跟他通个信儿(地址：伦敦斯丹利园街七A)而他又身壮力健的话，他会乐意到托特尼斯走一趟的。

你收到我最近从法兰克福寄给你的信没有？要是你在十月底之先(或者说十月中更好)寄信到上海，我到步时就会收到的。到山迪尼基顿后我会再写信给你。……

本月 到康沃尔(C)ornwall看望罗素。“我们对坐长谈，近凌晨两点，似乎还不自觉！”[①]

本月 致邵洵美信：“我已见到George Moore，他叫我代他候候你。此老真可爱！我但愿能将他的有趣的谈话写出来。”

本月 作诗《深夜》《怨得》，诗末均署“伦敦旅次 九月”。后均发表于一九二九年一月十日《新月》月刊第一卷第十一号。初均收上海新月书店一九三一年八月版《猛虎集》。

10月

4日 致陆小曼信，叙写船上见闻与归途感受，并表达思念：“昨天是十月三号按阳历是我俩的大喜纪念日，但我想不用它，

---

① 韩石山编：《徐志摩全集》(第八卷)，商务印书馆2019年版，第121页。

还是从旧历以八月二十七孔老先生生日那天作为我们纪念的好;因为我们当初挑的本来是孔诞日而不是十月三日……一离马赛,就觉到归心如箭,恨不能一脚就往回赶。此去印度真是没法子,为还几年来的一个愿心,在老头升天以前再见他一次,也算尽我的心。"

10日 致恩厚之信。告知在印度情况:

我原定明天到苏鲁(Surul)参观你以往在那里所经营的事业,然后再写信给你,但由于阿斯蓝(Ashram)一开头就给我一个福乐满怀的印象,我实在不能不立刻提笔给你写几句。……厚之,我和老诗人在一起感受的喜乐,只有你一个人能领会。他和平常一样,爱说幽默话,爱笑,而他讲故事的本领更非他人所能及。我住在他那里,彼此常常见面。我告诉他关于你和你工作的情形,他听了喜形于色。他托我向你,多乐芙和小露斯致爱忱。印度的同仁昨天为我举行茶会,老戈爹做主席。对我来说,那是一个了不起的动人场合。南达拉还是和往常一样,黑脸皮,深思寡言而温厚动人。他为我在艺术系作了一次展览。……

今天是我的大喜日子:第一这是我们的国庆节,又是孔夫子的诞辰,也恰巧是我结婚的一周年。今天是我的大喜日,所以我深感快乐而想及你,以及我们之间的通信。老诗人要我今天晚上对学生们和教师们讲孔夫子,我已欣然应允。

我在此地稍事勾留后会到大芝灵参观,然后在廿五号左右直航回上海。……

同日 在《新月》第一卷第八号发表《编辑余话》,未署名。

按，据陈子善考证，该篇为徐志摩所作。[1]

13 日　致恩厚之信：

我已访问过苏鲁了。卡列巴布和拉尔满怀盛情，带我参观农场，各方面都给详加讲解。我也看了山陀乡和附近的村落。在那些地方，明显看出卡列巴布在短时间内做出了出色的工作。我也参观了志愿人员的住处，跟学生们和来伊都见了面。……

拿苏鲁和达廷顿作比较，是一件有趣的事；二者都是你的杰作，二者都源于同一的理想，而其策划与进行又是由你亲手贯彻，可是我对二者的印象却不大相同。我以前已说过了，达廷顿是我所认识的通往人间乐园最快的捷径。大自然对达廷顿十分仁厚，而你用爱作你事业的推动力，结果就一定有超凡的成就，正如纯然美丽的诗歌，其中毫无聒耳的噪音。但印度的土壤却完全不同，这里大自然苛酷寡情，绝不是一位丰饶多产的母亲。在这里，人若没有一个奋斗求生的决心，再加上知识的缺乏，就难以希望苟延残喘。前数天我访问一个原有五百户，而现在只馀廿五户人家的穷乡，在那里我面对断壁残垣而沉思默想，心中充满了哀伤怜悯。作为一个农村实验基地的苏鲁，当然在建设上已经立定脚根，加上有拉尔这类的人材（我十分欢喜拉尔）亲力亲为，将来是有更广阔的前途的。……

我的访问已告结束。我能欣然的告诉你说，我的心真正是是充满光明，钦仰和希望。从今以后，我能遥指英伦的达廷顿和印度的山迪尼基顿，点明这两个在地球上面积虽

---

① 陈子善：《〈新月〉中的徐志摩佚文》，《新文学史料》2019 年第 3 期。

小，但精神力量极大的地方，是伟大理想在进行不息，也是爱与光永远辉耀的所在。想到已访问了两处使我获益良多的地方，我感到十分快乐。我现在启程回国——头脑中装满了知识，心怀中充满了感念。

老诗人刚开始了一件新事业，就是提笔作画——你会因此而惊喜不置吧！南达拉已为他举办了一次展览。看到这一位业余美术家实验性的处女作，我和许多人一样，对其成就深感惊异。你一定要问他要几幅，因为这些从想象力孕育出来惹人喜爱的图画，实在是创造性的纯真心灵的宁馨儿。

31日　于印度作诗《在不知名的道旁》，后发表于一九二九年二月一日《金屋月刊》第一卷第二期，诗末注："小曼生日十月卅一日早作"。初收上海新月书店一九三一年八月版《猛虎集》。

11月

1日—2日　作小说《"浓得化不开"》，后发表于是年十二月十日《新月》月刊第一卷第十号。初收上海中华书局一九三〇年四月版《轮盘》，改题为《"浓得化不开"(星加坡)》。

2日　作诗《他眼里有你》，后发表于是年十二月十日《新月》月刊第一卷第十号，诗末署"十一月二日星家坡"。初收上海新月书店一九三一年八月版《猛虎集》。

4日　致江绍原信，信中道："上次适之说你要来看我，我赶紧回家来奉候却不曾候着。……听说你广东去了一次，现在作何计较？梦麐在杭见否？承问 Liang… Thought 一书颇有历史，当初是我与 C. K. Ogden 说起过，他就登出广告，但此书却至今无有影踪。《先秦……史》(但此书系梁在东大讲，并非我想为

Ogden 接洽特编之书），我当初初回国时确是想译过，并且译成了一篇序，但下文就没了，至今也无有影踪。前月在某处见一个留学生，他说他已把《先……史》译成了一半，我说恭喜之至，我本是管不了的了。”

6日 归国途中作诗《再别康桥》，后发表于是年十二月十日《新月》月刊第一卷第十号，诗末注：“十一月六日中国海上”。初收上海新月书店一九三一年八月版《猛虎集》。诗云：

轻轻的我走了，
　正如我轻轻的来；
我轻轻的招手，
　作别西天的云彩。

那河畔的金柳，
　是夕阳中的新娘；
波光里的艳影，
　在我的心头荡漾。

软泥上的青荇，
　油油的在水底招摇；
在康河的柔波里，
　我甘心做一条水草！

那榆荫下的一潭，
　不是清泉，是天上虹，
揉碎在浮藻间，
　沈淀着彩虹似的梦。

寻梦？撑一支长篙，
　向青草更青处漫溯，
满载一船星辉，
　在星辉斑斓里放歌。

但我不能放歌，
　悄悄是别离的笙箫；
夏虫也为我沉默，
　沉默是今晚的康桥！

悄悄的我走了，
　正如我悄悄的来；
我挥一挥衣袖，
　不带走一片云彩。①

按，《再别康桥》是徐志摩最为脍炙人口的作品。所谓的康桥，即英国著名的剑桥大学所在地，徐志摩曾于1920年10月—1922年8月以特别生的身份游学于此。康桥时期是诗人徐志摩一生的转折点，"康桥情节"贯穿在徐志摩一生的诗文中。"康桥"这一意象也成为新诗史上最具审美价值的意象。"'康桥'意象凝聚了'西学东渐'的时代思潮，把世纪之交的西方文明提炼为一个艺术之'象'——'康桥'，这使徐志摩诗歌具有了独特的思想文化史价值。"②

① 韩石山编：《徐志摩全集》（第五卷），商务印书馆2019年版，第354—355页。
② 程国君：《新月诗派研究》，长江文艺出版社2003年版，第155页。

《猛虎集·序文》中自陈，在 24 岁以前，诗人对于诗的兴味远不如对于相对论或民约论的兴味。正是康河的水，开启了诗人的心灵，唤醒了久蛰在他心中的诗人的天命。因此他后来曾满怀深情地说："我的眼是康桥教我睁的，我的求知欲是康桥给我拨动的，我的自我意识是康桥给我胚胎的。"1928 年诗人故地重游，11 月 6 日在归途的中国南海上，他吟成了这首性灵独具，充分契合闻一多的"三美"诗学理想的传世之作。

又按，黄红春《古典与浪漫：新月派文学观念研究》："新月派诗人都不同程度地受到西方浪漫主义诗歌的影响，重视情感表达和艺术想象，思想自由甚至具有叛逆性。徐志摩是其中与浪漫主义文学精神最为契合的一个。他一生游历欧洲三次，三次亲近英国，深受英国十九世纪浪漫主义文学的影响。……康桥是他一生最重要的转折点，诗歌《春》《康桥晚照即景》和《再别康桥》等充分显示了康桥文化对他的洗礼。也正是在康桥他的性灵被开启，从此成为一名诗人。徐志摩不但与很多西方文学家，包括哈代、曼斯菲尔德、狄更斯、韦尔斯、邓南遮等，有过直接接触，同时迷恋拜伦、雪莱、济慈、布莱克、彭斯与华兹华斯等的诗歌。他早期的诗歌主要受到华兹华斯等的浪漫主义诗歌影响，后期则受到哈代等的现代主义诗歌影响。"①

尽管追求诗歌"格律美"，徐志摩仍是一位深受康桥文化洗礼的浪漫主义诗人，向往自由的生命。"他还是希望灵魂不要受到枷锁的桎梏，反对格律过于齐整甚至'豆腐块'化。……徐志摩也一直努力尝试各种诗体的创作：从无韵诗、对话体诗、不用

① 黄红春：《古典与浪漫：新月派文学观念研究》，江西人民出版社 2015 年版，第 128—129 页。

句读的诗到新格律诗。”①

上旬　返回上海。

12月

3日　致蒋复璁信，信中谈及梁启超病重一事：“第一事急于要问的是梁先生的病，听说蹇老有电来，说病情不轻，不知如何？果然者，我日内当北上省师，当不出十日也。京寓杂具又承接收看守，感愧何似！此行先后五月，由纽约至英伦，更经柏林、巴黎到佛府，与卫礼贤畅叙甚欢，游印度三星期，见诸大菩萨，登须弥高峰，心愿大偿，欢喜无量。”

8日　致卫礼贤信，谈及美术院的选址、拨款、购画及展览等筹备情况：“希圣先生有道，佛府别后即由马赛迳抵印度，访泰谷尔先生于圣地，小住八朝，备承渥遇，又登喜马拉雅大山，风云壮丽，甚发遐思，归途游缅甸、南洋，亦广闻见。抵沪以来，已逾半月，接奉惠简，欣知先生鼎力为此方美术院计划进行，得蒙贵国舆情及诸大博物院、诸大印铸所慨允襄助，甚令欣喜感愧。爰于上星期耑赴首都，谒见蔡孑民先生及教育部长蒋梦麟先生，告以德国方面端赖先生高义乐成，朝野一致，愿结文化因缘，为中外国际开一纪元。……”

10日　在《新月》月刊第一卷第十号发表诗作《枉然》，初收上海新月书店一九三一年八月版《猛虎集》。

同日　在《新月》月刊第一卷第十号发表《〈玛丽玛丽〉广告语》，未署名。广告云：“假如我们上海，一个十四五岁的小家碧

① 黄红春：《古典与浪漫：新月派文学观念研究》，江西人民出版社2015年版，第156页。

玉，刚刚发觉了生活里那最迷人的一点滋味儿，忽然情不自禁，看上了一位又高又大雄赳赳的红头阿三，于是一出趣剧，和一出悲剧，便同时开始了。在如今这高呼解放的年头，这种事很有发生的可能；只是我们那里去寻 James Stephens 那一支又滑稽，又隽妙的笔来描写它？

《玛丽玛丽》里叙一个同样的小姑娘，和一个同样的大汉子(一个巡警，可不是印度人)发生了恋爱。作者是爱尔兰文坛中后起的健将。《玛丽玛丽》又是著名的作品。至于两位译者，徐先生和沈女士，都是熟人，更用不着介绍。

短篇小说我们应该读腻了，现在换一本长的读读罢！"[①]

15 日　作演讲稿《关于女子——苏州女中讲稿》，于本月 17 日演讲。讲稿后发表于一九二九年十月《新月》月刊第二卷第八期，初收台湾传记文学出版社一九六九年版《徐志摩全集》第五卷。

按，据金传胜考证，该篇演讲稿作于 1929 年 12 月 15 日，讲演日期为 1929 年 12 月 17 日。登有该讲稿的《新月》实际出版时间约为 1930 年 2—3 月。[②]

16 日　致父母信："方才便道到甡源见省三先生[③]，谈及伯父病，据云近日仍不见好，更令切念，爸爸返硖后情形如何，不曾得知。前函诸针药并用，不知伯父以为然否？张医药究对路否？此间中西医谈及意见亦各不一致，然于痢疾用针，则都无异议，最近情形至盼崇弟或六弟便函见告。儿本定今日一早去苏州女子中学讲演，惟彭春今日由津到申，即转轮去美，必须一见，故又

① 韩石山编：《徐志摩全集》(第四卷)，商务印书馆 2019 年版，第 289 页。

② 金传胜：《徐志摩史料考辨三则》，《新文学史料》2019 年第 4 期。

③ 即沈省三。

临时发电改期，明日再去。妈近日福体如何？前十日较前大佳，儿心欣慰何可言喻，至盼当此冬令继续进补，得效当不小也。十九日张相生六十做寿，即须送礼，盼即带出一缎幛来，金字我去做。”

按，据金传胜考证，该信作于1929年12月16日。[①]

21日 致陆小曼信，讲述进京途中见闻：

车现停在河南境内（陇海路上），因为前面碰车出了事，路轨不曾修好，大约至少得误点六小时，这是中国的旅行。老金处电想已发出，车到如在半夜，他们怕不见得来接，我又说不清他家的门牌号数，结果或须先下客栈。同车熟人颇多，黄家寿带了一个女人，大概是姨太太之一，他约我住他家，我倒是想去看看他的古董书画。……另有大鼻子同车，罗家伦校长先生是也。他见我只是窘，尽说何以不带小曼同行，杀风景，杀风景！要不然就吹他的总司令长，何应钦、白崇禧短，令人处处齿冷。

车上极挤，几于不得坐位，因有相识人多定卧位，得以高卧。昨晚自十时半睡至今日十时，大畅美，难得。地在淮北河南，天气大寒，朝起初见雪花，风来如刺。此一带老百姓生活之苦，正不可以言语形容。同车有熟知民间苦况者，为言民生之难堪；如此天时，左近乡村中死于冻饿者，正不知有多少。即在车上望去，见土屋墙壁破碎，有仅盖席子作顶，聊蔽风雨者。人民都面有菜色，镶手寒战，看了真是难受。回想我辈穿棉食肉，居处奢华，尚嫌不足，这是何处说起。我每当感情动时，每每自觉惭愧，总有一天我也到苦难的人生中间去尝一分甘苦；否则如上海生活，令人筋骨衰

---

① 金传胜：《徐志摩史料考辨三则》，《新文学史料》2019年第4期。

腐，志气消沈，那还说得到大事业！

眉，愿你多多保重，事事望远处从大处想，即便心气和平，自在受用。你的特长即在气宽量大，更当以此自勉。……

25日 致陆小曼信，告知入京后行踪：

星期六在车上又逢着了李济之大头先生，可算是欢喜冤家，到处都是不期之会。车误了三个钟头，到京已晚十一时。老金、丽琳、瞿菊农，都来站接我：故旧重逢，喜可知也。……

第二天星期一，早去协和，先见思成，梁先生的病情谁都不能下断语。医生说希望绝无仅有，神智稍为清宁些，但绝对不能见客，一兴奋病即变相。前几天小便阻塞，过一大危险，亦为兴奋。因此我亦只得在门缝里张望，……梁大小姐亦尚未到。思成因日前离津去奉，梁先生病已沈重，而左右无人作主，大为一班老辈朋友所责备，彼亦面黄肌瘦，看看可怜。林大小姐则不然，风度不改，涡媚犹圆，谈锋犹健，兴致亦豪；且亦能吸烟卷喝啤酒矣！

星期中午老金为我召集新月故侣，居然尚有二十馀人之多。计开：任叔永夫妇、杨景任、熊佛西夫妇、余上沅夫妇、陶孟和夫妇、邓叔存、冯友兰、杨金甫、丁在君、吴之椿、瞿菊农等，彭春临时赶到，最令高兴，但因高兴喝酒即多，以致终日不适，腹绞脑涨，下回自当留意。

星期晚间在君请饭，有彭春及思成夫妇，瞎谈一顿。昨天星一早去石虎胡同蹇老处，并见慰堂，略谈任师身后布置，此公可称以身殉学问者也，可敬！午后与彭春约同去清华，见金甫等。彭春对学生谈戏，我的票也给绑上了，没法摆脱。罗校长居然全身披挂，威风凛凛，杀气腾腾，然其太太则十分循顺，劝客吃糖食十分殷勤也。晚归路过燕京，见到冰心女士；承蒙不弃，声声志摩，颇非前此冷傲，异哉！与P. C. 进城吃正阳楼双脆烧炸肥瘦羊肉，别饶风味。饭后看荀慧生《翠屏山》，配角除马富禄外，太觉不堪。但慧生真慧，冶荡之意描写入神，好！戏完即与彭春去其寓次长谈。谈长且畅，举凡彼此两三年来屯聚于中者一齐倾吐无遗，难得，难得！直至破晓，方始入寐，彭春惧一时不能离南开；乃兄已去国，二千人教育责任，尽在九爷肩上。然彭春极想见曼，与曼一度长谈。一月外或可南行一次，我亦亟望其能成行也。P. C. 真知你我者，如此知己，仅矣！今日十时去汇业见叔濂，门锁人愁，又是一番景象。此君精神颇见颓丧，然言自身并无亏空，不知确否。

午间思成、藻孙约晚东兴楼，重尝乌鱼蛋，芙蓉鸡片。饭后去淑筠家，老伯未见，见其姬，函款面交。希告淑筠，去六阿姨处，无人在家，仅见黑哥之母。三舅母处想明日上午去，西城亦有三四处朋友也。今晚杨邓请饭，及看慧生全本《玉堂春》。明晚或可一见小楼小余之《八大锤》。三日起居注，絮絮述来，已有许多，俱见北京友生之富。然而京华风色不复从前，萧条景象，到处可见，想了伤心。友辈都要我俩回来，再来振作一番风雅市面，然而已矣！……我归期尚未能定，大约这星四动身。但梁如尔时有变，则或尚须展缓，文伯、慰慈已返京，尚未见。文伯、麻子今煌煌大要人矣。

约本年　作《富士(东游记之一)》，发表报刊不详。

1929年(己巳,民国十八年)　33岁

▲1月,毛泽东、朱德率领红四军开辟以瑞金为中心的中央革命根据地。

▲2月,国民党政府颁布《宣传品审查条例》,加紧反革命的文化“围剿”。

▲3月29日,蒋介石同桂系军阀李宗仁、白崇禧战争(史称蒋桂战争)爆发,桂系败退。

▲6月 孙中山灵柩奉安南京紫金山。

1月

5日　致蒋复璁信。信中道“在京诸承照拂,至感。南下同行者有任叔永,陶孟和,翁咏霓等。同房有小叫天之令嗣小培先生,一途谈戏,颇不寂寞。梁先生病状如何?到沪三日,未闻消息,或有转机耶?盼去协和一问徽音、思成,从详见知。(人参服后见效否?)上海诸友均极怀念也。刘文岛已结婚,而且有喜信,然而新娘则憔粹也已。外此又有荣任上海市长之说,亦云盛矣。美术展览会正在进行中,气势尚不坏。北方出品事,如见周印昆烦为询及,会期暂定三月二十日。稻孙迄未得见为憾。”

7日　致恩厚之信:

我收到你寄到印度的信,也从我来往的那间上海银行收到多乐芙汇来的二百磅。我早就应该写信给你的,但我上个月是在外面走动,另方面也想候到有较实际可报导的消息时才动笔,所以就耽搁了。我刚从北京和天津回来,在

那边看到了我的一班老朋友。第一件我急于要告诉你的可悲消息，就是大作家梁启超先生现在病危在北京协和医院。他这四五年和病榻多少结了点不解缘；虽然不能完全归咎于那次错误的腰子手术，但那总是个主因。这事相信我以前已向你提过了。徽音现在是梁思成太太了。她从外国跑回来尽孝顺儿媳的责任，给梁老先生亲侍汤药。我见到张彭春和瞿世英，并且和他们详谈过了；彭春对于我跟你在达廷顿商讨的事极表赞成，也很欢喜听到我在托特尼斯和苏鲁的所见所闻。他很愿意尽其所能来玉成我们心中的计划；事实上这一切对他并不陌生。他自己多年来已经考虑过不少这方面的问题了，但目前他没有空，因为他当南开大学校长的哥哥，现正在外国旅行，而他要负责全盘校务一直到本年十一月，但他催促我马上进行我们的计划，又请我代他向你们两位致意。他对你们造福人群，以及乐助我国人民的崇高精神，表示钦仰和敬佩。至于瞿世英，他在平民教育协会做事。在此可以顺便提及，这个机构所从事的，是中国一件严肃的开荒性工作；在那里，饱学之士为平民服务，也与群众一道做事。这是值得注意的，对我来说也特别具有启发意义。那机构的工作人员。在中国北方对农村教育以及农村改进工作，都在进行十分有价值的实验。这并非意味着可以期望出现什么惊天动地的大事，但正如我在上文所说，正当我们在努力探索去把国家带上轨道的时候，这项工作总标志出一个新方向。

我到江苏和浙江跑过了，已定意选择后者。理由之一就是浙江省的人较为淳厚，他们多少仍然保留着一点人性的美丽，这是因为常与大自然接触，也是因为与文明污染少有关系之故。不过我还要作进一步的研究，才能定出实际的计划。我有几个专长农科并懂得乡村情况的朋友，他们是我旅行考察的助手。我唯一的希望是你们两位能够在最近的将来抽出时间来中国走一趟，帮助我们决策一切。至于我盼望要做的事，我会随时写信报道。下周我将往一处名为“南北湖”的地方看看。我看那里离我家不过二十里左右——美极了，人家说可以和你所认识的著名的西湖抗衡，我很快会再写信给你。

内子的健康日有起色。她期望有机会到达廷顿作客，……狄老到过达廷顿没有？他最近来信说他会到你们的地方。我正在读他的新著，是对哥德《浮士德》一书的创新解释，真是了不起的作品。

10日　在《新月》月刊第一卷第十一号发表《〈沃尼尔〉按语》，原无题，附于张嘉铸译文《沃尼尔》前，署名编者。文曰：“沃尼尔（Eugene O'Neill[①]）是美国现代最伟大的戏剧家，新近游历到了上海，张嘉铸先生就到旅馆里访问了几次；又给我们写了这一篇介绍的文字，大都是译自克拉克（Clark），从此我们可以略知沃尼尔的生平。下期本刊我们也许再登一篇关于沃尼尔的文章。”[②]

同日　在《新月》月刊第一卷第十一期发表《〈阿丽思中国游记〉广告语》[③]，未署名。介绍沈从文作品：“长篇小说的创作，现时在中国真是希贵极了！写长篇难，而写得有结构，有见解，有

---

① 尤金·奥尼尔（1888—1953），美国剧作家，主要剧作有《天边外》《安娜·克里斯蒂》《哀悼》等，1936年获诺贝尔文学奖。

② 韩石山编：《徐志摩全集》（第四卷），商务印书馆2019年版，第313页。

③ 这是为沈从文长篇小说《阿丽思中国游记》第一卷拟的广告语。

幽默，有嘲讽，……那便难之又难。《阿丽思中国游记》是近年来中国小说界极可珍贵的大创作。著者的天才在这里显露得非常鲜明，他的手腕在这里运用得非常灵敏：这是读了《蜜柑》和《好管闲事的人》更可以看得出的。沈从文先生是用不着我们多介绍的，读者自己去领略这本小说的趣味罢。"①

同日　在《新月》月刊第一卷第十一期发表《〈蜜柑〉广告语》②，未署名。介绍沈从文短篇小说集《蜜柑》："沈从文先生的天才，看过《鸭子》的读者们总该知道了罢。就大体上说，他的小说，更在他的诗同戏剧之上，这假使我们说《蜜柑》是这位作者的真代表，真能代表他的天才，那决不是过分的话。《蜜柑》里面有六七篇已经由时昭瀛先生等译成几国文字在中西各洋文报张杂志上发表过了，外国文艺界已经有人起了特别的注意了。这不但是《蜜柑》的作者沈从文先生个人的荣幸，也是我们大家共有的荣幸。"③

11日　在《燕京大学校刊》第十七期"讲演录"栏发表《现代中国文艺界》，署"讲演者徐志摩先生"、"笔述者李德荣"。演讲稿分为以下几部分：(一)引言；(二)支配思想的潜力；(三)文艺上所受的西洋影响；(四)印度的文艺；(五)结论。演讲强调西方文化对中国的影响：

> ……至于支配我们的潜力，第一是英文——文字——因为英文的介绍，文字本体的不同，构造的不同，表情的不同，使我们在思想方面，起了很大的变化。第二是西式的教育，……总之，西方化的教育，给了我们'时间'和'空间'的

---

① 韩石山编：《徐志摩全集》(第四卷)，商务印书馆2019年版，第314页。

② 这是为沈从文长篇小说《阿丽思中国游记》第一卷拟的广告语。

③ 韩石山编：《徐志摩全集》(第四卷)，商务印书馆2019年版，第315页。

观念，钟点的观念……第三是西方的文学和艺术，西方的文学，影响中国思想最深的，第一是俄国文学，其次是德国文学，再次是法国文学，又次是英国文学。英国文学者，自莎氏乐府 Shakespeare 以下，其余的很不完全。俄国的文学，给了我们很深的印痕，因为它的内容，满含着无聊，悲观，厌世，疯癫，因此引起了我们的同情。西方的绘画，美术，雕刻，建筑，也与中国的文艺界，有很大的影响。第四是西方的思想，政治，哲学，人生观，也介绍了到中国来，因此我们相对的各方面，也有了相当的变化，……第五是西方的科学的影响。科学的运动应用，和机械的发展，使我们的思想改变，使我的生活齐整和快。第六是电影。电影自然是以美国为中心，供给中级社会人的娱乐。因为它的后面，是清真教 Puritant，所以它的背影，是浓厚的道德观念。……

总之，西方对于文艺的态度，根本与我们不同。不过中国现代的文艺界，不当纯粹的采用西方文化，印度就是我们很好的参考……①

15 日　致蒋复璁信："前日付简谅达，我父已来沪，前彬侯先生面允办法迄未得信，蒋家去屡问，云无信来，我父处亦然。殊深诧异。当日记彬侯说，已由肖蘧写出，岂有邮误之理？年关已迫近，我家急需此，藉资转移。至乞即为转询彬侯叔及九叔，迅予结束，拜恳拜恳！适之先生明日北上，寓雪池任宅，可去看他。任师闻有转机，果人参有灵耶？抑天如之功。蹇老何如？美展昨已开过总务会议，我亦担任常委，为他人忙，印老已见过，谈及此事否？"

---

① 韩石山编：《徐志摩全集》(第四卷)，商务印书馆 2019 年版，第 316—320 页。

16 日　在《国立清华大学校刊》第三十四期发表演讲稿《徐志摩的漫谈》(孙悦信记录),与“鹏”记录的《卢隐女士的文学漫谈》(载一月十八日《国立清华大学校刊》第三十五期),合题为《两篇漫谈》。此次演讲是受文学社和终南社之邀,谈及对欧美、俄国、印度文化的看法,看重中国文化的特异性:

> 中国伦理上有最宝贵的文化,——忠孝节义,我可以说无论时代变到什么田地,他终有他不朽的精神,……不幸中国现在的趋向,是表面上完全抛弃他的特性,你看凡是到过欧美的人,那一个不是欧洲化,美国化?……我们现在还得重视自然之根,实行到民间去,回我们的本土去,一面力谋改良本真,一面谋发展本真,更要在新生命中找到自己。
>
> 时代的要求,在人们的身上发生变化,我们从此要打破从前重视文字的地位,用现在的目光,用新的精神,把旧文化复活起来。
>
> 回到自然的故乡!
>
> 重新估计自己精神的价值![1]

19 日　梁启超先生逝世,享年 57 岁。

同日　作《波特莱的散文诗》,后发表于是年十二月十日《新月》月刊第二卷第十号。又载中华书局一九三〇年四月版《波德莱尔的散文诗》(邢鹏举译)。文中道:“……波特莱是十九世纪的忏悔者,正如卢骚是十八世纪的,丹德是中古期的。他们是真的‘灵魂的探险者’,起点是他们自身的意识,终点是一个时代全人类的性灵的总和。……”[2]

---

① 韩石山编:《徐志摩全集》(第四卷),商务印书馆 2019 年版,第 323—325 页。
② 韩石山编:《徐志摩全集》(第四卷),商务印书馆 2019 年版,第 330 页。

20日 致胡适信，谈梁启超后事："快函谅到。梁先生竟已怛化，悲怆之意，如何可言。计程兄昨晚到平，已不及与先生临终一见，想亦惘惘。先生身后事，兄或可襄助一二，思成、徽音想已见过，乞为转致悼意，节哀保重。先生遗稿皆由廷灿兄掌管，可与一谈，其未竟稿件如何处理，如《桃花扇考证》已十成八九，亟应设法续完，即由《新月》出版，如何？又《稼轩年谱》兄亦应翻阅一过，续成之责，非兄莫属，均祈留意。《新月》出专号纪念，此意前已谈过，兄亦赞成，应如何编辑亦须劳兄费心。先生各时代小影，曾嘱廷灿兄挂号寄沪，以便制版，见时并盼问及，即寄为要。今晨杨杏佛来寓，述及国府应表示哀悼意，彼明晚去宁，拟商同谭、蔡诸先生提出国府会议。沪上诸友拟在此开会追悼，今日见过百里、文岛及新六等，我意最好待兄回沪，主持其事。兄如有意见，盼先函知。又宰平先生等亦有关于梁先生文章，能否汇集一起，连同遗像及墨迹（十月十二日《稼轩年谱》绝笔一二页似应制版，乞商廷灿），合成纪念册，何如？蹇老亦盼与一谈。"

21日 致郭子雄信："学校已快放假，你上那里去？得暇可来我处一谈。最好上午十时左右。赵家璧的书已写得否？见时问及。"

23日 致胡适信：

付去两快函谅达。今天是我生日，下午振飞请我吃茶，谈"人生"。他说他的一辈子竟同一张白纸，如今已过了一生的三分之二，再下去更是下坡的势道，所谓人生者如此而已，言下不胜感慨。他说在君真知道他，曾经将他比作一团火包藏在冰块的心里，火化不了冰，迟早难免为它压灭，也许早已没有火的了。

昨天与实秋、老八谈《新月》出任公先生专号事，我们想即以第二卷第一期作为纪念号，想你一定同意。你派到的工作：(一)是一篇梁先生学术思想的论文；(二)是搜集他的遗稿，检一些能印入专号的送来；(三)是计划别的文章。关于第三，我已有信致宰平，请他负梁先生传记一部。在北方有的是梁先生的旧侣，例如蹇老、仲策、天如、罗孝高、李藻荪、徐君勉、周印昆等，他们各个人都知道他一生一部的事实比别人更为详尽。我的意思是想请宰平荟集他们所能想到的编制成一整文，你以为如何，请与一谈。我们又想请徽音写梁先生的最后多少天，但不知她在热孝中能有此心情否，盼见时问及。专号迟至三月十日定须出版，所有稿件应于二月二十五日前收齐，故须从速进行。

此外，梁先生的墨迹和肖像，我上函说及，你以为应得印入专号的，亦须从早寄来制版。在沪方，新六允作关于欧游一文，放园亦有贡献，实秋及我都有，通伯、一多处亦已去函征文。还有我们想不到的请你注意。我们想上海的追悼会即在开吊日同日举行，明日再与君劢商议，容再报。

29日 致刘海粟信："张尉平得大画，欢喜无极。新年财运佳否？前说及钱夫人代乃夫讨字讨画，今检出来柬一纸，慕意甚深，未便辜负，恳君酒酣兴到时一为挥笔。钱君字叔越，梁漱溟先生之侄辈也。夫妇皆冲稚可人，今在汉皋给事。能不吝玉最荷。

海翁，所事已颇苏解否？为念。新会怛化，张菊生等诸先生议假静安寺公祭，期正月初八，翁如愿列名，乞早知为荷。"

本月 中华书局由舒新城主持。因商务印书馆出版《小说月报》和"文学研究会丛书"的影响很大，舒新城为业务竞争，邀请徐志摩主持编辑"新文艺丛书"。徐志摩接编后，共编出十三本创作集，十七本翻译集，自己也印了一本《轮盘》小说集。十三本创作集中大部分稿件由沈从文审阅。但“新文艺丛书”后来并没有达到像舒新城、徐志摩所期望的那样大的影响。

上半年 在上海光华大学任教授，开英国文学史，英文诗，英美散文，文学批评等四门课程。同时兼中华书局编辑，辞去上海大夏大学，东吴大学法学院教授之职。

2 月

3 日 作完小说《轮盘》，发表于是年九月至十月《上海画报》第五一二期至五二一期，题为《倪三小姐》。后收入上海中华书局一九三〇年四月版《轮盘》，改题《轮盘》。

10 日 在《新月》月刊第一卷第十二号发表为凌叔华短篇小说集《花之寺》作的序文（片断），作为《花之寺》广告语。文末署“节录徐志摩本书序文”，但上海新月书店一九二八年一月初版《花之寺》书中无徐序。文曰：

> 写小说不难，难在作者对人生能运用他的智慧化出一个态度来。从这个态度我们照见人生的真际，也从这个态度我们认识作者的性情。这态度许是嘲讽，许是悲悯，许是苦涩，许是柔和，那都不碍，只要它能给我们一个不可错误的印象，它就成品，它就有格；这样的小说就分着哲学的尊严，艺术的奥妙……
>
> 《花之寺》是一部成品有格的小说，不是虚伪情感的泛滥，也不是草率尝试的作品，它有权利要求我们悉心的体会……
>
> 作者是有（幽）默的，最恬静最耐寻味的（幽）默，一种七

弦琴的余韵，一种素兰在黄昏人静时微透的清芬……[1]

同日 在《新月》月刊第一卷第十二号发表小说《家德》，初收上海新月书店一九三〇年四月版《轮盘》；同期发表诗作《拜献》，初收上海新月书店一九三一年八月版《猛虎集》。

28日 作诗《春的投生》，后发表于是年十二月十日《新月》月刊第二卷第二号，初收上海新月书店一九三一年八月版《猛虎集》。

本月 组织一班人到江、浙两省进行实地社会调查，准备选定中国农村建设的实验基地。

3月

5日 致恩厚之信，讲述中国现状和理想难以实现的痛苦并告知梁启超逝世一事：

> 谢谢你一月二十九日来信，因为封面没有写"由西伯利亚寄递"数字，所以五星期后才到上海。我时常等候达廷顿的消息，因为你那个地方在我心中是一圈灿烂异常的光明，也是至美的化身，而这光与美，在今天的中国已备受摧残。……现在有些省份已经沦为民生极度凋敝的人间地狱。我亲眼看过在死亡线上挣扎的北方，每一念及那边的情形，我的血液会骤然变冷。那些饿到不成人形的孩子真的会为地藓青苔而打斗。只要他们瘦骨嶙峋的双手能在石缝中挖到一点点，就立刻往口里送。……
>
> 从上述的事实可见，天平的一头是那些毫无心肝的统治者，另一头是那些默然受苦的民众。这种情形一定会导

① 韩石山编：《徐志摩全集》(第四卷)，商务印书馆2019年版，第331页。

致即将来临的滔天灾难。即使那些知识阶级的人士(他们是一班毫无能力的人)也似乎疲塌到一个恹恹无神的地步;他们没有勇气去承担任何责任,只是默然地希祈人性有一个彻底的改变。……

环境的黑暗是无可讳言的。人在这种景况下,精神上没有办法不受影响;就是由于这个原故,你信上所流露的厚意和期望一入我的眼帘,就使我深感痛苦,其中的意思,也只有你才能真切领会。我有幸在达廷顿以及山迪尼基顿从你和太戈老把灵感和鼓舞带回中国,这些都是伟大的事物,但可惜都在毫无希望的时日和人事推移中渐渐黯然无光了。我痴心的梦想还是没有什么实现的机会。治安一事,即使在江、浙两省,甚至是南京城附近,也是没有保障的。绑票已几乎蔓延全国,抢劫更不用说了,法律是形同虚设的。上海生活味同嚼蜡,有时更是可恨可厌,但要拂袖他往,却是难于登天。原因很简单:现在根本无路可逃,所以我们一大伙儿都在这里搁了浅,实在有身不由己之感。

最后我要告诉你,有两件事使我一直忙个不停的,就是梁启超在我离北京后三周,即一月十九日,逝世了,年纪不过五十六岁。这项使人伤感的消息你一定在报上读到了。他的死对我和不少的人,都是一个无可补偿的损失。他比他同辈的人伟大多了,这连孙中山先生也不例外,因为在他身上,我们不但看到一个完美学者的形象,而且也知道他是唯一无愧于中国文明伟大传统的人。他在现代中国历史上带进了一个新的时代;他以个人的力量掀起一个政治彻底的思想革命,而就是因着这项伟绩,以后接着来的革命才能马到成功。所以他在现代中国的地位的确是无与伦比的。

胡适和我正在编纂一本约在五月可以面世的纪念刊，盼望对梁先生的伟大人格以及多面性的天才，能作出公平的评价。另一件就是我在筹备一个全国美术展览，约在一个月后开幕。这个展览会无论在范围和设计方面，在中国都是首创的。附有插图的目录印就之后，我会寄一些给你。……

7日 致万维超信："沈从文让约已签送奉，《苏俄的妇女》已经审查，顷奉去，乞转交伯鸿先生，即以二百元买稿为盼，但此书不收入'梅华丛书'。"

8日 致刘海粟信，谈论书稿出版、美展筹备等事："香港来片、星家坡来函均到，谢谢。逢审平安愉快，且到处备受欢迎。我道不孤，于此可见。兄动身日满，拟送别，九时前起，而车夫未来，既来而车复扰乱。待骝去外滩，询得码头，已逾十时，船已开行，怅望云天，无任歉仄。兄书稿今日才由思训送一卷来，已为校阅过半，文字颇流畅，少所改动，惟中华印刷甚慢，此书卷帙不小，不知何时乃得杀青。思训常来，正在译书，不日携稿来看。美展得誉虎，平之诸先生热心奔走，颇有规模，惟事务组因石珍以病兼旬，代表教部荣某，一知半解，偏多插嘴，而办事无能，甚失人意。同意经费仍未领到。前日我亲见宋子文，彼允即筹拨，且看何如。外人方面颇踊跃，后日审查，预计至少有二三百件入选。程霖生所藏八大、石涛共有二三百幅之多，由瑞午去说，竟肯全部出展。兄闻此消息，必然叫绝，可惜兄不在此，不能相与欣赏，一憾也。此时兄度已过红海，埃及风光当可见一斑。此去则西方世界矣。一途感想，能拉杂写下寄与《新月》最盼。适之已回，四月起决出《平论》周刊，大家来认真说话，出版当案期寄奉三四份，乞分致谢、梁、周、常诸旧侣。到巴黎后虽忙，至盼留一日记，随笔写下，想必不少快心事也。”

10日　在《新月》月刊第二卷第一号发表小说《“浓得化不开”之二（香港）》，初收上海中华书局一九三〇年四月版《轮盘》。

同日　在《新月》月刊第二卷第一号发表《〈现代短篇小说选〉评介》[①]，题为《现代短篇小说选》。初收上海书店出版社一九九五年八月版《徐志摩全集》第八册。

同日　在《新月》月刊第二卷第一号发表《〈卞昆冈〉广告语》，未署名。文曰：“徐志摩先生的诗文我们都读过了，但是我们还没有读过他的戏剧；陆小曼女士的昆曲皮黄我们都听过了，但是我们还没有读过她的戏剧。《卞昆冈》这篇五幕悲剧，便是我们鉴赏他俩的戏剧的一个绝好机会。

这篇戏剧曾经分期在《新月》上发表过，但这单行本是著者又细心修改过的，与初出世时狠有不同，我们处处看得出修改的进步。加之余上沅先生又给这本书写了一篇序，徐志摩先生自己又给写了一篇跋，他们是请读者到‘后台’去参观了。

近来中国戏剧界沉闷极了，《卞昆冈》的印行，我们相信可以发生不少的重大影响。”[②]

同日　在《新月》月刊第二卷第一号发表《编辑后言（一）》，未署名。文中对《新月》月刊进行了回顾与反思：“……这年头难得有满意的事。……如同别的刊物一样，在开始时本刊同人也曾有过一点小小的志愿，但提到志愿我们觉得难受。不说也罢，反正是病象，原委是疏说不清的。痉挛性的兴奋，我们现在明白，是没有用的；这是虚弱不是强健的表见。我们再不敢说夸口

---

① 《现代短篇小说选》，多萝西·布鲁斯特编，麦克米兰公司出版。

② 韩石山编：《徐志摩全集》（第四卷），商务印书馆2019年版，第334页。

一类的话:因为即使朋友们姑息,我们自己先就不能满意于我们已往的工作。我们本想为这时代,为这时代的青年,贡献一个努力的目标:建设一个健康与尊严的人生,但我们微薄的呼声如何能在这闹市里希冀散布到遥远? ……”①

同日 在《新月》月刊第二卷第一号发表译文《杜威论革命(游俄印象之一)》([美]杜威作),文前附译者题记。初收台湾传记文学出版社一九六九年版《徐志摩全集》第六卷。题记云:“美国哲学家杜威先生去夏到俄国去游历,归后写六篇文章,刊登纽约新共和周报。这六篇文章译者认为是完全不杂成见的观察,只有学养俱深如杜威先生才能见到,才敢写出;尤其他的关于革命的感想正供给我们一个新观点,凭此我们可以反镜我们自身的成就如何,给有心人们一此思索的推力。杜威先生的文章却不是流利的一派,朴实,迂回,而且有时不免繁复,但这也正见他思想的不苟且,为要保持印象的真宁愿不顾文体的美。这也许也是一杯‘苦茶’,它的惊醒的力量是无可致疑的,而且竟许还有回甘。译是极粗率的直译,念去涩口当然,但译者自信他没有敢在译文里修剪原来重叠的羽毛。还有五篇,论教育的居多,不日可以译得,打算集起来由新月书店印成一个小册子。”②

19日 泰戈尔去日本、美国讲学途经上海,住徐志摩家,于两日后离沪去日本。徐为此特在寓所布置了一印度式的房间,不设床铺,用地毯和大型球状坐垫铺设,颇为别致。

25日 在大夏大学作题为《关于印度》的演讲。

---

① 韩石山编:《徐志摩全集》(第四卷),商务印书馆2019年版,第335页。

② 韩石山编:《徐志摩全集》(第九卷),商务印书馆2019年版,第141页。

4 月

9 日　作《我也"惑"——与徐悲鸿先生书》一文,后发表于是年四月二十二日、二十五日上海《美展》三日刊第五期、第六期。初收商务印书馆香港分馆一九八三年十月版《徐志摩全集》第四册。

按,徐悲鸿为"美展"作《惑》一文,文中贬低塞尚·马蒂斯的作品。徐志摩见后十分不满,即撰《我也"惑"——与徐悲鸿先生书》予反驳,和《惑》一起刊于四月二十二日《美展》第五期。五月一日,李毅士也在《美展》发表《我不惑》参加讨论。后来徐悲鸿又作《惑之不解》一文答辩。遂形成了美术界一场比较有影响的关于现代派的讨论。

10 日　在《新月》月刊第二卷第二号发表《〈共产主义的历史的研究〉按语》,原无题,附于文前,署"志摩记"。按语云:"本篇即伦敦大学拉斯基教授所著收入家庭大学丛书(Home University Library)的《共产主义论》的第一章引论。拉斯基教授为现代政治学学者中最卓绝的一人,亦为在学理上掊击共产主义最有力的一人。但在他的'共产主义'的书内,他取的是完全学者的态度,从历史及学理方面作研究,绝无一般专作宣传反共产者的粗犷与叫嚣的不愉快。本书早经评定为剖析共产学说最精深亦最可诵的一部书,今由天津南开大学黄肇年先生译出,全书由新月书店印行,不久出版。"①

按,《共产主义历史的研究》是黄肇年翻译的《共产主义论》的第一章,全书由新月书店出版。

---

① 韩石山编:《徐志摩全集》(第三卷),天津人民出版社 2005 年版,第 305 页。

同日 参加筹备南京国民党政府教育部主持的第一届全国美术展览会，在上海开幕。与杨清馨编辑的《美展》三日刊于同日创刊，在创刊号上发表《美展弁言》一文。文曰：

第一次的全国美术展览会，在不止一宗的困难情形下，竟能安然的正式开幕，不能不说是一件可喜的事。公开展览美术品在中国内是到近年才时行，此次美展的性质与规模更是前此所未有的。……经济制不论是资本主义或共产，时代不论是在革命中或在承平时，政治不论是共和是独裁，人生不能没有意义与趣味。所以艺术乃至艺术教育该得积极的提创(倡)与奖励，在现在只是常识的常识，只有白痴或是名利薰(熏)心的可怜虫才来否认艺术对于人生的重要。……我们正可以从这次美展看出时代性在美术里反映或表现的意趣；更从参考品部古代美术的比较观，推悟到这时代的创作力的大小与强弱；更从国外美术，尤其是我们东邻的，体念到东方美术家采用欧西方法的智慧如何；更从工艺美术想念到这时代实际生活的趣味如何。这些都是有心人们该得留意到的问题。创作是不容勉强的；这就一般说往往是与民族的精力成正比。欧洲从中世纪黑暗时期转入近代光明时期经过一个伟大的精神的革命，它的最大的成功是一个美丽的新生命的诞生。革命是精力的解放，生命的力量充实到不可制止时自然迸制成创造的鲜葩。我们留心看看吧，从一时代的文艺创作得来的消息是不能错误的。[1]

同日 在《新月》月刊第二卷第二号发表《编辑后言(二)》，

---

① 韩石山编：《徐志摩全集》(第四卷)，商务印书馆 2019 年版，第 338—340 页。

原题《编辑后言》，未署名。文曰：“上期预告的《平论周刊》一时仍不能出版。这消息或许要使少数盼望它的朋友们失望，正如我们自己也感到怅惘。但此后的新月月刊，在平论未出时，想在思想及批评方面多发表一些文字，多少可见我们少数抱残守缺人的见解。我们欢迎讨论的来件（我们本有‘我们的朋友’一栏），如果我们能知道在思想的方向上，至少我们并不是完全的孤单，那我们当然是极愿意加紧一步向着争自由与自由的大道上走去。”①

同日　在《新月》月刊第二卷第二号发表《说“曲译”》。初收台湾传记文学出版社一九六九年版《徐志摩全集》第六卷。该文是作者就刘英士《帝国主义与文化》一文所写的评论。

13日　在上海《美展》三日刊第二期发表《想像的舆论》一文，初收商务印书馆香港分馆一九八三年十月版《徐志摩全集》第四册。

14日、15日　在上海《新闻报》副刊《学海》第五四五期、第五四六期发表演讲稿《关于印度》。署“徐志摩讲”、“陈伯吹记”。文末署：“一九二九，三，二五，于大夏”。初收商务印书馆二〇一八年版《远山——徐志摩佚作集》（陈建军、徐志东编）。讲稿道：“……文化，印度民族的文化，它的精神的愉快是显著得很的。……文化也有根。什么根？依我的见解，有二：其一，自然的根。……其二，文化的根。……我们的天职，在要使有那么一天——交溶各民族的文化，而结晶全世界的崇高的文化。青年们，这是我们的职责。青年是可爱的，老年是可怕的。这又为甚？为的是老年进于固定的状态中去，全部的给习惯支配了，不如青年的

---

① 韩石山编：《徐志摩全集》（第四卷），商务印书馆2019年版，第337页。

有创造性，灵动心。啊，活泼的童心，伟大的宇宙，这才是青年的家产。童心，即到了老依然是永远的青。”①文后有陈伯吹附记：“徐先生忙着筹备全国美术展览会，这篇东西他是没闲一看，所以有记错的地方，要求徐先生给我一个宽恕。”

19日 致蒋复璁信：

前奉书言海源阁事早悉，以事冗未复为歉。美展已开十日，参考品部荟集各大收藏家精品，极有可观，真难得机会也。今日得见叶遐庵之李龙眠罗汉，雄伟奇瑰，可称国宝。今又有事奉烦，至盼从速代为赶办。卫礼贤寄来清秘信笺样张，嘱为代印几千张（大小样张亦附），以备法兰克府中国学院送德国学者之用。寄来样张花式，并非至美者，乞另为挑选。来函云：‘纸宜用上好宣纸，画则取淡雅为主，色宜用淡墨色，五彩亦佳，惟不可过浓耳。版则必须木刻，不可有印行，（据此则版必须请人提另新制，非即用南纸店老版也，茳父先生或可帮忙，乞与一商。）宜如样张第一、二、四、五、四号，不必全照样张，选择全听尊裁。请先印一千张，由西伯利亚铁路赶速寄来。如为价不过昂（每千大约十馀元）则请一共六种，花样各异，每种一千张。’此事只可费神全权代办，该款乞早示，以便寄奉，此先道谢。

前函所云大公报及华北报所出新会专号②，可设法各谋三份，从速寄我。至盼。

25日 致刘海粟信：“多谢多谢，你们在海外欢畅中不忘向隅的故人。看你们署名的凌乱，想见醉态与欢畅，怎叫我在万里

① 韩石山编：《徐志摩全集》（第四卷），商务印书馆2019年版，第364—370页。

② 《新会专号》即纪念梁启超专号。

外不深深的艳羡！……巴黎的风光更有那处的可比？……上海生活折得死人，怎么也忍耐不下去！昨有友人自长江上游来信云：在峡流湍急间，遇到一位剑客，简直是侠传中人物。当面小试法术；用三昧真火烧烬案上一盒火柴，而留某数不烬，真令人挢舌不解。如此说来，世界是大，做人也未始没有意外的趣味。我因此又动游踪，想逆江而上，直探峨眉。但不知能如愿否？美展已快圆满功德，古代书画所荟精品，真一大观，洵是空前盛举。美展三日刊已出六期，我嘱每期寄十份，想早见。文字甚杂，皆清磐在张罗，我实无暇兼顾。我与悲鸿打架一文，或可引起留法艺术诸君辩论兴味。如有文字，盼多多寄来！新月随时可登。悲鸿经此，恐有些哭笑为难。他其实太过老气横秋，遂谓天下无人也。来函署名承候者有相识者，有不相识者，有夙慕而未见者，顾皆我道中人。司徒乔颇有天才，兄定与相契。你们巴黎团体中能为我虚设一位否？秋风起时，志摩或者又翩然飞到与诸公痛饮畅叙，共醉巴黎。”

本月　《新月》编辑部改组，由梁实秋、潘光旦、叶公超、饶孟侃、徐志摩五人主编，闻一多离开编辑部。

春　为梁宗岱翻译的梵乐利诗集出版而奔走，但无结果。

春　拟去美国哈佛大学担任中国文学特别讲座教授，因丁文江阻挠而未成。

5月

1日　上午，全国美展会在新普育堂大礼堂举行闭幕典礼，马叙伦、孟寿椿、岑德彰、褚民谊、叶恭绰、徐志摩等先后演说。徐志摩讲稿后录入《全国美展闭幕典礼纪盛》，发表于是年五月三日上海《申报》第二〇一五六号。初收商务印书馆二〇一八年版《远山——徐志摩佚作集》(陈建军、徐志东编),题为《在全国美展闭幕典礼上的演说》。徐在演说中指出:“此次美展会浅显的说是空前,深意的说是开展美术的起源。余信此次美展与国史美术史有光荣的,会之本身的成绩是另一问题,然朝野合作的精神,固不易磨灭。吾人要培养此好精神,来谋更进一步之努力。忆最初预算本会经费二万元时,当局对此,多相视而笑,似乎对此二万元有极重大之困难,然整百千万之军费又如何?吾人闻之,不无惘惘。此虽有特殊情形,固当谅能,而此会实现之不易,可以知矣。考古希腊用民众政治,雅典城所用经费由艺术家及人民共同商配,故希腊得保存文明至今。至如苏俄,彼对于艺术教育、艺术事业尽力的提倡,使革命有创造性。关于博物馆,在莫斯科一处有六十余所,所谓谋民众美术的设施则如此。所以鄙人希望吾国美展不仅年年开,每季开,处处多开,如长江小孤山、南京莫愁湖、杭州西湖等,都应使其成一美区域,而又多美术事业机关以作广大之施展,以美代宗教之说,完全以感情为重心,又固然要以体躯活动,更要以精神辅助,吾人认为最重要的,须将美成一力量,渲染到生活上。”①

7日　在上海《美展》第十期发表译作《静物(巴黎艺术生活的一斑)》([美]布卢姆作)。

10日　在《新月》月刊第二卷第三号发表诗作《杜鹃》,初收上海新月书店一九三一年八月版《猛虎集》。

13日　日记载:“想去牯岭过夏,如去得成,亦是一福,穷困已甚,再不向大自然商借弥补,破产无日矣。”后未能成行。

---

① 韩石山编:《徐志摩全集》(第四卷),商务印书馆2019年版,第371页。

本月 作《〈轮盘〉自序》，没有单篇发表，初收上海中华书局一九三〇年四月版《轮盘》。序中道："……我实在不会写小说，虽则我狠想学写。我这路笔，也不知怎么的，就许直着写，没有曲折，也少变化。恐怕我一辈子也写不成一篇如愿的小说，我说如愿因为我常常想像一篇完全的小说，像一首完全的抒情诗，有它特具的生动的气韵，精密的结构，灵异的闪光，……这册小书我敬献给我的好友通伯和叔华。"①

6月

11日 泰戈尔在日、美讲学结束，于归国途中经过上海，住徐志摩家两天。

同日 作《〈寐叟题跋〉题跋》，文曰："尘世匆匆，相逢不易。年来每与仲述相见，谈必彻旦，而犹未厌。去冬在北平，在八里台，絮语连朝。晨起出户，冰雪嶙峋，辄与相视而笑。此景固未易忘。仲述此来，偕游不畅，谈亦不尽意。西湖之约，不知何日乃能复践，岂胜枨触。濒行，无以为旅途之赆，因检案头《寐叟题跋》次集奉贻，以为纪念。愿各努力，长毋相忘。"②

按，据日本京大图书馆所藏商务印书馆一九二六年版《寐叟题跋》。文末署："十八年六月十一日早三时，志摩。"

28日 致恩厚之信：

> 上次给你信后一直没有收到你的回音，但这段日子我却因老戈爹重临上海这个预料不到的喜讯而欢欣鼓舞。……老戈爹和他的一行人是三月十九日抵步的，他跟禅达

① 韩石山编：《徐志摩全集》（第四卷），商务印书馆2019年版，第384页。

② 韩石山编：《徐志摩全集》（第四卷），商务印书馆2019年版，第372页。

在我家里住了两天，然后继续赴日本和美国。在归程时，他们又在我家逗留两天，六月十三日回印。美国之约对老戈爹健康十分不利。他比以前更感疲弱。除了旅途劳顿之外，这次外出对于他并不是事事如意的。就算不是真的生美国人的气，他也不能说他们什么好话。他现在缺少了你在身心两方面给他的照顾，所以倍觉凄寂。……

厚之，他会再见你的，大概在冬天吧。虽然他身体衰老，但还是努力不懈地写他的讲稿，盼望准时完成，赶上今冬牛津大学的基尔福学术演讲会。……

他在上海见到一些老朋友，胡适和蒋百里将军都在内。他因梁启超先生的早逝无限伤怀，也因张君劢就在诗人旅沪时不幸被人绑架而深感难过。你会很难相信这些事情竟会一一发生的，但却居然发生了。这个两袖清风，几乎是一贫如洗的学者，去年还要出卖他的书籍，就是他仅有的财产，才能维持家计，而他却的的确确遭遇这场历时足足三周的无妄之灾。在这段日子中，他所忍受的一切（我敢说他是豁达的忍受），比一般囚犯所过的生活更坏上数倍。……

我这半年来差不多是完全疲塌不振了。我说差不多，因为我虽然没有什么天赋之才，却也帮忙筹备了第一次的全国美术展览。这也是我在个人事务外所作的唯一的一件事。我从达廷顿和山迪尼基顿带回中国的远景和朝气（那是多么壮美的事物啊），如今已日渐销毁，凄然无助。……这回我几乎又有这样的一个好机会：去年人家邀我到哈佛大学教中国文学，说今年有一个特别空额，职位是很不错的。当我正在踌躇考虑之际，丁文江，就是留着一丛修剪入时的小胡子，曾任上海市长那人，出来横加阻挠，因而那份原先请他的一个朋友考虑接受的差事,也就到不了我手上。我没有争执,一笑置之而已。

这里正是夏天,我想跟内子到山中去避署。她的健康还是不太好。达廷顿各人如何?……

本月 致胡适信:

蒋慰堂是你的高足,他管理图书已经出山,这两年来他尽力筹措赴德留学,本已成功,却不意北平图书馆原允之津贴因委员会之反对而不成,今有书来告急,老师有法成全他否?他原信附去,如能照办,功德无量。……

南京传改派定改组政府,足下亦在中委之列。

夏 致邵洵美信:"请约老谢小郭星三中午到望平街觉林吃饭,为子雄与其他光华同学饯行也。务请到。"

7月

本月起 《新月》由梁实秋一人主编,徐志摩等离开编辑部。

3日 致郭子雄信:"许久不闻消息为念。昨见洵美,知许尚在校,故投此函。散文集已交中华,按版税算。如卖稿亦可,但每千字至多亦不过三元许耳。盼即见知,因有单子须作者签订也。鹏举想已回江阴,如未去,盼嘱即来看我。否则乞以江阴信址见示为荷!令兄尚在南京否?"

8日 致郭子雄信:

尊著点字得三万一千零三十九字,换该大洋一百元。明后日得便来取。兹有事乞为转询:法政大学附属高中有毕业生(一女二男)三人,成绩都不错,想转入光华大学一年,最好免考。如何乞即示知。

姚珠圆　文科

沈树屏　社会科

陈昌蔚　社会科

同日　致刘海粟信：

好久不得你的信，想在念中。今日见济远，得悉你的移址后一切佳况，想来是够忙的。济远说，你来信问美展三日刊何以不寄给你，这却奇。我自己关照，开好地名，按期寄十份给你，由使馆转，难道你一期都不到手吗？也许使馆中人以为是普通印品，一到即送纸簏。美展几于完全是清磐主持，我绝少顾问。内容当然是杂凑，我只写了一封辩护塞尚的信。我要你看的亦无非此文与悲鸿先生的妙论而已。我是懒，近来懒散得疑心成了病。整天昏昏的，头也支不起，更不说用心。文章的债欠得像喜马拉雅山一般高。一无法想。环境当然大有关系。我天天想到海边或山中去息一半月，准备暑后再认真做事。但急切又走不脱，真是苦恼。两月前本有到美国哈佛大学担任特别讲座希望，不幸又为丁文江中途劫去，所以一时还得在国内过朦胧生活。想起兄等在海外豪放兴致，何尝不神往。写至此，谢次彭来，与同去兆丰公园坐咖啡座中，正值倾盆大雨，杂谈文艺，凉风生座，稍觉快爽。下半年为谋生计，不得不教书。上海有光华、大夏来请。老谢等坚欲拉我去京，踌躇未有定计。即去京亦不能完全离沪。京之好处在于朋友多，并藉以一换周遭，冀新耳目。待决定时，当再报知。

梁宗岱兄常来函，称与兄甚莫逆，时相过从。此君学行皆超逸，且用功，前途甚大。其所译梵乐利诗，印书事颇成问题。兄曾有信来言及交中华印乎？两月前我交去中华，伯鸿亦允承印。但左舜生忽作梗，言文词太晦，无人能懂，且以已见《小说月报》何不交商务云云。坚不肯受，以致原稿仍存我处，无法出脱，为此颇愧对梁君。今尚想再与伯鸿商量，请为代印若干部，如有损失，归我个人负担，不知成否？见梁君时，希婉转为述此意，迟早总可印成也。前托梁君代买廉价小绸帕，但不知如何？梁君忽寄来红丝绒一块，且尺寸过小，不能成衣。小曼仍要绸丝帕 Don Marche[①] 的，上次即与梁君同去买，可否请兄再为垫付百方，另买些小帕子寄来。小曼当感念不置也。夫人知极佳胜为慰。公子又出风头，今日在济远处见相片，俨然巴黎人矣。兄如有暇，何不写些文章来？最好能按期寄通讯，随意谈巴黎之所闻见。《美周》正缺好稿，有来极表欢迎。新作品照相亦盼多多寄回。国内风光，依然寂寞，非海外生力军来殊难振作也。专此敬念百福。

11 日　致郭子雄信："支款单弟走后即送来。昨日匆匆竟忘付，书单存我处。弟明日或星六早间过我取去可也。（如不在家，可问荷贞。）鹏举已有函来，并闻。"

19 日　致蒋复璁信："昨自硖石来沪，得来书，知季丈[②]得风症，手足生僵，想是积年酒毒入骨所致。此老年来亦太伤悲，姚茫丈成废，任师怛化，国事又支吾如此，丈眼内盖无一快心事，宜其郁极而病发也。得讯，至感惘惘。幸尚能言语，一时行动不便，当无大碍。我伯父亦病风，三年来扶扪而行，竟亦便习，深冀季丈至少亦能如我伯父。急切无甚慰语，乞兄为好好致意，道关

---

① Don Marche：为当时绸丝帕的品牌。

② 指蹇季常，北京松坡图书馆第二馆长。

念之切。见德行[1]已有眉目，为之色喜。福叔多少当为饮助，有一百五十元一月，已可无恐。兄习图书，尤当行者贵，定然成功，可为预贺。守和来见时，当为道及，弗念。彬叔处如何？竟无下文，见时烦再问及，如何？兄夏间决不南归乎？我秋间何往，亦在踌躇中，中央要我甚切[2]，上海亦有光华、大夏，然又有人邀我去青岛，急切未能决定，容后再报。平方如有新闻，乞随时见知。徽音已回京否？是否入协和生产？亦在念中。”

21 日　致李祁信，谈《新月》事："久不闻音息，得牯岭来函，甚慰。所闻《新月》消息，并不十分准确。既经说及，容为道之。我编《新月》，早已不满同人之意。二卷一期我选登外稿《观音花》，读者颇多称赞（例如邵洵美至称为杰作，其实此文笔意尚活泼可取，作者系一年青学生，我不相识也），但梁实秋大不谓然，言与《新月》宗旨有径庭外，适之似亦附和之，此一事也。《X 光室》及译文我一齐送登二期，梁君又反对，言创作不见其佳，译文恐有错处。我说我意不然，此二文决不委屈《新月》标准，并早已通知作者。结果登一篇。我谓梁君如必坚持尽可退回，无妨也，但不知如何，译作仍在三期登出。胡先生亦谓《X 光室》莫名其妙，我亦不与辩。适新月董事会另有决议，我遂不管编辑事。上月陈通伯夫妇来，说及《X 光室》，皆交口赞美，我颇觉抒气，继雪林女士及袁昌英亦都说好。我说如此看来，我眼睛不是瞎的，但始终未向梁胡诸前辈一道短长，因无可喻也。我半年来竟完全懒废，作译俱无，即偶尔动笔，亦从不完篇。计划写《东游记》亦仅开头而已。下半年或去南京，或去别处教书，上海决不可久

① 指蒋复璁德国留学之行。

② 蒋梦麟任教育部长后，曾多交邀请去摩去教育部任司长之职。

驻。我颇想另组几个朋友出一纯文艺月刊，因《新月》诸公皆热心政治，似不屑治文艺，我亦不便强作主张也。女士能多翻名作，最合我意。我为中华撰'新文艺丛书'，正缺佳稿。女士一本创作，一本译作，我已预定，盼及早整理给我，办法卖稿或版税均可。*Lagoon*[①] 我所最喜，译文盼立即寄我，短文一并寄来。*Youth*[②] 何不一试？再加一篇，均可成一 Conrad[③] 短篇集，有暇盼即着手如何？牯岭我旧游地，夏间或能去玩几时。如去，当可相晤。"

22 日　作《南国的精神》一文，后发表于是年七月三十日《上海画报》第四九二期，文末有附注。初收广西民族出版社一九九一年七月版《徐志摩全集》第四册。

31 日　作诗《活该》，后发表于是年十一月十日《新月》月刊第二卷第九号。初收上海新月书店一九三一年八月版《猛虎集》。

8 月

22 日　在《美周》第四期人体专号发表《阿嘤》一文。

22 日　致刘海粟信："接着大暑天来的是一只极凶的秋老虎。热的人头昏心软，简直连笔杆儿都举不起来。看到来信，字字活跃，何等精神，真令人心向往之，更教惆怅。老蔡见过，对展览会事表示赞同，然于研究院化钱一层则似乎为难。高曙卿究竟有信切实说过否？如要举办，最好乘明年比京百年纪念机会，

---

① Lagoon：《礁湖》，英国小说家康拉德的短篇小说。

② Youth：《青年》，英国小说家康拉德的短篇小说。

③ Conrad：康拉德（1857—1924 年），英国小说家，出生在俄国的波兰人家庭，当过水手，船长，1886 年入英国籍。著名小说有《水仙号上的黑家伙》等。

一举两便，政府化钱不成问题，以为如何？此事容后再谈。设艺术院事亦曾谈到，但老蔡笑笑说：这怕一时不易办到吧！杏佛也是赞助有馀，热心不足。我看事情只可一件件来，先做成了展览，替国家争些体面，再来进行第二件事，较为妥当些。艺院事一时不谈也罢。国内文艺界空气沉寂，生气毫无，只好等待你们海外生力军新生机了。我有几个朋友到法：任纯武、郭子雄、王志圣都是光华的优秀，都仰慕你的。这回去，一到即去奉谒，请多多指教。宗岱处我许不另写信，你为他们介绍吧。我下半年到南京中大教文学，亦不得已也。”

本月 致刘海粟信：

你一再来信以及寄来的印本我都收到。每回我念你的信，我总感到惘然，一来为羡慕你在海外艺事精进，我在此一无是处；二来回想先前在海外时的风光，此时可念而不可即，如何能不惆怅？你想来已知道，谢次彭已发表比国代办，一个月后即将离国，洵美亦挈家相从；这更叫我眼热。……我的心愿是去翡冷翠山中住上半年光景，专事内心修养，能著作当然更妙。因为上海这样生活如再过一年二年，我即使有一二分灵机都快要到汩灭尽净的光景了，真是言之可惨。……

你夫人补费的事次彭为你写过信，但不见效。据次彭说，只要叶楚伧一句话，陈和铣一定照办，吴稚老亦行，但不如叶，请你立即再想法。我们新月同人也算奋斗了一下，但压迫已快上身，如果有封门一类事发生，我很希望海外的同志来仗义执言。我的小说集即日可出，我寄几册给你。宗岱，我欠他无数的信债，我只能向他叩头求恕，敬念俪安。

按，徐志摩此信中“封门一类事”指的是新月同人在《新月》

上展开对国民党当局的猛烈抨击，导致书店及月刊面临当局查禁的不妙处境。

9月

本月起 辞去《新月》月刊编辑后，受聘南京中央大学英文系教授，讲授西洋诗歌、西洋名著选等课程。同时仍担任上海光华大学教授、中华书局编辑之职，开始在南京和上海之间来回奔波。在南京中央大学英文系工作期间，徐志摩结识了该校年轻诗人陈梦家、方玮德等人。

26日 致父母信："自爱亲回硖后，儿因看妈上车时衰弱情状，心中甚为难过，无时不在念中，惟此星期预备上课，往来宁沪，迄未得暇，不曾修禀问候，不知妈到家后精神有见好否？今日在大马路遇见幼仪与朱太太买物，说起爸爸来信言，妈心感不快，常自悲泣，身体亦不见健。儿当时觉得十分难受，明知爱亲常常不乐，半为儿不孝，不能顺从爱亲意念所至。妈身体孱弱至此，儿亦不能稍尽奉养之职。……尚望爸爸再以此向妈疏说，同意好好看顾妈心，说说笑笑。硖居如闷，最好仍来上海。能来儿处最佳，否则幼仪处亦好。儿懒惰半年多，忽然忙碌，不免感劳，但亦无可如何也。星一去南京，昨晚回来，光华每日有课，下星一仍赴宁。"

下旬 致《罗宾汉》主撰信，后发表于是年九月二十九日上海《罗宾汉》第三三一号，题为《徐志摩》。信中道："今天的贵报载有《陕灾义赈之票串》一则，内有愚夫妇合演《玉堂春》剧目，这或许是传闻之误，但如果'洛侨'先生的消息是得之于陕灾义赈会或该会之宣传人员，则我们不得不借重贵报的地位，郑重申明这是完全无稽之谈。前年我们曾经为了却不过朋友的央求，胡乱串演过几次戏，但已往的经验却并不是过于愉快，我自己于演戏本是完全外行，又无兴趣，内人虽则比较的有兴趣，但她年来的身体简直是疲弱到一些小事都不能劳动，不说演剧一类事。所以我们对于演剧一事是决不敢再轻于尝试的。这次陕灾义赈会的消息，说来更觉得可笑，事前一无接洽，也不知是那位好事先生随意把我们的名字给放了上去，连累不少的亲友都特来问及，这也算是小小的一种恶作剧了。现在更离奇了，竟然连剧目都给排了出来，真是叫人好气又好笑，为了及早解除外界的误会以及招摇人等的'胡来'，我们特写这信给贵报，敬请立即刊入下期，不胜感念之至。"

下旬 与谢康寿、宗白华、汤锡予、楼光来、张歆海、韩湘眉、徐悲鸿联名致信蒋梦麟。后发表于是年十一月二日上海《申报》第二〇三三六号，原题为《徐悲鸿等致蒋教部长函》。信中道："栖霞山石塔为南中有数古迹，建筑美妙，镂刻精奇，以美术言之，实吾国最著瑕宝之一，匪寻常古物可与伦比。乃年久失修，塔巅之树且拱，塔檐倾颓，刻像毁坏，其未全废，殆神护之。伏念山寺住持，恒属愚昧，曩以洋灰粉饰全山石像，抹唇以朱，触目皆然，不可观□。比又以两金像，矗立塔前，加以木罩，丑陋之状，中人欲区。长此以往，非冀佛不正，巨宝牺牲，窃深惜之。大部宣扬文化，责无旁贷，可否设法令人伐去塔巅之树，移去木笼金像，并作四□距离塔身三四尺一□，传人凭式而观，不令摩抚，有所伤损，□几千年奇迹，暨金永保，来日方长，胥拜大赐，幸甚幸甚，敬请钧安。"

10 月

10 日 在《新月》月刊第二卷第八号发表诗作《我等候你》，

初收上海新月书店一九三一年八月版《猛虎集》。诗云：

我等候你。
我望着户外的昏黄
如同望着将来，
我的心震盲了我的听。
你怎还不来？希望
在每一秒钟上允许开花。
……①

11 月

5 日　致胡适信："何家槐在中公读书已满半年，他实在无力从学，但如能得到工读则勉强尚可凑活。为此再为请求，可否破格准予工读以轻其担负，庶不致辍学。他的英文差些，所以按成绩怕不狠够，但中文颇行且有志气，能成全之亦佳事也。至请特别照顾一下。"

17 日　致郭子雄信："果不出我所料，康桥名额已满，但你不必沮丧。本来初到英国至少也该在伦敦住半年。这个古旧而殷实的城子，有的是无尽藏的趣味，全在你自己逐渐发现去。约翰生不说吗？谁厌倦伦敦一定是厌倦生活本体。能到伦敦巴黎住，至少要比到已经走到天堂的半路。你不愿在天堂上过日子吗？赖先生那里多是一时俊彦，你可以和长海常去亲近他。你可以告他，他在中国的名气已是不小，他的几个朋友都是十分爱他，常想念着他，盼他一天能到中国来。我这一年来专做教书匠，作品绝无仅有。光华有女生后，颇有些生气气象，总算不错。

① 韩石山编：《徐志摩全集》（第五卷），商务印书馆 2019 年版，第 365—368 页。

盼在海外的同学常有音信回来，光华应分有光华的。我渐渐觉得有些感情了。你哥已迷上了刘舜心，正在腾云驾雾中。我们都祝望他成功快乐。现在英国，长海你必常见，另有一个钟天心也和我极熟的，也是诗人，盼你能结识他。请你替我致候他们，替我的懒惰道歉，说我常念着他们。我因为年来绝少创作，心里总不自在。上海的生活实在于我不相宜。但这一年也只能胡涂过去再说，明春我又想向海外活动了。”

本月 为祝贺著名实业家穆藕初夫人金氏五十寿辰，作《贺寿诗(五言古风)》，徐志摩撰，陆小曼书。后发表于穆家后人所辑《寿言录》一书中，并收入柳和城文《徐志摩撰陆小曼书的一首旧体诗》(《山西文学》二〇〇四年第十二期)。

12 月

2 日 恩厚之来信，感谢徐志摩寄来礼物，并指责英国对华态度："泰晤士报无非使我气在心头，因为他们总是盼望中国糟到一塌糊涂，好叫大英帝国可以一口两口把你们全部吞噬。"

本月 徐志摩主编的"新文艺丛书"开始出版。

冬 作《〈中国韵文名著选本〉编纂办法》，未正式发表，署名胡适、徐志摩。初载张寿林《追怀志摩》文中，文刊一九三一年十二月十四日《晨报》学园副刊；又收入百花文艺出版社一九九二年七月版《朋友心中的徐志摩》。文中道：

> 我们想编纂一部中国韵文名著选本的丛书，每册选一个作家的诗或词，或文学史上一个时期的诗或词，用现代眼光来选择，用新格式来写录，精校精印，廉价发行。我们希望借此可以使国人对于古今韵文生一点新兴趣，得一点新

了解。我们拟出几条编纂的方法，请各位朋友指教并帮助。

一、每册约有一百首诗或词。

二、诗词部分段分行，并加标点。

三、遇必要时，酌加注释。

四、每册有引论一篇，略述作者生平，他的作风，及编者选择的意旨。引论约以三千字到六千字为度。

五、每部酌送编辑费五十元至八十元，版权归新月书店。[①]

冬　带光华大学学生到中社参观汪亚尘画展。

冬　致张寿林信："'诗词丛书'决办，由我与胡先生主编，另已约闻一多、陆侃如、顾颉刚、傅孟真诸先生，或可造出一番兴味也。"

冬　为蒋慰堂(复璁)谋出国留学，多方奔走。

本年　致恩厚之信，信中道："现寄上一些过时的礼物给聪明的小露斯和她的小弟弟，盼望邮包到英国时完整无损。我很久没有收到你的来信了。有时间务请多写。"

按，恩厚之在是年十二月二日回信中道："你忽尔寄来的是一盒何等样的礼物呀！我的橱柜里尚存有一盒盒美丽的中国茶哩！露斯和皮尔被你的邮包逗得乐极了——皮尔要带着礼物上床，也嚷着要跟小囡囡玩耍。"

年底　应聘兼任上海大东书局编辑，后为之编辑"新文学丛书"。

---

① 韩石山编：《徐志摩全集》(第四卷)，商务印书馆2019年版，第380页。

1930年(庚午,民国十九年)　34岁

▲2月,中国共产党领导的中国自由运动大同盟于上海成立。

▲3月至10月,中国左翼作家联盟、中国社会科学家联盟、中国左翼美术家联盟、中国左翼戏剧家联盟及左翼文化界总同盟先后在上海成立。

▲5月至10月,蒋介石与阎锡山、冯玉祥在河南、安徽、山东、江苏混战,史称中原大战,最后蒋介石获胜。

▲11月,陈子展的《最近三十年中国文学史》由太平洋书店出版。

1月

本月　开始筹备《诗刊》。

按,陈梦家《纪念志摩》(《新月》月刊一九三二年第四卷第五期):"听他说:'一起来唱吧!'十九年的秋天我带了令孺九姑和玮德的愿望,到上海告诉他我们再想办一个《诗刊》。他乐极了,马上发信去四处收稿;他自己,在沪宁路来回的颠簸中,也写成了一首长叙事诗——《爱的灵感》——。他对年青人的激励,使人永不忘记。"①

本月　赴北京随即返沪。

---

①　陈梦家:《纪念志摩》,《朋友心中的徐志摩》,百花文艺出版社1992年版,第199页。

按，储安平《悼志摩先生》(《新月》月刊一九三二年四卷一期志摩纪念号)：

我最末一次和他见面是去年一月里，那时我预备去北平。有一天去看他，三个钟头前，他正从北平回来。听见我也上北平去，说："好极了，咱们的朋友都在向北平流去。往北平只要自己有翅膀。上海，上海你得永远像一只蜗牛般的躲在屋子里。"

……为了自己文学修养的稚浅，我想住北平后，常去他处承教承教。……我写散文多少是受着他的影响的。"在相识的一淘里，很少人写散文。不过，"他说："在写作时，我们第一不准偷懒……"对于他这份督促我永远不该忘记。[①]

2月

1日　致郭有守信，谈自己重新振兴新月社的计划：

信到。我本在想重兴新月社，宋春舫已慨捐五分佳地，只要筹得款项，即可动工。房子造起了，叫它 Pen 也好，新月也好，都不成问题。我希冀的款的来源，说也惭愧，是梅兰芳。

你有甚法力可以弄多少钱。我意思不造则已，造则定得有一间大些的屋子，可以容一二百人；作为演戏一类用，开画展也得。有相当屋子，住不住人，看情形再说。大约至少得有二万金乃可商量。适之先生是只能凑现成，要他奔走是不成的。我盼望你和次彭快来谈谈。

6日　致蒋复璁信："前日托转九叔一函，谅到。兄处久不去

① 陈从周：《徐志摩年谱》，上海书店出版社1981年版，第84页。

函，半因事忙，且笔懒半因兄所嘱事竟无眉目，至感无状。南中诸方均不得通，弟不知兄处筹画已有端绪否？我意则仍以得款即行，再想办法为是。明知将来难免竭蹶，但与其留此蹉跎，不如到外邦后再来呼吁，反正饿死总不至于。外国风光终究佳妙，行矣更不须踌躇。况且国内局面闪烁如此，即说得定当，亦不定靠得住，故一半冒险不可免也。兄意以为是否？南方居然得瑞雪，日来颇寒。况奔走宁沪，稍稍感苦矣。外宾又多，酬酢亦耗精力，我亦亟想远行也。”

10日　在《新月》月刊第二卷第十二号发表诗作《黄鹂》《季候》，初均收上海新月书店一九三一年八月版《猛虎集》。

3月

6日　致郭有守信：“昨贵部油未揩得，几乎赶不上车。南京另雇车，真气人。我想问问你，联会那文化事业，如稚老不去，教部作何主张？你可否从中计划，把范围扩充些。我们这边也立一较永久机关，可以多容几个人。说也惭愧，混了这多年，一无本领，只有文化二字似乎是一个够大量的宇宙，还容得我们进去。但这二字也叫说得太烂了，非带些新鲜血液进去，结果怕也免不得腐败。我自身只愁我妈的身体，不能让我放心滚，但前天有人替我算命，说不妨事。去年逃得过，要到四十多岁，不再来关节。我真巴望瞎子是有神通的。只要我妈无恙，我就不愁我的翅膀不够长。老谢说，民谊那里可谋顾问名义，我亦颇动心。假如梅郎肯替我化钱，那不两全吗？哈哈！无耻极了，但谁叫中国如此糟。”

8日　致万维超信：“奉示暨书两册收荷。丛书征来及送来稿件颇有，但检阅实少有惬意者，又因前付稿诸多未印，故而稽延，非溺职也。今先交去曾虚白先生所译的名著一部，全稿有十八万字，译者索五元一千字。乞与鸿公一商，作一价目收买。摩弟三部诗集在荟集中，日内可以交去，馀稿俟陆续付奉。”

10日 在《新月》月刊第三卷第一号发表诗作《车眺随笔》。初收上海新月书店一九三一年八月版《猛虎集》，改题《车眺》。

28日 致舒新城信：“顷奉去译稿《死的胜利》及创作小说稿（《春之死》）各一部，乞即察阅。如可用，均以每千三元买稿可也。”

按，此信据俞国林整理、段怀清辑校《徐志摩致中华书局函》（《史料与阐释》，复旦大学出版社二〇一四年六月版）。原件现藏中华书局。

29日 致舒新城信：“昨奉书稿两部想已收入，顷又奉去查士骥译稿一部，文笔尚可过去，请酌定用否。如用，可以每千三元计算。”

本月 致高植信。此信初收高植《志摩与我》一文，发表于一九三二年十一月十五日《小说月刊》第一卷第二期。信中道：“收读左行新法，就此实习，以为响应，佳否？我友金岳霖、傅斯年作左行已多年，见此必喜同志……”

春 作诗《一九三〇年春》，诗末注：“三日，沪宁车上”。初收上海新月书店一九三二年七月版《云游》。

4月

10日 在《新月》第三卷第二号发表《〈诗刊〉出版预告》：“四年前我们在北京晨报出过十一期的《诗刊》。这四年内文学界起了不少的变化，尤其是理论的方面。诗却比较的冷静。有人甚至怀疑新诗还有任何的前途。我们几个《诗刊》的旧友想多约几个对诗有兴味的新友再来一次集合的工作，出一个不定期的《诗刊》，创作当然最注重，理论方面的文章也收，看看新诗究竟还有没有前途。我们已约定的朋友有朱湘、闻一多、孙子潜（大雨）、饶子离（孟侃）、胡适之、邵洵美、朱维基、方令孺、谢婉莹、方玮德、徐志摩、陈梦家、梁镇、沈从文、梁实秋诸位，盼望陆续更有多多相熟与不相熟的朋友们加入。”①

10 日　在《新月》月刊第三卷第二号发表译作短篇小说《蜿蜒：一只小鼠》（[英]科柏德作），题下有英文名：“*Arabesque*：*A Mouse*”。初收台湾传记文学出版社一九六九年版《徐志摩全集》第六卷。

13 日　致舒新城信：“我也偷偷到西湖去逍遥了几天，故乡的风光正有未肯让人处。最惹人留连的是理安的楠荫与十八涧的春涨——杜鹃花像热情似的从涧边一直红到山尖！《死的胜利》让契及内容单填好奉上，陈楚准剧稿俟得本人回信再报。鸿公闻亦出门踏青去，不知吟踪何在也。”

中旬　致中华书局编辑信：“□新城先生来函说《音乐书》可收，已为去函作者问价，成转达。小说集《死时》可出，邢鹏举编《英国八大浪漫诗人》已约由中华出版，每家单本印行，收入‘文艺丛书’第一册。《勃兰克》已竟业，今送去，请转呈新城先生。邢殊奴实为我弟子之杰出者，去稿稍短，但已可成书，请问新城先生可否予以每千四元，便盼见复。弟译稿成篇即可交我一看，译时尚感兴趣否？”

19 日　致蹇季常信：“春来酒仙纳福何似？上海所见，仅近

① 邵华强：《徐志摩研究资料》，知识产权出版社 2011 年版，第 46 页。

郊黄菜花几畦，新柳丝几条，更无景致。遥念北都丁香，紫海棠，白牡丹，芍药先后竞艳，劳结如何？得先艾函，又迟五六月奉姚茫老诗卷，闻名已久，奉读喜慰可知，容为写序一篇。《新月》印行，卷前或摄附茫老稿迹，以示珍异。如此转译为前此所未闻。昔畏庐不识蟹文，仅凭口传译散文已奇，今茫老更从白话译折成五言古句，真词林佳话，可传不朽也，乞为致敬意。新会专号，迄今不曾征得一文，以是迟迟。《新月》已寄馆，此后当按寄不误。先艾兄均此。"

26日左右　致舒新城信："陈楚淮剧本请以版税百分之十三收用如何，因此外书局大都最低率为百分之十五也。作者有将原稿分印二册之意，以《韦菲君》印一册，馀剧《金丝笼》等另印一册，不知可否？彼盖虑合印一册或过厚也。如何请裁示。泰否尔蒙，明日有奉。"

27日　致舒新城信："那本音乐书稿及《□条家的故事》作者意作为两万字计算，每千字二元，共合四十元。如何，请酌定，以便付复。"

5月

9日　致舒新城信："兹送奉小说集稿两部，译剧一种，皆经阅过，如可用，乞即将让证付下，每千均以三元计算可也。"

同日　致郭有守信："你不要生气，缘起我还是写了。我现在适之先生处，我们商量决定星一中午在跑马厅华安八楼请客，主人还是那晚签名的十人（加入程沧波）。请的客不多，也只有十人左右，是请他们来加入做发起人的，因为那晚的名单是不够代表各方面的。你想必同意。缘起等等到那天吃饭时再谈，事情反正是成了的，不必再着急了。你和老谢能同来最好，否则你至迟星期得到，电报省了。”

中旬　介绍史沫特莱同茅盾相识。

中旬　和胡适一起在上海跑马厅华安八楼主持召开“笔会”的“中国分会”筹备会。参加者有蔡元培、杨度、沈从文、俞大伟、陈雪屏、程沧波等十余人。在此之前，徐志摩已起草了《笔会缘起》。

21日左右　致舒新城信：“思训译著《德国名家小说集》译竟，拟以收入‘文艺丛书’，其已译竟之数篇嘱其呈阅，乞赐指导为荷。”

22日左右　致舒新城信：“《金丝笼》版税百分之十已向陈君商过，他说既不能增，则亦听之，但请早日付印是耳。钱公侠一稿收否，乞示，以便转知前途。《结婚二重奏》已由思训交去，原本尚留此，容送奉。”

31日左右　致舒新城信：“送奉汤元吉译剧《苏小妹》，可否收入‘文艺丛书’，请即酌定为荷。”

本月　致舒新城信：“退稿均收。思训译稿送去，如可收用，请即决定。文词方面，二校时当为润泽，大致似尚不差。台见如何？顷又送去胡也频小说集《夜里的谋生者》，并希酌定用否。又邢鹏举君著有《中国近百年史》，材料文字两皆不坏，拟以版权让与中华，如可商，当属将稿呈政。”

约本月　作《笔会缘起》一文，介绍“笔会”。初收商务印书馆香港分馆一九八三年十月版《徐志摩全集》第三册。文曰：“‘笔会’是我们给‘P. E. N.[①]’在中国的译名。P. E. N.是一

① P. E. N：国际笔会。即“International Association of Poets, Playwrights, Editors, Essayists and Novelists”的缩写。

九二一年道生司各德夫人(Mrs. Dawson-Scott[1])在伦敦发起的一个作家聚餐会。但在这几年内它已经扩大成为一个国际作家的联合会。目下加入的国度有三十多个,已经设立分会的都市有四十多个。从奥斯洛到罗马,纽约到旧金山,伦敦到里加及赫尔洵福市,从蒙德里奥到蒲爱诺斯哀衣雷市,从日内瓦到南非,现在再加上我们中国,这笔会的所在地已经蛛网似的织满了全球。作家所包括的有诗人、剧曲家、编辑家、散文家,以及小说家,宽一点说,凡是以文字为职业而已得相当地位的都有被选入会的资格。……”[2]

6月

10日 致舒新城信:“承嘱编著《现代文学趋势》,谨如命。笔债欠如山,期于放假期内,努力一补,稍解愆尤,尚祈亮恕。汤元吉译作因作者现在德国,所问事代答如次:改名《苏美英》当无不可,《译馀言剩》删去亦可。索酬一节,可否暂为保留,译者最初来函,拟抽版税,且须在百分之十五以上,容再函问。同时书稿尽先付排可也。拙作小说集《轮盘》已愈年馀,尚未杀青,乞为一催至荷。”

26日 致万维超信:“‘新文艺丛书’已出多种,新月书店(照同行例)可以代销,可否按同行或本局分店例,每种批交十部至二十部,到节计算,乞代询当局赐复。又拙著《轮盘集》已承送来五本,今尚须要十本,可否请知□送来,该价容奉。”

---

① Mrs. Dawson-Scott:道森·斯各特夫人(1865—1934年),英国作家、剧作家、诗人,国际笔会发起人之一。

② 韩石山编:《徐志摩全集》(第四卷),商务印书馆2019年版,第387—389页。

29日 致舒新城信："顷送奉译书两部，一为李惟建译André Maurois[1]之Ariel，即《诗人雪梨外传》，乃近年传记小说中之最有名者，前部由摩校过。一为徐霞村译之《近代法国小说集》，徐君译著甚多。□□□□二书如收用，请按每千字三元来计算，让稿呈请从速为荷，因李君即日赴法，待此籍补行资也。"

本月 在《声色》创刊号发表散文《一个诗人》，初收上海书店出版社一九九五年八月版《徐志摩全集》第八册。该文以细腻的笔触将猫比作"一个诗人"："我的猫，她是美丽与壮健的化身，今夜坐对着新生的发珠光的炉火，似乎在讶异这温暖的来处的神奇。……我的猫，这一晌至少，是一个诗人，一个纯粹的诗人。"[2]

本月 在上海《金屋月刊》第一卷第九、十期合刊发表诗作《为的是》。诗分三节，发表时标注"(一)""(二)""(三)"，诗云：

女人：

　　我对你祈祷，

　　我对你礼拜，

　　我对你乞讨，——

　　　　　　　　为的是……

女人：

　　我为你发痴，

　　我为你颓废，

　　我为你做诗，——

　　　　　　　　为的是……

---

① André Maurois：安德烈·莫洛亚(1885—1967年)法国传记作家，小说家，代表作有《雪莱传》、《拜伦传》等。Ariel为其所著关于英国诗人雪莱的传记。

② 韩石山编：《徐志摩全集》(第四卷)，商务印书馆2019年版，第390页。

女人：

我拿你咒骂，

我拿你凌迟，

我拿你践踏，——

为的是……①

7月

10日 致邢云飞信："函稿均到，文章颇见力气，虽未能深入精辟，要亦读书得闲致，不易也。《剧刊》颇成问题，因济南已入老适儿手，剧院能不随省政府教育厅俱去？现在尚无信息，深怕凶多吉少，一件好事业又被摧残，如何！中华尚无回音来，奇极，已迭函催问，想是舒新城不在局之故，俟得复即报，弟处积极看书整理材料可也。沈从文有妹，极慧，拟进光华高中，弟能为设法否？又下学期大学女生如何收法，是否仍如上届之随便，有一介绍函即可？上月只发半薪，长夏茫茫，教匠苦矣。"

下旬 致舒新城信："天时奇热，弟复病热，径□困顿床席□矣，鸿公闻在普渡，习静养生不知已□未。美国前年有轰传一时之《断桥》名著，售出近百万册，想断素先生知此书，已烦曾虚白先生专为'文艺丛书'译出，稿已齐全，校看无讹，谨饬呈阅，请按每千四元五(询照四元千字为何□□)计酬，让证及内容单最好径送真美善书局或由摩转亦可。……

又刘君稿已阅过，似未便收印，最好婉词退还，原稿一并附入，望□入。"

28日 致舒新城信："大示及李惟建稿费单均收，让证及内

---

① 韩石山编：《徐志摩全集》(第五卷)，商务印书馆2019年版，第379页。

容单即日奉去。查稿已转还，顷附奉《富士》一文，乞交万先生插入《华香》第一期付印为荷。……（贱体已愈，承念至荷。）”

夏 致梁实秋信：“危险甚多，须要小心，原件具在，送奉察阅。非我谰言，我复函说，淑女枉自多情，使君既已有妇，相逢不早，千古同嗟。敬仰交博婉措回言，这是仰承你电话中的训示，不是咱家来煞风景。然而郎乎郎乎，其如娟何？微闻彼姝既已涉想成病，乃兄廉得其情，乃为周转问询，私冀乞灵于月老，藉回枕上之离魂。然而郎乎郎乎，其如娟何！”

8 月

7 日 致万维超信：“送奉五言《飞鸟集》序言一篇，乞即付排。校样送我两份，字迹甚草，自校为妥。原书校样一并奉去，请嘱再看一遍，想尚有讹字也。陈林之往询，望复。”

8 日 致舒新城信：“昨送局（万先生转）《五言飞鸟集》序言及原样全份，想已收到。曾虚白《断桥》稿已得。曾君同意先以每千字四元让稿。又，译者请求自看末次校样，并盼早日付梓。”

15 日 在南京《长风》半月刊第一期发表译诗《曼殊斐儿诗三首》（[英]曼斯菲尔德作），包括《会面》《深渊》《在一起睡》三首。初收浙江文艺出版社一九九〇年一月版《徐志摩诗全编》。诗前有徐志摩所写按语，云：

> 曼殊斐儿，她只是不同，她的诗，正如她的散文，都有她独有的气息与韵味。一种单纯的神秘的美永远在她的笔尖上颤动着。她一生所想望，所追求的是一种晶莹的境界；在人格上，在思想上，在表达的艺术上，她永远凝视着那一个憧憬。

她有一个弟弟；她最爱他。他是夭死的；这于她是莫大的打击，她感到的是不可言宣的悲哀。同时这件大事也使她更透深一层观察人生，在她的作品里留有深刻的痕迹。

这三首小诗，我疑心都是为她弟弟写的。我的翻译当然是粗率到一个亵渎的程度，但你们或许可以由此感到曼殊斐儿，低着声音像孩子似的说话的风趣。她的思想是一群在雪夜里过路的羊；你们能让它们走进你们的心窝如同羊归它们的圈不？①

同日　在南京《长风》半月刊第一期发表译文《性对爱》（[英]劳伦斯作），题名下有英文名“*Sex Versus Loveliness*”。

21日　致万维超信：“前时奉赴，知先生有失俦之痛，本应趋唁，上周适因事在硖，未及亲临为罪。今有新月书店经理萧克木君到局，欲与先生面洽批售‘新文艺丛书’事。于新月最惠办法，莫如每种付若干部，暂挂摩帐，到节或到年结算，不知中华可否通融如此办理？一切希与萧君径协为荷。”

25日左右　致舒新城信：“顷奉去 Lin Lmina 译稿一篇，此书与《西线无战事》同为最近欧陆最驰名之作。此书尤多文学价值，今嘱盛慰苍君译出呈阅。又饶孟侃兄（光华教授）译有英国 Lin Lmina 之名著，Lin Lmina 全稿约四万字，另撰长序介绍，拟以二十文元收买第一幕。□诗先呈，馀即奉，乞即付复。……

又弟诗集及《英国现代小说选》日内皆可送上先阅。”

26日　致舒新城信：“饶子离兄之《兰姑娘的惨剧》译稿全部已经送奉，谅蒙察及。饶君于下月初一即□□春去青大执教，急于得款，可否请为通融先付？即不全付，或先付□元，馀五十元

① 韩石山编：《徐志摩全集》（第九卷），商务印书馆2019年版，第276页。

俟其长序交到再付。急切待信，祈即复示。”

29 日　致胡适信：“张寿林屡函催问诗选，新月正若无书，如可将就，先以《欠愁集》付印如何。又《断肠集》一文，可交本月月刊先印，要亦无甚大疵也。如兄同意乞即寄交秋郎送排。”

本月　作《〈五言飞鸟集〉序》，该文是为姚华（茫父）的《五言飞鸟集》写的序，该书一九三一年一月由中华书局出版。序文曰：“《飞鸟》（*The Stray Birds*）本是泰戈尔先生一集英译小诗的题名。郑振铎先生从泰戈尔先生的几本英译诗集里，采译了三百多首，书名就叫《飞鸟集》。他的语体是直译。姚茫父先生又把郑译的飞鸟集的每一首或每一节译成（该说演吧）长短不一致的五言诗，书名叫《五言飞鸟集》就是现在这集子。这是不但文言而且是古体译的当代外国诗。”

9 月

1 日　在南京《长风》半月刊第二期发表译作短篇小说《苍蝇》（[英] 曼斯菲尔德作）。

6 日左右　致舒新城信：“奉读介绍世界名作计划，甚佩，略有可商榷处，日内另。东洋之盛明若译《卡尔与安娜》可按每千三元付酬，让证及支单可寄弟处转。又 Carl-Anna[①] 原书如不需阅，□即交下。因向图书馆借来，即须□也。顷奉程碧冰短篇小说稿一部呈阅，请定取否，盼早见复。”

21 日　致景平信：“昨天上午寄出一包书并一封信，下午即得五日的来信。我想如果再等信来而后写，恐怕要隔许多天了，

① 即《卡尔与安娜》（*Carl and Anna*），德国小说，弗朗克（Leonhard Frank，1882—1961 年）创作于 1926 年。

所以索性再写几封明天付邮，任它和前信相接，或一同寄到罢了。”

按，此信末尾注“志摩　九月廿一日”，约作于一九二九年或一九三〇年。

10月

6日　致万维超信：“今为任运魁君介绍《帝国主义论》译稿一册，译者愿以每千字三元来让稿。如要，乞早决定，不收□即返。……

（鸿公与新城兄归期已有否？为念。）”

11日　致万维超信：“顷奉去程碧冰稿一卷，此公穷困万状，恃稿为活，此书若不获售，将为寓主所逐。文虽不佳，而其情实可怜。为此代为奉去，乞与左舜生兄一阅。苟能勉强收受，则即按最低报酬，亦彼所馨香祷祝者。此君急如星火，至祈早为之计。如必不可用，最好今晨即退还。”

中旬　作诗《秋月》，后发表于是年十一月《现代学生》第一卷第二期。初收上海新月书店一九三一年八月版《猛虎集》。诗云：

一样是月色，
今晚上的，因为我们都在抬头看——
看它，一轮腴满的妩媚，
从乌黑得如同暴徒一般的
云堆里升起——
看得格外的亮，分外的圆。

……[1]

20日 致郭有守信："何思源丁忧，已送礼否？如未，可否为附名联送？如已寄，请以死者号及地址见示，度尚来得及也。子雄有文来极佳，当然是《新月》发表，绝无疑义。赶速寄我，先念为快。此周因星三放假，躲懒不去南京。如见杏佛，请向说及。适之有信来，要我们主催笔会。但彼归期，度亦不远；既待之，则待其归而行矣。想足下亦必同意也。经农兄久不见，为念。"

21日 致丁文江信：

早该拜谢你慨赠的名著，我先前在巴黎在北京都买过一册，不用说都教朋友给拖跑，这是第三册到我手，我已题上字盖上章，决不再让它跑的了。

季丈[2]的自杀，使我感到极深的悼念，我与他在松馆相处年馀，饱饫他的名论，不想他竟决然的从容而去，更使我们活着的感到局促，得空想为撰一篇纪念他的文字。昨闻振飞说松馆今由大哥主持，这是好极了的。我有一点琐事要奉烦，前天松馆来信说，虎馆址即将移让，我寄存在那里的书橱十二架及衣箱杂件，得想法挪，但一时我在南中，又无妥便可以代劳，闻石虎七号今由王抟沙先生承租，可否请大哥向与商量，暂时仍容封寄，年前我当设法来运或另移他处。王利民兄不知仍在馆服务否？如在，拟请其代为照料，俾弗散失。专此拜托，盼望早得回信。

适之在京何以迟迟匆回？这次吃饭怕没有上回多了吧？今午与文伯同饭，此君闲散之至。案头有《汉书》、陶

---

① 韩石山编：《徐志摩全集》（第五卷），商务印书馆2019年版，第380—381页。

② 即蹇季常，名念益，贵州遵义人，1930年9月在京自尽。

诗，日常临字看画，与吴亚农辈谈诗论文，盖骎骎乎风雅中人矣。

24日 致梁实秋信："足下第一书来，因书稿尚深锁芜乱中，致稽时日。今已检得，但不知寄奉何处，青岛抑燕京？乞再示，当知即付邮。太侔，春舫二兄来，颇道青岛风雅，向慕何似！沙乐美公主不幸一病再病，先疟至险，继以伤寒，前晚见时尚在热近四十度，呻吟不胜也。承诸兄不弃（代她说），屡屡垂询，如得宕然，尚想追随请益也。适之不日（二十八）北去，遵陆不依水，有所戒也。连日饮啖，不遑喘息。此公口福，当是前生修带得来。《诗刊》广告，想已瞥及，一兄与秋郎不可不挥毫以长声势，不拘短长，定期出席。暨大以主任相委，微闻学生早曾提出，校长则以此君过于浪漫，未敢请教，今不知何以忽又竟敢，兄闻此当发一噱。但我奔波过倦，正想小休，安敢长扬山水间一豁尘积哉。"

26日 致刘海粟信："承常赐音问，得知老友倘佯琼天瑞地，逸兴遄飞，气概非凡。艳羡之馀，只能瞑目遐想追从兄等踪迹，醉心湖光山色间。迩来生活之匆忙乏味已臻绝境。奔走京沪间，忍受冷板凳生涯，睡眠缺少，口舌枯瘦，性灵一端，早经束诸高阁。但俟有远扬机会，更期吐纳。在此决不能有何发展。兄今意兴正豪，千万弗遽萌归念。为语故人，故国风光，依然黯淡也。刘夫人已然孟晋从学，拜佩无限，承嘱事已向次彭谈过，他说此事须问陈和铣，他允向道地，同时嘱语兄，即日送一呈请，致江苏教厅或由谢次彭转亦好：想不难成功也。伯鸿夏间患痢乃积劳所致，近来稍好。此公真热心肠人，我敬之弥笃。中华'新文艺从书'，我为收罗稿本已有二十馀部，但皆未印得，转瞬满年，成绩一无可见为愧，然非我过也。明年此职至盼得赓续，兄如函伯鸿，乞便为道及。上半年幸兄与鸿公惠助，得坐享闲福许久，感念未可言宣。但中华总当为尽力，选书至慎，决不让做亏赔生意也。”

27日 致胡适信：“自宁付一函谅到，青岛之游想必至快，翻译事已谈得具体办法不？我回沪即去硖侍奉三日，老太爷颇怪中途相弃，母亲尚健最慰。上海学潮越来越糟。我现在正处两难，请为兄约略言之。光华方面平社诸友均已辞职，我亦未便独留，此一事也。暨南聘书虽来，而郑洪年闻徐志摩要去竟睡不安枕，滑稽之至，我亦决不问次长人等求讨饭吃。已函陈钟元，说明不就。前昨见锟，潘，董诸位，皆劝我加人中公，并谓兄亦去云，然但我颇不敢遽尔承诺。果然今日中公又演武剧（闻丁任指挥），任坚几乎挨打。下午开董事会，罗让学生去包围杏佛，未知结果。当场辞职者有五人之多（丁、刘、高、王、蔡）。君武气急败坏，此时（星期一夜十时）在新新与罗、董潘议事，尚不知究竟，恐急切亦无所谓究竟也。党部欲得马而甘心，君武则大笑当年在广西千军且不惧小子其奈余何？但情形疆坼至此，决难乐观，且俟明日得讯再报。凡此种种，仿佛都在逼我北去，因南方更无教书生计，且所闻见类，皆不愉快事，竟不可一日居，然而迁家实不易之。老家方面父因商业关系，不能久离，母病疲如此，出房已难，遑言出门远行。小家方面小眉亦非不可商量者，但即言移，则有先决问题三：一为曼须除习；二为安顿曼之母（须耀昆在沪有事，能立门户乃能得所）；三为移费得筹。而此类事皆非叱嗟所能立办者，为此踌躇寝食不得安靖。兄关心我事，有甚骨肉，感怀何可言宣？我本意仅此半年，一方面结束，一方准备，但先以教书可无问题，如兼光华、暨南，再事翻译，则或可略有盈余。不意事变忽生，教书路绝，书生更无他技，如何为活？遥念北地朋友如火如荼，得毋羡然？幸兄明断，有以教我。文伯想尚在平日常相见。盼彼日内能来，庶几有一人焉可与倾谈，否则闷亦闷死了俺也。（北平一月骄养惯了！）徽音已见否？此公事烦体弱，最以为忧。思成想来北平有希望否，至盼与徽切实一谈。《诗刊》已见否？顷先寄一册去，《新月》又生问题，肃、陆不相让，怎好？我辈颇有去外洋腆子希望。”

按，据金传胜考证，该信写于1931年2月2日夜。[①]

本月 在《现代学生》第一卷第一期发表译作短篇小说*DARLING*（[英]斯蒂芬斯作）。

11月

8日 致丁文江信：“示到十日。书生可怜，书外更无所有，捐助之意恕不能纳，必须迁移时，只有暂行寄存史家胡同五十四号甲金岳霖处。已告知东荪及王利民兄，希为招呼，俾弗散失，则感激如何可言！适之不日即行，行前忙吃饭耳。文伯蛰居读书，亦不常见，做茧似不甚利，此君亦数奇□。百里有病，恐系精神一类，至可虑。”

9日 致舒新城信：“示悉。饶盏侃现在安徽大学执教，《兰姑娘》之序文已向催过，不妨再由书局函询，径寄安徽省城安大可也。”

14日 致刑云飞信：“得片至慰。此番匆促回南，事前不及通知。今日午后来得不巧，我又因事外出。我已决定明日赴硖，后日夜车到宁。一切容后函谈。弟身体太弱，最好暂时休养。‘雪莱’等篇，且等复原后再做不迟。弟事已与萧恩承先生商妥，

---

① 金传胜：《徐志摩史料考辨三则》，《新文学史料》2019年第4期。

下年准可有成。‘勃莱克’至今未曾出版，甚觉奇怪，有便当向中华催询。”

月底　致梁实秋信：

译稿已交新月寄还东荪，我将此稿荐去中华，不想碰一钉子，因五月间早经去过，被拒，今书归原主，想不成问题矣。诗刊以中大新诗人陈梦家、方玮德二子最为热心努力，近有长作亦颇不易，我辈已属老朽，职在勉励已耳。兄能撰文，为之狂喜，恳信到即动手，务于(至迟)十日前寄到。文不想多刊，第一期有兄一文已足，此外皆诗。大雨有商籁三，皆琅琅可诵。子离一，子沅二，方令孺一、邵洵美一或二，刘宇一或二，外选二三首，陈、方长短皆有，我尚在挣扎中，或有较长一首。一多非得帮忙，近年新诗，多公影响最著，且尽有佳者，多公不当过于韬晦。诗刊始业，焉可无多，即四行一首，亦在必得，乞为转白，多诗不到，刊即不发，多公奈何以一人而失众望？兄在左右，并希持鞭以策之，况本非驽，特懒惫耳，稍一振蹶，行见长空万里也。俞珊病伤寒，至今性命交关。……

且慢，有事报告：

努生夫妇又复，努生过分，竟至三更半夜头破血淋，但经胡圣潘仙以及下走之谈笑周旋，仍复同桌而食，同榻而眠，一场风波，已告平息。知兄关怀，故以奉闻，但希弗以此径函努生为感。

12 月

1 日　致舒新城信：“台从去京，不知已否回来。摩今晚去宁，星四回。兹又奉去冷西短篇小说集，有一篇曾载《新月》。此君作风颇隽，似可用，故特征得此稿。请裁定收否。……又前交去《爱的氛围》原书一册，奉去看过乞赐还。”

10日　致刘海粟信：“连接故人海外归鸿，及画片手帕，欣慰不可胜言。居者懒，行者奋，亦未尝不自感愧。而此间生活，如蹈大泽，无可攀援，弗容支撑，且为奈何。公来柬感慨甚夥，弟胸中亦何尝不累累作响？但转念即宣诸赭墨，又济乌(鸟)事？因之又复废然：此亦不常作书之一因也。公近作画幅，虽来者仅撮景，已使我异常讶异。章法笔力，并见工夫，最近来两幅真已跻名彦之堂。海粟此行已不虚。罗浮之迹，瑞山之壮，行将络络自公手笔间传出，此不可喜孰可喜？海粟勉矣，国内画子亦夥颐，然求笔下有力，胸中有气如海粟者，盖无第二人。早年海粟之病，病不见高大。今海粟得其所矣。鱼在水，佛在山，海粟绾巴黎罗马之粹，复何可说？海粟固犹自虚抑，方以中选秋赛为喜，然秋赛何足以限海粟？今既窥得门径，宜如何搏全生之力以赴之；真美在群星辉耀间，人世毁誉岂足当一息之念哉？但昨见伯鸿，则又听到不怡消息。鸿公曰：海粟或且不得已而归国，此大不幸。我切切祈祷海粟能脱此危运。谚云：一鼓作气，海粟十馀年来，譬如在暗室中冥盲擿埴，今乃得豁然见光明，此正一鼓足气，完成一生使命之机缘，奈何又复令中蹶？我谓鸿公，天佑艺术，弗再使海粟分心。果不知如何也。我意则宜劝海粟宁弃一学校而全艺术，况海粟不问学校固不至遂竭蹶也。不知海粟意如何耳？夫人补费事已详前函。次彭兄向陈和铣说项，但须正式来请求，盼即进行。夫人欧衣欧冠，丰致翩然，美哉。小曼得帕，乃如小儿汤饼，极快乐，嘱道谢，想是夫人之惠也。国内政治火迸，乃不如强盗，一宿三惊，必至令人人厌生而后已。海粟幸勿眷念此阿鼻地狱。”

约 11 日 致胡适信:“你们去了十多天,还不曾通信,一切想都安好。北京对你们的欢迎是可想而知的,上海少了适之,就少了狠多,平社比方说就不曾开过会。笔会这星期日开会,沈雁冰、达夫等都允到,你在北京亦可着手组织。上海一班文人似乎颇吃醋,有一张攻击我,说我一人包办,这是《申报》宣传的反响。我意思以后此项宣传可以无须,我们自己多出几个真够‘笔员’资格者是真的。说起《诗刊》第一期,定于年内出版,你赶快寄东西来,还赶得上。我狠想你加入,因为一来助兴,二来你是前辈英雄,不可不到。中大两个小诗人陈梦家、方玮德十分起劲也……”

19 日 致梁实秋信:

十多日来,无日不盼青岛来的青鸟,今早从南京归来,居然盼到了,喜悦之至,非立即写信道谢不可。诗刊印得成了!一多竟然也出了《奇迹》,这一半是我的神通之效,因为我自发心要印诗刊以来,常常自己想,一多尤其非得挤他点儿出来,近来睡梦中常常捻紧拳头,大约是帮着挤多公的奇迹!但奇迹何以尚未到来?明天再不到,我急得想发电去叫你们“电汇”的了!

你的通信极佳,我正要这么一篇。你是个到处发难的人,只要你一开口,下文的热闹是不成问题的。但通信里似乎不曾提普罗派的诗艺。

我在献丑一首长诗,起因是一次和适之谈天,一开写竟不可收拾,已有二百多行,看情形非得三百行不办,然而杂乱得狠,绝对说不上满意,而且奇怪,白郎宁夫人的鬼似乎在我的腕里转!

好,你们闹风潮,我们(光华)也闹风潮。你们的校长脸气白，我们的成天的哭，真的哭，如丧考妣的哭。你们一下去了卅多，我们也是一下去了三十多。这也算是一种同情罢。

过来(年)诸公来沪不？想念甚切。适之又走了，上海快陷于无朋友之地了。

一多奇迹既演一次，必有源源而来者，我们联合起来祝贺他，你尤其负责任督著他，千万别让那精灵小鬼——灵感——给胡跑溜了！

今甫我也十分想念他。想和他喝酒，想和他豁拳，劝他还是写小说吧。精神的伴侣狠好！

俞珊死里逃生又回来了，先后已病两个月，还得养，可怜的孩子。……

太侔何时北去？诸公均佳。

同日　致舒新城信："《虹》稿承示，可以三元千字收稿，已征得作者同意，乞持让纸签订为荷。"

22日　致舒新城信："尊生翻译计划甚大且备，承见询，已就来单按目作记。凡加○○○者敝意最应译，○○者略次，○者更次，√者已有译本，□类多诗集。译诗实太艰难，能手更不多得。弟意不如径以国界为分，请人专任。关于英国文学得□容为拟一详单，此外可分法、德、南欧包括意西，北欧包括瑞、□、丹、中欧、俄、美。关于法国，弟可转请沈旭历兄代议，美国又请孙子潜兄代议。此外，局中如无□门者，弟亦可勉为筹划。总之，原则不外：

一，先译大家杰作，如 Li Lmina 至少以三书代表之，哈代至少以四书代表之。传记为最近文坛风气，读者最多，此可专一致力。□尽先翻大部著作，因只有大书□□以任此，□计划如得成功，译界□见光彩，详情容再面议。□事□前日另奉一函，‘文艺丛书’收稿清单，读过不禁□□，幸在相知，请为言其原委。前年弟自欧归，海粟始倡议于鸿公，承书局处处为弟谋便利，议定合约。最初弟亦征稿颇力，但局方印刷甚迟，因□局方积稿石印或非经济之道，故送稿入后亦稍缓，及十八年终欠稿尚多。又承鸿公慨续合约，仍许支税，□收稿以每月四五万字为准，弟误以为摊自上年，本年但交五十万□已足，不图上年□数尚成百万，但此节不成问题。今年底将届来岁，弟自当继续义务为局收稿百万之数，补足不难。弟最引疚者则为弟自已作品迄今只出一书，馀书稿甚至均未交局。循至应得税与已支税，两税竟似无坏没，非□与鸿公皆为税友，真不知将何以自解，但弟自当负责来岁□辞中，□认真动笔，已成稿着手收集成书，未竟者赶作，期以年内□付欠书□□释员。此后局方苟有需用于弟者，无弗乐为□□，稍补前愆。鸿公高风仁谊，处处体会书生，循至姑息，最不可忘，幸为致意，恕不分□矣。”

23日　致舒新城信：“送奉译稿一部（原著附奉），乃专烦梁镇君自德文译出者，剧名《从清晨到夜半》（前日送达之译书单上亦有此书），译笔颇洁净。梁君想得八十五元，约合每千字三元五，请即察阅，及早付报为荷。”

25日　作完诗《爱的灵感——奉适之》，后发表于一九三一年一月二十日《诗刊》第一期。初收上海新月书店一九三二年七月版《云游》。

28日　作《〈诗刊〉序语》，后发表于一九三一年一月二十日《诗刊》第一期，原题《序语》。初收台湾时报文化出版事业有限公司一九八〇年版《徐志摩诗文补遗》。文中道：

我们在《新月》月刊的预告中曾经提到前五年载在北京

《晨报副镌》上的十一期诗刊。那刊物，我们得认是现在这份的前身。在那时候也不知那来的一阵风忽然吹旺了少数朋友研求诗艺的热，虽则为时也不过三两个月，但那一点子精神，真而纯粹，实在而不浮夸，是值得纪念的。现在我们这少数朋友，隔了这五六年，重复感到'以诗会友'的兴趣，想再来一次集合的研求。因为我们有共同的信点。

第一我们共信(新)诗是有前途的；同时我们知道这前途不是容易与平坦，得凭狠多人共力去开拓。

其次我们共信诗是一个时代最不可错误的声音，由此我们可以听出民族精神的充实抑空虚，华贵抑卑琐，旺盛抑销沉。一个少年人偶尔的抒情的颤动竟许影响到人类的终古的情绪；一支不经意的歌曲，竟许可以开成千百万人热情的鲜花，绽出瑰丽的英雄的果实。

更次我们共信诗是一种艺术。艺术精进的秘密当然是每一个天才不依傍的致力，各自翻出光荣的创例，但有时集合的纯理的探讨与更高的技术的寻求，乃至根据于私交的风尚的兴起，往往可以发生一种特殊的动力，使这一种或那一种艺术更意识的安上坚强的基筑，这类情形在文艺史上可以见到狠多。

因此我们这少数天生爱好，与希望认识诗的朋友，想斗胆在功利气息最浓重的地处与时日，结起一个小小的诗坛，谦卑的邀请国内的志同者的参加，希冀早晚可以放露一点小小的光。小，但一直的向上；小，但不是狂暴的风所能吹熄。……

我们欣幸我们五年前的旧侣，重复在此聚首，除了远在北地未及加入的几个；我们更欣幸的是我们又多了新来的伙伴，他们的英爽的朝气给了我们不少的鼓舞。但我们同时不能不怅触的记起在这几年内我们已经折损了两个最有光彩的诗友，那就是湖南刘梦苇与浙江杨子惠；我们共同祷祝他们诗魂的永安。

本期稿件的征集是梦家、洵美、志摩的力量居多；编选是大雨、洵美、志摩负责的；封面图案与大体设计是要感谢张光宇、振宇昆仲与洵美；校对梦家与萧克木君。我们尤其得致谢不少投稿的朋友，希望他们以后给我们更多的帮助。割爱是不可避免的事实，我们敬求雅意的恕谅。

关于稿件，我们要说《奇迹》是一多'三年不鸣，一鸣惊人'的奇迹；大雨的三首商籁是一个重要的贡献！这竟许从此奠定了一种新的诗体；李惟建的两首《商籁》是他的《祈祷》全部都七十首里选录的；梦家与玮德的唱和是难能的一时的热情的奔放；实秋的论诗小札是本期唯一的论文，这位批评家的见地是从来不容忽略的。①

本月 在《现代学生》第一卷第三号发表译作戏剧《墨梭林尼的中饭》（[英]米德尔顿作），又载一九三六年三月十六日《天地人》第二期。

本月 致李平信："中社成立，适弟在宁，不获雅与其盛，怅怅何似！社址不知何日落成，亟盼之矣。适之已北去，但不久即归。兄何时有暇？拟趋候一谈。"

冬 致何家槐信："你的眼，我一想起便系念。身体是不能不顾管的，不论那部分一出毛病，即受累无穷。你的眼既已不

① 韩石山编：《徐志摩全集》（第四卷），商务印书馆 2019 年版，第 396—398 页。

好，千万不可在光亮不适处或已感到疲乏时勉强做工。眼睛关系太大，你非得医好。我想你不妨向家里单独要一点治费，趁这时治好。你年纪正青，也不必过分急于成名。沙眼到瞎眼是极近的，万不可玩忽。你那不在意似的宽心，真使我替你着急……

难为你在这大冷天，雨天，一个人闭着一双眼，在医院里干闷。我不能去看你，又不能多写一点给你解闷。你眼未好以前，我劝你不必急于写文章。眼睛是大事情，我们没有它，天地就昏黑。你先养好，痊了再计划做事吧。……在院时以多睡静养为宜，切不可过度劳神……”

冬 国民党上海市党部指使光华大学的国民党学生闹起学潮，徐志摩等被轰出学校。

本年 在《光华年刊》发表译作戏剧《新式夫妻》（［英］米德尔顿作）。

本年 中国航空公司财务组主任保君健赠徐志摩免费飞车券（飞机票）。

本年 与郑孝胥同被选为英国诗社社员。

本年 仍在上海光华大学和南京中央大学任教，同时兼中华书局和大东书局编辑，并任中英文化基金委员会委员。年底辞去南京中央大学教授之职。

本年 致高植信。此信初收高植《志摩与我》一文，发表于一九三二年十一月十五日《小说月刊》第一卷第二期。信中道：“……你能不倦的写作，这练习本身就好。我信你一定有豁然贯通的一天，但你的旧作，我终不敢放心。第一，字句上粗糙处不少，但更关要的是描写与构局都不能说到满意。因为你写得多，我无法一气看，但每次我看总感文章的不成熟性，失之过繁的地方很多，你得好好下裁剪的工夫。固然，目前印出的东西尽有不如你远甚的，但我正为期望你写像样些再编，所以始终极踌躇把你小说交付出去……我信你一定能省悟到，我并且期望你能省悟到自己不愿把旧作拿去付印。人说灵感是不倦的工作的效能，我等着看你的真纯的作品……”

本年　年底开始为上海大东书局编辑“新文学丛书”。

约在光华大学任教期间　作《〈出其东门〉白话写意》。此诗后收入方亚丹《徐志摩译〈诗经〉》一文（载一九四八年三月二十七日上海《大公报》“大公园”副刊）。

1931年（辛未，民国二十年）　35岁

▲1月31日，国民党中宣部颁布《危害民国紧急治罪法》，进一步实施白色恐怖。

▲2月，胡也频、柔石、殷夫、冯铿、李伟森5位左翼作家和何孟雄、林育南等19位共产党员在上海龙华被国民党淞沪警备司令部秘密枪杀。

▲5月28日，广州“国民政府”成立，宁粤分裂。

▲9月，“九一八事变”爆发后，全国掀起反日浪潮。不久，日军占领东北全境。

▲9月，丁玲主编《北斗》创刊。该刊是“左联”为扩大左翼文艺运动，克服关门主义和宗派主义而作的努力。

1 月

3 日　到天津，并致胡适信："我和文伯今早到津，寓裕中，已见复初。明日早车到北平，想尚可赶到相晤。老金丽琳处，今晚或明早能为电话通知最好。两年不到北方，颇有归乡之感。"

4 日　到北京。

10 日　在《新月》月刊第三卷第十一号发表小说《珰女士》，后又载一九三五年《人言》周刊五月二十五日第二卷十一期，六月一日第二卷第十二期，六月八日第二卷第十三期，六月十五日第二卷第十四期。小说以丁玲、沈从文为原型，因作者遭空难成残篇。重刊时有邵洵美续作，亦未作完。徐作部分初收台湾传记文学出版社一九六九年版《徐志摩全集》第六卷。

按，费冬梅在《"诗坛双璧"与一篇小说——从〈珰女士〉说起》一文中指出，这部小说应属"影射小说"："与众多的影射小说相比，《珰女士》很特别。它特别之处在于，这是一篇新月派诗人徐志摩和唯美派诗人邵洵美合力写作的以左翼作家丁玲胡也频等为原型的小说。"①

又按，"《珰女士》在徐志摩的创作乃至新月派文学中，都是一个特殊的文本。……文章刊出后，引起了邵洵美的关注。邵洵美是后期新月派成员。他于 1926 年春在巴黎与徐志摩相识，或许因为他们都有诗人气质和对纯文学的共同追求，两人一见如故。他们一起筹办新月书店，编辑《诗刊》，还在彼此主编的刊物《新月》和《狮吼》上相互发表作品。邵洵美为营救胡也频也出

---

① 费冬梅：《"诗坛双璧"与一篇小说——从〈珰女士〉说起》，《汉语言文学研究》2013 年第 4 卷第 3 期。

过力，1931年6月，徐志摩筹集沈从文送丁玲母子回常德的费用时，他还解囊相助。……这至少说明，在徐志摩这样崇尚感情的作家身上，其实也不乏对现实的关注和理性的态度。……《玛女士》也再次说明了新月派后期文学视野扩大、文学思想更加多元化。"①

同日　在《小说月报》第二十二卷第一号发表译作短篇小说《半天玩儿》([英]赫胥黎作)。初收台湾传记文学出版社一九六九年版《徐志摩全集》第六卷。

17日　致郭有守信："新婚新居，又到新年，人生行乐何以过此，可羡之至！我已定星三随老太爷北去，小作勾留。早至星二，迟至星三一早可以到京，大约寓扬子旅馆。杏佛处必去。极想奉看，尊址又不记得。最好请知照研究院门房，俾到后不致盲然。光华风潮想大致知道。最近又有新发展，已告到大部。我们想从你得知一些消息。市党部于四五日前有正式公文送光华，提出四条件：(一)恢复闹事被斥党员学生杨树春。(二)辞退廖副校长及教职员会所选出之执行委员七人(内有兄弟)。(三)斥退'所谓'共党学生三人。(四)整理学校。张校长闻已有公文致部请示。公文想可看到内容不赘。部方已有议过否？此事以党绝对干涉教育，关系甚大。弟等个人饭碗事不成问题。如有内定情形，可否请先漏一二？俾穷教授等有所遵从。回信请寄霞飞路一〇一四号内十五号罗隆基收。多谢！一切见面再谈。经农、大白先生尚在京否？并乞致意，不多说了。"

同日　胡也频在上海东方饭店被国民党反动政府逮捕。是

---

① 黄红春：《古典与浪漫：新月派文学观念研究》，江西人民出版社2015年版，第241—242页。

时沈从文正从武汉大学到上海不久，胡从狱中送出一纸条，嘱沈请胡适、蔡元培设法营救，徐志摩亦写信给南京国民党政府熟人，并为沈等营救活动提供经费。

20日　《诗刊》创刊号由上海新月书店在上海出版。此刊是在《新月》杂志办刊期间，由徐志摩、陈梦家、方玮德、方令孺等人在上海创办，先后由徐志摩、邵洵美、陈梦家任主编。

按，徐志摩一九三〇年十一月底致梁实秋信中曾谈及《诗刊》创刊过程。李红绿《新月派译诗研究》云："《诗刊》的创办，年轻诗人陈梦家、方玮德出力颇多。1931年1月20日，《诗刊》创刊号由上海新月书店在上海出版，长达86页。创刊号由徐志摩主编，陈梦家、邵洵美、孙大雨等人协助组稿和编选，发表诗歌18首，诗论1篇。第2期和第3期均由徐志摩主编，整个前3期刊发的诗歌大多系新月诗人的作品。"①

24日　致胡适信："昨函谅到。文伯今晚去宁，我们星一去，大约星三走，可以送到你行。然而太可惜了，回头等不到你回，我们又得走。赐函收到，一切面谈。光华的学生邢鹏举有函附上。"

28日　致胡适信："此一星期函电交索，竟弗得圣驾踪迹。今晨到此，乃悉已于廿四北去，但如果直达，则应于廿六午刻抵平。度必又在津逗留，故不及面。此函到时，当已安入米粮库，胡太太弗复忧矣。六老爷已得平汉路局月九十元事，希即嘱去局见科长萧闻叔接洽供职。此行得重亲旧雨，快慰之情未易言传。上海今实如大漠矣，况光华事复如此，再教甚无意思。为我自身言至愿北迁。况又承兄等厚意，为谋生计，若弗应命，毋乃

① 李红绿：《新月派译诗研究》，光明日报出版社2019年版，第19页。

自弃。然言迁则大小家庭尚须疏通而外，迁居本身亦非易！在平未得相当居处，移费不赀，亦绝无眉目。且俟回沪见家人后，再行定夺。文伯想已见谈，甚盼藉彼智囊解我踌躇。徽音夫妇本寓中央四号，今或已迁居东直门204甲周宅（无电话）。徽甚愿一见，如未晤盼即约会。在平时承太太一再以高轩惠假，至为荣感，谨此道谢。《诗刊》想已见过，二期务期惠稿，诗、散均佳，要不可阙。译书祈即指定，俾即从事。书生寒酸，此外别无生计。在君同行，明日去沪，容再知闻。”

2 月

7 日　致胡适信：

连接两函及电，至谢。我真不知道怎样回答你们的好意，除了心里感激。但我实在有不少为难处，不是一走即可以了事的，请先容我说给你听这边的情形。第一是学校，我初回时光华已等于拆台，光旦等不去，我当然不去，但这一星期学校教职员和学生到处奔走呼吁，要我们看学生份上，一定得回去维持。张寿镛亲自致函隆基，请他转劝我们回去，意思是把这面子给他做。结果光旦已允回任教课，但不做院长，此外的朋友本来是同情罢工，光旦既允回去，大家当然也回去，所以学校和学生都狠欣然，至少这半年总可以过去了。这是光华方面。其次是暨南。我本来没有答应，只说看情形再说，不想陈斠玄已将聘书送下，我回来时候狠多朋友对我说郑韶觉在那里不舒服，说我“浪漫”有名，又说我是新月分子，我自然只有好笑。我本不曾向他求事，他既如此，我还能去吗。好了，陈斠玄又来了，一次二次三次，他说校长绝对没有话，再说你已经担保，我一定去帮忙这半年，又说学生要我去，功课早已定好，所以，我非去不可云云。我答应他三天内给他回信，今天已是第三天，而我还是决定不下（中大我已辞，不成问题）。再有即使我决定北去，几个学校都还得费些日子结束功课，上百本的论文卷都还得看过定分。这是关于学校方面的话。

其次是家庭方面，母亲倒没有什么，她说我如果为自己一定得去，她不成问题。但我终究有些不安心，她身体实在是可虑。再有阴历四月间我父亲六十岁生日，这次我非得替他做，所以即使我现在去北平，那时候也得回来一趟。

小家庭方面问题更不简单，你是已经和小曼谈过的。她倒也不是执意不让我走。但我把这份家交给谁好，如果照现状下去，开销实在太大，我又不在，未免无谓。迁家北移决不是暂时可能的，就说搬一个较小地方也就够麻烦的。

再有来电所说不知是指什么事。北大我当然最愿意，但不知要我教什么课程，也不知是否基金的位置，我有资格承当不，钱有多少，我都得知道，好在我即使走也得至少过十天半月，盼望再给我一个信，好让我切实计算一下。

上海生活于我实是太不相宜，我觉得骨头都懒酥了，再下去真有些不堪设想。因此我自己为救己，的确想往北方跑，多少可以认真做些事。至于朋友和地方的好处是不消说的，我回来后无时不在念中。我如果去自然先得住朋友家，你家也极好，先谢。

8日 致陈中凡信："今年笔会亦在华安聚餐，登楼稍迟，公等已行，至憾。前日承一再惠驾，情意甚厚，但连日适之、梦麟叠函不足，继之以电，言无论如何，定须弟即日北去面谈一是。盖适之所主攻之编译事，遽须相与商榷。至弟能否即此移家北行，尚是悬题，但审度情形，弟南留份数甚鲜。贵校一席，虽承雅意，至惧无以应命。好在南方贤才如林，本不须弟之滥竽自愧也。希便转言韶觉校长先生道歉，聘书容即检还。”

9日 致胡适信：

> 你胜利了，我已决意遵命北上，但杂事待处理的不少，现在既要走，不能不管。动身大约至早得到十九、二十模样。过旧年还得去硖石磕头，堂上还不曾正式许我走，但我想不成问题。竟然能走，自己也觉得出于意外。我颇感谢小曼，因为她的最难一关居然被我打通了。对不起老大哥，她没有把面子给你，因为要留给我，那是可原谅的不是？
>
> 到北京恐怕得深扰胡太太，我想你家比较宽舒，外加书香得可爱，就给我楼上那一间吧。但如果麻兄已觅得现成房子，和他住也有可能。他难道还是流落在北京饭店？
>
> 请将这消息告知老金、丽琳，让他们欢喜。

同日 致刘海粟信：“……可怜中国，云何谈艺？自海翁之西徂，更无一人能独立而不惧？时难，才亦不易，且为奈何。济远闻在巴黎，展览甚盛。兄等竟乐不思国，金贵如此，书籍举不容购置，遑论远行。南中学潮汹涌，想曾于报纸看知梗概。海内已定一尊，我侪异端，茫茫何往？适之梦麟，已回北大。上月北游平沈。重温旧知，欢若平生。比归未及旬，函电交来，迫我北归。为治学计，北地良佳。已商得小曼同意，只身径去，徐作移家作计。岁回即行；此后惠件请寄北平米粮库四号适之家转。历年积负笔债，重累如山。此去期以宁静澹泊，重治砚笔。若再无成，则惟有投荒依蛮王耳。杏佛离婚已成，颇费气力。俞珊之说，无稽之至。俞珊大病几殆，即日去青岛大学给事图书馆，籍作息养。如见次老足以相告。宗岱诗人，常在念中。寄去诗刊两期，乞以其一交去宗岱，何不给些诗文来，一新感觉。《新月》文艺，将不成话，不得不乞灵海外，幸善张罗。常玉今何在？陈雪屏带回一幅‘宇宙大腿’，正始拜领珍异也。见为道念。洵美已收金屋，现办《图画时报》，兼治印刷，将来规模不小。此公活动有为，可爱得紧。海嫂闻在巴黎妆束入时，丰韵非凡，习雕刻度已有成。小曼附言道念，耑此敬念双福。”

10日左右　致舒新城信：“奉中字四〇九号，上午交来冷西、梁镇、胡小源税款单及附件皆已于前几日分别交去，即日即书回件寄局，不误。又四〇〇号函，《更生记》蒙收印，可按三元计算，请径函华龙路中华职教社查士元转查士骥，《还乡记》亦可按三元售稿。《马斑小姐》译者林徽音先生顷到局奉谒程稿事，可与面洽。”

12日　致曹葆华信：“久仰诗名，承公超先生介绍，得读尊作，最近有接专集，情文恣肆，正类沫若，而修词严正过之，快慰无已！如有新作，乞惠投《诗刊》（寄北平米粮库胡同第四胡宅），摩十日内来平，得暇当来清华拜访也。”

15日　致舒新城信：“足下奉中字四五号函，敬知《马斑小姐》及《更生记》已蒙收印，《还乡记》契约代签（内容单日内即奉）。蹇先艾君在北平来函嘱代办理（稿费最便请为汇平宣外晨报馆陈博生转交），如此。兹又有事奉闻，即前介绍光华大学邢鹏举兄近编《近百年史》（最近收印陈垣一部同名之书，因稿□不收）。据邢兄来言，曾到局奉谒二次，适公不在，未晤公。全书第一部（约三之一）已完稿，有吕诚之先生作序，约十五万字，可作大中学历史教本，材料颇精，文笔亦可论。全稿期以一年内出脱，第二部六月亦可竟，第三部年底。邢君愿以每千字五元让稿。日来邢君当再到局饮教，希与面洽□为荷。又接广东欧阳予倩兄来函，云有同事赵如琳曾寄《当代独幕剧选》稿，不久另寄《舞台艺术论》，嘱为致言介绍。稿如已到，不知已否决定收用？便乞见知。旧历新年已到，局中想有假日，□□□乡消遣否？适之为译莎士比亚事，连接来电函催我回平，我日内即离沪，然不久仍须回此也。译名作事，另函奉报。”

约17日至19日间 致郭友守信：“示悉。年初四一早到宁(乞知杏佛)下车即去杏佛处。中午到湘眉处，盼能相叙。哈代不知躲在何处；若仍觅不到，且为奈何！卓我兄见为致意，恐不及见矣。次彭将回，知否？”

20日 离沪北上。

24日 到北平。并致陆小曼信：“前天一信谅到，我已安到北平。适之父子和丽琳来车站接我。胡家一切都替我预备好，被窝等等一应俱全。我的两件丝绵袍子一破一烧，胡太太都已替我缝好。我的房间在楼上，一大间，后面是祖望的房，再过去是澡室；房间里有汽炉，舒适得很。温源宁要到今晚才能见，因此功课如何，都还不得而知；恐怕明后天就得动手工作。北京天时真好，碧蓝的天，大太阳照得通亮；最妙的是徐州以南满地是雪，徐州以北一点雪都没有，今天稍有风，但也不见冷。前天我写信后，同小郭去钱二黎处小坐，随后到程连士处(因在附近)，程太太留吃点心，出门时才觉得时候太迟了些。车到江边跑极快，才走了七分钟，可已是六点一刻，最后一趟过江的船已于六点开走，江面上雾茫茫的只见几星轮船上的灯火。我想糟，真闹笑话了，幸亏神通广大，居然在十分钟内，找到了一只小火轮，单放送我过去。我一个人独立苍茫，看江涛滚滚，别有意境。到了对岸，已三刻，赶快跑，偏偏橘子篓又散了满地，狼狈之至。等到上车，只剩了五分钟，你说险不险！同房间一个救世军的小军官，同车相识者有翁咏霓。车上大睡，第一晚因大热，竟至梦魇。一个梦是湘眉那猫忽然反了，约了另一只猫跳上床来攻打我；凶极了，我几乎要喊救命。说起湘眉要那猫，不为别的，因为她家后院也闹耗子，所以要她去镇压镇压。她在我们家，终究是客，不要过分亏待了她，请你关照荷贞等，大约不久，张家有便，即来携取的。我走后你还好否？想已修养了过来。过年是有些累；我在上海最苦是不够睡。娘好否？说我请安。硖石已去信否？小蝶墨盒及信已送否？大夏六十元支票已送来否？来信均盼提及。电报不便，我或者不发了。此信大后日可到。你晚上睡得好否？立盼来信！常写要紧。早睡早起，才乖。”

26日　致陆小曼信：“……现在我要和你说的是我教书事情的安排。前晚温源宁来适之处，我们三个人谈到深夜。北大的教授（三百）是早定的，不成问题。只是任课比中大的多，不甚愉快。此外还是问题，他们本定我兼女大教授，那也有二百八，连北大就六百不远。但不幸最近教部严令禁止兼任教授，事实上颇有为难处，但又不能兼。如仅仅兼课，则报酬又甚微，六点钟不过月一百五十。总之此事尚未停当，最好是女大能兼教授，那我别的都不管，有二百八和三百，只要不欠薪，我们两口子总够过活。就是一样，我还不知如何？此地要我教的课程全是新的，我都得从头准备，这是件麻烦事；倒不是别的，因为教书多占了时间，那我愿意写作的时间就得受损失。适之家地方倒是很好，楼上楼下，并皆明敞。我想我应得可以定心做做工。奚若昨天自清华回，昨晚与丽琳三人在玉华台吃饭。老金今晚回，晚上在他家吃饭。我到此饭不曾吃得几顿，肚子已坏了。方才正在写信，底下又闹了笑话，狼狈极了。上楼去，偏偏水管又断了，一滴水都没有，你替我想想是何等光景？（请不要逢人就告，到底年纪不小了，有些难为情的）。最后要告诉你一件一件我决不曾意料的事：思成和徽音我以为他们早已回东北，因为那边学校已开课。我来时车上见郝更生夫妇，他们也说听说他们已早回，不想他们不但尚在北平，而且出了大岔子，惨得很，等我说给你听：我昨天下午见了他们夫妇俩，瘦得竟像一对猴儿，看了真难过。你说是怎么回事？他们不是和周太太（梁大小姐）思永夫妇同住东直门的吗？一天徽音陪人到协和去，被她自己的大夫看见了，他一见就拉她进去检验；诊断的结果是病已深到危险地步，目前只有立即停止一切劳动，到山上去静养。孩子、丈夫、朋友、书，一切都须隔绝，过了六个月再说话，那真是一个晴天霹雳。这几天小夫妻俩就像是热锅上的蚂蚁直转，房子在香山顶上有，但问题是叫思成怎么办？徽音又舍不得孩子，大夫又绝对不让，同时孩子也不强，日见黄白。你要是见了徽音，眉眉，你一定吃吓，她简直连脸上的骨头都看出来了；同时脾气更来得暴躁，思成也是可怜，主意东也不是，西也不是。凡是知道的朋友，不说我，没有不替他们发愁的；真有些惨，又是爱莫能助，这岂不是人生到此天道宁论？丽琳谢谢你，她另有信去。你自己这几日怎样？何以还未有信来？我盼着！夜晚睡得好否？寄娘想早来，瑞午金子已动手否？盼有好消息！娘好否？我要去东兴，郑苏戡在，不写了。”

本月　在《新月》月刊第三卷第四期发表译文《自传小记》（[英] 劳伦斯作）。初收台湾传记文学出版社一九六九年版《徐志摩全集》第六卷。

本月　沈从文为营救胡也频，耽误了回武汉大学的时间，被武汉大学辞退，生活变得困难。徐志摩得知后为沈解决了两本书的出版问题，缓解了沈从文的生活困难。

本月 应北京大学教务组胡适邀请去北大任英文系教授，同时，经温宁源介绍兼任北京女子大学教授。仍兼中华书局、大东书店编辑。开始在北平、上海之间来回奔波。

1月至2月间 致郁达夫信："我将去北平，与公等自此相违，曾闻知否？笔会再三相请，未蒙枉驾。近来酒兴何如？'新月'要问达夫讨书印，有希望否？令友所撰一诗，无人承印，只得送回，即乞转还，前承允与中华一书，至今未闻消息，念念。我北平寓后门米量库四号适之家。时代险恶，我辈只许闭口。"

3月

4日 致陆小曼信：

到平已八日，离家已十一日，仅得一函，至为关念。昨得虞裳来书，称洵美得女，你也去道喜。见你左颊微肿，想必是牙痛未愈，或又发。前函已屡嘱去看牙医，不知已否去过，已见好否？我不在家，你一切都须自己当心。

……此次北来，重行认真做事，颇觉吃力。但果能在三月间扭回习惯，起劲做人，亦未为过晚。所盼者，彼此忍受此分居之苦，至少总应有相当成绩，庶几彼此可以告慰。此后日子藉此可见光明，亦快心事也。此星期已上课，北大八小时，女大八小时。昨今均七时起身，连上四课，因初到须格外卖力(学生亦甚欢迎)，结果颇觉吃力。明日更烦重，上午下午两处跑，共有五小时课。星六亦重，又因所排功课，皆非我所素习，不能不稍事预备，然而苦矣。晚睡仍迟，而早上不能不起。胡太太说我可怜，但此本分内事，连年舒服过当，现在正该加倍的付利息了。

女子大学的功课本是温源宁的，繁琐得很。八个钟点不算，倒是六种不同科目，最烦。地方可是太美了，原来是九爷府，后来常荫槐买了送给送给杨宇霆的。王宫大院，真是太好了。每日煤就得烧八十多元，时代真不同了，现在的女学生一切都奢侈，打扮真讲究，有几件皮大氅，着实耀眼。杨宗翰也在女大，我的功课多挤在星期三、四、五、六。这回更不能随便了。下半年希望能得基金讲座，那就好，教六个钟头，拿四五百元。余下功夫，就很可以写东西。目前怕只能做教匠。……赵元任夫妇及任叔永夫妇来便饭。……

7日 致陆小曼信：

……我实在害怕我自己真要陷入各种痼疾，那岂不是太不成话，因而毅然北来。今日崇庆也函说母亲因新年劳碌发病甚详，我心里何尝不是说不出的难过，但愿天保佑，春气转暖以后，她可以见好。你，我岂能舍得？但思量各方情形姑息因循，大家没有好处，果真到了无可自救的日子那又何苦？所以忍痛把你丢在家里，宁可出外过和尚生活。我来后情形，我函中都已说及，将来你可以问胡太太即可知道，我是怎样一个乖孩子，学校上课我也颇为认真，希望自励励人，重新再打出一条光明路来。

……至于梁家，我确是梦想不到有此一着；况且，此次相见与上迥不相同，半亦因为外有浮言，格外谨慎，相见不过三次，绝无愉快可言。如今徽音偕母挈子，远在香山，音信隔绝，至多等天好时与老金、奚若等去看她一次。（她每日只有两个钟头可见客）。我不会伺候病，无此能干，亦无此心思：你是知道的，何必再来说笑我？……我上课颇感倦，总是缺少睡眠。明日星期，本可高卧，但北大学生又在早九时开欢迎会，又不能不去。现已一时过，所以不写了。

今晚在丰泽园，有性仁、老邓等一大群，明晚再写，……

16日 致陆小曼信："上沅过沪，来得及时必去看你。托带现洋一百元，蜜饯一罐；余太太笑我那罐子不好，我说：外貌虽丑，中心甚甜。学校钱至今未领分文，尚有轇轕(他们想赖我二月份的)。但别急，日内即由银行寄。另有一事别忘，蔡致和三月二十三日出阁，一定得买些东西送，我贴你十元。蔡寓贝勒路恒庆路四十二(?)号，阿根知道，别误了期，不多写了。"

19日 致岳母信，在信中问候岳母。

同日 致陆小曼信：

> ……但上海的环境我实在不能再受。再窝下去，我一定毁；我毁于别人亦无好处，于你更无光鲜。因此忍痛离开；母病妻弱，我岂无心？所望你能明白，能助我自救；同时你亦从此振拔，脱离痼疾；彼此回复健康活泼，相爱互助，真是海阔天空，何求不得？至于我母，她固然不愿我远离，但同时她亦知道上海生活于我无益，故闻我北行，绝不阻拦。我父亦同此态度；这更使我感念不置。你能明白我的苦衷，放我北来，不为浮言所惑；亦使我对你益加敬爱。但你来信总似不肯舍去南方。硖石是我的问题，你反正不回去。在上海与否，无甚关系。……你的困难，由我看来，决不在尊长方面，而完全是在积习方面。积重难返，恋土重迁是真的。(说起报载法界已开始搜烟，那不是玩！万一闹出笑话来，如何是好？这真是仔细打点的时机了。)……前三年你初沾上习的时候，我心里不知有几百个早晚，像有蟹在横爬，不提多么难受。但因你身体太坏，竟连话都不能说。我又是好面子，要做西式绅士的。所以至多只是短时间绷长一个脸，一切都郁在心里。如果不是我身体茁壮，我一定早

得神经衰弱。我决意去外国时是我最难受的表示。但那时万一希冀是你能明白我的苦衷,提起勇气做人。……幸而还有几个朋友肯关切你我的健康和荣誉,为你我另辟生路。……目前的问题,第一还是你的身体。你说我在家,你的身体不易见好。现在我不在家了,不正是你加倍养息的机会?……现在我需要我缺少的,只是你的帮助与根据于真爱的合作。

……北大经过适之再三去说,已领到三百元。昨交兴业汇沪收帐。女大无望,须到下月十日左右再(才)能领钱,我又豁边了,怎好?南京日内或有钱,如到,来函提及。

22 日 致陆小曼信:

……昨今两日特别忙,我说你听听:昨功课完后,三个地方茶会,又是外国人。你又要说顶不欢喜外国人,但北京有几个外国人确是并不讨厌,多少有学问,有趣味,所以你也不能一笔抹煞。你的洋人的印象多半是外交人员,但这不能代表的。昨晚又是我们二周聚餐同志的会期,先在丽琳处吃茶,后去玉华台吃饭,商量春假期内去逛长城,十三陵或坛旃寺。我最想去大觉寺看数十里的杏花。王叔鲁本说请我去,不知怎样。饭后又去白宫跳舞场,遇见赫哥及小瑞一家,我和丽琳跳了几次;她真不轻,我又穿上丝棉,累得一身大汗。有一舞女叫绿叶,颇轻盈,极红。我居然也占着了一次,化了一元钱。北京真是一天热闹似一天,如果小张再来,一定更见兴隆,虽则不定是北京之福。今天星期,上午来不少客,燕京清华都来请讲演。新近有胡先骕者又在攻击新诗,他们都要我出来辩护,我已答应,大约月初去讲。这一开端,更得见忙,然亦无法躲避,尽力做去就是。下午与丽龙去中央公园看圆明园遗迹展览，遇见不少朋友。牡丹已渐透红芽，春光已露。四时回史家胡同，性仁，Rose 来茶谈演戏事。性仁因孟和在南京病，明日南下。她如到上海，许去看你，又是一个专使。Rose 这孩子真算是有她的，前天骑马闪下来，伤了背腰。好！她不但不息，玩得更疯，当晚还去跳舞，连着三天照样忙可算是 Plucky① 之极。方才到六点钟又有一个年轻洋人开车来接她。海不久回来，听说派了京绥路的事。R 演说她的闺房趣事，有声有色，我颇喜欢她的天真。但丽琳不喜欢她，我总觉得人家心胸狭窄，你以为怎样？七时我们去清水吃东洋饭。又是 Miss Richard 和 Miss Jones。饭后去中和，是我点的戏，尚和玉的铁龙山，凤卿文昭关，梅的头二本虹霓关。我们都在后台看得很高兴，头本戏不好，远不如孟丽君。慧生、艳琴、姜妙香，更其不堪。二本还不错，这是我到此后初次看戏。明晚小楼又有戏（上星期有落马湖、安天会），但我不见能去。眉眉，北京实在是比上海有意思得多，你何妨来玩玩。我到此不满一月，渐觉五官美通，内心舒泰；上海只是销蚀筋骨，一无好处。我雕像有相片，你一定说不像，但要记得"他"没有带上眼镜。你可以给洵美小鹣看看。眉眉，我觉得离家已有十年，十分想念你，小蝶他们来时你同来不好吗？你不在，我总有些形单影只，怪不自然的。请你写信问两件事：一丽琳那包衣料；二我要新茶叶。

26 日 致舒新城信：

中字第五八四函转到，承询

---

① Plucky：有胆子的。

(一)汤元吉君《苏美英》稿，以德国地址遗失，未曾征得意见。但交稿时汤君本愿让稿，故如按每千字三元五角计算收印，尽可付印，汤处由摩负责可也。稿费可暂存局，俟访得再当函知不误。

(二)饶孟侃《兰姑娘》稿，序已叠函去催，不知有寄到否？

(三)阿凤稿让证及内容单亦已函催。

弟来此已兼旬，寓适之家，有松百株，山海在望，胜处也。达夫闻已北来，但不得讯。南方想已春醉，酒兴如何？鸣公近来身体好否？为念。

4 月

月初 应燕京大学，清华大学邀请，去两校作回驳胡先骕攻击新诗的讲演。

1 日 致陆小曼信："多谢你的工楷信，看过颇感爽气。小曼奋起，谁不低头？但愿今后天佑你，体健日增。先从绘画中发见自己的本真，不朽事业，端在人为。你真能提起勇气，不懈怠，不间断的做去，不患不成名。但此时只顾培养功力，切不可容丝毫骄矜。以你聪明，正应取法上上，俾能于线条彩色间见真性情，非得人不知而不愠，未是君子。展览云云，非多年苦功以后谈不到。小曼聪明有余，毅力不足，此虽一般批评，但亦有实情。此后务须做到一毅字，拙夫不才，期相共勉。画快寄来，先睹为幸。"

同日 作诗《山中》，后发表于是年四月二十日《诗刊》第二期。初收上海新月书店一九三一年八月版《猛虎集》。

2 日 作诗《两个月亮》，后发表于是年四月二十日《诗刊》第二期。初收上海新月书店一九三一年八月版《猛虎集》。

3日 致郭有守信，该信所附郭有守跋曰："右代电系守告以陈慧明不与余青松结婚消息，故志摩来一明信片代电，询详情。"

5日 回上海。

7日 去硖石探母病。

同日 作诗《车上》，后发表于是年四月二十日《诗刊》第二期。初收上海新月书店一九三一年八月版《猛虎集》。

8日 致胡适信：

小可敬禀。托庇鸿福，今天早上回本乡小镇。小可的母亲已于三日前出险，现在只是精神疲乏，饮食太少，危险是已经过去的了。只是她老人家消瘦得不成模样，看看都觉心酸。她上半天照例没有气力多说话。但她第一句话是问谁叫我回来的，路如此远，又有功课，来去多不方便。我只能说，本来是春假，原定是要回家看看的。第二句话，她说她早要写信向胡老爷、胡太太道谢。小可在胡家，她万分放心，知道胡老爷、胡太太是待他如何好，果然这回人也胖了，面色也好看了。她只是过意不去，如此平白地搅扰人家！小可当时回说："妈，你还不知道，胡老爷、胡太太固然待小可恩至义尽，还有杨妈妈、大爷、小爷，也把小可当小孩儿一般，小心看待，真是舒服得比在自己家好得多多。"……

回南一路福星，又是叨庇老爷、太太，上帝派一位功高德茂望重群生的刘大主教，一路上陪伴着他，东谈西谈，不叫他寂寞，不让他走邪道。虽大主教自家的鼻子还是照样不狠通顺，说半句话总得咳呛一下，但他自有上帝先生保佑他，也保佑他的鼻子。

小可家里这几日倒颇热闹。儿子在此，另有一家俊小姑娘叫小可“公公”，他小俩口子已经早晚提到结婚拜堂的事，这似乎比到祖望和他的大妹妹更来得急进些。“公公”只顾得和儿子媳妇踢小皮球，方才在一刻钟内已经踢丢两个小皮球。儿子慷慨不过，他掏钱，一共六十子儿！小可就此告罪，不多劳神了。就此叩头道谢。

9日　致陆小曼信：“昨晚打电后，母亲又不甚舒服，亦稍气喘，不绝呻吟。我二时睡，天亮醒回。又闻呻吟，睡眠亦不甚好，今日似略有热度。昨日大解，又稍进烂面或有关系。我等早八时即全家出门去沈家浜上坟。先坐船出市不远，即上岸走。蒋姑母，谷，定表妹亦同行。正逢乡里大迎神会。天气又好，遍里垄尽是人，附近各镇人家亦雇船来看，有桥处更见拥挤。会甚简陋，但乡人兴致极高，排场亦不小。田中一望尽绿，忽来千百张红白绸旗，迎风飘舞，蜿蜒进行，长十丈之龙，有七八(条)。……此时方回，明后日还有迎会。请问洵美有兴致来看乡下景致否，亦未易见到，借此来硖一次何似。方才回镇，船傍岸时，我等俱已前行。父亲最后因篙支不稳，仆倒船头，幸未落水。老人此后行动真应有人随侍矣。今晚父亲与幼仪，阿欢同去杭州。我一人留此伴母，可惜你行动不能自由，梵皇渡今亦有检查，否则同来侍病，岂不是好？洵美诗你已寄出否？明日想做些工，肩负过多，不容懒矣。你昨晚睡得好否？牙如何？至念！回头再通电，你自己保重！”

15日　在《北大学生周刊》第一卷第十期发表诗作《小诗一首》，诗后有编辑永坤附言：“徐先生寄这首诗来，未写题目。可是他的信中有“小诗一首”云云。所以我就将这四个字当成了题目加上了，尚乞徐先生谅之！”

19日　致胡适信：“前日函谅达，此数日病情又有高低。今日上海请来大夫说，目前心藏（脏）虽藉药力维持，而精液已枯，营养无术，至多不出一月。无论如何做儿子的目前无法再走。北方校课如何是好，真急死人。北大方面有（一年级）散文读本及翻译觅替最易，此外长诗研究及十九世纪文学，急切意想不出办法。请假尚有一星期，但不得不防虑万一（现状已不能离）。小弟处处累人，想想自恨，但又有什么法想，老阿哥。女大方面我想托丽琳伯屏暂为凑和，弗必劳神。北大则最好得便即向源宁兄一说。父亲今日去沪，约后日回，容再函闻。”

20 日　在《诗刊》第二期发表译诗《猛虎》（［英］威廉·布莱克[①]作），题名下有注：*The Tiger William Blake*，意为“《猛虎》布莱克作”。初收上海新月书店一九三一年八月版《猛虎集》。

23 日　母亲钱慕英病逝，徐家不让陆小曼前来吊丧，却让张幼仪前来，陆致函泄愤。

同日　致胡适信：“我的母亲已于半小时前瞑目（星期三十一时二十五分）。她老人家实在是太可怜了，一辈子只有劳苦和烦恼，不曾有过一半天的清闲。回想起来，我这做儿子也真是不孝，受了她生养天大的恩惠，付还她的只是忧伤。但她真是仁慈，在病中没有一句怨言，这使我感到加倍的难受。她病中极苦，从上星期六起即转凶，当晚极险，但下一天重复喘息过来和她亲人极亲切的话别。她心上是雪亮的，临死一无畏惧或懦怯的意思。她一生人缘极好，这次病转重以后每天都有狠多的亲友来看她，方才弥留时所有的近亲都在她的身旁。父亲也好，为她念佛祝福。但可怜他老人家从此也变孤单的了（三十七年夫

---

① 布莱克（W·Blake）（1757—1827），英国浪漫主义诗人，作品有《天真之歌》和《经验之歌》等。

妻)。我有五六天不曾解带,有好几次想写信但一行都写不成,方才经过一阵剧烈的悲痛,头脑倒觉得清净些,因此坐下写几行给你,一来报丧,二来我知道你是最能同情,因为你也是最不忘母惠的一人。可怜我从此也是无母的人,昊天罔极,如何如何!”

27日 致函陆小曼,信中说:“……我家欺你,即是欺我:这是事实。……再加不公道的来源,即是自家的父亲,我那晚挺撞了几句,他便到灵前去放声大哭。……(你真不知道大殓那天,我一整天的绞肠的难受),我虽懦顺,决不能就此罢休。但我却要你和我靠在一边,我们要争气,也得两人同心合力的来。我们非得出这口气,小发作是无谓的,别看我脾气好,到了僵的时候,我也可以僵到底的。并且现在母亲已不在。我这份家,我已经一无依恋。……所以第一你要明白,不可过分责怪我。自己保养身体,加倍用功。我们还有不少基本事情,得相互同心的商量,千不可过于懊恼,以致成病,千万千万!……好在到最后,一枝笔总在我手里。我倒要看父亲这样偏袒,能有什么好结果?谁能得什么好处?……”

28日 致梁实秋信:“前天禹九来,知道你又过上海,并且带来青岛的艳闻,我在丧中听到也不禁展颜。下半年又可重叙,好得狠。一多务必回来。《诗刊》二期单等青方贡献。足下、一多、令孺,乞于一星期内赶寄,迟则受罚。”

30日 作《〈诗刊〉前言》,发表于一九三一年四月二十日《诗刊》第二期;原题《前言》,文末署:“志摩,硖石,四月三十日”。初收台湾时报文化出版事业有限公司一九八〇年版《徐志摩诗文补遗》。

按,该文是作者为《诗刊》第二期写的前言,文中道:

《诗刊》的印行本是少数朋友的兴会所引起;说实话我

们当时竟连能否继续一点都未敢自信。但自诗刊出版以来，我们这点子贡献似乎颇得到读者们一些同情的注意，这使我们意外的感到欣幸，并且因而自勉。同时稿件方面，就本期披露的说，新加入的朋友有卞之琳林徽因尺棰宗白华曹葆华孙洵侯诸位，虽然我们致憾于闻朱饶诸位不曾有新作送来。最难得的是梁宗岱先生从柏林赶来论诗的一通长函，他的词意的谨严（最近）今所仅见。

大雨的《自己的写照》，是他的一首一千行长诗的一部，我们请求他先在本期发表。这二百多行诗我个人认为十年来（这就是说自有新诗以来）最精心结构的诗作。……我们热诚的期望他的全诗能早日完成，庶几我们至少有一篇新诗可以时常不汗颜的提到。

……卞之琳与尺棰同是新起的情（清）音。我们觉得欣幸得能在本期初次刊印他们的作品。孙大雨的 King Lear[①] 试译一节也是有趣味的。……

……最后我们要致谢各地来稿的朋友，他们的作品我们虽则抱歉不能一齐刊出，但他们的同情的帮助是我们最铭感的。选稿本是吃力不讨好的事，得罪人往往不免，但我们既然负责做这件事，就不能不有所去取，标准当然是主观的，这也是无可如何的情形。但我们不惮一再要声明的，是我们绝对没有什么派别的成见。做编辑的最大的快乐，永远是作品的发见！[②]

本月 在《现代学生》第一卷第六期发表诗作《残破》。初收

① King Lear：《李尔王》，莎士比亚的悲剧。

② 韩石山编：《徐志摩全集》（第四卷），商务印书馆 2019 年版，第 401—404 页。

上海新月书店一九三一年八月版《猛虎集》。

5 月

5 日　离沪回北平。

12 日　致曹葆华信:“你听错了,昨天我说去清华是本定要陪张韵海夫妇去玩,并非去演说。我丧了老母,自己身体又不见好,心绪亦百无是处,此来纯为功课,二星期后仍须回南开,即多谢你给我许多信,许多诗,如其你不是在别地方发表,那就归我发付如何?你的信因为全寄沪寓,我直到五月才由硖到沪,故未及复,请原谅。现在本星期去清华之说又有些靠不住了,因为张他们定星期四去,我那天是最忙,大约又不能陪行。星期四如果你能于九时到此或可相晤,迟又怕要出门。我诗只有一二首,译了 Blake 一首 Tiger 都登《诗刊》,一星期内当可出版,见面再谈。”

14 日　致陆小曼信:“你又犯老毛病了,不写信。……你一天就是吃,从起身到上床,到合眼,就是吃。也许你想芒果或是想外国白果倒要比想老爷更亲热更急。老爷是一只牛,他的唯一用处是做工赚钱,——也有些可怜:牛这两星期不但要上课还得补课,夜晚又不得睡!心里也不舒泰。……”

16 日　致陆小曼信:“昨天大群人出城去玩,歆海一双,奚若一双。先到玉泉,泉水真好,水底的草叫人爱死,那样的翡翠才是无价之宝。还有的活的珍珠泉水,一颗颗从水底浮起,不由得看的人也觉得心泉里有灵珠浮起。次到香山,看访徽音,养了两月,得了三磅,脸倒叫阳光逼黑不少,充印度美人可不乔装。归途上大家讨论夫妻。人人说到你,你不觉得耳根红热吗?他们都说我脾气太好了,害得你如此这般。我口里不说,心想我曼总有逞强的一天，他们是无家不冒烟，这一点我俩最占光，也不安烟囱，更不说烟。这回我要正式请你陪我到北京来，至少过半个夏。但不知你肯不肯赏脸？……奋发点儿吧，我的小甜娘！也是可怜我们，怎好不顺从一二？我方才看到一首劝孝，词意十分恳切，我看了，有些眼酸，因此抄一份给你，相期彼此共勉。……”

17日 致郭子雄信：“多谢你在海外不忘故人，随时来信。你历年来学业交游，俱皆可羡。我们都等着你回来，为我辈添一旺生气。……今春因适之梦麟之邀请，决意北来，藉清吐纳。北京自是别有气象，尽可徘徊。不意灾祸忽来，老母病剧。甫任匝月，遽而奔回。随侍十余朝，母竟弃养。初丧过后到沪，接弟来第一函。言薛杰蒂将来，当时即将原函交申报冷血，托为登传。到平寓，正值薛氏在北京奏演之前夕。复得来件，已不及交报。又因中途感冒咳呛至苦，次日竟未出门。薛氏留平亦只一夜，不特未能稍尽敬艺之意，并且未得一盼雅乐，负歉至深，然亦无如何事。劳弟叠函谆托，竟得此数，度亦缘定然也。他日如与相值，幸为解释，并致歉枕。我此来又仅留半月，月底又须赶回本乡，为母领帖。再去再来，暑假再去。此半年内往返竟及八次之多，不遑宁处，悲戚横来，亦可怜已。新月书店颇见竭蹶，新由洵美加入，更图兴起。下半年梁实秋、闻一多、孙大雨皆集北京，月刊似移此出版，特刊由我主持，已出二期。初期想已见到，二期即寄，盼弟多寄诗文借重荣光。谢次彭兄想常见面，乞为恳切道念。言笔懒乃如牛，经年不通讯，更无从说起，但想念无时或已，当邀谅察也！”

20日 《新月》主编罗隆基致徐志摩信，请他多多支持《新月》杂志：“《新月》内容非大学负责不可。……你的稿亦太少了，

《新月》内容的退步，大家都要负责任的。”

25日 致卞之琳信：“我此来是太匆忙了，本想找你一谈的，前天见你在班上，本想下课看你一下，又忘了。我明天就走，等回来再约会的了。从文先生极喜你的诗作。在南京《创作》月刊上有文章曾见到否？诗收到，以后如有，陆续寄我。”

同日 致陆小曼信：“你自杭自沪来信均到，甚慰。我定星一（即二十五）下午离平，星三晚十时可到沪。（或迟一班车到亦难说，叫阿根十时即去不误。）次日星四（二十八）一早七时或迟至九时车去硖石，因为即是老太爷寿辰。再隔两天，即是开吊，你得预备累乏几天。最好我到那晚，到即能睡，稍得憩息，也是好的。我这几天累得不成话，一切面谈！请电话通知洵美，二十七晚我家有事交代，请别忘。”

同日 离北平南下。

27日 到上海。

28日 去硖石。

29日 致陆小曼信：“昨晚到家中，设有暖寿素筵。外客极少，高炳文却在老屋里。老小男女来拜寿。新屋客有蒋姑母及诸弟妹，何玉哥、辰嫂、娟哥等。十一时起斋佛，伯父亦搀扶上楼（佛台设楼中间），颇热闹。我打了几圈牌，三时后上床。我睡东厢自己床，有罗纱帐。一睡竟对时。此时（四时）方始下楼。你回家须买些送人食品，不须贵重。行前（后天即阴历十四）先行电知。三时十五分车，我自会到站相候。侍儿带谁？此间一切当可舒服。馀话用电时再说。”

本月 作诗《想像你的句》，后发表于一九三二年六月十四日《天津国民日报》副刊《文学周刊》第五期，诗前有编者按语，诗题下署“徐志摩先生遗作”，诗末注“夜深听雨时写此即以奉贻志摩”。初收商务印书馆二〇一八年版《远山——徐志摩佚作集》(陈建军、徐志东编)。诗前按语云:“这首诗是志摩先生写来送给一位友人的,大约是他在未故前的那个五月里。道歉是必需的,因为诗人已经不在,不能得到他发表的地方和时候的同意。但我们以诚恳来给世界上一点美。志摩先生的友人们,不以为我们唐突吧!”诗云:

想像你的句
如同一支饱餐着风
开向海天澄碧处的
航船;

运用你的字
如同一只蝴蝶
在花香与露气间
舞动他的粉翅。[①]

本月 续成七年前残稿《在病中》,后发表于是年十月五日《诗刊》第三期。初收上海新月书店一九三二年七月版《云游》。作者在诗中想念病中寓居北平西山的宁静秋色,用句隽永绵长:

……
城外,啊西山!
太辜负了,今年,翠微的秋容!
那山中的明月,有弯,也有环;
黄昏时谁在听白杨的哀怨?
谁在寒风里赏归鸟的群喧?

---

① 韩石山编:《徐志摩全集》(第五卷),商务印书馆2019年版,第413页。

……

又如在暑夜看飞星，一道光
碧银银的抹过，更不许端详。
又如兰蕊的清芬偶尔飘过，
谁能留住这没影踪的婀娜？
又如远寺的钟声，随风吹送，
在春宵，轻摇你半残的春梦！[①]

本月 致胡适信："关于北大功课的事，我方才和爸爸商量过，按情理我至少应守孝至断七，再省也省不过五七。因为内地规矩五七最重，但或者过四煞（约五月五）以后，我可以回平一次，再作计较，如此先后，缺课正满一月。此二星期中最好能有人代课。否则，只有暂时指定读物。附致源宁是函，令为加封转去，如平方代者不多觅到，请即飞机回信，容再与父亲商量。五月初先行回校再说，女大事已函丽琳，不另！"

5、6月间 作诗《答叔鲁先生》，后收入台北商务印书馆一九六四年十二月版《胡适之先生诗歌手迹》。

6月

2日 致胡适信："家中丧礼已过，今日回沪。一连几日又闹琐细（与老家），大家受罪皆不愉快，一个执字可怕。我精神极萎靡，失眠头痛，肠胃不舒，抑郁得狠。回平尚未有期，至少似需三天养息方可登程，航行或有机乘，八日先后当可抵平。然家务官司尚未开交，盼能抛撇成行，否则烦恼深陷一无是处，意志将颓，可畏也。物包两个都已交出送来，茶叶两长合托带□□，□当另

① 韩石山编：《徐志摩全集》（第五卷），商务印书馆2019年版，第414—415页。

托人。”

7日 致汤尔和信:“丈真信人也,竟得附骥御风,幸何如之!行期已决定否,启行何时何地,皆求得知,确切下午或晚间拟趋晤,乞示时刻为感。”

14日 致陆小曼信。两人之间的分歧,尤其是经济上的问题愈发严重。徐志摩仍在催促陆小曼离沪来京,重新振作:

> 先说几件事,再报告来平后行踪等情。
>
> ……第二是钱的问题,我是焦急得睡不着。……我不知如何弥补得来?借钱又无处开口……真的踌躇极了。本想有外快来帮助,不幸目前无一事成功,一切飘在云中,如何是好?钱是真可恶,来时不易,去时太易。……结果拮据得手足维艰。此后又与老家说绝,缓急无可通融。我想想,我们夫妻俩真是醒起才是!若再因循,真不是道理。再说我原许你家用及特用每月以五百元为度,我本意教书而外,另有翻译方面二百可恃,两样合起来,平均相近六百,总还易于维持。不想此半年各事颠倒,母亲去世,我奔波往返,如同风里篷帆,身不定,心亦不定,莎士比亚更如何译得?结果仅有学校方面五百多,而第一个月又被扣了一半。眉眉亲爱的,你想我在这情形下,张罗得苦不苦?同时你那里又似乎连五百都还不够用似的,那叫我怎么办?我想好好和你商量,想一长久办法,省得拔脚窝脚,老是不得干净。家用方面,一是屋子,二是车子,三是厨房;这三样都可以节省。照我想,一切家用此后非节到每月四百,总是为难。眉眉,你如能真心帮助我,就得替我想法子……我是星四午前到的,午后出门,第一看奚若,第二看丽琳叔华。……我们自家不知到那天有那福气,做爸妈抱孩子的福气。……至

少我们女儿也得有一个不是？这你也得想想。

……星四下午又见杨金甫，听了不少关于俞珊的话。好一位小姐，差些一个大学都被她闹散了。梁实秋也有不少丑态，……北京最大的是清华问题，闹得人人都头昏。

……星五午刻，我和罗隆基同出城。先在燕京，叔华亦在，从文亦在。我们同去香山看徽音，她还是不见好，新近又发了十天烧，人颇疲乏。孩子倒极俊，可爱得很，眼珠是林家的，脸盘是梁家的。昨在女大，中午叔华请吃鱼鲥鱼蜜酒，饭后谈了不少话，吃茶。有不少客来。……昨晚与李大头在公园，又去市场看王泊生戏，唱逍遥津，大气磅礴，只是有气少韵。座不甚佳，亦因配角大乏之故。今晚唱探母，公主为一民国大学生，唱还对付，貌不佳。他想搭小翠花，如成，倒有希望叫座。此见下海亦不易。说起你们戏唱，现在我亦无所谓了。你高兴，只有俦伴合式，你想唱无妨，但得顾住身体。此地也有捧雪艳琴的。有人要请你做文章。……今天上午余家来，午刻在莎菲家，有叔华、冰心、今甫、性仁等，今晚上沅请客，应酬真厌人，但又不能不去。

说你的画，叔华说原卷太差，说你该看看好些的作品。老金、丽琳张大了眼，他们说孩子是真聪明，这样聪明是糟了可惜。他们总以为在上海是极糟，已往确是糟，你得争气，打出一条路来，一鸣惊人才是。老邓看了颇夸，他拿付裱，裱好他先给题，杏佛也答应题，你非得加倍用功小心，光娘的信到了，照办就是。……

16日　致陆小曼信，再次催促其离沪来京：

……离家已一星期，你还无信，你忙些什么？文伯怎样了？此地朋友都极关切，如能行动，赶快北来，根本调理为是。奚若已到南京，或去上海看他（你）。节前盼能得到薪水，一有即寄银行。

我家真算糊涂，我的衣服一共能有几件。此来两件单哔叽都不在箱内！天又热，我只有一件白大褂，此地做又无钱，还有那件羽纱，你说染了再做的，做了没有！

我要洵美（姜黄的）那样的做一件。还有那匹夏布做两件大褂，馀下有多，做衫裤，都得赶快做。你自己老爷的衣服，劳驾得照管一下。我又无人可商量的。做好立即寄来等穿，你们想必又在忙唱，唱是也得到北京来的。昨晚我看几家小姐演戏，北京是演戏的地方，上海不行的，那有什么法子！

今晚在北海，有金甫、老邓、叔华、性仁。风光的美不可言喻。星光下的树你见过没有？还有夜莺；但此类话你是不要听的，我说也徒然。硖石有无消息，前天那飞信是否隔一天到？

17日 致卞之琳信："我又回来了。从文已来看过你。《华北副刊》见到你的诗，《诗刊》第三期我在动手编，要你至少三四首，但旧的多半似已被从文送做人情，深怕挑了重的，似与《诗刊》信用有关。在十日半月内，我盼望你有新作给我，请努力一下。《诗刊》既已办起，不能不继续。你夏间留此否？"

25日 致陆小曼信。再次提醒她重新振作，进行创作，并强调学画应以来北平为上：

……凡事总得有个节制，不可太任性。你年近三十，究已不是孩子。此后更当谨细为是！目前你说你立志要学好一门画再见从前朋友，这是你的傲气地方，我也懂得，而且同情。只是既然你专心而且诚意学画，那就非得取法乎上，第一得眼界高而宽。上海地方气魄终究有限。瑞午老兄家的珍品恐怕靠不住的居多。我说了，他也许有气，这回带来的画，我也不曾打开看。此地叔存他们看见，都打哈哈！笑得我脸红。尤其他那别出心裁的装潢，更教他们摇头。你临的那幅画也不见得高明。不过此次自然是我说明是为骗外国人的。也是我太托大。事实上，北京几个外国朋友看中国东西就够刁的。画当然全部带回。娘的东西如要全部收回，亦可请来信提及，当照办！他们看来，就只一个玉瓶，一两件瓷还可以，别的都无多希望。少麻烦也好，我是不敢再瞎起劲的了！

再说到你学画，你实在应得到北京来才是正理。一个故宫就够你长年临摹。眼界不高，腕下是不能有神的。凭你的聪明，决不是临摹就算完毕事。……人家都是团圆的了。叔华已得了通伯，徽音亦有了思成，别的人更不必说常年常日不分离的。就是你我，一南一北。……我是无法勉强你的；我要你来，你不肯来，我有甚么法想？明知勉强的事是不彻底的；所以看情形只能各是其是。只是你不来，我全部收入，管上海家尚虑不足。自己一人在此，决无希望独立门户，胡家虽然待我极好，我不能不感到寄人篱下，我真也不知怎样想才好！

我月内决不能动身，说实话，来回票都卖了垫用，这一时借钱度日。我在托歆海替我设法飞回。不是我乐意冒险，实在是为省钱。况且欧亚航空是极稳妥的，你不必过虑。……

你的画已经裱好，很神气的一大卷。方才在公园，王梦白、杨仲子诸法家见我挟着卷子，问是什么精品？我先请老乡题，此外你要谁题，可点品，适之要否？

我这人大约一生就是为朋友忙！来此两星期，说也惭愧，除了考试改卷算是天大正事，此外都是朋友，永远是朋友。杨振声忙了我不少时间，叔华、从文又忙了我不少时间，通伯、思成又是，蔡先生、钱昌照（次长）来，又得忙配享，还有洋鬼子！……

30日 致赵家璧信："你的信颇使我感动，一来你写得十分真挚，二来，我在光华先后几年确有使我系恋的地方。诸同学对我的感情，如今在回念中当是有甜味的。我是极不愿脱离光华的，但一因去年不幸的风潮，又为上海生活于我实在不相宜，再因北方朋友多，加以再三的敦促，因而才决定北来的。上次在上海时你们诸位说起要我回上海，我确是未尝不心动；但北来后北大方面又起恐慌，因为原定杨今甫来长文学院，青岛梁闻诸先生都可以同来，那这边自不愁人手缺少，不想结果青岛一个人都不能来，北大英文系专任教授除温源宁外仅我一人，而且温先生又宣言如果我走他也不干。而英文系学生竟有一百人之多！所以张校长来电话，我还是决定留此不回南。同时诸弟的好意我是十分的领受，我虽不能走，我极盼你们能得到比我远胜的导师，我不久仍要回上海，想去牯岭歇暑，到上海时或能与诸弟再叙一次。你能如此黾勉从学，我是说不尽的欢喜，你研究古希（腊），尤其是好门径。你并且已读 Prof. Gilbert Murray[①] 及 Lindsay，Langstone 诸大家的书，那你自会寻出头绪来。我的意思柏拉图

---

① Gilbert Murray：默里（1866—1957年），英国古典学者。他翻译了古代希腊戏剧大师埃斯库罗斯、索福克勒斯、欧里庇得斯和阿里斯托芬的作品，使他们的作品在现代舞台上重新受到欢迎。另著有《希腊史诗的兴起》、《希腊宗教的五个阶段》等著作。

的每篇会话尤应熟读，你如有钱置备的话，不妨买一套 Jowett[①] 的全集，这是提纲挈领的方法，不可省的。关于戏剧，Prof. G. M 当然是一个最可靠的引导。我等着看你的成绩，你向前努力吧！”

本月 帮助沈从文筹措送丁玲母子回湘西常德的路费。

本月 请胡适、杨杏佛等人为陆小曼画的山水卷题诗（均未发表）。

胡适题：“画山要看山，画马要看马。闭门造云岚，终算不得画。小曼聪明人，莫走这条路。拚得死功夫，自成真意趣。”

杨杏佛题：“手底忽现桃花源，胸中自有云梦泽。造化游戏成溪山，莫将耳目为桔桎。”

徐志摩《题小曼山水画》：“蛮姑老笔气清苍，无限江山入混茫。曾向鸥波窥画诀，笔端截取郭河阳。”[②]

本月 在《新月》月刊第三卷第八号发表诗作《卑微》，初收上海新月书店一九三一年八月版《猛虎集》。

7月

1日 致张慰慈夫妇信。信中道：

得文伯来书知慰迟已回沪。文伯渐愈，不日即可北来，至以为慰。

你们下半年计画已有决定否？

我这个世界有些住腻的了，我这一年也不知那来的晦

---

① Jowett：周伊特（1817—1893年），英国传教士、古典学者，以翻译柏拉图著作而知名。

② 陈建军、徐志东：《远山——徐志摩佚作集》，商务印书馆2018年版，第3页。

气。母亲死还不算，老头子和老家闹的僵绝，乌烟瘴气谁都受罪。又犯了驿马命，南北奔波至八次之多，钱化得九孔十穿，掩补都来不及。

更难受是小曼还来和我打架，我上海实在不能住，我请她北来她不肯，近几日来信大发脾气，害得我也怨天怨地坐立不是。我实是为等候飞机(保君建①请客)，顺便省旅费。她又不谅，来信怨气甚浓。我想想她也有苦衷哪。我何尝不知道，我又何尝不想凑和著她，我又何尝甘愿睽分南北？但上海生活实在为难，我本心境已坏，但藉小曼明白了解以为唯一安慰，如今她又因为我偶发牢骚就此生怒，我真有些回顾苍茫，悲观起来了。我决于十日左右动身，结果飞行恐仍不能成功，盼在上海能见著文伯和你，(夏新完全茫然！)，同时请你劝劝小曼，为我解释一二。梦绿一同此来否？

4日　致陆小曼信："你昨天的信更见你的气愤，结果你也把我气病了。我愁得如同见鬼，昨晚整宵不得睡。……至少让我们俩心平意和的过日子，老话说得好，逆来要顺受。我们今年运道似乎格外不佳。我们更当谨慎，别带坏了感情和身体。……现在好在你已在画一门寻得门径，我何尝不愿你竿头日进。……即如此次我带了你的卷子到处给人看，有人夸，我心里就喜，还不是吗？一切等我到上海再定夺。天无绝人之路，我也这么想，我计算到上海怕得要七月十三四，因为亚东等我一篇《醒世姻缘》的序，有一百元酬报，我也已答应，不能不赶成，还有另一篇文章也得这几天内赶好。……"

7日　致林徽音信：

---

① 时在南京航空部门工作。

我愁望着云泞的天和泥泞的地，直担心你们上山一路平安，到山上大家都安好否？我在记念。

我回家累得直挺在床上，像死人——也不知那来的累。适之在午饭时说笑话，我照例照规矩把笑放上嘴边，但那笑仿佛离嘴有半尺来远，脸上的皮肉像是经过风腊，再不能活动！

下午忽然诗兴发作，不断的抽着烟，茶倒空了两壶，在两小时内，居然诌得了一首。哲学家[1]上来看见，端详了十多分钟，然后正色的说："It is one of your very best."[2]但哲学家关于美术作品只往往挑错的东西来夸，因而，我还不敢自信，现在抄了去请教女诗人，敬求指正！

雨下得凶，电话电灯全断。我讨得半根蜡，匐伏在桌上胡乱写。上次扭筋的脚有些生痛。一躺平眼睛发跳，全身的脉搏都似乎分明的觉得。再有两天如此，一定病倒——但希望天可以放晴。

思成恐怕也有些着凉，我保荐喝一大碗姜糖汤，妙药也！宝宝老太都还高兴否？我还牵记你家矮墙上的艳阳。此去归来时难说定，敬礼山中人"神仙生活"，快乐康强！

脚疼人　洋郎牵（洋）牛渡（洋）河夜

你去

你去，我也走，我们在此分手；

你上那一条大路，你放心走，

---

① 指金岳霖。

② 这是你最好的诗之一。

你看那街灯一直亮到天边，
你只消跟从这光明的直线！
你先走，我站在此地望着你：
放轻些脚步，别教灰土扬起，
我要认清你远去的身影，
直到距离使我认你不分明。
再不然，我就叫响你的名字，
不断的提醒你，有我在这里，
为消解荒街与深晚的荒凉，
目送你归去……
不，我自有主张，
你不必为我忧虑；你走大路，
我进这条小巷。你看那株树，
高抵着天，我走到那边转弯，
再过去是一片荒野的凌乱；
有深潭，有浅洼，半亮着止水，
在夜芒中像是纷披的眼泪；
有乱石，有钩刺胫踝的蔓草，
在守候过路人疏神时绊倒，
但你不必焦心，我有的是胆，
凶险的途程不能使我心寒。
等你走远，我就大步的向前，
这荒野有的是夜露的清鲜；
也不愁愁云深裹，但求风动，
云海里便波涌星斗的流汞；
更何况永远照彻我的心底，

有那颗不夜的明珠，我爱——你！

按，诗作《你去》后发表于是年十月五日《诗刊》第三期。初收上海新月书店一九三二年七月版《云游》。

8日 致陆小曼信：

……你不记得我们的"翡冷翠的一夜"在松树七号墙角里亲别的时候？我就不懂何以做了夫妻，形迹反而得往疏里去！那是一个错误。

……我在狠命写《醒世姻缘》序，但是笔是秃定的了，怎样好？

诗倒做了几首。北大招考。尚得帮忙。

老金、丽琳想你送画，他们二十走，即寄尚可及。

杨宗翰（字伯屏）也求你画扇。

9日 致傅斯年信：

我叫新月寄一份我第三集诗的校样给你——供给你一个出气的机会，好不？《诗刊》第二期印得三百多处错，尤其大雨的长诗，一并送你挨骂！

我十二又得滚了。祝你胖福无疆！

同日 作诗《鲤跳》，后发表于是年八月《新月》月刊第三卷第十号。初收上海新月书店一九三二年七月版《云游》。

10日 作《醒世姻缘》序，后发表于一九三二年一月十日《新月》月刊第四卷第一号。初收台湾传记文学出版社一九六九年版《徐志摩全集》第六卷。该文开篇阐述了自己作序的因缘：

去年夏天我在病中问适之先生借小说看，他给了我一部木版的《醒世姻缘》，两大函，二十大本。我打开看时，纸是黄得发焦，字印得不清亮，线装都已断线，每叶上又全有蠹鱼的痕迹，脆薄得像竹衣，一沾手就破裂。我躺在床上略略一翻动，心就着慌，因为纸片竟像是蝴蝶粉翅似的有挂宕的，有翕张的，有飞扬的，我想糟，木板书原来是备供不备看的，这二十大本如何完篇得了——结果看不到半本就放下了。

隔一天适之来看我，问醒世姻缘看得如何。我皱着眉说那部书实在不容易伺候，手拿着本子一条心直怕它变蝴蝶，故事再好也看不进去。适之大笑说这也难怪你，但书是真不坏，即不为消遣病钟点你也得看，现在这样罢，亚东正在翻印这部书，有一份校样在我那里，那是洋纸印铅字，外加标点，醒目得多，我送那一部给你看罢。

果然是醒目得多！这来我一看入港，连病也忘了，天热也忘了，终日看，通宵看，眼酸也不管，还不得打连珠的哈哈。……①

12日 离北平南下。致刘湘山信："真对不住你！我这半年因母病母丧南北奔波到八次之多，函件不少因转寄遗失或耽误，你的书稿直到前天才从胡适之先生的书堆里觅出校正，现在赶快寄回给你了，我又要跑了。"

14日 到上海。

16日 致胡适信：

一路托庇福星，凉快异常。江北北南，到处闹水。南京见到蔡先生，精神甚旺，真可佩服。谈到我们朋友的事，他颇不以为然，说他上有高堂，儿女成行，又身为社会柱石，决不可造次。说到出路，他倒看得容易，他说只消劝对方另寻生路，同时减少他俩接近机会，他们也自会冷淡起来。他说

① 韩石山编：《徐志摩全集》(第四卷)，商务印书馆2019年版，第405—418页。

可以看翰笙谈谈。(此信请弗让任何人知晓,我们本不过探探老辈口气而已。再说他们本人终究作何计较我们也还不知,我看我们不如把此事暂时搁置不提——除非另有急进消息,必需我们做朋友的取定态度。老头的理由,固然正当,但本人岂有虑不及此?四十五岁以上的人的性情我素无研究,不敢妄下判断。)

骝先昨已去北平割鼻,当可见到。此公亦劬劳逾度神经衰弱可虑,他一边情形正相反,夫人是太美了一点!我看人类是没办法的,左右都无是处!

过南京被老谢小郭他们留住了一天,晚上刘伯良请客,又出了一个岔子。悲鸿也是太劳,胃病,又睡不好。我那天下午在他家,他给我看画,好好的,晚上与他的夫人同在蜀峡,坐席后称病先走,夫人留,饭后我们同去"探病",则先生已拿了随身皮包走了!夫人大窘,据说又并无口角,于是大队朋友,都向车站搜索,我夜车走,车上觅不到,今日南京尚无信来,不知这位艺术家是往哪里去了?

昨清早到上海(振飞前天走)。小曼发电时无病,电后果发热两次。昨大夫来,又说肺弱须防,我的哥,你说这怎么得了?她曾发见痰中有血。好了,我连日不咳嗽吗?今天早起更凶,连吐了几口,也见血——分明是血,你说可乐不?我是不相干的,大约苦咳伤肺,也许得吃点药就会好的。但小曼倒是可忧,我看她的程度比我那位"山友"强不了多少。真糟!

说些开胃话吧!昨晚我家大集会,我报人名你听听,洵美、小蝶夫妇、朱维基、芳信、孙大雨、高植、邵寒梅、光宇、增宇、隆基、有乾、增嘏,还有别的几个人。那套《竟畅图咏》大获欣赏，洵美道谢。老罗也有了艳迹——在琼楼高处，洵美昨演说经过，合座喷饭，今下午“小姐”请茶，老罗已敬谨电约，候亲承色泽后再作报告。

三期《诗刊》候您的大文，前辈先生，当不吝教。宗岱论平仄跨句几点，可否另条抒摅高见？我要叩首道谢你们合家！胡太太真想得周到，路上的徽茶真是我的唯一良伴。你们在这里如有差遣，小弟是日夜伺候著！

19 日　作诗《火车禽住轨》，后发表于是年十月五日《诗刊》第三期，原题《一片糊涂账》，是徐志摩最后一篇诗作。初收上海新月书店一九三二年七月版《云游》。

25 日　致胡适信，催促其为《诗刊》撰稿：

……上海无甚新鲜。腴庐惨死想早知详情，昨天在殡仪馆行礼，新娘来惨叫一声，在座人无不掉泪。吴老头说几句也是泪汪汪的。他真是替子文做死鬼，那天要不是有他在，子文准死无疑。秘书做了部长的护身肉盾牌！……

风云又紧急了，听说永定河又发水，北平无妨碍否？教育能不受影响否？做中国人真是没有一天安静日子过。

三期《诗刊》单等你允许我的文章了，千万立即写寄。老前辈总得尽尽指导，我第三集诗即日出版，叫《猛虎集》。回来后又做过两首诗，你山上去过否？

关于我们朋友的事，杏佛来信说——翰笙夫人来京，据说彼俩已有计划三年内养病读书（补英文），三年后出洋。既如此殊不劳旁（人）着急矣。蔡先生也主张听其自然矣。……

30 日　致胡适信：“昨日为先母百日祭辰回硖。天渐炎热，今日竟有大赤膊必要。报载北平大热，路有倒毙。百松园中又当满月，文伯已能举杯邀明月否。阿欢新习孔庙碑隶字尚见腕力，兹附去几页请胡伯伯评正并交祖望三爷。我明日去沪，新六日内当可回来。”

本月 在《新月》月刊第三卷第九号发表诗作《泰山》。

山！
你的阔大的巉岩，
像是绝海的惊涛，
忽地飞来，
凌空
不动，
在沈默的承受
日月与云霞拥戴的光豪；
……①

8月

6日 致钱芥尘信：

方才看到这期贵报，关于我的小报告。不想像我这样一个闲散人的生活行踪也还有人在注意，别处的消息我也曾听到一点，多谢你们好意为我更正，但就这节小报告也还是不对。现在既经一再提到，我想还是我自己来说明白，省得以讹传讹，连累有的朋友们为我耽忧。关于我的行踪，说来也难怪人家看不清楚。在半年内我在上海，北平间来回了八次，半月前在北平，现在上海，再过一半个月也许不在北平了！我是在北京大学教书，家暂时还没有搬，穿梭似来

① 韩石山编：《徐志摩全集》（第五卷），商务印书馆2019年版，第422页。

回的理由是因为我初春去北平后不多时先母即得病，终于弃养，我如何能不奔波？关于我和小曼失和的消息，想必是我独身北去所引起的一种悬测，这也难怪。再说我们也不知犯了什么煞运，自从结缡以来，不时得挨受完全无稽的离奇的谣诼，我们老都老了，小曼常说，为什么人家偏爱造你我的谣言？事实是我们不但从未“失和”，并且连贵报所谓的“龃龉”都从来没有知道过。说起传言，真有绝妙的事，前几天《社会日报》也有一则新闻说到我夫妻失和，但我的夫人却变作了唐瑛[1]，我不知道李祖法[2]先生有信去抗议了没有。

13日　致胡适信：

到底还是胡子老大哥法力高强，把你请出了北京城，让你享几天闲福。秦皇岛我不曾到过，料想与北戴河不相上下。

……南来作品除三两首诗，续成一篇小说外，别无可说。我的《猛虎集》不久印得，第三期《诗刊》亦已付印——又没有你的文章！洵美每天见面。……

还有一件事，孙大雨又译了几百行哈姆雷德，颇见笔力，他决定先译 King Lear[3]，我想他是 at least as good as any of us[4]，我举荐他给你的译会，如其他答应五个月内交稿，他可否希望先支用二百块钱？请复信。

说起上月女大的二百六十薪金，不知是否已由杨宗翰

① 上海名媛，当时有“北有陆小曼，南有唐瑛”之说。

② 唐瑛的丈夫，留学日本。

③ King Lear：《李尔王》，莎士比亚的悲剧。

④ 至少像我们几个一样的好。

付交给你。现在又等著用七月份的钱了,不知月中旬有希望否,迟到二十五不来,我又该穷僵了。兴业还是挂着帐,你回北京时请为代询,如发薪有期,可否仍照上月办法,请你给我一张你的支票。

19日 致胡适信,谈“新月”招股事:

……新月不日开股东会,书稿陆续已收下不少,有钱即可大批付印。新股招得虽有,但现金流通终感不便,因此我们向公权商量在中国银行做壹万元透支。本想由洵美公权各半担保,后来公权意思要多拉一个保人,由洵美保四千,季高保三千,再有三千事实上由公权负责,但他是本行人,所以他主张用你出名。季高处我已去说好,现在单等你来信指定公权或别人为你代签,此事即可办好。最好请你在给我信内附一信给公权,至盼从速。有了钱,九月即有十几部书可出。上沅、丁妩并盼转告。

明后日我又须回硖石过节,日内再写信。

按,徐志摩后又于是年致胡适信,谈及为新月扩充股份一事,致信具体日期不详。信中道:“再有一件要事,昨夜在中社为新月扩充股份开会,成绩极佳。现决定另招三万,股不足以透支足之,分十五组径招,每组任二千。李孤帆颇热心,自任一份外,另任招二组数目。马君武将去香港,至少招二千,多致二万二(那就扩成五万了)。此外,任坚、品琴、老罗、春舫、洵美、‘光旦和我’、陈光甫、‘老八公权’、新六、季高,各任一组。北京责成你和公超负责一组,我想源宁等当然得招致入伙。计划不久印得,大致拟岁出书至少五十种,此外办《新月》及书报流通社。期限为三月十五日。这消息想你一定乐于听到。我们这份基础,决不能放弃,大家放出精神来做吧。

再有：老罗家又闹翻了，昨晚我和光旦又看戏，半夜我做侠客将罗太太救出家来，昨夜住我家。我看这对夫妻终究有些难，详情见面再说。”

23日 作《猛虎集》序，初收上海新月书店一九三一年八月版《猛虎集》。序中道：

在诗集子前面说话不是一件容易讨好的事。说得近于夸张了自己面上说不过去，过分谦恭又似乎对不起读者。最干脆的办法是什么话也不提，好歹让诗篇它们自身去承当。……

我的第一集诗——《志摩的诗》——是我十一年回国后两年内写的；在这集子里初期的汹涌性虽已消灭，但大部分还是情感的无关阑的泛滥，什么诗的艺术或技巧都谈不到。这问题一直要到民国十五年我和一多今甫一群朋友在《晨报副镌》刊行诗刊时方才开始讨论到。一多不仅是诗人，他也是最有兴味探讨诗的理论和艺术的一个人。我想这五六年来我们几个写诗的朋友多少都受到《死水》的作者的影响。我的笔本来是最不受羁勒的一匹野马，看到了一多的谨严的作品我方才憬悟到我自己的野性；但我素性的落拓始终不容我追随一多他们在诗的理论方面下过任何细密的工夫。

我的第二集诗——《翡冷翠的一夜》——可以说是我的生活上的又一个较大的波折的留痕。我把诗稿送给一多看，他回信说“这比《志摩的诗》确乎是进步了——一个绝大的进步”。他的好话我是最愿意听的，但我在诗的“技巧”方面还是那楞生生的丝毫没有把握。

最近这几年生活不仅是极平凡，简直是到了枯窘的深处。跟着诗的产量也尽“向瘦小里耗”。要不是去年在中大认识了梦家和玮德两个年青的诗人，他们对于诗的热情在无形中又鼓动了我奄奄的诗心，第二次又印《诗刊》，我对于诗的兴味，我信，竟可以消沈到几于完全没有。今年在六个月内在上海与北京间来回奔波了八次，遭了母丧，又有别的不少烦心的事，人是疲乏极了的，但继续的行动与北京的风光却又在无意中摇活了我久蛰的性灵。抬起头居然又见到天了。眼睛睁开了心也跟着开始了跳动。嫩芽的青紫，劳苦社会的光与影，悲欢的图案，一切的动，一切的静，重复在我的眼前展开，有声色与有情感的世界重复为我存在；这仿佛是为了要挽救一个曾经有单纯信仰的流入怀疑的颓废，那在帷幕中隐藏着的神通又在那里栩栩的生动：显示它的博大与精微，要他认清方向，再别错走了路。

……你们也不用提醒我这是什么日子；不用告诉我这遍地的灾荒，与现有的以及在隐伏中的更大的变乱，不用向我说正今天就有千万人在大水里和身子浸着，或是有千千万人在极度的饥饿中叫救命；也不用劝告我说几行有韵或无韵的诗句是救不活半条人命的；更不用指点我说我的思想是落伍或是我的韵脚是根据不合时宜的意识形态的……诗人也是种痴鸟，他把他的柔软的心窝紧抵着蔷薇的花刺，口里不住的唱着星月的光辉与人类的希望，非到他的心血滴出来把白花染成大红他不住口。他的痛苦与快乐是浑成的一片。[①]

25日　致胡适信，催促其完成《醒世姻缘》序文，信中道：

① 韩石山编：《徐志摩全集》(第四卷)，商务印书馆2019年版，第419页。

……我上函说起在中国银行做透支的事，想已有复信在途。新月的希望全看这一新的光景。萧克木任内确有不少疮孔，我们对他那一番信任至少是枉费的。用人真是不易。亚东款尚未交来，又劳费心。来函所说女大钱难道还只是六月份的，七月份薪岂尚未发？月底如有八月份薪可否为我送交金城陈图南嘱即汇。书生无处不愁穷，如何是好。

《醒世姻缘》你的序文已否脱稿，此间急于看书的人甚多，亚东亦必焦急，你材料现在手边，何不为他们赶成了呢？

老罗说你夸他，高兴之至。他又做了一篇论法治的文章，说是"不露骨"。余太太要辞，你留过她否，我们不能不请她特别牺牲。

27 日　致胡适信：

慰慈已有两函寄去，他已决意不北，非复言语友谊所能动。你们再不必盼望他。枚生兄另请高明要紧，他为虑到牵及任光，光华也许不就。他说寻口苦饭吃总有地方的。

陈巨来刻了一个图章给你，等我带给你，印样附给你看看，他要求你一把扇子，你知道他不？他为况蕙老的女婿，现在南方刻石，赵叔孺外要算他了。

我病已稍好，本想早日回平，但家中八月初一（旧历）尚有事，须过此方能成行。风雨后月色益佳，可惜在上海连个月亮都无相当地处看去。我颇记念你家的松荫。

31 日　致胡适信："慰慈今晚在我家已决定遵命北去。像你这样的赤心与至诚，为朋友也为学校，我们如何能不感动！……梦麟先生枚生兄外恕不另报。反正现在人请到，皆大欢喜，再没有别的了。我们大约半月内总可回平。我现在天天盼着北平来款，手头又拮据得不像样了。萧恩承兄今晚北上，他来看我二次都不曾见到，极歉。他从南国来一定有消息听，他一定来看你的。大雨也等钱才能动身，请告源宁兄。”

本月 致陶孟和信：“年轻的时候还好些，什么都在生长，每天可以得到新知识，每年得到新朋友。等到一进入中年，虽不定是常言说的事事俱非，但生活范围的趋向狭窄，是不容易否认的。”

本月 在《新月》月刊第三卷第十号发表诗作《渺小》，初收上海新月书店一九三一年八月版《猛虎集》。

本月 诗歌集《猛虎集》由上海新月书店出版。诗集中所收录的诗歌《阔的海》、《给——》写作时间和发表报刊不详；诗作《献词》初收于此诗集，后改题《云游》发表于是年十月五日《诗刊》第三期，并收入上海新月书店一九三二年七月版《云游》。

按，“徐志摩的《云游》不但在构思上受到《水仙》的启示，而且体式上也用了同样的十四行。《云游》用的是莎士比亚体，三个四行节加一个两行节构成，但在韵式上，他对莎体做了修改，将前两节韵脚改为‘AABB，CCDD’，后面两节的则保持不变，仍为‘EFEF，GG’。”[1]

本月 沈从文到胡适的家里去拜访徐志摩，徐谈及想请沈从文为自己写传一事。

按，“徐志摩向沈从文讲述了自己青年时代的故事，林徽因就是他故事里的女主角。他还讲到自己与陆小曼的恋爱、结婚及现在的状况。徐志摩向沈从文透露，他有一个装着这些内容

① 黄红春：《古典与浪漫：新月派文学观念研究》，江西人民出版社 2015 年版，第 130 页。

的箱子，现在放在硖石乡下。自己这一年中在北平和上海之间往返，所以没把箱子带在身边。他惋惜青年时代的那段故事现在还不宜写出来，但希望等他老后，等大家都老一点后，请沈从文参考他八宝箱里的东西为他写传。……关于沈从文为徐志摩写传的事情，凌淑华也讲到过。她说：'今年夏天，从文答应给他写小说，所以把他天堂地狱的案件带来与他看，我也听他提过（从前他去欧时已给我看过，解说甚详，也叫我万一他不回来时为他写小说），不意人未见也就永远不能见了。'"①

暑假后　又兼南京中央大学教授之职。

9 月

3 日　致胡适信：

……夜间你的长信来了，他方释然，他是个孩子，孩子是要带三分哄的。他今天电已发出，总不致改（再）有变动的了。胡太太听了怕也要笑他孩子脾气吧。

我昨从硖石出来，见到源宁和梦麟逵羽催我回校的二电，但我总得过十三号方可成行。此次小曼许我已是不易，况且我确有些待处理的家事。此去至少有三四月，不能不负些责任，同时我自己是极愿尽早回平。源宁说他夫人有产事，我也知道他独立支撑，我的心上是十分的过不去。但是事实上我不能早离，我昨晚寻思了多时，想只有托你转求黄方纲兄，即日替我代理一些系里的事，帮源宁的忙。如果是关于编排功课方面的事，又得奉烦老大哥代劳一二，帮著源宁决定。一是此后既是专任又是特别待遇，我自然得尽

① 丁言昭：《骄傲的女神林徽因》，上海书店出版社2002年版，第105页。

我的心力做事，再要不成的话，我从此也不必做事了。同时此函到后，务希即为通知源宁兄，为问此十日内如有助理必要只能先请方纲兄代劳。梦麟先生逵羽处并烦致意，我想省发电报了。

还有孙大雨的事，已否向源宁说及，他也得有钱才能走。诗人们都是闹穷，有甚法想？

梦麟电上说款即汇，但未到，即亚东＄150亦未送来不知何故。七八月份薪如能同时领到，则颇可观，共合一千〇六十元(?)果然请但寄我七百元，径汇兴业最便。我身负债累累，迟不能行，半亦为此。

新月透支已做好，此一年当可出一批书。兴衰存亡在此一举。公权特别帮忙，可感。利息只取八厘，以视新六之谨慎，真不可同日而语。

昨在沪杭车上与新六长谈，此君亦多感喟，后日更约A. Rose、隆基叙谈。

唐瑛书已还来，说要为腴庐出一纪念集，请你做一篇。他的英文论文已在收集，杏佛或任编辑。我一晚忽然心动，译了罗朱果园全景二百多行(似前函已说及)，洵美颇为咋舌。《孟虎集》已寄到否，文伯常见否，来函隽逸可喜，见为致谢。

6日　致胡适信：

拜托一件事，附去一个条子上的望孙先生是我的堂兄，他儿子惺堂是我家的医生，他一定要求你一页像赞，不拘四字八字都成，而且非得请你信到即题，因为日子已经急促，多谢你。

一连不知多少天风雨连绵，竟像是末日到了的样子，我是最感受天时变化的，这几日简直的生了忧郁病，精神身体都不受用。时局又像是要发生变化……

秋天竟有兴作郊游，可喜。我此夏又在混朦中度过，颇急于回平，一清吐纳，但小曼非留到十五不放，一无法想。前信谅到，方纲兄能代劳否？

同日 致舒新城信："今有中大同学张震方译成《和声学》全书，嘱为绍介，不知中华需用是项译述否？张君特来奉谒，乞赐接谈至荷。"

9日 致胡适信，报告《新月》被扣事件："《新月》又几乎出乱子。隆基在本期《新月》的《什么是法治》又犯了忌讳，昨付寄的四百本《新月》当时被扣，并且声言明日抄店，幸亏洵美手段高妙，不但不出乱子，而且所扣书仍可发还。相见不远，不再写信了。"

14日 致胡适信，信中道：

……我们本定十六离宁，十八到平，不意小曼又连发了几天寒热，我在南京又有事须逗留一天，结果至早恐须十七过江。离沪时更容电告，还有大雨的事，也使我觉得为难。他非得有一个月的薪水到才能走路，他去电要钱，师大回电叫他借钱上路，'到平后再行筹还'。大雨颇不高兴，认为来意不诚，他需钱是实情，我也穷得自身难保，又不能借钱给他。他到北平，本由我一手经理，因为源宁急于要人，我所以一面替他挡开武大安大，一面又挡开光华暨南，不想师大到今天还无线寄来。我前天电致源宁，请他电汇，今天还未得回信。我们三人本定同走的，现在要把他撇下，实在是不好意思。这信到时，烦劳老大哥再电源宁一问，无论如何得寄他至少三百元，否则大雨一怒，不去北平倒还没有什么，如果连累他半年失业，我如何过意得去！

象赞收到，请代我的侄儿叩谢，以后再不敢多‘托’，请放心。……

按，是年，徐志摩尚有两信致胡适，致信日期不详。

其中一封写道：

那丹麦王子 Iharhm rpuievashialin 变了我的态度，整天整夜的后脑子想，也是想不清一条干脆的路子，适之——我的心真碎了！在北京朋友里，我只靠傍着你，你不要抛弃我，无论在什么时候，你能允许我吗？

适之，我替你祈祷，你早早恢复健康，我们不能少你的帮忙，你应该做的事情多着哩。

另一封道：

眉这孩子，娇养大□了，这回连老师都有得来哄着她爬在床边写，结果热度增高，其情着实可怜，老师啊老师。

她一半天就有回信给你，她盼你回，快快！

老金□□□lilm 住曼原卧室（曼病后移东厢，怕鬼也）。本来我是单上朝，这来变了双上朝。

话太多了，这纸上如何谈得了，真想立刻见你才好。

我如走，绍原替我。（你在沪如有杂志随感之类，何不寄给我？）见面谈吧，老阿哥，这信盼寄到。”

20 日　在《北斗》创刊号发表诗作《雁儿们》，初收上海新月书店一九三二年七月版《云游》。诗云：

雁儿们在云空里飞，
看她们的翅膀，
看她们的翅膀，
有时候纡回，

有时候匆忙。

……[1]

"九一八"事变后 致卞之琳信："上海无信，《诗刊》都未寄来。《群鸦集》大致未排，改动不难，当照办。译诗极佳，哈代一诗我亦曾译过，但，弟译高明得多，甚佩。来此昏闷过日，仅得一诗而已，亦不足观。译书我主张译 W. H. Hudson Green Mansions[2]，何如？"

秋 作诗《领罪》、《难忘》，后均发表于一九三二年七月三十日《诗刊》第四期，初均收上海新月书店一九三二年七月版《云游》。

按，"1931 年 9 月，陈梦家从新月诗派发展历程中三份最重要的期刊——北京时期的《晨报副刊·诗镌》、上海时期的《新月》诗刊与《诗刊》季刊上，挑选 18 月新月诗人的 80 首诗作，编成了一部诗集《新月诗选》。在诗集的长篇序言中，陈梦家对新月诗人共同追求的诗歌理论、创作态度和风格做了说明。入选《新月诗选》的诗人包括徐志摩、闻一多、饶孟侃……"[3]

秋 介绍沈从文去青岛大学任教。

秋 译英国剧作家莎士比亚的戏剧《罗米欧与朱丽叶(第二幕第二景)》，后发表于一九三二年一月一日《新月》月刊第四卷第一号，又载一九三二年七月三十日《诗刊》第四期，初收上海新月书店一九三二年七月版《云游》。

---

① 韩石山编：《徐志摩全集》(第五卷)，商务印书馆 2019 年版，第 429—430 页。

② 赫得逊《绿色宅邸》。W. H. Hudson：赫得逊(1841—1922 年)，一生写作了《绿色宅邸》等大量小说和鸟类学故事与文章。

③ 李红绿：《新月派译诗研究》，光明日报出版社 2019 年版，前言部分第 6 页。

10月

1日 致郭有守信："临北来得信，作复未成。洵美说你到沪。但知云慧老太爷病。我们等你来，亦未见你信，来才知皙子先生已作古人，不胜惋叹！云慧一定悲伤，你得好好安慰她。我过宁那天，大哥已到，而我不知也，以致相左。再见不知何日，为怅。比国去否？国事如此，人人张皇而一无办法。宁沪似更紧张。北大却反异常镇静，奇甚。适之今天下午南下到宁，想可会到。如见悲鸿，为道念。信已收到，谢谢。法人蔼里福即到。我星四请他们，过天再通信。此念双安，并唁云慧。"

同日 致陆小曼信：

一转眼又是三天，西林今日到沪。他说一到即去我家。水果恐已不成模样，但也是一点意思。文伯去时你有石榴吃了，他在想带些什么别致东西给你。你如想什么，快来信，尚来得及。你说要给适之写信，他今日已南下，日内可到沪。他说一定去看你。你得客气些，老朋友总是老朋友，感情总是值得保存的。你说对不？……我这几天上课应酬颇忙。我来说给你听：星一晚上有四个饭局之多。南城，北城，东城都有，奔煞人。星二徽因山上下来，同吃中饭，她已经胖到九十八磅。你说要不要静养，我说你也得到山上去静养，才能真的走上健康的路。上海是没办法的。我看样子，徽因又快有宝宝了。

星二晚，适之家饯西林行，我冻病了。昨天又是一早上课。……北京真是太美了，你何必沾恋上海呢？……

4日 致刘海粟信：

我满想北上前会得到你。……结果我走你到。几年别绪不曾叙得，怅惘之至。到此后曾函洵美问起你到否，亦未得复。昨晚函来，至使欣慰。海翁此行所得，当可比玄奘之于西土；带回宝物定然累累。久居国内，竟成聋聩，但盼海翁归来，抵掌畅谈，不意又复相左。嫂子想一同回来，少爷呢？艺院的事孑老既赞成，兄又如此热忱，定然成功，迟早闻耳。杏佛处我即去信，但虑此时大家忙于对付内外，听到文艺似乎远在云空，不能如何注意。我知道天下事只要锲而不舍，不会不成功的。同时，我觉得有一点你也应得注意，就是我们贵邦人忮心太重，你在过去也曾经受不少，固然你不怕也不愁，但在事情未有着落之前，似乎不宜过于张扬，你以为是否？北方尚镇静，你能来否？我们再通信谈！

适之已南下，当可晤见。

5日　在《诗刊》第三期发表《〈诗刊〉叙言》，题为《叙言》。初收台湾时报文化出版事业有限公司一九八〇年版《徐志摩诗文补遗》。在《叙言》中，谈及对诗歌美的看法，并提出关于诗论的题材：包括："（一）作者各人写诗的经验；（二）诗的格律与体裁的研究；（三）诗的题材的研究；（四）'新'诗与'旧'诗，词，曲的关系的研究；（五）诗与散文；（六）怎样研究西洋诗；（七）新诗辞藻的研究；（八）诗的节奏与散文的节奏。"

同日　在《诗刊》第三期发表诗作《别拧我，疼》，初收上海新月书店一九三二年七月版《云游》。

10日　致陆小曼信："你果然不来信了！好厉害的孩子，这叫做言出法随，一无通融！我拿信给文伯看了，他哈哈大笑；他说他见了你，自有话说。我只托他带一匣信笺，水果不能带，因为他在天津还要住五天，南京还要耽搁。葡萄是隔不了三天的。石榴，我关照了义茂，但到现在还没有你能吃的来。……前晚，我和袁守和、温源宁在北平图书馆大请客；我说给你听听：活像耍猴儿戏，……我因为做主人，又多喝了几杯酒。你听了或许可要骂，这日子还要吃喝作乐。但既在此，自有一种 social duty，人家来请你加入，当然不便推辞，你说是不？……”

16 日　在《北京大学日刊》第二七〇九号发表译作演讲稿《国家的组织》(*National Organization*)([英]亚当斯作)，署“讲演者 牛津大学教授 Pro. Adams”“翻译者 徐志摩”“侯封祥 笔记”。文末有附白：“此稿所记，与原意相差的地方不知多少，而遗漏的话又很多。本不足刊载，因章先生廷谦索取，故出之。侯封祥”。

22 日　致陆小曼信：“昨下午去丽琳处，晤奚若、小叶、端升，同去公园看牡丹。风虽暴，尚有可观者，七时去车站，接歆海、湘玫。饭后又去公园，花畦有五色琉璃灯，倍增秾艳。芍药尚未开放，然已苞绽盈盈，娇红欲吐。春明花事，真大观也。十时去北京饭店，无意中遇到一人。你道是谁？原来俞珊是也。病后大肥，肩膀奇阔，有如拳师，脖子在有无之间。因彼有伴，未及交谈，今日亦未通问，人是会变的。昨晚咳呛，不能安睡，甚苦。今晨迟起。下午偕歆湘去三殿看字画，满目琳琅。下午又在丽琳处茶叙，又东兴楼饭。十一时回寓，又与适之谈。作此函，已及一时，要睡矣，明日再谈。昨函诸事弗忘。”

同日　致陆小曼信：

我心已被说动，恨不得此刻已在家中！

但手头无钱，要走可得负债。如其再来一次偷鸡蚀米，简直不了。所以我再得问你，我回去是否确有把握？果然，请来电如下：

“董北平徐志摩，事成速回”

我就立刻走，日期迟至下星期四（二十九）不妨，最好。否则我星六（二十四）即后日下午五时车走亦可。但来电须得信即发，否则要迟到星四矣。

23日　致陆小曼信：

今天正发出电报，等候回电，预备走。不想回电未来，百里却来了一信。事情倒是缠成个什么样子？是谁在说竞武肯出四万买，那位“赵”先生肯出四万二的又是谁？看情形，百里分明听见了日本太太及旁人的传话，竟有反悔成交的意思，那不是开玩笑了吗？为今之计，第一先得竟武说明，并无四万等价格。事实上如果他转买“卖”出三万二以上，也只能算作佣金，或利息性质，并非少蝶一过手即有偌大利益。百里信上要去打听市面，那倒无妨。我想市面决不会高到那里去。但这样一岔，这桩生意经究竟着落何处，还未得知。我目前贸然回去，恐无结果；徒劳旅费，不是道理。

我想百里既说要去打听振飞，何妨请少蝶去见振飞，将经过情形说个明白。振飞的话，百里当然相信，并且我想事实上百里以三万元二千元出卖，决不吃亏。他如问明市价，或可仍按原议进行手续，那是最好的事；否则就有些头绪纷繁了。

至于我回去问题，我那天都可以走，我也极想回去看看你。但问在这等旅费怎样报销，谁替我会钞，我是穷得寸步难移；再要开窟窿，简直不了。你是知道的。（大雨搁浅，三百渺渺无期。）所以只要生意确有希望，钱不愁落空，那我何乐不愿意回家一次。但星六如不走，那就得星四（十月二十九日）再走（功课关系）。你立即来信，我候着！

26日 致李惟建信:“得书借知诗侣已自西湖边回沪上,至以为慰。北来正逢东省大事,心如悬旌,竟不能作事,每日心烦自恼,不知如何乃可,兄等在南,想亦有同感。承询译莎翁事,函到适胡先生已南行,或兄已与见面谈过,亦未可知。此函到时胡先生当仍在上海,其寓址可由洵美得之,能与面定一切最妥,因此业乃胡先生独立主政者也。庐隐近来有何作品,久不见,颇想念也。”

29日 致陆小曼信:

今天是九月十九,你二十八年前出世的日子。我不在家中,不能与你对饮一杯蜜酒,为你庆祝安康。这几日秋风凄冷,秋月光明,更使游子思念家庭。又因为归思已动,更觉百无聊赖,独自惆怅。遥想闺中,当亦同此情景。今天洵美等来否?也许他们不知道,还是每天似的,只有瑞午一人陪着你吞吐烟霞。

……前天和奚若谈起生活,为之相对生愁。但他与我同意,现在只有再试试,你从我来北平住一时,看是如何。你的身体当然宜北不宜南!

爱,你何以如此固执,忍心与我分离两地?上半年来去频频,又遭大故,倒还不觉得如何。这次可不同,如果我现在不回,到年假尚有两个多月。虽然光阴易逝,但我们恩爱夫妇,是否有此分离之必要?眉,你到那天才肯听从我的主张?我一人在此,处处觉得不合式;你又不肯来,我又为责任所羁,这真是难死人也!

百里那里,我未回信,因为等少蝶来信,再作计较。竟武如果虚张声势,结果反使我们原有交易不得著落,他们两造,都无所谓;我这千载难逢的一次外快又遭打击,这我可不能甘休！竟武现在何处，你得把这情形老实告诉他才是。

你送兴业五百元是那一天？请即告我。因为我二十以前共送六百元付账，银行二十三来信，尚欠四百元，连本月房租共欠五百有馀。如果你那五百元是在二十三以后，那便还好，否则我又该著急得不得了了！请速告我。

车怎样了，绝对不能再养的了！

大雨家贝当路那块地立即要出卖，他要我们给他想法。他想要五万两，此事瑞午有去路否？请立即回信。如瑞午无甚把握，我即另函别人设法。事成我要二厘五的一半。如有人要，最高出价多少，立即来信，卖否由大雨决定。

明日我叫图南汇给你二百元家用（十一月份），但千万不可到手就宽，我们的穷运还没有到底；自己再不小心，更不堪设想。我如有不化钱飞机坐，立即回去，不管生意成否。我真是想你，想极了！

本月 为缓解因陆小曼在上海耗费太大所造成的经济上的困境，开发财源，充当蒋百里出售上海愚园路住宅的中人。

11 月

1 日 致郭子雄信：

我真羡慕你，当此金贵，还能在欧陆来往自如；现在又进了牛津，真是可喜可贺。你的'笔会报告'已寄《新月》，不知四卷一号赶得及否？国内笔会情形实不甚佳妙。北方朋友因多惩毖之思，至今还不曾组织分会。我怕得你回来才能鼓起兴会，目前更谈不到文化事业。终日偃蹇，谁都不得舒服。洵美在上海忙于经营印刷，适之热心国家大事，尚在南中。我在此号称教书，而教育已三月不得经费，人心焕然，前途亦殊黯淡。出版界亦至萎弱，我新出《猛虎集》及编《诗刊》已出三期。以印寄皆极慢又成愆误。今嘱书店寄奉书册，到盼付复。

我弟近作久未得见，如有诗文，函盼拜读。今留英法治文学者，宗岱石君而外，尚有何人？盼多为《新月》拉稿。我真想出国，但家累在身，如何得脱。北京秋色至佳，赖此为慰，故友颇多，尚不寂寞。

9日 致陆小曼信：

这可真急死我了，我不说托汤尔和给设法坐小张的福特机吗？好容易五号的晚上，尔和来信说：七号顾少川走，可以附乘。我得意极了。东西我知道是不能多带的，我就单买了十几个沙营，胡沈的一大篓子，专为孝敬你的。谁知六号晚上来电说：七号不走，改八号；八号又不走，改九号；明天（十号）本来去了，凭空天津一响炮，小顾又不能走。方才尔和通电：竟连后天走得成否都不说了。你说我该多么着急？我本想学一个飞将军从天而降，给你一个意外的惊喜，所以不曾写信。同时你的信来，说又病的话，我看愣了简直的。咳！我真不知怎么说，怎么想才是。乖！你也太不小心了，如果真是小产，这盘账怎么算？我为此呆了这俩天，又急于你的身体，满想一脚跨到。飞机六小时即可到南京，要快当晚十一点即可到沪，又不化本；那是多痛快的事情！谁想又被小鬼的炮声给耽误了，真可恨！

……但我看北京不知出什么大乱子，你不必为我担忧，我此行专为看你：生意能成固好，否则我也顾不得。且走颇不易，因北大同人都想约表示精神，故即成行亦须在三五日内赶回，恐你失望，故先说及。

……我真恨日本人，否则今晚即可欢然聚话矣。相见不远，诸自尊重！

上旬 蒋百里来函，请来上海在出售住宅的契约上签字。

10日 与刘半农等友人在郑颖孙家小聚。

按，李红绿《新月派译诗研究》："1931年11月10日，刘半农邀同在伦敦待过的徐志摩等好友数人到郑颖孙家相聚。谈笑之间，徐志摩接到电话后笑着告诉众人：'我明早六点南飞，明晚此时，当与小曼共饭也。'刘半农最喜欢开玩笑，听徐志摩说坐飞机，便打趣道：'飞空之戏，君自好之，我则不敢尝。'徐志摩也风趣地回答：'危险在所难免，我自甘之。我苟飞死，君当为我作挽联。'刘半农嬉笑应允。散宴道别的时候，徐志摩再度和刘半农开起玩笑：'一事费神：我若死，毋忘作挽联。'没想到两位好友之间的玩笑竟成谶语。"①

同日 在北平景山东大街上遇到周作人。

按，"1931年11月10日，徐志摩在北平景山东大街上遇见周作人，说，我还没送你《猛虎集》。后来，周作人'从志摩追悼会出来，在景山书社买得此书'"②

10日左右 在梁思成、林徽音夫妇家见到表弟吴其昌。

按，吴其昌《志摩在家乡》："我最后一次会见志摩。十一月十九以前的一星期左右，我从朱桂莘先生家里出来，梁思成先生邀我到他家里去坐坐，同去的还有叶公超先生。——谢谢梁思成先生，因为他的一邀，使我最近得再见志摩一面。——一进门思成先生喊：'客人来了！'，'哪一位客人？'林徽音女士在里边

① 李红绿：《新月派译诗研究》，光明日报出版社2019年版，第173页。

② 丁言昭：《骄傲的女神林徽因》，上海书店出版社2002年版，第90页。

问。'吴公其昌'，这样一个滑稽问答。'噢！其昌，难得！'这是志摩跳起来的声音。静静的一盏橙黄色的华灯影下，隔窗望见志摩从沙发上跳起来，旋了一转，吐出一缕白烟。我们进去了以后，志摩用香烟头把我一指，向徽音女士说，'我们表弟兄啊，其昌是我表弟。你比我小几岁？八岁？你还没有知道？''知道，好像听爹爹说过。吴先生，你们怎么样啦？抵制日货？给你一篇文章，吓得我窗帘都不敢买了，你瞧！我们的窗，还裸体站着！'后来志摩还亲手辟开一只蜜橘，分我大半只，他自家吃小半只。我到现在还不相信，这一次就是我和志摩的永别。"①

11日　南下之前，曾先后与刘半农、熊佛西、叶公超、许地山、凌叔华、冰心、陶孟和、沈性仁夫妇、梁思成、林徽音、吴其昌等友人晤面话别。

按，"徐志摩于1931年11月11日离京之前，去看望了冰心和凌淑华等朋友。冰心也很关心徐志摩的处境，但徐志摩一时竟不知道从何说起，就在一张纸上写下了10个字：说什么以往，骷髅的磷光。"②

上旬　离北京南下，当天飞抵南京，看望张歆海、韩湘眉夫妇，谈至夜晚，张韩夫妇送行。于十三日到达上海。

13日晚　郁达夫来徐家。

14日　至刘海粟处观他的海外归来新作，中午在罗隆基处午餐。午后复至海粟处。

15日　回硖石老家。第二天没有回家，在老家多待了一天。

18日下午　坐早班火车到南京，寓何竞武家。下午去三元

---

① 吴其昌：《志摩在家乡》，《吴其昌文集·诗词文在》，三晋出版社2009年版，160—161页。

② 丁言昭：《骄傲的女神林徽因》，上海书店出版社2002年版，第90页。

巷总部军法处看守所，探望被关押的蒋百里，也是与买房的事有关。后访杨杏佛，不遇，留一字条(绝笔)："才到奉谒，未晤为怅。顿去湘眉处。明早飞北京，虑不获见。北京闻颇恐慌，急于去看看，杏佛兄安好。志摩晚再访张韵海，韩湘眉夫妇，杨杏佛见条后亦至。谈到深夜。"[①]

19日 上午8时坐济南号邮机从南京起飞，到达济南附近党家庄时遇上大雾，飞机触山失事，遇难身亡。终年三十五岁。

按，关于徐志摩遇难的细节。

陈从周《徐志摩年谱》载："……原拟乘张汉卿(学良)专机返北京，而张又不即返，复拟乘车，因离沪时捡得去年保君建(保君为中国航空公司的财务组主任，拟借诗人的名，以作宣传)所赠免费飞车券，次晨遂飞焉。至徐州曾发一信给小曼，云头痛不欲再行。遇难后济南电至，子如孙往济南收殓(时朱经农任齐鲁大学校长)，运沪后再由万国殡仪馆重殓。仅头部左额有一焦洞，并于静安寺设奠，沪上文艺界，更举行追悼会，明春硖石各界开追悼会，即葬在该地东山的万石窝地方，同里张阆声(宗祥)书碑，碑文是'诗人徐志摩之墓。'[②]"[③]

宋炳辉所著《新月下的夜莺——徐志摩传》记载："第二天早晨八时，济南号邮政机起飞。十点十分抵徐州机场时，徐志摩头疼得厉害，本来不想继续北上，他在机场给陆小曼投了一封短信，说头疼不想走了，准备返沪。但十点二十分，他还是登机北飞了。中午十二点半左右，前方忽遇一片大雾，飞机一下子不辨

---

① 韩湘眉：《志摩最后的一夜》，《新月》月刊1932年第4卷第1期。

② 二十世纪八十年代，墓迁至西山白水泉。

③ 陈从周著，陈子善编：《徐志摩年谱与评述》，上海书店出版社2008年版，第96页。

方向……于是一声震天巨响，一团冲天大火，所有的‘本来’全部化作灰飞烟灭。我们的诗人，终于解脱了这个世界的沉重，飞出了这个圈子，在蓝天与彩云间云游了！”

韩石山《徐志摩传》记载：“十时十分抵徐州，曾发一信给小曼，说头疼不欲再行。前面引文中说四位旅客登机，可知在徐州有三位下机。十时二十分继续北行，及飞抵济南附近党家庄时遇上大雾，飞机误触山头，机身着火遇难。”

朱自清1933年7月13日日记提供了关于徐志摩遇难的更多细节，日记载：“芝生[①]晤保君健[②]，谈徐志摩死情形。大抵正机师与徐谈文学，令副机师开车，遂致出事。机本不载客，徐托保得此免票。正机师开机十一年，极稳，惟好文学。出事之道非必由者，意者徇徐之请，飞绕群山之巅耶。机降地时，徐一耳无棉塞，坐第三排；正机师坐第二排，侧首向后如与徐谈话者，副机师只馀半个头，正机师为机上转手等戳入腹中，徐头破一穴，肋断一骨，脚烧糊。据云机再高三尺便不致碰矣。”

徐志摩的意外逝世在当时是爆炸性的新闻，当时的报纸对其所遭遇的事故经过及其原因，同行者，遇难地点，死状及收殓方式都进行了详尽的跟踪报道：

（一）时报所载徐志摩之遇难情形

中国航空公司京平线路之济南号飞机，于十九晨飞出，中午经过党家庄附近，遇雾失事，机身全毁，飞机师王贯一，梁璧堂，及搭客诗人徐志摩，同时遇难，详情如下：

A失事情形，济南号飞机，于十九日上午八时，由京装

① 即冯友兰。

② 即南京“中国航空公司”财务主任，为徐志摩朋友，曾赠徐免费飞机票。

邮件四十磅，机师王贯一，副机师梁壁堂驾驶出发，乘客仅北大教授徐志摩一人，拟赴北平，该机于上午十时十分飞抵徐州，十时二十分，由徐继续北飞，是时天气甚佳，不料该机飞抵距济南五十里党家庄附近，忽遇弥天大雾，濛住飞机师双目，不能认出航空线，以致进退俱属不能。致触山顶倾覆，机身着火，机油四溢，遂熊熊不能遏止。飞行师王贯一、梁壁堂，及诗人徐志摩同时被火烧死。焦头烂额，倒于开山山谷中。机中所带之四十余包邮件，亦付一炬。闻其中有大批汇票……

……其中徐志摩尸身更为凄惨，头部与四肢，均成焦骨。

……二十晨派下机械员白相臣，前往关山，将尸身用水洗净后。白布包裹，运至党家庄，徐志摩尸体则由齐鲁大学友人会同航空公司草草成殓，并通知济南车站，派车一辆，将柩运至济南，一方面即通知死者家属。[1]

而徐志摩的死讯传开后，中国文化界对其的纪念活动旋即在多地展开，举凡公祭、塑像以及出版特别月刊，集体写作悼念文章，乃至于拍摄纪录电影，不一而足。当时的报刊报道了文化界在各地纪念徐志摩的场景：

徐志摩因乘飞机惨死后，徐之友人莫不为之哀惜。北平方面，胡适等曾发起在北大开追悼会，并发起设徐志摩文学奖金，以为永久纪念。北晨学园曾出“追悼徐志摩专号”，有胡适之，郑振铎，谢冰心，梁实秋，于赓虞诸人之追悼诗文

---

① 文哲：《文坛一月间：徐志摩之死（一）》，《读书月刊》1932 年第 3 卷第 1—2 期。

共三十余篇。上海方面,《新月月刊》《诗刊》拟出追悼专号外,“笔会”亦出专号追悼;《小说月报》亦将有所表示。闻徐之至友人江小鹣,拟为之铸一徐志摩铜像,十二月二十日为徐氏公祭之期,地址为静安寺,是会;并发起设徐志摩文学奖金以为永久之纪念,“北日泣场吊丧者不下七百余人。”“花圈”与“挽联”尤多,蔡元培,于右任,叶玉虎,褚民谊,梅兰芳,胡适之等均有挽联或花圈。由邢鹏举,王一心,邵洵美,江小鹣先后依次主祭,并有龙马影片公司前来摄制电影。又闻徐之友人蔡元培,叶玉虎,杨杏佛,胡适之等已发起定期公葬云。[①]

哀悼徐志摩的纪念文字主要有三个向度,不仅包含怀人诗(含旧体)文、挽联创作,还包括挚友、学生的纪念文章,还有对其文学史地位、贡献进行评价的学术论文。

章士钊(行严)作挽联追忆与徐志摩交谊:

器利国滋昏。事同无定河边。虾种横行。壮志奈何齑粉化。

文章交有道。忆到南皮宴上。龙头先去。新诗至竟结缘难。

附注:愚两年前,寓伦敦西郊、志摩携新月杂志来访,旋又索去,愚戏赠一绝云:“诗人访我海西偏。慨解腰围赠一编。展卷未遑还索去。新诗至竟我无缘。”故末句然云。[②]

徐志摩的朋友吴宓则以旧体诗追忆自己与徐志摩当年友情:

---

① 文哲:《文坛一月间:徐志摩之死(七)》,《读书月刊》1932 年第 3 卷第 1—2 期。

② 章行严:《挽徐志摩》,《上海画报》1931 年第 765 期。

牛津花国几经巡，檀德雪莱仰素因。殉道殉情完世业，依新依旧共诗神。

尚留北海鸳鸯会，忍忆东山风火尘。万古云霄来片影，欢愉潇洒性情真。

十二月六日晨，赴徐志摩追悼会，车过金鳌玉蝀桥，忆民国十五年十月徐君在北海结婚，一时名流毕集。徐君作新体诗，予专作旧体诗，然于其人之性情实觉契怀。去年此日，予在牛津，见雪莱像，曾作诗登大公报文学副镌，虽咏雪莱，实亦自道；尤可以移赞徐君。又今春予游檀德（即但丁）故里翡冷翠（花国之意）。而雪莱诗谓人生乃如万古冥漠纯洁中之偶尔彩色点染，转瞬即变灭，今并用以悼徐君。十一月六日正午记①

凌淑华《志摩真的不回来了吗》一文收入徐志摩生前致其书信内容，文中道："唉，志摩，我只听你一个人断然说过这样勇敢话：'我不能不信人生的底质是善不是恶，是美不是丑，是爱不是恨；这也许是我理想的自骗，但即明知是自骗，这骗也得骗，除是到了真不容自骗的时候，要不然我喘着气为什么？'（这是抄你给我信上的话）我们就不能像你这样肯自己骗自己，我们知道是骗着做的就要灰心丧气，你却不这样。……"②

诗人所提拔奖掖的后辈、同道——陈梦家与朱湘，则作新诗以悼念徐志摩。朱湘《悼徐志摩》诗云：

突然你退台了，死神鼓风

卷去了羽翼之下的词人

---

① 吴宓：《挽徐志摩君》，《北晨学园"哀悼志摩专号"》1931年12月20日。

② 凌淑华：《志摩真的不回来了吗》，《北晨学园"哀悼志摩专号"》1931年12月20日。

《花间集》的后嗣！那些爱听
你吹笛子的有万攒动；
他们听一缕心情从七孔
泄露出的时候，替你酸辛。
也有人议论，说是你本身，
并非笛子，在那儿受搬弄。
我道台上的怎能不长叹
这率尔前来献丑的弦管，
已是寒怆，又销沉了一个！
到明天，我们的来客定准
要受那一班去听《玉堂春》，
看时事电影的人们奚落！①

陈梦家的《吊志摩》诗云：

死了，志摩，一个好人，
一个明慧的诗人，
从云雾里下来，化成
一堆可怜的灰尘。
……
你爱山海，你爱女人，
你也爱穷孩的脸；
在漆黑的天上，描写
几颗慈祥的星点。
……
什么事也够他累的，

---

① 朱湘：《悼徐志摩》，《诗刊》1932 年第 4 期。

三十五年的人世；
抗起爱情的十字架，
到了，他说，他爱死。
死了，志摩，一个好人。
一个明慧的诗人，
从云雾里下来，化成
一堆可怜的灰尘。[①]

胡适则在追思文章中对挚友徐志摩的精神世界进行了探究与还原：

志摩走了。我们这个世界里被他带走了不少云彩。他在我们这些朋友之中，真是一片最可爱的云彩，永远是温暖的颜色，永远是美的花样，永远是可爱。

……

叶公超先生说，他对于任何人，任何事，从未有过绝对的怨恨，甚至于无意中都没有表示过一些憎嫉的神气。

……

志摩今年在他的猛虎集自序里曾说他的心境是‘一个曾经有单纯信仰的流入怀疑的颓废。’这句话是他最好的自述。他的人生观是一种‘单纯信仰’，这里面有三个大字：一个是爱，一个是自由，一个是美。他梦想这三个理想的条件能够会合在一个人生里，这是他的‘单纯信仰’。他一生的历史，只是他追求这个单纯信仰的实现的历史。

他的失败是一个单纯的理想主义者的失败，也应该使我们对他表示更深厚的恭敬与同情，因为偌大的世界之中，

① 陈梦家：《吊志摩》，《北晨学园“哀悼志摩专号”》1931 年 12 月 20 日。

只有他有这信心，冒了绝大的危险，费了无数的麻烦，牺牲了一切平凡的安逸，牺牲了家庭的亲谊和人间的名誉，去追求，去试验一个‘梦想之神圣境界’，而终于免不了惨酷的失败，也不完全是他的人生观的失败。他的失败是因为他的信仰太单纯了，而这个世界太复杂了，他的单纯的信仰禁不起这个现实世界的摧毁；正如易卜生诗剧 Brand 里的那个理想主义者，抱着他的理想，在人间处处碰钉子，碰的焦头烂额，失败而死。①

梁实秋在回忆录中写到徐志摩在平沪之间奔走的缘由，以及志摩与沈从文的真挚友情等，深切悼念挚友：

沈从文一向受知于徐志摩。从北平《晨报副刊》投稿起，后来在上海《新月》杂志长期撰稿，以至最后被介绍到青岛大学教国文，都是志摩帮助推毂。所以志摩死耗给他的打击是相当沉重的。沈从文一声不响的立刻就到济南去了。他在济南盘旋了好几天，直等到志摩尸体运走安葬一切办完之后才回青岛。他有信给今甫报告详情。志摩是由沪搭飞机回北平，到泰山南一带，遇雾，误触开山山头，机身破毁，滚落于山脚之下，当即起火，志摩头部撞一巨洞，手足烧焦，为状至惨。何仙槎先生料理后事，最为出力。

提起志摩坐飞机，我就想起他对我一次的谈话。他说“实秋，你坐过飞机没有？”我说我没有坐过，一来没有机会，二来没有必要，三来也太贵。“喂，你一定要试试看，哎呀，太有趣，御风而行，平稳之至，在飞机里可以写稿子。自平至沪，比朝发夕至还要快，北平吃早点，到上海吃午饭。太

① 胡适之：《追悼志摩》，《新月》1932 年第 4 卷第 1 期“志摩纪念号”。

好。”在那时候，航空事业还不发达，一般人坐不起，同时也视为畏途，志摩飞来飞去，在一般文人里可谓开风气之先。但其中也是机缘凑巧。志摩有个朋友在航空公司（保君建），知道志摩在平沪两地经常奔波，便送了张长期免票给他，没想到一番好意竟招致了灾祸。

为什么志摩要经常在平沪之间奔走？志摩住在上海已有好几年，起初是相当快乐的。后来朋友们纷纷都离开了上海。胡适之先生到北平作北大文学院长，胡先生是志摩的朋友，眼看着他孤另另的住在上海，而他的家庭状况又是非常不愉快，长久下去怕他要颓废，所以就劝他到北平去换换空气，在北大教书倒是次要的事。志摩身在北平，而心不能忘上海的家，月底领了薪金正好送到上海去。他经常往返平沪者以此。

志摩这一死，确实是死得不平凡。英国浪漫派诗人，如拜伦、雪莱、济慈，没有一个能享大寿。拜伦是三十六岁时死在希腊的，志摩也是三十六岁死。想他正在“乘风而行，泠然善也！”的当儿，心里一定是一片宁静，目旷神怡，也许家里的尴尬事早已撇到九霄云外，也许正在写诗，蓦然间轰然一响，飞机里天翻地覆，机身打几个滚，然后是一团黑烟烈火！志摩在这几秒钟之间，受到了致命伤，可能没有太久的苦痛而即失去知觉。这种死法，固然很惨，但从另一方面看，也可以说是轰轰烈烈的。拜伦是志摩很崇拜的一位诗人，志摩的死也可以说是拜伦式的。济慈死得更年青，他给自己撰写的墓铭是：“这里睡着一个人，他的名字是写在水上了。”志摩的名字可以说是写在一团火焰里了。[①]

郑振铎(西谛)则认为徐志摩之可贵在于其宽容的文学观念与“纯粹”的文学兴趣：

我万想不到要追悼到志摩！他的印象，他的清臞的略带苍白的面容，他的爽脆可喜的谈笑，还活泼泼的出现在我的眼前。……

志摩不死于病，不死于国事，不死于种种的‘天灾人祸’之中，而死于空中，死于烈焰腾腾，火星乱迸的当儿，这真是一个不平凡的死，且是一个太无端的死。

志摩是一位最可交的朋友，凡是和他见过面的人，都要这样说。

他宽容，他包纳一切，他无机心，这使他对于任何方面都显得可以相融洽。他鼓励，他欣赏，他赞扬任何派别的文学，受他诱掖的文人可真是不少！人家误会他，他并不生气，人家责骂他，他也能宽容他们。诗人，小说家都是度量狭小得令人可怕的，志摩却超出于一切常例之外，他的度量的渊渊，颇令人难测其深处。

在当代的文坛上，像他那样的不具有“派别”的旗帜与偏见的，能够融洽一切，宽容一切的，我还没见过第二个人。

他是一位很早的文学研究会的会员，但他同别的会社也并不是没有相当的联络；他是一位新月社的最努力的社员。但他对于新月社以外的文学运动，也还不失去其参加的兴趣。

他只知道“文学”，他只知道为“文学”而努力，他的动机

① 陈子善编:《梁实秋文学回忆录》,岳麓书社1989年版,第165—166页。

和兴趣都是异常纯一的，所以他决不会成为一位偏执的人。

我不仅为友情而悼我的失去一位恳切的朋友，也为这个当前的大时代而悼她失去了一位心胸最广而且最有希望的诗人！[①]

林徽因的《悼志摩》(1931年12月20日《北晨学园》“哀悼志摩专号”)也同样谈到了徐志摩天真、浪漫、率直的人格魅力对友人的深刻影响：

十一月十九日，我们的好朋友，许多人都爱戴的新诗人，徐志摩，突兀的，不可信的，惨酷的，在飞机上遇险而死去。这消息在二十日的早上像一根针猛触到许多朋友的心上，顿使那一早的天墨一般的昏黑，哀恸的咽哽锁住每个人的嗓子。

诗人的志摩用不着我来多说，他那许多诗文便是估价他的天秤，我们新诗的历史才是这样的短，恐怕他的判断人尚在我们儿孙辈的中间。我要谈的是诗人之外的志摩。人家说志摩的为人只是不经意的浪漫，志摩的诗全是抒情诗，这断语从不认识他的人听来可以说很公平，从他的朋友们看来是在是对不起他。志摩是个很古怪的人，浪漫固然，但他人格里最精华的却是他对人的同情，和蔼，和优容；没有一个人他对他不和蔼，没有一种人，他不能优容。没有一种情感，他绝对的不能表同情。我不说了解，因为不是许多人爱说志摩最不解人情么？我说他的特点就在这上头。

我们寻常人就爱说了解；能了解的我们便同情，不了解的我们便很落寞乃至于酷刻。表同情于我们能了解的，我

---

① 西谛：《悼志摩》，《北晨学园“哀悼志摩专号”》1931年12月20日。

们以为很适当；不表同情于我们不能了解的，我们也认为很公平。志摩则不然，了解与不了解，他并没有过分的夸张，他只知道温存，和平，体贴，只要他知道有情感的存在，无论出自何人，在何等情况之下，他理智上认为适当与否，他全能表几分同情。他能体会原谅他人与他自己不相同处。从不会刻薄的单支出严格的迫仄的道德天秤指谪与他不同的人。他这样的温和，这样的优容，这能使许多人惭愧，我可以忠实的说至少他要比我们多数的人伟大许多；他觉得人类各种的情感动作全有它不同的价值，放大了人类的眼光，同情是不该只限于我们划定的范围内。

朋友们我们失掉的不止一个朋友，一个诗人，我们丢掉的是极难得可爱的人格。

谁相信这样的一个人，这样忠实于“生”的一个人，会这样早的永远的离开我们另投一个世界，永远的静寂下去，不再透些须声息！①

徐志摩和罗素的交往也给罗素留下了深刻的印象。“1959年，在徐志摩坠机离世的28年之后，80多岁高龄的罗素还能回忆起和徐志摩的交往，他在整理自己的书信手札时，在徐志摩的信笺上如此评价徐志摩：‘徐先生是一个有很高文化修养的中国籍大学肄业生，也是能用中英两种文字写作的诗人。’”②

周作人的《志摩纪念》一文，盛赞了徐志摩对新诗生长的推动作用，评析了其散文的独特艺术魅力，强调了徐志摩在现代文学历史上的多方位贡献和重要作用：

---

① 林徽因：《悼志摩》，《北晨学园“哀悼志摩专号”》1931年12月20日。

② 俞晓霞：《徐志摩的布鲁姆斯伯里交游》，《文艺争鸣》2014年第3期，第81页。

中国新诗已有十五六年的历史，可是大家都不大努力，更缺少锲而不舍地继续努力的人，在这中间志摩要算是唯一的忠实同志，他前后苦心第创办诗刊，助成新诗的生长，这个劳绩是很可纪念的，他自己又孜孜矻矻地从事创作，自《志摩的诗》至《猛虎集》，进步很是显然，便是我这样外行也觉得这是显然。散文方面志摩的成就并不小，据我个人的愚见，中国散文现有几派，适之仲甫一派文章清新明白，长于说理和讲学，好像西瓜之有口皆甜，平伯废明一派如青果，志摩可以与冰心女士归在一派，仿佛是鸭儿梨的样子，流丽清脆，在白话的基本上加入古文方言欧化种种成分，使引车卖浆之徒的话进而成一种富有表现力的文章，这就是单从文体变迁上讲也是很大的一个贡献了。志摩的诗，文，以及小说戏剧在新文学上的位置与价值，将来自有公正的文学史家会来精查公布，我这里只是笼统地回顾一下，觉得他半生的成绩已经很够不朽，而在这壮年，尤其是在这艺术地'复活'的时期中途凋丧，更是中国文学的一大损失了。①

按，丁言昭《骄傲的女神林徽因》："30年代初期，徐志摩坠机身亡，闻一多转入学术研究，后期新月诗派中的一些人，使新的格律僵化为'豆腐干'式的框框。他们重形式，轻内容，远离了火热的时代生活，使格律运动走到了自身的反面。"②

杨振声、刘海粟、赵景深的文章则从文学创作的维度强调了徐志摩的突出贡献：

谈到诗，志摩实在给了他一个新的体魄，虽然在音节上

① 周作人：《纪念志摩》，《新月》1932年第4卷第1期"志摩纪念号"。

② 丁言昭：《骄傲的女神林徽因》，上海书店出版社2002年版，第148页。

还未能达到调谐的完美。可是，只要诗得了新的体魄，它不自然会找一个适当的调子吗？我常想新诗有三个阶段。第一阶，自然是胡适之先生们打破旧诗的樊笼，促成新诗的雏形，然而在这一阶段中白话诗的都还摆脱不了旧诗的气味。只在形式上把诗的用字，白话化，把平仄的拘束给打破了。而内容上还不能算是如何的新。及至志摩，以充分西洋诗的熏陶来写新诗。不但形式一脱离旧诗的窠臼，而取材，用字，结构及气味，都不是旧诗而是新诗了。[①]

现在我们的志摩因乘飞机而焚身。和雪莱、戈利格之死类似。说到他的诗也正如雪莱的诗和戈利格的画。永久遗留世界文化史一般。志摩说不定也将由他的诗，在世界文学史占得不朽的位置。不，不但是他的诗，他的艺术批评也同样是不朽的。可惜因为他的诗名太显著，于是他的艺术批评的价值被人们忘却了。他其实是多方面的才能，他的散文幽抑清冲，在现时的中国是很少的。[②]

我国新文学运动的开始实是新诗。在小说只出了两三本的时候，新诗倒出了十几种。当时人们写惯了无韵诗和小诗，徐师忽以西洋体诗在时事新报的学灯栏内刊出，使人们耳目为之一新。

最近徐师的猛虎集出版，我买了一本来读，正在这样想念，这本诗集里已由晚唐的绮迷风格移向宗教的虔诚了，谁

① 杨振声：《与志摩的最后一别》，《新月》1932 年第 4 卷第 1 期“志摩纪念号”。
② 刘海粟：《志摩之死》，《国闻周报》1932 年第 9 卷第 3 期。

知这竟是他最后的著作了呢？

徐师的散文集题作自剖，封面画着他的面容，一把红刀把他的面容分作两半，旁边是些圆圈，海扇之类。以迷信说来，这似是预兆。红刀是红火，圆圈之类就是飞机内的机件。集中并有想飞一篇。难道徐师真的应了谶言了么？

……

像徐师这里文采华丽，连吐一长串的珠玑的散文作者，在现代我还找不到第二个。[①]

徐志摩遇难后，《诗刊》和《新月》杂志也相继停刊。“新月派的盟主徐志摩1931年12月19日因飞机失事罹难，对《诗刊》和《新月》的运行来说是一个巨大的损失。《诗刊》季刊于1932年7月30日出版了第4期（即终刊号）后终刊，办刊时间不足一年。《新月》杂志也与1933年6月终刊，一共刊行了4卷43期，历时5年左右。新月派得以依存的两份刊物停刊，作为一个流派的文学活动也宣告结束。新月派自1923年新月社成立到1933年6月《新月》月刊终刊，历时约10年之久。”[②]

茅盾在《徐志摩论》（1933年2月《现代》第二卷第四期）一文中，将徐志摩之死，视为百年来布尔乔亚文学终结的标志，文中道：

我们不能不说志摩的作品是中国布尔乔亚心境最忠实的反映。

……

我觉得新诗人中间的志摩最可以注意，因为他的作品

---

① 赵景深：《志摩师哀辞》，《新月》1932年第4卷第1期“志摩纪念号”。

② 李红绿：《新月派译诗研究》，光明日报出版社2019年版，前言部分第6页。

最足供我们研究。他是布尔乔亚的代表诗人。他最初唱布尔乔亚政权的预言诗，可是他最后他的作品却成为布尔乔亚的“swan—song”！他是一个诗人，但是他的政治意识非常的浓烈！

……

百年以来的布尔乔亚文学已经发展到最后一阶段，除了光滑的造型和神秘缥缈的内容而外，不能再开出新的花来了！这悲哀不是徐志摩一个人的。①

本月 《秋》收入赵家璧主编“一角丛书”第十三种，由上海良友图书印刷公司出版，副题“徐志摩遗作”。该书收入《志摩遗像》《志摩遗墨》《秋》及《翡冷翠日记四页》。书前有赵家璧所作《篇前》及《写给飞去了的志摩》。《篇前》云：

预告了好久的《秋》，今天终于出版了。只可怜《秋》的作者早不在这丑恶的人间，而已长了翅膀，向无边的宇宙里，自由的翱翔去寻求他的快乐去了。

在这样的一个时代里，我们中华国民，真是万事“豁了边”，这混乱的局面，到近几天来，已渐渐上升于峰点，志摩生前，就在替我们这一族担忧，他就觉到最危险的，是近百年来，中国人民失了中心的信仰，没落了一个握住生活重心的思想，这一个缺点，看到目前国内上下陷于“无办法”的混乱中，更觉得这位诗人的话是不差的。……

志摩的《秋》，是前年在暨南大学的讲演稿……原稿在今夏交给我，原题为《秋声》，他说声字不要它，因而成了现

① 茅盾：《徐志摩论》，《现代》1933年第2卷第4期。

在的书名。书后附的英文翡冷翠日记，是最可宝贵的遗作。他的几部日记，完全在济南殉葬，这里几页，是在光华执教时一度录下而发表于学校刊物上者，除了这些以外，其他几千行用心血织成的日记，已完全在党家庄化做了黑蝴蝶，向天空里找寻他主人去了。

按，除《秋》外，徐志摩尚有遗作《远山》发表于一九三三年七月六日南京《中央日报》副刊《中央公园》革新号，署“徐志摩遗诗”，初收商务印书馆二〇一八年版《远山——徐志摩佚作集》（陈建军、徐志东编）。

译作《海涅诗》后发表于一九三六年六月十六日第四期《西北风》，署“徐志摩遗译”。诗末附编者按语：“上诗我得之于友人林君处，据说是从志摩先生给他的信里录出来的，原信或亦可在本刊下期发表。”

译诗 John Wilmot，Earl of Rochester 1647—1680 To His Mistress（[英]维尔莫特作），题意为“罗彻斯特伯爵维尔莫特（1647—1680 年）致他的情妇”。翻译时间不详，初收台湾传记文学出版社一九六九年版《徐志摩全集》第一卷。

几首写作时间和发表报刊不详的诗作，暂列于此：《她在那里》《荒凉的城子》《在车中》《醒！醒！》《热带风（近埃及）》《埃及》《南洋星夜》。

另，一九三六年三月二十日，《爱眉小札》由上海良友图书印刷公司出版，书中印有徐志摩遗墨。该书“小曼日记之最后一页”的插图下注：“小曼女士所写日记之末一页，后二行为志摩先生回国后所书”。徐志摩所书内容如下：“我看这日记眼里湿润了好几回，‘真’是无价的；爱，你把你的心这样不含糊的吐露。”

后世影响

一、遇难与纪念相关报道

1.1931年11月21日,全国各大报纸报道徐志摩遇难消息。

《申报》登载徐志摩遇难新闻《济南号飞机失事沪訊 机师两人殒命 徐志摩亦遇难》,报道包括失事情形、办理善后、公司损失、徐氏小史、王梁略历、昨日停航等几部分,其中“徐氏小史”介绍:“当公司消息传达徐宅时,陆女士曾一度晕倒。徐与陆女士母陆老太太同居,据陆老太太语人,谓徐之乘坐飞机系公司中保君建速往乘坐,票亦系公司所赠,言时且有悻悻之色。”

同日,天津《大公报》报道徐志摩遇难消息:《济南号触巅惨剧 徐志摩遇难 航空界之大不幸! 文学界之大损失!》;《中央日报》刊载徐志摩遇难消息:《京平线济南号飞机失事记 死机师及乘客徐志摩等三人 公司办理善后损失十五万元》;天津《益世报》登载飞机失事消息:《京平坠机中不幸之旅客新诗人徐志摩遇难 胡适已电朱经农为徐理后事 惨死两机师为王贯一梁璧堂》;《时报》刊载《我所知道的徐志摩》(署名沁华)、《徐志摩两司机竟同罹焚身之祸》;《民国日报》刊载《济南号失事 徐志摩遇难》;《新闻报》刊载《徐志摩乘飞机而 死 济南号失事之惟一乘客》。

2.1931年11月22日，各报纸报道徐志摩徐志摩亲友赴济南收敛遗骸消息。

天津《大公报》登载新闻《徐志摩灵柩行将运沪》，报道称："平中各大学教授襟氏友好颇多，北大张慰慈、清华张曦若、梁思成等均于昨日下午五时同乘平浦快车赴济，收敛徐氏遗骸，并办理一切善后事宜，拟将徐氏灵柩运往上海暂厝。徐氏之遗著亦将搜集汇编以传世云。"

同日，《益世报》载《徐志摩柩将运沪 张慰慈等昨赴济殓徐遗骸》；《新闻报》载《诗人徐志摩遇难详情及善后办法 保君建之谈话》，系对保君建的采访。

3.1931年11月23日，各报纸报道徐志摩追悼会情况。

天津《益世报》载《沪上名流追悼徐志摩》，内含两则电文。其一："【上海二十二日下午九时五十三分本报专电】叶恭绰、章士钊、罗隆基、赵景深今午在大西洋追悼徐志摩。"其二："【济南二十二日下午六时四十分本报专电】王贯一、梁璧堂棺已运抵济，王骨全部焚焦，梁只余两脚，极惨。惟徐志摩因在机后尸未焚，面目尚能辨认，惟四肢折断。今日仍大雾，南下机停济，北上机停徐。"

同日，《申报》载新闻《徐志摩灵柩今日抵沪 笔会昨开会追悼》：

> 中国航空公司济南号飞机失事中罹祸惨毙之徐志摩氏，其灵柩已由济南直运来沪，进京时并未停留，故昨日预定赴京之徐氏诸亲友遂亦留沪。据徐宅人云，灵柩约于二十三日下午可抵沪，将安葬于万国殡仪馆。惟徐之夫人陆小曼女士，自徐氏恶耗抵沪后，于伤感痛切之余，已致疾病矣。

笔会于昨日(二十二日)午刻，在大西洋菜馆开常会，到会员及来宾叶誉虎、章行严、宋春舫、程演生、曾虚白、罗隆基、孟寿椿、赵景深、沈旭庵、曾今可、汪翰章、陈志群、邬翰芳、戈公振诸君，及应德蕙、王右家等。餐半，由孟寿椿君主席报告本会发起人徐志摩先生乘飞机北上遇难情形，全体起立静默三分钟表示哀悼，并议决发行特刊，为徐先生留纪念，末由戈公振君报告会务而散。

同日，《民国日报》刊载《笔会追悼徐志摩 徐柩今日可抵沪》《徐志摩棺运济》。《徐志摩棺运济》称："济南号飞机一架及遇难三人灵柩二十一日夜九时由齐鲁大学校长朱经农、中国银行行长何象百照料，暂停寿佛寺，俟家属来领。"另外关于飞机失事原因，机师王贯一家属称并非触山导致："据其父王巨卿谈，贯一为飞行老手，此次实出意外，亲赴开山党家庄，调查结果，济南号飞机并非触于山顶，系汽缺渗漏，司机无从发见，且由徐开时，总公司报告济南天气迟误，致有此变。责任应由公司负之，或不得已而与公司诉之法律。"

同期发表《民国日报》编者所撰《悼徐志摩》，文中道："一九三一年，真个成了我们中华民族的历劫的年季了；当我们听到诗人徐志摩在济南坠机伤身时，我们眼前浮现起一队魔母妖精们在昆仑山脚一片草原上舞蹈，恣意地张牙弄爪着舞蹈。……最近两个月内，我们听到木屐儿在东北鞭打我们赤体同胞的劈拍声，我们听到十万倭骑追赶在马占山军后的呼喊声。我们虽然为中华民族捏上一把冷汗，可是，又有谁梦想到我们的诗人，他在这国难中会如红褪的莲瓣给秋风吹落烂泥里，完了他匆匆草草的一生！"

4.1931 年 11 月 24 日—26 日，各报报道徐志摩灵柩抵沪及悼念消息。

11月24日,《申报》载新闻《徐志摩柩今日到沪 徐之友人组织治丧处》:"航空公司沪总办事处及京站办事处叠接徐志摩家属及徐氏友人函电,嘱于济南号机出事次日,由京办事处派员往济,会同济办事处职员办理善后。徐氏家属派往人员于二十二日到济,协助一切。徐氏尸体业经棺殓竣事,徐柩今夜九时可抵浦口,明日下午即可到沪。"关于治丧一事,报道称:"兹闻徐氏在沪一班友人已组织治丧处,并已推定江小鹣、王文伯、孟寿椿、宋春舫、潘光旦、邵洵美、董任坚、戈公振、罗隆基等暂时主持一切,借用威海卫路一百五十号中社为办事机关。惟徐氏友人众多,仓卒中未能普遍通知。该治丧处决定本日在中社午餐、晚餐举行聚餐,凡徐氏友人关于治丧致祭及追悼等事,有所建议或接洽者,本日随时可往中社与该治丧办事处接洽。"

同日,《中央日报》登载新闻《徐志摩灵柩今晨可到浦口》,报道称:"兹悉徐氏灵柩,今晨可到浦,由重大教授张歆海等发起邀集与徐氏素有交谊之教育界同志七八十人,准于今晨六时半,在下关天泰码头会齐,过江迎接灵柩。"

11月25日,天津《益世报》登载消息《徐志摩柩昨日到京今日运沪》:"【南京廿四日下午四时本报专电】徐志摩柩(廿三日)晚到京,蔡元培及中大教职员学生文艺界,多往月台致祭,敬(廿四日)运沪。"

11月26日,《申报》刊载新闻《徐志摩昨日大殓 治丧办事处筹备举行公葬》,新闻称:"徐志摩先生灵柩于前晚九时由京运沪,昨日在万国殡仪馆举行大殓,前往吊唁者三百余人。昨晚八时,徐先生之亲友均在中社治丧办事处会商丧事善后,筹备于两星期内举行追悼大会,并拟举行公葬仪式。至徐先生平生创作,将搜集由新月书店出版志摩纪念号,以志不朽。”

同日,《北洋画报》第15卷第708期登载《关于徐志摩之死》(署名无聊),文中提及飞机失事原因。

12月1日,《新时代月刊》第1卷第5期刊载文坛消息《徐志摩诗人遇难》。

5.1931年12月6日,北京大学第二院大礼堂举行追悼会。

12月4日,《北京大学日刊》第二七五〇号登载关于举行徐志摩追悼会公告,公告前附《本校教职员及同学公鉴》道:“本校外国文学系教授徐志摩先生于十一月十一日请假回南,十九日坐济南号飞机赶回本校授课,中途遇大雾,飞机误撞济南附近之西大山,徐先生与机师二人同时遇难。现徐先生之遗体已运送回南安葬。北平的朋友现发起追悼会,其公告附录于下。本校教职员及同学之中,徐君之知友最多,请届时同来参加追悼。”

《徐志摩先生追悼会公告》全文如下:

> 徐志摩先生于十一月十九日在北归的飞机上遇险惨死,全国知交无不哀痛。我们现在发起一个追悼会,于十二月六日(星期日)上午准十一时,在马神庙北京大学第二院大礼堂举行追悼。追悼仪式拟从简单诚敬:公推一个朋友致哀悼词毕,全体静默一分钟,即散会。一切挽联挽幛祭文花圈,均请勿致送。愿意参加的朋友,请准时同来。”
>
> 12月7日,《中央日报》刊载短讯一则:《平文学界追悼徐志摩》,内容如下:“本社六日北平专电:文学界于(六日)在北大工学院追悼徐志摩。丁文江致哀词,胡适痛述徐之历史后,各静默一分钟散会。

同日,《北大学生周刊》第2卷第2期发表校闻《徐志摩先生之恶耗》,文中提到飞机失事原因:“飞抵山东党家庄遇雾,误触開山(案二十三日北平晨报载谓:济南号飞机并非触于山顶,系汽油缸渗漏,司机人无从发见,且由徐开时,总公司报告济南天气迟误,致有此变)机坠被焚身死,恶耗传来,全校为之震痛!”

12月18日,《金刚钻》刊载《追悼徐志摩零拾》,文中提到胡适的悼词、林徽因回忆徐志摩在英国看虹之轶事。关于文学基金:“胡适等现正在捐集基金万元,以二年之利息充志摩纪念奖金,赠与两年中所发见之最有创造力的文学作家。每二年一次,每次千元,以诗歌、小说、戏剧、散文为范围。此款托教育文化基金会代管。”同期刊载《北平追悼徐志摩记》(署名抱秋),从“诗意之会场”、“飞机之余烬”、“参与之人物”等方面记述十二月六日上午追悼会情形:“追悼志摩之会场在马神庙北京大学第二院大讲堂,系出林长民女公子徽因等所布置。女士前曾游英,今之女文豪亦建筑家也,故此会场极饶诗意。台南向,正对讲堂大门,系用讲席罩以黑布而成,式长方,骤视之几疑桐棺三尺。桌上列有遗影多帧,台前满堆鲜花圈,周围绕以盆花,枝头遍系白布,作一圆形。左右柱上亦缀花圈。以庄严之学府,追悼圣洁之诗人,亦大足纪念者也。”

6.1931年12月20日,于上海举行公祭。

12月20日《福尔摩斯》登载新闻《今日公祭徐志摩》,文中提到徐志摩与陆小曼合写剧本《卞昆冈》将拍摄为影片:“……前各地大学生尝以编排话剧,登台表演,引起各艺术家之注意。现龙马影片公司,拟摄为影片,由王元龙主演兼导演,另以坤伶雪明珠饰女主角。王元龙因崇拜此剧本小说之一人,及阅作者徐志摩死讯,不禁大恸。现海上诸亲友定今日(二十日)借中社举行公祭,王即于日前商准龙马公司致义(?)吊唁,今日复拟领导公司职演员前往公祭,并愿义务摄制影片,借留纪念云。”

12月22日《申报》登载新闻《徐志摩在静安寺设奠》，报道称：

新诗人徐志摩于上月十九日乘济南号飞机赴平，在济南附近開山失事遇险。灵柩运沪后，即停厝万国殡仪馆，昨日在沪西静安寺开吊。上午八时起，吊客络绎不绝，礼堂满饰鲜花。中为诗人半身像，高二丈余，奕奕神姿，栩栩欲活。厅屋三进，四周悬挽联，蔡孑民、叶誉虎、张啸林、梅兰芳、褚民谊、徐新六氏等均有唁辞，尤以徐新六氏一联最切当。句云：‘轮盘永转、新月长悬、虽死难忘裘丽亚’，‘猛虎未除、翡翠终冷、此恨当伴曼殊斐’，尽集诗人作品书名而成者。公祭团体有新月同人、光华全体学生、笔会同人、中社同人、时代印刷公司、龙马影片公司及中公诗社同人等，徐氏生前故好亦皆到齐。又银行界、法律界、文艺界中人，如叶恭绰、张公权、徐新六、谢寿康、罗隆基、王文柏、张慰慈、潘光旦、吴经熊、应时、杨杏佛、戈公振、钱瘦铁、陈小蝶、韩湘玫、唐瑛、江小鹣、张光宇、邵洵美、张振宇、林徽因、孟寿椿氏等，往来招待，极形忙碌。闻其灵柩不久即运归硖石原籍，但其至友蔡孑民、叶誉虎、杨杏佛、胡适之氏等，并拟发起用公葬仪式，现正在筹备中。

12月24日《晶报》登载《徐志摩之诗谶》，特别介绍了徐志摩追悼会的一个细节，文曰："新诗人徐志摩氏之丧，由其尊人申如先生于十二月二十日假静安寺开吊。素车、白马，盛极一时。客至，每赠以志摩小影下附饶有谶意之诗一首，佩之胸前，以示弗忘，用意新颖，为制版影印如右。"配图可见最上方打有圆孔以便于佩戴，圆孔下为徐志摩遗像，遗像下附《再别康桥》诗句："悄悄的我走了，/正是(如)我悄悄的来；/我挥一挥衣袖，/不带走一片云彩。”

同日，《上海画报》亦登出追悼会上所佩戴纪念品照片，并配文：“已故新诗人徐志摩先生于十二月二十日在静安寺设奠，吊客各赠以纪念品，佩之胸前，上为小影，下为诗谶。”

12 月 30 日《晶报》发表《徐志摩羽化后之片片》，内中提到徐志摩回南原因：“志摩此次回南，人谓视其爱人陆小曼之病，顾尚另有一事。则以某处有一地产将出售，而另一机关拟购之，闻有数十万金之交易。志摩拟从中为居间人，则可获一中资。以志摩与其翁持经济独立主义，因是颇入窘乡，颇欲润涸辙之鱼，而不意称垂翮之鹏也，悲夫！”另也提到原配张幼仪听闻徐志摩失事后的情形：“志摩之原配张夫人，仍居徐家，闻噩痛甚，拟亲至济南，扶柩南归，其兄公权劝阻之。志摩有一子，即为张夫人所出，张氏昆季乃携其甥往，附（扶）志摩柩南归。灵榇抵沪之日，群向之致祭，各人均向灵前鞠躬，张夫人独磕！”

二、专刊纪念

1.1931 年 12 月 15 日，清华大学中国文学会出版《文学月刊》第 2 卷第一期登载《徐志摩先生遗影》并发表两篇纪念文章：

西谛《纪念几位今年逝去的友人》

余冠英《纪念徐志摩先生》

2.1931 年 12 月 20 日，北平晨报社发行《北晨学园哀悼志摩专号》。该专号为 50 开本，共 73 页，封面由胡适题字：“北晨学园哀悼志摩专号”，扉页诗人徐志摩遗像亦由胡适提供。众多文化界人士撰写诗文悼念徐志摩，目录如下：

瞿冰森《献辞》

胡适之《追悼志摩》

凌叔华《志摩真的不回来了吗？》

林徽因《悼志摩》

余上沅《戏剧界里的徐志摩》

陶孟和《我们所爱的朋友》

郑西谛《悼志摩》

蹇先艾《我现在是为文学的朋友流第三次的眼泪了!》

毛子水《北大求学时代的志摩》

孙大雨《招魂》

于庚虞《志摩的诗》

恒《悼志摩》

张恨水《敬以一瓣心香致祭徐君》

瞿菊农《“去罢!”志摩》

许君远《怀志摩先生》

刘廷芳《追悼志摩》

吴世昌《哭志摩》

吴其昌《志摩在家乡》

莽莽《徐志摩先生近一年中在北大的鳞片》

陈梦家《吊志摩》

严既澄《挽徐志摩先生》

张寿林《追怀志摩》

翟永坤《悼徐志摩先生》

季珖《悼诗人徐志摩》

梁实秋、沈从文《关于哀悼志摩的通讯(一)(二)》

瞿冰森《编后》

程朱溪《想到志摩的归宿(通信之三)》

方玮德《哀志摩》

盛成《我哭志摩》

吴士星《诗人！今朝来哭你》

陈豫源《诗的毁灭》

黄秋岳《哀志摩》

吴宓《挽徐志摩君》

李释戡《哀志摩》

凌宴池《挽徐志摩》

谢飞《哀思》

钟辛茹《献给我们已死的诗圣》

为纪念徐志摩，其亲属朋友拟捐集资金一万元设立徐志摩纪念奖金，用以“提倡中国文学的发展，诗歌，小说，戏剧，散文，都在奖励的范围之内。”[①]《徐志摩纪念奖金章程草案》亦刊于《北晨学园哀悼志摩专号》，文末胡适附记云：“这个草案是北平的朋友提议的，现在正征求上海南京青岛各地朋友的同意。”

3.1932年《新月》第4卷第1期特大号为“志摩纪念号”，扉页有徐志摩遗像，内设“志摩遗稿”专栏，收入《罗米欧与朱丽叶》、《醒世姻缘序》；并特辟“志摩纪念”专栏，收录亲友悼念徐志摩文章，包括：

小曼《哭摩》

胡适之《追悼志摩》

郁达夫《志摩在回忆里》

梁实秋《谈志摩的散文》

杨振声《与志摩最后的一别》

韩湘眉《志摩最后的一夜》

方令孺《“志摩是人人的朋友”》

---

① 《徐志摩纪念奖金章程草案》

储安平《悼志摩先生》

何家槐《怀志摩先生》

赵景深《志摩师哀辞》

张若谷《送志摩升天》

4.1932年5月30日上海光华书局发行《读书月刊》第3卷第1、2期合刊的"文坛一月间"栏目对"徐志摩之死"作了较为全面的论述,内容包括:"(一)时报所载徐志摩之遇难情形";"(二)我所知道的徐志摩";"(三)哈尔滨日报记载的关于徐志摩";"(四)文艺新闻关于徐志摩的记载";"(五)文艺新闻对于徐志摩之评论";"(六)诗人徐志摩之死"(署名文哲);"(七)诗哲徐志摩死后消息"。

5.1932年7月30日,《诗刊》第四期出版,该期为"志摩纪念号",封面为徐志摩画像,内页有徐志摩遗像。刊前有陈梦家于1931年12月所撰《叙语》,文中高度评价了徐志摩对新诗的贡献,并提及:"本期原定出'志摩专号'的,因为稿件关系和付印期的急迫,临时又加了普通的诗件,所以第四期诗刊只好改为志摩先生的纪念号,好在挽诗也占了三分之一。"

本期发表徐志摩遗作:《罗米欧与朱丽叶(节译)》、《断篇两首》(分别为《领罪》、《难忘》)。

本期发表挽徐志摩诗作如下:

孙大雨《招魂》

饶孟侃《飞》

方玮德《再念志摩》

邵洵美《天上掉下一颗星》

胡适《狮子》

陈梦家《吊志摩》

梁镇《给志摩》

朱湘《悼徐志摩》

方玮德《哭志摩》

程鼎鑫《悼徐志摩先生》

虞岫云《悼志摩诗人》

宗白华《借浮士德中诗句吊志摩》

本期刊登胡适致徐志摩书信一封,题为《通信》。信中道:

> 我读了《诗刊》第一期,心里很高兴,曾有信给你们说我的欢喜。我觉得新诗的前途大可乐观,因为《诗刊》的各位诗人都抱着试验的态度,这正是我在十五年前妄想提倡的一点态度。只有不断的试验,才可以给中国的新诗开无数的新路,创无数的新形式,建立无数的新风格。若抛弃了这点试验的态度,稍有一得便自命为'创作',那是自己画地为牢,我们可以断定这种人不会有多大前途的。
>
> 实秋给你的信(创刊号),我读了颇有一点意见,今天写出来请你和实秋、一多诸位朋友指教。……

该信尚未写完,信末有胡适写于 1931 年 12 月 9 日的附记:"这一封未完的信,本预备再写下去,中间一搁就已是半年多了,收信的志摩已死去二十天了。我今天检看原稿,不忍再续下去了,所以把已写成的一段送给诗刊发表。"

三、其他悼念诗文

1931 年 11 月 24 日,《晶报》发表绛雪《悼诗人徐志摩》。

11 月 26 日,《天津商报画刊》发表聊攻《悼徐志摩》。

11 月 27 日,《上海画报》刊载章行严悼诗《挽徐志摩》。同日,《晶报》发表天倪悼诗《挽徐志摩》。

12 月 4 日,《申报》刊载陶在东《慰徐志摩之父申如君》。

12 月 5 日，天津《大公报》发表唐二西《吊诗哲——徐志摩先生》。

12 月 14 日，天津《大公报》登载吴宓《挽徐志摩君》。

12 月 15 日，《晶报》发表王长春《挽徐志摩》。

12 月 16 日，《新时代半月刊》发表苏雪林《北风——纪念诗人徐志摩》，文中道："自数前听见诗人的噩耗以来，兰子非常悲痛，她的朋友和诗人相厚的也个个伤心。但我却一味怀疑，疑心诗人并未死，——死者是别人，不是他。他也许厌倦这个世界，借此归隐去了。你们在这里流泪，他也许在那里冷笑，因为我不相信那样的人也会死，那样伟大的精神也是物质所能毁灭的。不过感情使我不相信他死，理性却使我相信他已不复生存了。于是我也为这件事有几个晚上睡不安稳，一心惋惜中国文学界的损失！"

12 月 20 日《申报》刊载吴天放《悼故人徐志摩》，文中道："每念其文才俊迈，情度倜傥，于同学北大预科时已惊为风尘表物。厥后游学海外，辉光日新。归，与任公适之宗孟诸先生论文酬酢，并制新诗问世，竟别具风格，由是声名藉甚。其为人一生论定，诚如刘海粟先生所谓置于大人物不觉小，挤在庸众间而不觉大也。"

12 月 26 日《人民评论》第 1 期刊载梦华《关于徐志摩先生》，文中道："'上帝所爱的人早殇'，千古同慨。和拜伦一样的寿命，志摩先生在人间点染了三十六年。而他的死实在是一个诗化的死，死在太空的火里，正如雪莱一样死在大海的水里那样诗化。他的死便是一首诗，值得做他的死赞，令人们永远纪念着他！"

12 月 31 日，《天津商报画刊》第四卷第七期发表《挽徐志摩联》。

1932 年 1 月 17 日，天津《大公报》发表素《吊徐志摩》。

2 月 11 日，河南《会友》第 1 期发表冀野《悼徐志摩》。

5 月，《一八社刊》第 2 期发表莽贼诗《哀徐志摩》。

1934 年 2 月 1 日，上海《文化通讯》第一卷第一期发表陈梦家《记念志摩先生》[①]。

四、质疑与争议

1931 年 11 月 28 日，《新报》发表评论《各报争做徐志摩》（署名心词），认为不宜过多渲染报道空难消息："在今日国家危急存亡之秋，我们负言论之责的，天天宣传飞行的利益，或是担保飞行的安全还恐怕无人相信，如何可以再把空中的危险警告民众，以后恐怕要无人敢学航空，并且连什么张惠长等等都要吓得另改行业，永不航空，那么中国的航空前途尚堪设想吗？"

同日，《涛声》第 16 期发表陈思《徐志摩之死》，文中不乏迂腐之恶言，他说："古语说得好，'千金之子，坐不垂堂'；孟子说得好，'知命者不立于崖墙之下'；好大的诗人，这样不听圣人之言，这样不知自爱自重，你看他已经得到报应了；陈子曰：'自诗哲徐志摩之坐飞机而跌死也，中国文艺界的伟人，从此没人敢坐飞机了！'"

11 月 30 日《文艺新闻》第 38 号载《诗哲徐志摩之死》一文，介绍徐志摩生平，并提及："当徐死讯传出后，胡适曾两度由北平来电讯慰，新月派文人亦深诔哀挽，外间并有以徐之死牵联至恋爱关系上的谣传。笔会并于二十二日午后集会，全体诔哀，起立作三分钟之默祷。"同期《代表言论 · 诗人徐志摩之死》道："当上期本报刚从印机上完工的时候，忽然接到诗人徐志摩，乘飞机赴

① 陈子善：《新见忆徐志摩文两篇》，《书城》2021 年第 7 期。

平，在济南坠机焚毙的消息。接着上海的各报上，把这消息很郑重地刊载出来了，甚至谈妓女、讲嫖经的小报也发表了哀悼之声。”文中对徐志摩的诗作的评价并不高，认为：“虽然他的豆腐干式的方块诗，歪曲了当时所兴起的白话文运动，但他所表现的还是比较封建统治的中国为清新的资产阶级的理想与风格。……所以在他的作品中，便只有蓄意的雕琢与粉饰，而没有切实的生活内容，他的是个素材，已只有巴黎的鳞爪与翡冷翠之夜了。”

1932 年 1 月 11 日，天津《大公报》发表杨丙辰《大诗人—天才—徐志摩—和他的朋友们》，文章主要质疑了对徐志摩过高的评价：“‘诗圣’底惨死，惹起他的一大群亲爱的朋友们一阵子大忙乱：追悼，演说，写文章，出专刊，一幕跟着一幕地揭开，真是多年以来未曾在北平见过的名人界里的一件盛举。演说虽然我未曾去特特的听了，但是文章却是我一篇一篇都拜读了的。文章做得真不少，真可谓洋洋乎大观；不过全体文章里头所说得话，归结起来，却总不出下列的一串：徐志摩——人品性格——漂亮可爱——真可爱——伟大的天才——空前的大诗人。这实在很有些像是他的惨死竟成了他的一件大幸事一般了，因为他是由它们这些文章里面，一转而成了神人——天人——上帝。”文章认为影响徐志摩诗歌成就的原因有两点：一是徐志摩“对于所谓‘诗底优美’的两种迷信”；二是“他的才力上尚大有可议处，他所有的才智不见得是能符合伟大诗人底天才的。”2 月 1 日，天津《大公报》发表唐诚《我对于徐志摩的认识》回应杨丙辰。

五、遗作及全集出版

1. 1931 年 11 月 27 日，徐志摩遗作《秋》作为赵家璧主编一角丛书第十三种，由上海良友图书印刷公司出版。内有徐志摩遗像、遗墨,前附赵家璧《写给飞去了的志摩》。收入徐志摩《秋》《翡冷翠日记四页》。

2.1932年7月,徐志摩遗作《云游》由上海新月书店出版。

该书收录了徐志摩的遗诗,是徐志摩的第四集诗。书前有陆小曼写于1931年12月30日的序。收入作品包括:《云游》、《火车禽住轨》、《你去》、《在病中》、《雁儿们》、《鲤跳》、《别拧我,疼》、《领罪》、《难忘》、《一九三〇年春》、《爱的灵感》、《罗米欧与朱》、《奥文满垒狄斯的诗》等。关于此诗集,《新月》1932年第4卷第2期内登载广告云:

> 猛虎集出版以后,志摩先生本定就印出他的第四集诗,谁知道天意无常,竟限制了我们的天才不让他再在地面上开花;这一回,他真的与我们永别,独个人云游去了。
>
> 现在我们谨以我们的伤痛与我们不忘的纪念赶着把他未成集的诗印起来,贡献给爱好志摩诗的读者。集内除长诗《爱的灵感》外,尚有短诗十数首,和他最后译就的一幕莎翁名剧。他所有遗诗已都收在内。

3.1936年3月,徐志摩与陆小曼书信、日记《爱眉小札》收入赵家璧主编“良友文学丛书”第二十四种,由上海良友图书印刷公司印行。

书前有陆小曼所作序言,序中道:“今天是志摩四十岁的纪念日子,虽然什么朋友亲戚都不见一个,但是我们两个人合写的日记却已送了最后的校样来了。为了纪念这部日记的出版,我想趁今天写一篇序文;因为把我们两个人呕心沥血写成的日记在这个日子出版,也许是比一切世俗的仪式要有价值有意义得多。”该书包括《爱眉小札》、《志摩书信》、《小曼日记》等几部分。

4.1935年12月29日《时代日报》登出关于编辑出版徐志摩

全集的消息，题为《徐志摩四十冥诞 良友为辑志摩全集》，报道称："徐志摩已经死去三个年头了，……自然，陆小曼跟王庚重拾旧欢后，当然不会听到什么纪念动静的，不过良友公司准备请胡适辑徐志摩全集，以纪念这位命短的诗人。"

5. 1947年3月，陆小曼编《志摩日记》由晨光出版公司出版，书前有陆小曼写于1947年2月的序，序中提及《志摩全集》出版无果一事："飞一般的日子又带走了整整的十个年头儿，志摩也变了五十岁的人了。若是他还在的话，我敢说十年决老不了他——他还是会一样的孩子气，一样的天真，就是样子也不会变。可是在我们，这十年中所经历的，实在是混乱惨酷得使人难以忘怀，一切都变得太两样了，活的受到了苦难损失，却不去说它，连死的都连带着遭到了不幸。《志摩全集》的出版计划，也因此搁到今天还不见影踪。"

按，陆小曼所编《志摩全集》的清样及纸型后交由徐志摩的表妹夫陈从周保存，陈于1966年春把商务印书馆清样交给北京图书馆，后于1983年由香港商务印书馆将其变成五卷本出版，改题《徐志摩全集》。（参见：熊辉《四位女性与徐志摩全集的编撰》，《博览群书》2013年第6期）

6. 全集出版。

1969年1月，蒋复璁、梁实秋编《徐志摩全集》（六卷）由台湾传记文学出版社出版。此全集出版得到张幼仪支持资助，后由中央编译出版社购得版权于2013年3月再版《徐志摩全集》（六卷）。

1983年10月，《徐志摩全集》（五卷）由香港商务印书馆出版。

1986年6月，顾永棣编《徐志摩诗全编》由浙江文艺出版社出版。

1991 年 7 月，赵遐秋、曾庆瑞、潘百生编《徐志摩全集》（五卷）由广西民族出版社出版。

1995 年 8 月，《徐志摩全集》（九卷）由上海书店出版。

2005 年 5 月，韩石山编《徐志摩全集》（八卷）由天津人民出版社出版。后经修订成十卷，于 2019 年 9 月由商务印书馆出版。

2015 年 2 月，顾永棣编《徐志摩全集》（六卷）由浙江人民出版社出版。

2017 年 5 月，徐国华编《徐志摩佚文集》由浙江人民美术出版社出版。

2018 年 3 月，陈建军、徐志东编《远山——徐志摩佚作集》由商务印书馆出版。

六、研究会、纪念馆及国际会议

1. 海宁徐志摩研究会。1996 年 11 月 19 日，海宁市举行“纪念诗人徐志摩逝世六十五周年暨海宁市徐志摩研究会成立大会”。海宁市徐志摩研究会为群众性学术团体，隶属于海宁市文联。章景曙任会长，顾永棣、李文哉、王学海任副会长。研究会每年举办两次大型纪念活动和学术专题研讨。

2. 2001 年 11 月，“纪念诗人徐志摩国际学术研讨会”在浙江省海宁市举行，此次会议为纪念徐志摩诞辰一百零五周年及逝世七十周年，由浙江省中国现代文学研究会和海宁市人民政府共同主办。

3. 2006 年 3 月，诗刊社和济南市长清区政府在开山举行徐志摩纪念活动，并举行了徐志摩纪念公园揭幕仪式，此公园建于徐志摩遇难地——济南市长清区崮云湖街道西大山。2007 年

11 月 19 日上午，徐志摩罹难纪念碑在济南徐志摩纪念公园举行揭碑仪式。

4. 2008 年，英国剑桥大学国王学院在剑河边设一石碑纪念中国诗人徐志摩。石碑上书徐志摩《再别康桥》诗句："轻轻的我走了/正如我轻轻的来/我挥一挥衣袖/不带走一片云彩"。

5. 2012 年 6 月，中国济南徐志摩研讨会在济南舜耕山庄召开。此次会议由国际教育协会、中国诗歌学会、山东省侨办、济南市侨办联合举办。除国内外研究专家及学者，徐志摩嫡孙徐善曾、嫡孙媳徐包舜和、曾孙徐文慈也从海外归国参会。

6. 2016 年 8 月 9 日，杭州徐志摩纪念馆开馆，是民间的公益纪念馆，由杭州企业家罗烈洪先生独资创办。该馆原位于杭州下城区上塘路 97 号院内，后迁至下城区六百弄。馆内陈列徐志摩早期出版诗集等珍本善本，并藏有徐表兄朱起凤所书挽联残幅、徐志摩和陈公博联署的新月聚餐会邀请函、徐志摩大伯徐蓉初私印、陆小曼的旗袍等。纪念馆开馆后先后举办了徐志摩诞辰 120 周年国际纪念大会、纪念徐志摩诞辰 120 周年诗书画印征集、"七夕之歌"爱情诗歌征文，以及各类主题性诗会、雅集等文化活动，并于 2017 年 1 月创办馆刊《太阳花》(半年刊)。

七、主要研究专著

1. 陆耀东:《徐志摩评传》，陕西人民出版社，1986 年。

2. 顾炯:《徐志摩传略》，湖南人民出版社，1986 年。

3. 刘心皇:《徐志摩与陆小曼》，花城出版社，1987 年。

4. 顾永棣:《风流诗人徐志摩》(徐志摩传)，四川文艺出版社，1988 年。

5. 胡凌芝:《徐志摩新评》，学林出版社，1989 年。

6. 赵遐秋:《徐志摩传》，中国人民大学出版社，1989 年。

7. 毛迅:《徐志摩论稿》,四川大学出版社,1991 年。

8. 张放、陈红:《朋友心中的徐志摩》,百花文艺出版社,1992 年。

9. 卢斯飞:《春光与火焰——徐志摩散文评析》,开今文化事业有限公司,1993 年。

10. 江建文:《诗笔写人生——徐志摩小说、戏剧作品评析》,开今文化事业有限公司,1993 年。

11. 刘文会:《终日相思却相怨——徐志摩书信日记评析》,开今文化事业有限公司,1993 年。

12. 宋炳辉:《新月下的夜莺》(徐志摩传),上海文艺出版社 1993 年。

13. 卢斯飞:《爱的灵感——徐志摩诗歌评析》,开进文化事业有限公司,1993 年。

14. 宋益乔:《徐志摩传——才子风月》,1994 年。

15. 刘炎生:《徐志摩评传》,暨南大学出版社,1995 年。

16. 孙琴安:《徐志摩传》,陕西人民教育出版社,1995 年。

17. 文木、郁华:《徐志摩——万种风情无地着》,四川文艺出版社,1995 年 。

18. 中国人民政治协商会议海宁市委员会文史资料委员会:《海宁文史资料 第 64 辑 纪念诗人徐志摩诞辰一百周年专辑》,海宁市委员会文史资料委员会,1997 年。

19. 赵遐秋:《新月诗魂 名人笔下的徐志摩 徐志摩笔下的名人》,东方出版中心,1998 年。

20. 赵遐秋:《徐志摩传》,中国人民大学出版社,1999 年。

21. 杨新敏:《徐志摩传》,团结出版社,1999 年。

22. 冯亦同:《徐志摩 1897—1931》,江苏文艺出版社,

1999 年。

23. 张彦林:《浪漫诗人徐志摩》,文心出版社,1999 年。

24. 陆耀东:《徐志摩评传》,重庆出版社,2000 年。

25. 展望之、张方晦:《飞去的诗人》(徐志摩传),汉语大词典出版社,2000 年。

26. 王远舟:《诗人徐志摩研究》,四川文艺出版社,2000 年。

27. 丁旭辉:《徐志摩的诗情与诗艺》,文津出版社,2001 年。

28. 宋益乔:《徐志摩的女性情感世界》,中国致公出版社,2001 年。

29. 韩石山:《徐志摩传》,北京十月文艺出版社,2001 年。

30. 韩石山:《难忘徐志摩》,昆仑出版社,2001 年。

31. 傅光明:《生命信徒——徐志摩》,华艺出版社,2002 年。

32. 刘介民:《类同研究的再发现——徐志摩在中西文化之间》,中国社会科学出版社,2003 年。

33. 张荔:《梦与醒的边界——徐志摩的女性世界》,河南人民出版社,2003 年。

34. 方慧:《徐志摩》,河北教育出版社,2003 年。

35. 周静庭:《逝水人生——徐志摩传》,杭州出版社,2004 年。

36. 韩石山:《徐志摩与陆小曼》,团结出版社,2004 年。

37. 刘小波:《徐志摩画传》,现代出版社,2004 年。

38. 高国藩:《新月的诗神:闻一多与徐志摩》,台湾商务印书馆,2004 年。

39. 凡尼、晓春:《徐志摩:人和诗》,广西师范大学出版社,2005 年。

40. 周黎明:《徐志摩图传》,湖北人民出版社,2005 年。

41. 韩石山:《悲情徐志摩》,同心出版社,2005年。
42. 韩石山:《徐志摩图传》,广东教育出版社,2005。
43. 吴希华、宋玉华:《独步的文学人——解读徐志摩》,中国文联出版社,2006年。
44. 韩石山:《徐志摩书信集》,天津人民出版社,2006年。
45. 刘炎生:《浪漫才子徐志摩》,湖北人民出版社,2007年。
46. 韩石山、伍渔:《徐志摩评说八十年》,文化艺术出版社,2008年。
47. 朱红林:《徐志摩散文艺术研究》,云南大学出版社,2008年。
48. 曾庆瑞:《新编徐志摩年谱》,中国传媒大学出版社,2008年。
49. 陈从周:《徐志摩:年谱与评述》,上海书店出版社,2008年。
50. 高伟:《翻译家徐志摩研究》,东南大学出版社,2009年。
51. 王一心、李伶伶:《徐志摩新月社》,陕西人民出版社,2009年。
52. 宋益乔:《徐志摩正传》,江苏文艺出版社,2010年。
53. 廖玉萍:《徐志摩诗歌语言艺术》,语文出版社,2010年。
54. 宋炳辉:《徐志摩传》,复旦大学出版社,2011年。
55. 邵华强:《徐志摩研究资料》,知识产权出版社,2011年。
56. 张邦梅:《小脚与西服:张幼仪与徐志摩的家变》,黄山书社,2011年。
57. 刘洪涛:《徐志摩与剑桥大学》,商务印书馆,2011年。
58. 姜涛:《图本徐志摩传》,长春出版社,2012年。
59. 陈琳:《陌生化翻译:徐志摩译诗研究》,中国社会科学出版社,2012 年。

60. 韩石山:《徐志摩的 20 各细节》,陕西人民出版社,2013 年。

61. 黄亚妮:《徐志摩诗传》,华中科技大学出版社,2013 年。

62. 韩石山:《徐志摩传》,人民文学出版社,2014 年。

63. 吴禹星编:《1916:徐志摩在沪江大学》,上海交通大学出版社,2014 年。

64. 陈忠、王展、逄金一编著:《徐志摩与济南》,线装书局,2014 年。

65. 韩石山:《情浓化不开:徐志摩》,陕西人民出版社,2015 年。

66. 顾永棣:《徐志摩传奇》,浙江人民出版社,2015 年。

67. 熊辉:《徐志摩画传》,江西人民出版社,2015 年。

68. 张邦梅:《小脚与西服:张幼仪与徐志摩》,中信出版集团,2017 年。

69. 徐善曾:《志在摩登:我的祖父徐志摩》,中信出版集团股份有限公司,2018 年。

70. 李伶伶:《摇晃的梦想:徐志摩和新月诗人》,黄山书社,2018 年。

71. 陈子善:《说徐志摩》,上海书店出版社,2019 年。

八、徐志摩故居

1. 浙江省嘉兴市海宁市硖石镇西南河街 17 号。

徐志摩祖居曾位于此。此宅院约建于清嘉道年间,内有门厅堂楼四进。徐志摩诞生于此宅第四进北厢楼,并于第二进北厢房读书,在此度过童年、少年时光,直至 1918 年赴美留学。2001 年,此宅被拆。

2. 浙江省嘉兴市海宁市硖石镇干河街 38 号。

此为徐志摩与陆小曼婚后暂居地，建成于 1926 年，是中西合璧的小洋楼。徐志摩在此写下蜜月日记《眉轩锁语》，并完成小说《家德》，编成《诗刊》第二期。

主要参考文献

(一)著述文献

1. 胡适:《胡适往来书信选》,中华书局 1979 年版。

2. 陈敬之:《“新月”及其重要作家》,台北成文出版社 1980 年版。

3. 陈从周:《徐志摩年谱》,上海书店出版社 1981 年版。

4. 鲁迅:《鲁迅全集》,人民文学出版社 1981 年版。

5. 赵景深:《文坛忆旧》,上海书店出版社 1983 年版。

6. 罗念生编:《朱湘书信集》,上海书店出版社 1983 年版。

7. 陈从周:《书带集》,花城出版社 1984 年版。

8. 瞿光熙:《中国现代文学史札记》,上海文艺出版社 1984 年版。

9. 尹在勤:《新月派评说》,陕西人民出版社 1985 年版。

10. 徐志摩:《徐志摩选集》,人民文学出版社 1987 年版。

11. 邵华强编:《徐志摩研究资料》,陕西人民出版社 1988 年版。

12. 魏绍馨:《中国现代文学思潮史》,浙江大学出版社 1988 年版。

13. 赵遐秋:《徐志摩传》,中国人民大学出版社 1989 年版。

14. 梁实秋:《梁实秋文学回忆录》,岳麓书社 1989 年版。

15. 梁仁编:《徐志摩诗全编》,浙江文艺出版社 1990 年版。

16. 钱理群：《周作人传》，十月文艺出版社 1990 年版。
17. 张放、陈红编：《朋友心中的徐志摩》，百花文艺出版社 1992 年版。
18. 闻黎明：《闻一多传》，人民出版社 1992 年版。
19. 张放、陈红编：《朋友心中的徐志摩》，百花文艺出版社 1992 年版。
20. 宋炳辉：《新月下的夜莺——徐志摩传》，上海文艺出版社 1993 年版。
21. 朱寿桐：《新月派的绅士风情》，江苏文艺出版社 1995 年版。
22. 叶公超：《新月怀旧——叶公超文艺杂谈》，学林出版社 1997 年版。
23. 沈卫威：《自由守望——胡适派文人引论》，上海文艺出版社 1997 年版。
24. 陈子善：《文人事》，浙江文艺出版社 1998 年版。
25. 梁从诫编：《林徽音文集》，百花文艺出版社 1999 年版。
26. 孙近仁、孙佳始：《耿介清正——孙大雨纪传》，山西人民出版社 1999 年版。
27. 侯传文：《寂园飞鸟：泰戈尔传》，河北人民出版社 1999 年版。
28. 陆耀东：《徐志摩评传》，重庆出版社 2000 年版。
29. 韩石山：《徐志摩传》，北京十月文艺出版社 2001 年版。
30. 周晓明：《多源与多元：从中国留学族到新月派》，华中师范大学出版社 2001 年版。
31. 孙宜学编著：《泰戈尔与中国》，河北人民出版社 2001 年版。
32. 陈西滢：《关于"新月社"》，昆仑出版社 2001 年版。
33. 胡适：《胡适日记全编》，安徽教育出版社 2001 年版。
34. 沈益洪编：《泰戈尔谈中国》，浙江文艺出版社 2001 年版。

35. 罗志田:《乱世潜流民族主义与民国政治》,上海古籍出版社2001年版。
36. 柴草编:《陆小曼诗文》,百花文艺出版社2002年版。
37. 丁言昭:《骄傲的女神林徽因》,上海书店出版社2002年版。
38. 柴草:《陆小曼传》,百花文艺出版社2002年版。
39. 徐志摩:《徐志摩》(插图本名人名传丛书),中国社会科学出版社2003年版。
40. 虞坤林整理:《徐志摩未刊日记(外四种)》,北京图书馆出版社2003年版。
41. 刘介民:《类同研究的再发现——徐志摩在中西文化之间》,中国社会科学出版社2003年版。
42. 黄昌勇:《瓦砖的碎影—中国现代文学论》,吉林人民出版社2003年版。
43. 凌宇:《沈从文传》,十月文艺出版社2003年版。
44. 章清:《"胡适派学人群"与现代中国自由主义》,上海古籍出版社2004年版。
45. 虞坤林编:《志摩的信》,学林出版社2004年版。
46. 朱寿桐:《中国现代社团文学史》,人民文学出版社2004年。
47. 吴中杰:《海上学人》,广西师范大学出版社2005年版。
48. 韩石山编:《徐志摩全集》,天津人民出版社2005年版。
49. 韩石山:《少不读鲁迅,老不读胡适》,北京中国友谊出版公司2005年版。
50. 陈从周著,陈之善编:《徐志摩年谱与评述》,上海书店出版社2008年版。
51. 吴其昌:《吴其昌文集·诗词文在》,三晋出版社2009年版。
52. 张邦梅:《小脚与西服》,谭家瑜译,黄山诗社2011年版。

53. 吴禹星:《1916:徐志摩在沪江大学》,上海交通大学出版社 2014 年版。
54. 金黎明、虞坤林整理:《徐志摩书信新编》,浙江古籍出版社 2017 年版。
55. 陈建军、徐志东编:《远山·徐志摩佚作集》,商务印书馆 2018 年版。
56. 韩石山编:《徐志摩全集》,商务印书馆 2019 年版。

(二)刊物文献

1.《东方杂志》
2.《时事新报》
3.《晨报副刊》
4.《民国日报》
5.《努力周报》
6.《向导》
7.《国闻周报》
8.《新月》月刊
9.《创造周报》
10.《创造》(季刊)
11.《创造月刊》
12.《晨报》
13.《北晨学园哀悼徐志摩专号》
14.《现代》
15.《诗刊》季刊
16.《新文学史料》
17.《读书月刊》

18.《中国现代文学研究丛刊》

19.《上海画报》

20.《传记文学》(台湾)

21.《朔风》